本書爲國家古籍整理出版專項經費資助項目

新編諸子集成續編

六韜集解

上

王震 集解

中華書局

圖書在版編目(CIP)數據

六韜集解/王震集解. —北京:中華書局,2022.4
(2023.4 重印)
(新編諸子集成續編)
ISBN 978-7-101-15584-6

Ⅰ.六… Ⅱ.王… Ⅲ.①兵法-中國-古代②《六韜》
-注釋 Ⅳ.E892.2

中國版本圖書館 CIP 數據核字(2022)第 009799 號

責任編輯: 石 玉
責任印製: 陳麗娜

新編諸子集成續編
六 韜 集 解
(全二册)
王 震 集解
*
中 華 書 局 出 版 發 行
(北京市豐臺區太平橋西里 38 號 100073)
http://www.zhbc.com.cn
E-mail:zhbc@zhbc.com.cn
三河市宏盛印務有限公司印刷
*
850×1168 毫米 1/32 · 25⅛印張 · 4 插頁 · 520 千字
2022 年 4 月第 1 版 2023 年 4 月第 2 次印刷
印數:4001-6000 册 定價:88.00 元

ISBN 978-7-101-15584-6

新編諸子集成續編出版緣起

新編諸子集成叢書，自一九八二年正式啟動以來，在學術界特别是新老作者的大力支持下，已形成規模，成爲學術研究必備的基礎圖書。叢書原擬分兩輯出版，第一輯擬目三十多種，後經過調整，確定爲四十種，今年將全部出齊。第二輯原來只有一個比較籠統的規劃，受各種因素限制，在實施過程中不斷發生變化，有的項目已經列入第一輯出版，因此我們後來不再使用第一輯的提法，而是統名之爲新編諸子集成。

隨着新編諸子集成這個持續了二十多年的叢書劃上圓滿的句號，作爲其延續的新編諸子集成續編，現在正式啟動。它的立意、定位與宗旨同新編諸子集成一脈相承，力圖吸收和反映近幾十年來國學研究與古籍整理領域的新成果，爲學術界和普通讀者提供更多的子書品種和哲學史、思想史資料。

續編堅持穩步推進的原則，積少成多，不設擬目。希望本套書繼續得到海内外學者的支持。

中華書局編輯部

二〇〇九年五月

目録

上册

下册

前言

六韜是先秦兵學的代表著作，舊題姜望（太公）撰。今傳本凡六十篇，近二萬字，分文韜、武韜、龍韜、虎韜、豹韜、犬韜六卷。此書具有百科全書性質，其文韜講論治國圖强之道，武韜闡述伐滅强敵、奪取天下之韜略，龍韜詳陳軍隊治理、軍事行動部署及綜合保障，虎韜叙説武器裝備及戰法，豹韜歸納各類戰場環境下的戰術實施，犬韜則言及車、騎、步諸兵種之協同，先秦兵事攸關，幾乎全部涉及。

六韜的内容至遲在漢代已廣爲流傳，其書東漢以降尤被視作兵權奇計，爲王侯將相所重。北宋神宗年間，朝廷將其與孫子、吴子、司馬法、尉繚子等一併列入武經七書，自此而被奉爲武學聖典，歷代兵家所必讀，今本六韜即由此而來。故宋明以降，屢經刊刻，注家蜂起，研習闡微發明之作多見於世。及至晚清，傳統兵學日漸衰微，六韜也隨之受到冷落，直至二十世紀八十年代才復爲世人所重。爾後四十年來，一批包含六韜在内的武經七書影印、校釋、注解、今譯、外譯之作紛紛出版，其中也不乏六韜單行之本，這部兵書乃成爲當今世人所熟知的傳統文化經典。

一、成書真僞與編撰時代

六韜的成書真僞，千百年來聚訟不斷。漢書藝文志著録了兩條可能與今本六韜有關的信息：一是儒家「周史六弢六篇」，顔師古注「即今之六韜也」，「弢字與韜同也」；二是道家「太公二百三十七篇」，包含「謀八十一篇，言七十一篇，兵八十五篇」。隋書經籍志著録「太公六韜五卷」，自注云：「梁六卷。周文王師姜望撰。」然則梁之阮孝緒，唐之魏徵、李延壽、顔師古等，皆以六韜之書爲周初姜望所撰。惟孔穎達不以爲然，稱其「後人所作」（尚書泰誓中孔穎達疏）。

宋代以降，學者多持六韜後人僞託之論。迄於民國，舉凡其言之詳審有據者二十三家，分别爲：劉恕、晁公武、羅泌、葉適、章如愚、戴埴、黄震、王應麟、周氏、焦竑、胡應麟、張萱、姚際恒、姚鼐、崔述、錢大昭、四庫館臣、沈欽韓、王先謙、梁啓超、張心澂、蔣伯潛、李浴日。諸家一般認爲，漢志著録的周史六弢是儒家文獻，與兵書六韜不合。而後世所傳兵書六韜亦絶非太公著作，其成書不應早於戰國，秦漢以至魏晉皆有可能。上述二十三家所述理由彙總如下：

其一，言語俚俗，例如：

「其言鄙俚煩雜，不類太公之語，蓋後人依託而爲之」（劉恕通鑑外紀卷一）。

其二，多記後世事，例如：

「其書言『避正殿』，乃戰國後事」（葉適習學記言序目卷四六）；「以車、騎、步分三」（黄震黄氏日抄卷五八），太公時所無；「云『主與將有陰符，凡八等』」，「不識陰符之義，以爲符節之符也」（胡應麟少室山房筆叢卷三二）。

其三，多載後世語，例如：

「『將軍』二字始見左傳，周初亦無此名」（永瑢等四庫全書總目卷九九）；「謂『取天下者，若逐野獸，天下皆有分肉之心』，此襲用『秦失其鹿，天下共逐之』語，而『贅婿』者，秦始有之，其書亦稱『贅婿』」（黄震黄氏日抄卷五八）。

其四，尚陰謀詭計，例如：

多有「陰刻陷人之語」（黄震黄氏日抄卷五八），「姦詐以傾覆人國」，「少知道者不爲」，與太公「百世之師」、「王者之佐」不符（戴埴鼠璞）。

其五，與孫吴近似，例如：

「似爲孫子義疏也」（葉適習學記言序目卷四六）；「六韜言『猶豫』『狐疑』之戒，乃吴子之所已言也」（黄震黄氏日抄卷五八）；「『雨不張蓋』等語，出尉繚子書；『火戰』等説，亦備孫子書」（黄震黄氏日抄卷五八）。

「此書並緣吴起，漁獵其詞，而綴緝以近代軍政之浮談」（馬端臨文獻通考卷二二一引周氏涉筆）。

然而，也有學者堅持認爲六韜非後世僞作，持此論者主要是孫星衍、譚獻、顧實、余嘉錫四家，其觀點又各不相同：從來源看，孫星衍認爲出自儒家周史六弢，余嘉錫認爲出自道家太公；從作者看，孫星衍認爲係「周史傳述太公之言」（平津館叢書周書六韜序），譚獻亦謂「不出于太公」（復堂日記卷四），顧實、余嘉錫則認同「太公之書有後人增加之文」（四庫提要辨證卷一）；從時代看，四家皆謂其爲古書，是距太公不遠的較早時期流傳下來的。

上述論議，近四十年來，學界已多次梳理總結。由於山東臨沂銀雀山、河北定縣八角廊兩漢墓中太公簡的出土並整理面世，學者在總結前人舊説的同時，對六韜成書經過的認知日益深化。二十世紀八十年代，先後有張烈六韜的成書及其内容（歷史研究一九八一年第三期），劉宏章六韜初探（中國哲學史研究一九八五年第二期），王歡、孫魯六韜真僞述議（軍事歷史研究一九八七年第四期）等論作，基本否定了六韜出自周初太公之筆，但也不認同成書於漢魏之後的説法。九十年代至今，又有張林川、邵鴻、徐勇、劉慶、陳青榮、楊朝明、仝晰綱、解文超、王珏等大批學者，在清理重審舊説的基礎上形成很多新的認識，其説雖不盡相同，但總體上認定六韜是先秦之書。六韜内容的完成，不應晚於先秦，更確切地説當在戰國時期。銀雀山、八角廊所出太公簡，部分内容與唐初魏徵等纂輯群書治要所節録的六韜、陰謀，敦煌遺書中的唐寫本六韜殘卷以及今傳本六韜都有相似之處，太公簡即後世六韜的内容來源之一。從銀雀山簡來看，是書於漢高祖劉邦之「邦」、漢文帝劉恒之「恒」皆不避諱，且同批出土的孫子、吴子、孫臏兵法、尉繚子等書全部是先秦著作，則作爲六韜來源的太公簡亦不能晚於先秦。

今本六韜所論，從軍事史的角度看，更符合戰國中後期的戰爭特點。六韜注重陣法分合、戰術奇變，講求「資（勢）因敵家之動，變生於兩陳之間，奇正發於無窮之源」（龍韜軍勢篇），頗通於孫子之旨，符合漢書藝文志所謂「出奇設伏，變詐之兵并作」的戰場環境。在具體戰術上，六韜論及車、步、騎協同作戰，認爲「車者，軍之羽翼也」，「騎者，軍之伺候也」（犬韜均兵篇），是以步兵爲主，車、騎爲輔，且以諸多大型重裝備投入實戰，如武衝大扶胥、武翼大櫓矛戟扶胥、大黄參連弩扶胥、天羅虎落鏁連、天浮鐵螳蜋等，又廣泛使用了鐵製兵器，諸如鐵棓、鐵鎚、鐵杙、鐵叉、鐵蒺藜、鐵械鎖、鐵螳蜋之類不勝枚舉，這些都是戰國中期以後才會出現的情況。

二、編撰者及學術傾向

六韜的編撰者應與戰國時期的齊國稷下學宫有關。該書具有雜取衆家的特點，不僅與孫子、吴子、尉繚子等兵書有諸多近似表述，而且於儒、道、名、法各家思想都有採輯，張烈在其六韜的成書及其内容一文中就曾説「六韜一書是雜家作品」。同時，六韜又是一部以黄老爲主旨的兵家著作，近年來，越來越多的學者如邵鴻、徐勇、解文超等都提出了這一觀點。

六韜的思想内藴具有鮮明的黄老學術底色。如文韜兵道篇云：「凡兵之道，莫過乎一。一者，能獨往獨來。黄帝曰『一者，階於道，幾於神』。」此引黄帝語釋「兵道」之「一」，正本乎老子四十二章「道生一，一生二，二生三，三生萬物」，謂道所生者一，道始於一，亦如馬王堆黄帝書十大經成法篇所謂「一者，道其本也」。而六韜云「一者，能獨往獨來」，老子「道生一」亦有「獨一無偶」之義（陳鼓應注），黄帝書道原篇也説「獨立不偶，萬物莫之能令」，其旨互通。

又如文韜上賢篇云：「夫王者之道如龍首，高居而遠望，深視而審聽，示其形，隱其情，若天之高，不可極也，若淵之深，不可測也。」此語正合於「君人南面之術」（漢書藝文志）。舉賢篇云：「將相分職，而各以官名舉人，按名督實，選才考能，令實當其名，名當其實。」是以名實之辨發明治術之要，彼時名、道、法諸家於此皆有論及，尤與黄老密切關聯。名家者言如鄧析子無厚曰：「循名責實，君之事也；奉法宣令，臣之職也。」道家者言如文子上仁曰：「循名責實，使自有司。以不知爲道，以奈何爲寶，如此則百官之事，各有所考。」法家者言如韓非子定法篇稱「申不害言術」，謂其「因任而授官，循名而責實，操殺生之柄，課群臣之能者也，此人主之所執也」。各家所云，其意互通，考其衍進之迹，與黄老由道入法的邏輯進路正相吻合。

又文韜大禮篇云：「安徐而靜，柔節先定，善與而不爭，虛心平志，待物以正。」近似表述亦見於作爲黄老學術代表著作的黄帝書稱篇：「諸陰者法地，地德安徐正靜，柔節先定，善予不爭。」同時，又見於管子九守篇：「安徐而靜，柔節先定，虛心平意以待須。」而管子也是以黄老思想爲主，是齊國稷下學者推尊管子之作。

又文韜六守篇云：「大農、大工、大商，謂之三寶。農一其鄉則穀足，工一其鄉則器足，商一其鄉則貨足，三寶各安其處，民乃不慮，無亂其鄉，無亂其族。」使農、工、商各一其鄉、各安其處的做法，在管子、國語中都有印證，而管子小匡篇言之尤詳，「參其國而伍其鄙，定民之居，成民之事，以爲民紀」，「制國以爲二十一鄉，商工之鄉六，士農之鄉十五」，「處農必就田壄，處工必就官府，處商必就市井」，此説反映了稷下學者在祖述管子治民方略基礎上，對基層社會治理的系統設計。

綜上，六韜的内容託名太公，出自戰國時期的齊國，在學術思想上雜取衆家，而又以黄老爲主旨，基本可以推斷其主要篇章出自稷下大夫的集體編撰。

三、内容體系的整合及書名的確立

六韜内容雖成於戰國，但其作爲書名被廣泛稱用，則是東漢以後的事情，在此之前，經歷了内容體系整合及書名確立的過程。

（一）金版六弢與周史六弢

銀雀山、八角廊所出太公簡都未提及六韜一名。莊子徐無鬼篇載女商語「吾所以説吾君者，横説之則以詩書禮樂，從説之則以金板六弢」，成玄英疏：「金版六弢，周書篇名也，或言祕讖也。本有作韜字者，隨字讀之，云是太公兵法，謂文武豹龍犬，六弢也。」弢、韜古字通用，故學者多襲成説，以爲莊子所謂六弢即後世六韜。然而，女商是魏武侯宰臣，其所謂横説、從説，皆是説其君武侯。張烈認爲，「魏武侯（公元前三九六年至前三七一年在位）的時候，中原地區各國互相攻伐，都還没有使用騎兵」，「魏武侯時流傳的六弢，不可能就是這部談論了騎兵的六韜」（六韜的成書及其内容）。而從齊國情況看，齊桓公田午前三七四至前三五七年在位，齊威王前三五六年繼之。稷下學宫初創於桓公，及其大盛而呈現學者雲集的局面，當在威王、宣王時期，六韜既出自稷下黄老之學，則其在魏武侯生前（即田齊桓公最初即位的四年内）成書的概率極小，更不可能獲得與詩書禮樂相從横的地位。由此推斷，莊子所説的「金版六弢」，不應是後世所傳太公六韜。

太公之書，古多被稱爲周書、周志或周史。上文提及漢書藝文志著録了「周史六弢六篇」，列於諸子略之儒家，班固自注「惠、襄之間，或曰顯王時，或曰孔子問焉」，顔師古注：「即今之六韜也，蓋言取天下及軍旅之事。弢字與韜同也。」然而周史六弢列在儒家，顯然與今本六韜的内容不符，且惠、襄之間，或顯王時，或孔子時，亦與稷下學者的時代不合。南宋陳騤中興館閣書目卷四云：「周史六弢，恐别是一書。」清人沈濤銅熨斗齋隨筆卷四「六弢」之條質疑顏注云：「今六韜乃文王、武王問太公兵戰之事，而此列之儒家，則非今之六韜也。六乃大字之誤，古今人表有『周史大㢸』，古字書無㢸字，篇韻始有之，當爲弢字之誤。莊子則陽篇『仲尼問於太史大弢』，蓋即其人。此乃其所著書，故班氏有『孔子問焉』之説。顏氏以爲太公之六韜，誤矣。今之六韜當在太公二百三十七篇之内。」

今按「周史六弢」是否「周史大弢」之誤，或有待進一步確證，但其絶非太公六韜。以今傳本六韜觀之，至少龍、虎、豹、犬四卷皆專言兵事，即便不列入兵書略，亦應按漢志體例另有標注，如兵權謀家出司馬法而入禮，兵技巧家省墨子重，而著録於墨家，兵書略不涉及六韜相關的信息是説不過去的。假定由於六韜思想内容與儒家有相通之處，抑或劉向、劉歆父子或者班固以其記文武之事而視爲儒學典籍，將其以「周史六弢」之名列入儒家，班固亦應在兵書略注明「省周史六弢」或「出周史六弢入儒家」。今無此標注，則列於諸子略之儒家「周史六弢」必與兵書六韜無關，顏注殆不可從。

又按沈濤謂「今之六韜當在太公二百三十七篇之内」，余嘉錫亦持此見，其四庫提要辨證卷一一云：「漢志道家有太公二百三十七篇，謀八十一篇，言七十一篇，兵八十五篇，而無六韜之名。蓋漢志著録之例，只以著書之人題其書，而不別著書名，老子不名道德經，淮南不名鴻烈，蒯子不名雋永，故太公之書不名六韜、陰謀、金匱兵法等也，至隋志乃著之耳。」由於先秦古書多爲單篇流傳，並無書名，劉向校書，往往一人所著即爲一書，或有一人撰著多書者，亦皆合併著録爲一書，余嘉錫所謂「以人類書，不以書類人」即此，故今之六韜必當在太公二百三十七篇之内。且漢志以太公列入諸子略之道家，而今之六韜出自稷下黄老學者，亦相吻合。又且漢志兵書略「兵權謀十三家」下，班注「省伊尹、太公、管子、孫卿子」云云，可知太公之書原應在兵書略及諸子略皆有著録，既重複著録，故曰「省」，而其中兵書略所著録的太公，當是其論及兵事的内容，如管子之兵法、九變等篇，孫卿子（荀子）之議兵等篇，班固「省」之。

（二）分化重組中形成的太公六韜

如上所述，漢志著録太公二百三十七篇，又分謀八十一篇，言七十一篇，兵八十五篇，而銀雀山、八角廊所出太公簡中，除包含今本六韜的内容外，還可見後世典籍所引金匱、陰謀的文字。隋書經籍志分别著録太公六韜、太公陰謀、太公金匱、太公兵法等。清人沈欽韓認爲，「志云謀者，即太公陰謀也」，「言者，即太公金匱，凡善言，書諸金版」，「兵者，即太公兵法」（漢書疏證卷二五）。根據漢志所著録的謀、言、兵三類，發展到隋志所著録的太公六韜、太公陰謀、太公金匱、太公兵法等多部著作這一事實，可知六韜與太公兵法絶不能等同，依沈氏之説，太公兵法當全在兵八十五篇内，六韜則未必。從漢代起，太公諸書就一直處於分化重組的過程中，六韜其書其名，正是在這種分化重組中形成的。

先秦至西漢的典籍，六韜（弢）之名絶少出現。太公之書，自戰國後期及至西漢，已有廣泛流傳，屢有徵引，惟不提及「六韜（弢）」二字。吕氏春秋聽言引周書「往者不可及，來者不可待，賢明其世，謂之天子」，漢書鼂錯傳鼂錯舉賢良對策引作傳曰「往者不可及，來者猶可待，能明其世者謂之天子」，並出自太公，今可見於銀雀山太公簡第七四九號「往者不可及，來者不可侍，能明其世者，胃之天子」，而皆不云六韜（弢）。又史記留侯世家謂張良於下邳遇黄石老人，而得「太公兵法」，亦不云六韜（弢）。又漢書蕭何傳蕭何語引周書「天予不取，反受其咎」，蒯通傳蒯通説韓信則稱作「天與弗取，反受其咎；時至弗行，反受其殃」，可見於太公金匱（意林卷一録）；又蕭何傳蕭何語「夫能詘於一人之下，而信於萬乘之上者，湯武是也」，洪邁容齋三筆卷一五謂其出自六韜「屈於一人之下，則申於萬人之上，唯聖人能爲之」（群書治要卷三一節録）。蕭何、蒯通雖曉其文句，卻未提「六韜（弢）」二字。又漢書賈誼傳賈誼治安策引黄帝曰「日中必𤅊，操刀必割」，顔師古注引臣瓚曰「太公曰『日中不𤅊，是謂失時，操刀不割，失利之期』」，又曰：「此語見六韜。」賈誼引六韜文而謂黄帝語，亦不稱六韜（弢）書名。惟淮南子精神訓提及「通許由之意，金縢、豹韜廢矣」，高誘注：「金縢、豹韜，周公、太公陰謀圖王之書。」尚書有金縢篇，六韜有豹韜卷，淮南子不稱尚書、六韜，而云金縢、豹韜，這其實與古書流傳方式有關。先秦古書並非如後世那樣系統完整，有的是相對鬆散的篇的組合，篇的獨立性較强，不同傳本的書，篇目差别很大；有的書乾脆就是單篇流傳，書不存在，直至劉向校書之後（或者更晚）才真正「成書」，故篇名比書名重要，也更具有明確的指向性，因爲篇的内容比書更穩定。

由此推斷，漢初並無完整的六韜，而僅有太公諸書中以豹韜等爲題名的數篇或數組文章，彼此相對獨立，且分合變化頻仍，尚未構成一部系統的著作。六韜的整合是豹韜等數篇或數組文章以及太公陰謀、金匱等，在彼此交叉和分化重組的演變中漸漸完成的。整合的一個重要標志，是各卷題名成系統地確立下來，文、武、龍、虎、豹、犬之名，彼此呼應，結構嚴整，這樣的系統化題名最終形成，真正意義的六韜才算完成。後漢書何進傳言及「大將軍司馬許涼、假司馬伍宕説進曰『太公六韜有天子將兵事』」，李賢等注：「太公六韜篇：第一霸典，文論；第二文師，武論；第三龍韜，主將；第四虎韜，偏裨；第五豹韜，校尉；第六犬韜，司馬。」按霸典、文師之名，與群書治要節録六韜篇目不同，李注蓋取自古書記載，而非唐本六韜的實際情況。這就證實了六韜各卷題名曾經有過變動，經歷了系統化整理加工的過程。又孫星衍周書六韜序云：「六韜之分文、武、龍、虎、豹、犬者，當爲祕讖，軍行時藏之弓衣，外畫龍虎之文以爲識，不關題分卷次，故今本與釋文所引異耳。其爲六卷、五卷、四卷，後代分合，未得其詳。」（平津館叢書）孫氏的判斷與上述分析也大致吻合。「不關題分卷次」，説明各卷題名與篇章内容並不同步，篇章内容是在分化重組的演變中形成的，而各卷題名相對晚出，且並非據篇章内容而定，而是在篇章分合大致成熟以後，爲附會其書作爲祕讖的整體性、系統性，加工整理而成的。

（三）從中古六韜到七書六韜

六韜之書得以整合及其題名廣爲流傳，當在東漢時期。除上引後漢書何進傳許涼、伍宕言及此書外，又有徐璆傳李賢等注引謝承後漢書稱徐璆父徐淑「善誦太公六韜」。及至三國，六韜之書更加受到重視。三國志蜀書先主傳裴松之注引諸葛亮集載劉備遺詔勑後主曰：「可讀漢書、禮記，閒暇歷觀諸子及六韜、商君書，益人意智。聞丞相爲寫申、韓、管子、六韜一通已畢，未送，道亡，可自更求聞達。」又吴書吕蒙傳裴松之注引江表傳言孫權勸吕蒙、蔣欽「宜急讀孫子、六韜、左傳、國語及『三史』」。

至北宋以前，六韜以一種或數種文本傳世，學界統稱爲「中古本」，今可由群書治要節録本、敦煌遺書唐寫卷以及北堂書鈔、藝文類聚、初學記、通典、意林、太平御覽等書所引佚文略窺一二。「中古本」傳世的同時，太公兵法、陰謀、金匱等書亦並行於世。這些著作直至北宋才開始亡佚，或併入六韜之中。所以，在入宋以後的崇文總目、宋史藝文志、郡齋讀書志、直齋書録解題等官修或私家書目中，陰謀、金匱、太公兵法不再見諸著録。後世偶或有之，已遠非原書，如清代四庫全書總目子部兵家存目著録太公兵法一卷，「皆以七言詩句爲歌訣，辭甚鄙俚，其爲僞托不待辨也」。

故基本可以推斷，漢代太公之書傳至宋，僅存六韜。北宋元豐年間，神宗皇帝詔命頒定武經七書，經朱服、何去非校正，六韜的文本也從此基本固定下來，至此「中古本」亡，而今傳本乃得行世。此後八百餘年，其版本持續益增，至今可觀者已達百餘種。

四、重要傳本及典藏情況

方勇教授主持編纂的子藏二〇一九年出版了兵家部六韜卷，收録六韜白文本、注釋本、節選本、校勘本、批校本及相關研究著作四十一種，是迄今彙輯六韜文本和研究文獻最爲齊全的大型影印叢書，然而猶未搜羅無遺。據劉申寧中國兵書總目著録信息統計，六韜白文本四十八種，考、評、箋、證等各類注釋成果三十一部，版本七十四種，合計六韜傳本一百二十二種。這一數據涵蓋了二十世紀八十年代中國一百六十三家（大陸一百六十一家，香港、臺灣各一家）及美國二家、英國一家、日本四家藏書機構的館藏。另有出土簡牘、敦煌寫卷、西夏譯本、群書治要節録、清人輯佚及考校學術筆記等等，亦多達十餘種。今查全國古籍普查登記基本數據庫，所得條目並未超出劉書著録的範圍，但實際上全球可見的六韜版本不止於此。日本國見在書目録著録了「太公六韜六卷」，據孫猛考證：「滋野貞主等撰祕府略卷八六八引有此書。日本現存本十多種，多爲室町時期鈔本。」（日本國見在書目録詳考考證篇卅五兵家）而搜索日本所藏中文古籍數據庫，所得記録三百一十條，經逐一核對信息，去其重複，仍有一百零三種版本，其中不少未經劉氏著録，絶大多數爲日本刻本、活字本或鈔本，亦有少量朝鮮刻本。現重點圍繞本書校釋採輯的中外文本作一梳理。

（一）宋刻武經七書

原陸氏皕宋樓舊藏宋本武經七書刊於南宋孝光時期，自清末轉售日本岩崎氏，藏靜嘉堂文庫至今，是目前學界公認的今世可見武經七書最早最優善本。一九三五年，上海涵芬樓曾據中華學藝社借照靜嘉堂本影印，收入續古逸叢書；一九八七年，解放軍出版社、遼瀋書社再次影印出版，收入中國兵書集成第一册。又及，原瞿氏鐵琴銅劍樓藏影宋鈔本武經七書，亦頗受推重，經比核，是書所影鈔之底本實即靜嘉堂所藏宋本。一九一九年，上海涵芬樓曾據瞿氏影宋鈔本影印六韜、吴子、司馬法，收入四部叢刊初編。今國家圖書館網站中華古籍資源庫可閲覽瞿氏本全文圖像。

（二）施氏七書講義

施氏七書講義，南宋施子美撰，一説施氏爲金人。七書講義爲武學授課教材，以串解形式講論武經要義，徵引廣博，闡發詳贍，是宋代儒學治兵的重要資料。施書有兩大特點：一是具有較强的理論建構意識，貫通武學諸經，以七書彼此互詮，並徵引史事，發明奧義，力圖在武經七書內部建構一個完整的兵學體系；二是開援儒釋兵之先河，以儒家正統理念重塑兵學精神，其中亦不免有所曲解。由於講義在某些方面無法適應後世武舉應試人員注重普及性、實用性的偏好，該書在中土較早亡佚，但在日本卻廣爲傳播，慶長、元和、寬永、元禄、文久間各有刊本。查經籍訪古志，著録版本三種；搜索日本所藏中文古籍數據庫，可得記録二十八條，經比勘去重，可知今存版本十二種。其中，文久三年（一八六三）刊本約在清末回傳國内。是書四十二卷，卷三四至卷三九爲六韜。一九九二年，解放軍出版社、遼瀋書社影印出版，收入中國兵書集成第八册。

（三）武經直解

武經直解爲明洪武間進士劉寅奉太祖皇帝朱元璋旨意所撰，專供軍官子孫講讀通曉，以備試用，訓解細而周全，又簡明淺近，且奉儒家正統，以「仁義忠信、智勇明決」爲「兵之本」（劉寅序）。全書二十五卷，六韜在七書之末，計六卷，有明成化刊本、嘉靖刊本及萬曆刊本；後張居正增訂十二卷本出，卷一一至卷一二爲六韜，有明萬曆刊本、崇禎刊本，日本寬永刊本、寬文刊本及清光緒鈔本。其中，二十五卷萬曆刊本舊藏丁氏八千卷樓，後轉入江南圖書館（一九二九年改稱江蘇省立國學圖書館），一九三三年，南京國民政府訓練總監部軍學編譯處所轄陸軍印刷所據國學圖書館藏本影印，一九九〇年，解放軍出版社、遼瀋書社又據陸軍印刷所影印本重印出版，收入中國兵書集成第十至十一册。明成化刊本可在國家圖書館網站中國古籍資源庫閲覽全文圖像。日本内閣文庫藏張居正增訂十二卷崇禎十年翁鴻業刊本及日本寬永二十年刊本，可在國立公文書館數字檔案綱上閲覽全文圖像。

（四）武經開宗

武經開宗，明末黄獻臣撰。黄氏係福建儒學生員，崇禎初，按察使曾櫻考校觀風，黄受選入試而位列前茅，深得賞識。時國家戰勢緊迫，朝廷「以武科并重文闈」（曾櫻武經開宗序），黄氏又作開宗以闡釋武經，請教於曾，大獲贊譽。明朝武學著作多面向習武從軍者，較爲通俗，且注重應試，以備武舉策論之用，先後有一大批務求解釋簡明、翻檢便宜、切於儒家正統而又淺白易識的所謂標題、增注、大全、纂序、備旨、評釋之書問世，至晚明而以武經開宗成就最高。該書隨文訓字，多襲直解前説，惟每章下總括大義，徵引歷代史事闡釋經文奥旨，參以述評，發明以儒言兵、以儒統兵精神，堪與明初直解參互相足，後清人汪琪遂纂輯直解、開宗二書，合爲一編，以便對參，題爲武經直解開宗合參，二書乃成爲武舉生員傳習最廣之作。開宗今館藏不多，影印極少，不易查閲。凡十卷，六韜爲卷之七；或十四卷，六韜爲卷八至卷九。北京大學圖書館藏有三種版本，其中，日本寬文元年中野右衛門刻十四卷本在二〇一四年經西北師範大學出版社影印出版，收入北京大學藏日本版漢籍善本萃編第十一至十二册。日本内閣文庫藏有明崇禎九年芙蓉館刻十卷本，可在國立公文書館數字檔案綱上閲覽全文圖像。

（五）武經七書彙解

武經七書彙解，清康熙間朱墉撰。清初武學復興，彙輯武經前賢注釋、總結前朝武舉應試之作，一時蔚然成風，如武經大全纂序集注、武經備旨彙解説約、武經七書開宗合纂全題彙解、增補武經集注大全、武經全解等相繼問世，研治兵學，無不求全求備、崇尚廣博。朱墉文武雙全，「四書五經」與兵書武策兼通習之，又身懷武藝，然順治間兩次應試不第，遂歸而著書。其武經七書彙解徵引書目八十五種，吸收注釋前賢八十三人，集前代兵學闡釋訓解之大成。朱氏注文中標有「直解」一目，非謂劉寅直解之書，朱氏「直解」於劉寅、黄獻臣等多家訓解均有採輯，然其行文逐字爲訓，更加簡明清晰，頗具參考價值。另外，朱氏彙解突破了一般儒者言兵的局限，其説多切於實戰，遠勝他家，是清代最重要的武經注本。全書正文七卷，卷七爲六韜，有清康熙二十七年懷山園刊本、光緒二年古經閣刊國英重訂本。其中，古經閣本正文外又多卷首、末各一卷，分别爲國英、梁肇晉序文；是書於一九八九年經中州古籍出版社影印出版，一九九二年，解放軍出版社、遼瀋書社再次影印出版，收入中國兵書集成第四十二至四十三册。

（六）武備志

武備志爲明末兵學家茅元儀所撰，分兵訣評、戰略考、陣練制、軍資乘、占度載五部分，凡二百四十卷，涉及韜略、軍史、陣法、軍制、後勤、占候、地理等諸多領域，其兵訣評彙輯歷代兵書，卷四至卷六爲六韜，以白文爲主，僅有少量注釋。然其書成於明末清初，武經七書俱爲輯録，且較之坊刻武舉應試之作校勘尤精，故頗具版本價值。是書明清兩朝各有多種版本，然清朝諸本皆有改竄。一九八四年，臺灣華世出版社曾據清刻本影印出版；一九九二年，解放軍出版社、遼瀋書社又採三部明朝天啓元年竣刻殘本補足後影印出版，收入中國兵書集成第二十七至三十六册。

（七）平津館叢書之周書六韜

清孫星衍纂輯平津館叢書所收古籍皆慎擇珍善之本據以精校，版本價值極高。其周書六韜爲孫星衍與孫志祖互相讎校而成，凡六卷，又附孫同元輯佚文一卷。是書有嘉慶蘭陵孫氏刻本，二〇一〇年鳳凰出版社曾據以影印出版；又有朱氏懷盧家塾重刻本，可在國家圖書館中華古籍資源庫閲覽全文圖像。

（八）日本慶長十一年刻七書

慶長本武經七書刊於慶長十一年（一六〇六），爲木刻活字本，題名爲七書，閑室元佶校訂，凡二十五卷，其中六韜計六卷。全書卷首録施氏七書講義卷首江伯虎序，卷末附紫陽閑室元佶叟跋。按閑室元佶，亦稱三要元佶，日本漢學家，足利學校第九任校長，圓光寺開山禪師，與德川家康關係密切，在日本漢學史上有重要地位。元佶所校訂的七書是現存最早的武經七書和刻本，且館藏較少，版本價值極高。經籍訪古志卷四子部上著録此書，並引近藤正齋云：「當時單本七書不傳，此本就序跋考之，蓋從施氏講義録出者。世又傳整板本，即覆刻此本者。又有舊板加點本及萬治二年刊本，俱係坊刻。」按是書與講義最爲接近，凡講義與明清直解諸本異文，是書兼取二者，以雙行小字並排，蓋其以講義與他本校出所記。是書今有北京大學圖書館藏本，二〇一四年經西北師範大學出版社影印出版，收入北京大學藏日本版漢籍善本萃編第十二至十三册；日本内閣文庫亦有館藏，可在國立公文書館數字檔案網上閲覽全文圖像。

除上述傳世六韜文本外，相關文獻還有銀雀山、八角廊漢墓所出太公簡，群書治要節録六韜、陰謀，敦煌唐寫卷六韜，黑水城所出西夏文譯本六韜，以及清中後期孫志祖、孫同元、嚴可均、洪頤煊、黄奭、汪宗沂、王仁俊等學者所輯佚文，今將其重新訂正校理，全部收入本書附録。這類文獻的出處和館藏信息已在本書凡例和附録中俱有詳述，在此不再贅言。

本書主要採輯上述六韜文本及相關文獻作集解，同時吸收清人訓詁校勘學術成果，徵引先秦諸子典籍及後世兵書戰策，結合出土實物資料，詳考名物器械和戰法陣制，並力圖在思想理論方面有所發明，爲學界奉上一部校勘精審、考釋詳贍，相關輯佚、節録、出土、域外文獻無不賅備的六韜研究文本。本書撰寫雖極盡精嚴之力，反復校覈，深入推究，務求確當穩切，然而由於本人學力未逮，亦限於種種客觀局限，謬誤在所難免，如蒙諸位師友教正，不勝感激！

山東大學　王震

二〇二〇年九月

凡例

一、底本與校本

（一）底本

日本靜嘉堂文庫藏南宋孝光間刻武經七書六韜。

（二）校本

1【白文本】

(1)〔慶長本〕日本慶長十一年木活字本七書六韜；

(2)〔武備志〕中國兵書集成收據明天啓元年竣刻殘本補足影印茅元儀武備志兵訣評六韜；

(3)〔孫校本〕清嘉慶十年蘭陵孫氏刻平津館叢書收孫志祖校周書六韜；

2【注解本】

(4)〔講義〕日本文久三年刊施子美施氏七書講義六韜；

(5)〔直解〕民國陸軍印刷所影印明萬曆刊本武經直解六韜直解；

(6)〔開宗〕明崇禎間芙蓉館刻黄獻臣武經開宗六韜；

(7)〔彙解〕清光緒二年古經閣刻國英重訂朱墉武經七書彙解太公六韜；

3【節録本】

(8)〔治要〕日本宮内廳書陵部藏鐮倉時代寫金澤文庫本群書治要卷三一節録六韜、陰謀；

4【出土文獻】

(9)〔銀雀山簡〕山東臨沂銀雀山漢簡六韜；

(10)〔八角廊簡〕河北定縣八角廊漢簡六韜；

二、考異

本書正文所録六韜，篇内離章分句，各章句左列「考異」之目，考覈諸本異文，校箋訂正，原則如下：

（一）本書底本之字，除個別俗字和舊字形外，通常保持原貌，不作釐正。

（二）底本凡與校本文字有異，無論正誤，除異體字外，通常皆出校。

（三）凡出校，視需要予以推勘辨證，考據爲古今字、假借字、轉注字、聲轉、形省或形訛關係，以提供學術參考。

（四）凡底本有誤，慎作改動，惟其顯而易見者，則據校本更正，並出校説明；校本有誤，亦出校説明，先下斷語，而後考辨箋證，所以正誤兩存以備考，以最大限度反映不同傳本真實面貌和相互傳承關係；如底本校本雖異，而不宜遽斷正誤，亦校出兩存，或加申論，以俟學者詳考。

（五）校本之中，慶長本原曾與他本校出異文，以雙行小字兼取二者並存之，本書校語則謂「慶長本兩存之」。

三、集解

本書篇内各章句「考異」左，列「集解」之目，輯施子美施氏七書講義、劉寅武經直解、黄獻臣武經開宗、朱墉武經七書彙解四家訓釋，而後加案語作補注與疏證。四家訓釋之間，以圈號標識，以示間隔。凡諸家有近似雷同，則僅取其先出者。案語另起段落，補充諸家之缺失，多舉大量書證以作文字訓詁，並廣泛徵引其他兵書及後世相關文獻、出土實物、經典戰例等，或補注諸家未注之字，或正其訓解訛誤，或增詳所及名物制度等。

本書凡注字音，先據廣韻、集韻等書以反切法注其中古音，再以直音法注，作「普通話讀如某」，是謂其今普通話讀音（據現代漢語詞典或漢語大字典）與「某」相同，或作「讀如某」，則謂其古音與今普通話讀音皆與「某」同，亦或作「讀爲某」、「讀曰某」，是謂通假關係。極個别無同音字的情况，則以漢語拼音注普通話讀音。

四、附録

本書附録收集了六韜出土文獻、節録文獻、輯佚文獻等。出土文獻包括銀雀山簡、八角廊簡、敦煌寫本、西夏文譯本。其中，銀雀山簡據文物出版社一九八五年出版的銀雀山漢墓竹簡〔壹〕過録，參照圖版、摹本、吴九龍銀雀山漢簡釋文及相關傳世文獻，對簡文及注釋作了校訂。八角廊簡以敦煌文藝出版社二〇〇五年版中國簡牘集成第十八册所收簡文及注釋，與文物期刊原載釋文及校注重作校覈，經訂正整理過録。敦煌寫本據法國國家圖書館藏品（編號 Pelliot chinois Touen-houang 3454）的電子掃描圖像重新録文標點，并參照敦煌學輯刊一九八四年載王繼光敦煌唐寫本六韜殘卷校釋一文，對圖像中難以辨識的字形作了釐定。西夏文譯本係俄藏黑水城文獻之一，賈常業曾將西夏文六韜釋讀回譯成漢文，載西夏研究二〇一一年第二期，本書據賈譯予以過録。

節録文獻即群書治要節録六韜、陰謀，本書以日本宫内廳書陵部藏金澤文庫本治要（鐮倉時代書寫）爲底本，參校清阮元輯宛委别藏所收天明本，予以過録并標點。

輯佚文獻是在採輯孫志祖、孫同元、嚴可均、洪頤煊、黄奭、汪宗沂、王仁俊等七家所輯佚文的基礎上，删併繁複，標識出處，並校覈原文，訂正訛誤。

五、引徵文獻

（一）經部

蔡沈撰，王豐先點校：書集傳，中華書局，二〇一八年。

江聲：尚書集注音疏，影印清乾隆五十八年近市居刻本，續修四庫全書第四四册，上海古籍出版社，二〇〇二年。下同。

劉逢禄：尚書今古文集解，影印清光緒十四年南菁書院刻皇清經解續編本，續修四庫全書第四八册。

皮錫瑞：尚書大傳疏證，影印清光緒二十二年刻師伏堂叢書本，續修四庫全書第五五册。

馬瑞辰撰，陳金生點校：毛詩傳箋通釋，中華書局，一九八九年。

陳奂：詩毛氏傳疏，影印清道光二十七年陳氏掃葉山房刻本，續修四庫全書第七〇册。

陳壽祺撰，陳喬樅述：三家詩遺説考，影印清刻左海續集本，續修四庫全書第七六册。

于省吾：于省吾著作集所收雙劍誃尚書新證、雙劍誃詩經新證、雙劍誃易經新證，中華書局，二〇〇九年。

孫詒讓撰，王文錦、陳玉霞點校：周禮正義，中華書局，一九八七年。

王聘珍撰，王文錦點校：大戴禮記解詁，中華書局，一九八三年。

楊伯峻編著：春秋左傳注（修訂本），中華書局，二〇〇九年。

蘇輿撰，鍾哲點校：春秋繁露義證，中華書局，一九九二年。

劉寶楠：論語正義，諸子集成第一册，上海書店，一九八六年。

朱熹：四書章句集注，中華書局，一九八三年。

阮元校刻：十三經注疏，影印一九三五年世界書局縮印本，中華書局，一九八〇年。

俞樾：群經平議，影印清光緒二十五年刻春在堂全書本，續修四庫全書第一七八册。

郝懿行撰，王其和、吴慶峰、張金霞點校：爾雅義疏，中華書局，二〇一七年。

葛其仁：小爾雅疏證，叢書集成初編第一一五〇册，商務印書館，一九三九年。

劉熙：釋名，影印四部叢刊初編收明嘉靖翻宋八卷本，中華書局，二〇一六年。

王先謙：釋名疏證補，影印清光緒二十二年思賢書局刻本，續修四庫全書第一九〇册。

王念孫撰，鍾宇訊整理：廣雅疏證，影印清嘉慶間王氏家刻本，中華書局，二〇〇四年。

劉淇：助字辨略，影印清康熙五十年海城盧承琰刻本，續修四庫全書第一九五册。

王引之：經傳釋詞，影印清嘉慶二十四年刻本，續修四庫全書第一九五册。

釋玄應：一切經音義二十五卷，影印清道光二十五年海山仙館叢書本，續修四庫全書第一九八册。

釋慧琳：一切經音義一百卷，影印日本元文三年至延亨三年獅谷白蓮社刻本，續修四庫全書第一九六至一九七册。

許慎撰，徐鉉校定：説文解字，影印清同治十二年陳昌治刻本，中華書局，二〇一三年。

徐鍇：説文解字繫傳，影印清道光間祁嶲藻刻本，中華書局，二〇一七年。

段玉裁：説文解字注，影印日本早稻田大學藏小畑行簡點校本，中華書局，二〇一三年。

桂馥：説文解字義證，影印清同治九年崇文書局重刻本，中華書局，二〇一七年。

朱駿聲：説文通訓定聲，影印朱氏臨嘯閣刻本，中華書局，二〇一六年。

江沅：説文釋例，江都李氏半畝園刻本，一八五一年（清咸豐元年）。

徐灝：説文解字注箋，影印清光緒二十二年徐氏刻民國三年補刻本，續修四庫全書第二二五册。

鄭珍：説文新附考，影印清光緒五年姚氏刻咫進齋叢書本，續修四庫全書第二二三册。

史游：急就篇，影印曾仲珊據浙江書局玉海點校叢書集成本，岳麓書社，一九八九年。

顧野王：大廣益會玉篇，影印張氏澤存堂刻本，中華書局，一九八七年。

張參：五經文字，影印後知不足齋叢書本，叢書集成新編第三五册，新文豐出版公司，一九八六年。

類篇，景印文淵閣四庫全書第二二五册，臺灣商務印書館，一九八六年。下同。

張自烈：正字通，影印清康熙二十四年清畏堂刻本，續修四庫全書第二三五册。

陳彭年等編：宋本廣韻，影印宋巾箱本配補南宋高宗紹興浙刊本及孝宗乾道鉅宋本，江蘇教育出版社，二〇〇八年。

丁度等編：集韻，影印述古堂影宋鈔本，上海古籍出版社，一九八五年。

毛晃增注，毛居正校勘重增：增修互注禮部韻略，景印文淵閣四庫全書第二三七册，臺灣商務印書館，一九八六年。

（二）史部

司馬遷撰，司馬貞索隱，裴駰集解，張守節正義：史記，中華書局，二〇一四年。

班固撰，顏師古注：漢書，中華書局，一九六二年。

沈欽韓：漢書疏證，影印清光緒二十六年浙江官書局刻本，續修四庫全書第二六六册。

錢大昭：漢書辨疑，影印清槜李沈氏刻銅熨斗齋叢書本，續修四庫全書第二六七册。

王先謙：漢書補注，影印清光緒二十六年王氏虛受堂刻本，續修四庫全書第二六九册。

范曄撰，李賢等注：後漢書，中華書局，一九六五年。

姚思廉：梁書，中華書局，一九七三年。

魏徵等：隋書，中華書局，一九七三年。

歐陽修、宋祁：新唐書，中華書局，一九七五年。

張廷玉等：明史，中華書局，一九七四年。

皇甫謐撰，宋翔鳳集校：帝王世紀，影印清光緒貴筑楊氏刻訓纂堂叢書本，續修四庫全書第三〇一册。

司馬光編著：資治通鑑，中華書局，二〇一一年。

劉恕：資治通鑑外紀，影印上海涵芬樓藏明刊本，四部叢刊初編，商務印書館，一九一九年。

羅泌：路史，叢書集成初編第三七〇一册，商務印書館，一九三六年。

徐元誥撰，王樹民、沈長雲點校：國語集解，中華書局，二〇〇二年。

劉向集録：戰國策，上海古籍出版社，一九八五年。

諸祖耿：戰國策集注匯考，鳳凰出版社，二〇〇八年。

黃懷信、張懋鎔、田旭東撰，李學勤審定：逸周書彙校集注，上海古籍出版社，一九九五年。

梁啓超：中國近三百年學術史，人民出版社，二〇〇八年。

錢大昕：廿二史考異，叢書集成初編第三五三四册，商務印書館，一九三七年。
崔述：豐鎬考信録，叢書集成初編第一四〇册，商務印書館，一九三七年。
吴則虞：晏子春秋集釋，中華書局，一九六二年。
杜佑撰，王文錦、王永興、劉俊文、徐庭雲、謝方點校：通典，中華書局，一九八八年。
吴大澂：愙齋集古録，影印一九一七年上海涵芬樓影印本，續修四庫全書第九〇三册。
馬端臨：文獻通考，影印萬有文庫十通本，中華書局，一九八六年。
王應麟撰，張三夕、楊毅點校：漢制考漢藝文志考證，中華書局，二〇一一年。
顧實：漢書藝文志講疏，上海古籍出版社，二〇〇九年。
晁公武撰，孫猛校證：郡齋讀書志校證，上海古籍出版社，二〇一一年。
陳振孫：直齋書録解題，上海古籍出版社，一九八七年。
姚際恒撰，黄雲眉補證：古今僞書考補證，商務印書館，二〇一九年。
永瑢等：四庫全書總目，中華書局，一九六五年。
顧實：重考古今僞書考，山西人民出版社，二〇一四年。
余嘉錫：四庫提要辨證，中華書局，二〇二〇年。
張心澂：僞書通考，上海書店出版社，一九九八年。

（三）子部

王先謙撰，沈嘯寰、王星賢點校：荀子集解，中華書局，一九八八年。

王利器：鹽鐵論校注（定本），中華書局，一九九二年。

劉向撰，向宗魯校證：説苑校證，中華書局，一九八七年。

王符撰，汪繼培箋，彭鐸校正：潛夫論箋校正，中華書局，一九八五年。

黄震：黄氏日抄，景印文淵閣四庫全書第七〇八册。

朱謙之：老子校釋，中華書局，一九八四年。

郭慶藩撰，王孝魚點校：莊子集釋，中華書局，二〇一二年。

王先謙撰，劉武撰，沈嘯寰點校：莊子集解莊子集解内篇補正，中華書局，二〇一二年。

楊伯峻：列子集釋，中華書局，二〇一三年。

孫武撰，曹操等注，楊丙安校理：十一家注孫子校理，中華書局，二〇一二年。

李浴日：孫子兵法新研究，世界兵學社，一九五六年。

服部千春：孫子兵法校解，軍事科學出版社，一九八七年。

張震澤：孫臏兵法校理，中華書局，一九八四年。

周書六韜（附逸文），平津館叢書甲集，影印清嘉慶十七年蘭陵孫氏刻本，鳳凰出版社，二〇一〇年。

汪宗沂輯：太公兵法逸文，叢書集成初編第九三四册，中華書局，一九九一年。

武經七書，影印中華學藝社影宋刻武經七書本，中國兵書集成第一册，解放軍出版社，一九八七年。

武經七書，影印日本慶長十一年刻本，北京大學圖書館藏日本版漢籍善本萃編第一三册，西南大學出版社，二〇一四年。

李筌：太白陰經，影印守山閣叢書本，中國兵書集成第二册，解放軍出版社，一九八八年。

曾公亮、丁度等：武經總要，影印明金陵書林唐富春刻本，中國兵書集成第三至五册，解放軍出版社，一九八八年。

華岳：翠微先生北征録，影印清光緒劉氏唐石簃秋浦雙忠録收元鈔校刊本，中國兵書集成第六册，解放軍出版社，一九九二年。

施子美：施氏七書講義，影印日本文久三年刻本，中國兵書集成第八册，解放軍出版社，一九九二年。

劉寅：武經七書直解，影印一九三三年陸軍印刷廠影印明萬曆五年翁鴻業刻本，中國兵書集成第一〇至一一册，解放軍出版社，一九九〇年。

黄獻臣：武經開宗，日本内閣文庫藏芙蓉館刻本，一六三六年（明崇禎九年）。

黄獻臣：武經開宗，影印日本寬文元年中野市右衛門刻本，北京大學圖書館藏日本版漢籍善本萃編第一二册，西南大學出版社，二〇一四年。

茅元儀：武備志，影印明天啓元年竣刻補足本，中國兵書集成第二七至三六册，解放軍出版社，一九八九年。

黎翔鳳撰，梁運華整理：管子校注，中華書局，二〇〇四年。

戴望：管子校正，諸子集成第五册，上海書店，一九八六年。

王先慎撰，鍾哲點校：韓非子集解，中華書局，二〇一三年。

趙君卿注，甄鸞重述，李淳風釋：周髀算經，叢書集成初編第一二六二册，商務印書館，一九三七年。

蕭吉：五行大義，叢書集成初編第六九五册，商務印書館，一九三七年。

瞿曇悉達：開元占經，景印文淵閣四庫全書第八〇七册，臺灣商務印書館，一九八六年。

孫詒讓撰，孫啓治點校：墨子閒詁，中華書局，二〇〇一年。

吴毓江撰，孫啓治點校：墨子校注，中華書局，二〇〇六年。

岑仲勉：墨子城守各篇簡注，中華書局，一九五八年。

許富宏：鬼谷子集校集注，中華書局，二〇〇八年。

許維遹撰，梁運華整理：呂氏春秋集釋，中華書局，二〇〇九年。

劉文典撰，馮逸、喬華點校：淮南鴻烈集解，中華書局，二〇一三年。

何寧：淮南子集釋，中華書局，一九九八年。

王利器：顔氏家訓集解，中華書局，一九九三年。

葉適：習學記言序目，影印一九二八年永嘉黄氏校印敬鄉樓叢書本，叢書集成續編第一六册，新文豐出版公司，一九八九年。下同。

焦竑：焦氏筆乘，叢書集成初編第二九一五册，商務印書館，一九三五年。

陳立撰，吴則虞點校：白虎通疏證，中華書局，一九九四年。

戴埴：鼠璞，叢書集成初編第三一九册，商務印書館，一九三九年。

張萱：疑耀，叢書集成初編第三四一册，商務印書館，一九三九年。

顧炎武撰，黄汝成集釋：日知録集釋，影印清道光十四年嘉定黄氏西谿草廬重刊定本，上海古籍出版社，一九八五年。

黄生：義府，叢書集成初編第三四九册，商務印書館，一九三六年。

黄暉：論衡校釋（附劉盼遂集解），中華書局，一九九〇年。

吴箕：常談，景印文淵閣四庫全書第八六四册，臺灣商務印書館，一九八六年。

孫志祖：讀書脞録續編，影印清嘉慶七年刻本，續修四庫全書第一一五二册。

王念孫：讀書雜志，影印王氏家刻本，江蘇古籍出版社，一九八六年。

俞樾：諸子平議，影印清光緒二十五年刻春在堂全書本，續修四庫全書第一一六一至一一六二册。

孫詒讓撰，梁運華點校：札迻，中華書局，一九八九年。

譚獻：復堂日記，叢書集成續編第二一七册。

蔣伯潛：諸子通考，中華書局，二〇一六年。

魏徵等：群書治要，影印日本宮内廳書陵部藏鎌倉時代寫金澤文庫本，汲古書院，一九八九年。

魏徵等：群書治要，影印阮元輯宛委别藏收日本天明刊本，江蘇廣陵古籍刻印社，一九九七年。

馬總編：意林，影印武英殿聚珍版本，四部叢刊初編，商務印書館，一九二九年。

胡應麟：少室山房筆叢，影印清光緒二十二年廣雅書局校刊本，叢書集成續編第一〇册。

洪頤煊：經典集林，影印一九二六年陳氏慎初堂影印清嘉慶間孫馮翼問經堂叢書本，續修四庫全書第一二〇〇冊。

黃奭：黃氏逸書考，影印清道光黃氏刻一九三七年朱長圻補刊本，續修四庫全書第一二〇九冊。

王仁俊：經籍佚文，影印上海圖書館藏稿本，續修四庫全書第一二一一冊。

虞世南：北堂書鈔，南海孔氏三十三萬卷堂刻本，一八八八年（清光緒十四年）。

歐陽詢撰，汪紹楹校：藝文類聚，上海古籍出版社，一九八二年。

李昉等：太平御覽，影印四部叢刊三編本，中華書局，一九六〇年。

章如愚：群書考索，景印文淵閣四庫全書第九三六冊。

王三聘輯：古今事物考，叢書集成初編第一二一七冊，商務印書館，一九三六年。

郭璞傳：山海經，叢書集成初編第二九九四至二九九六冊，商務印書館，一九三九年。

楊慎纂：古今諺，叢書集成初編第二九八八冊，商務印書館，一九三六年。

郭子章纂：六語，明萬曆刻本。

（四）集部

洪興祖撰，白化文、許德楠、李如鸞、方進點校：楚辭補注，中華書局，一九八三年。

劉勰撰，劉永濟校釋：文心雕龍校釋，中華書局，一九六二年。

庾信撰，倪璠注，許逸民點校：庾子山集注，中華書局，一九八〇年。

王琦注：李太白全集，中華書局，一九七七年。

姚鼐：惜抱軒文集，影印清嘉慶三年劉文奎家鐫本，續修四庫全書第一四五三冊。

王國維：觀堂別集，民國叢書第四編，上海書店，一九九二年。

蕭統編，李善等注：六臣注文選，影印四部叢刊本，中華書局，一九八七年。

蕭統編，李善注：文選，影印清嘉慶十四年胡克家刻本，中華書局，一九七九年。

李昉等編：文苑英華，影印宋刻本配明刊本，中華書局，一九七七年。

嚴可均校輯：全上古三代文，影印清光緒二十年黄岡王毓藻刻本，全上古三代秦漢三國六朝文第一冊，中華書局，一九六五年。

（五）出土文獻

銀雀山漢墓竹簡整理小組編：銀雀山漢墓竹簡〔壹〕，文物出版社，一九八五年。

吴九龍：銀雀山漢簡釋文，文物出版社，一九八五年。

居延新簡，中國簡牘集成編委會編：中國簡牘集成第九至十二冊甘肅省内蒙古自治區卷，敦煌文藝出版社，二〇〇一年。

定州八角廊漢墓出土竹簡六韜，中國簡牘集成編委會編：中國簡牘集成第十八冊河北省安徽省（上）卷，敦煌文藝出版社，二〇〇一年。

河北省文物研究所定州漢墓竹簡整理小組：定州西漢中山懷王墓竹簡六韜釋文及校注，文物二〇〇一年第五期。

敦煌唐寫本六韜殘卷電子圖像，法國國家圖書館藏品（編號 Pelliot chinois Touen-houang 3454），法國國家圖書館官網（https://www.bnf.fr/fr），或中國國家圖書館中華古籍資源庫。

王繼光：敦煌寫本六韜殘卷校釋，敦煌學輯刊一九八四年第二期。

聶鴻音：六韜的西夏文譯本，傳統文化與現代化一九九六年第五期。

賈常業：西夏文譯本六韜解讀，西夏研究二〇一一年第二期。

六韜集解卷第一

【集解】

施子美云：六韜者，太公所著之書也。六韜作於太公，以其時而論，則周也，而叙書者列於孫、吴、司馬之後者，何也？蓋書之所傳，以其所得之先後而爲序，不必拘其時也。那，祀成湯之詩也，商人之所歌也，而乃列魯頌之後，魯烏得先於商乎？必其所得有先後也。六韜不獲首於孫、吴，亦此例也。○劉寅云：六韜者，文韜、武韜、龍韜、虎韜、豹韜、犬韜，凡六十篇。韜之爲言藏也。按漢藝文志云「周史六弢六篇」，師古云「即今之六韜也，蓋言取天下及軍旅之事」，注言周史生於惠、襄之間，或曰生於顯王時。藝文志又云「太公二百三十七篇，謀八十一篇，言七十一篇，兵八十五篇」，注曰：「尚父本有道者，或者近世有以爲太公術者所增加也。」漢興，張良、韓信序次兵法，孝成時，任宏論次兵書，俱不載所謂六韜者，唐李靖獨言「張良所學，太公六韜、三略是也」，豈六韜、三略其先本太公遺書，周史、黄石公推演而增加之歟？曰謀、曰言、曰兵，六韜中俱有之，豈後人删取要用，止存六十篇歟？今皆不可考。姑即其文，而爲之直解云。

中間傳寫差訛者，悉依舊本正之，見於逐條下，學者詳焉。○黄獻臣云：太公望著。太公姓姜名尚，文王遇於渭陽，曰「吾先君太公望子久矣」，因號太公望。○朱墉云：太公姓姜，名尚，字子牙，東海上人，其先封於吕，故曰吕尚，文王曰「吾太公望子久矣」，故又號曰太公望。考藝文志，上自神農、黄帝、風后、力牧，下至公孫鞅、范蠡、大夫種、孫吴之書，無不載爲兵家，而獨以六韜列之於儒，曰周太史六韜六篇是也，所謂太公謀八十一篇，言七十一篇，兵八十五篇，則列於道家者流。是何黄石之所授於留侯者，特不見録以爲兵書耶？蓋太公之韜略，非若孫、吴、穰苴詭詐以求勝也，故自漢家以來，專爲權謀速勝之術，太公韜略固視之以爲迂緩而不知好，君臣將相漫不之省，歷世久遠，而子房之所學者頓爲無用，蓋無怪乎不録之兵，而録之於儒與道也。

文韜

【集解】黄獻臣云：韜取韜藏之義。文事先於武備，故文韜先焉。○朱墉云：韜者，弢藏之義。此内雖有兵端而本於道德，故曰文韜，謂文事先於武備也。

文師

【集解】劉寅云：文師者，文王田於渭南，遇呂尚，與語，説之，乃載與俱歸，立而爲師也。○黄獻臣云：此文王初遇呂尚，立以爲師，故名篇。

文王將田，史編布卜曰：「田於渭陽，將大得焉，非龍非彲，非虎非羆①，兆得公侯，天遺汝師，以之佐昌，施及三王②。」

【考異】

①「羆」，開宗、武備志俱作「熊」，銀雀山簡作「罷」，罷读爲羆。

②銀雀山簡此處作「……非罷非虎非狼得王侯公天……」。

【集解】施子美云：文王之得太公，或以爲夢，或以爲卜：文王夢得聖人，此夢説也；史編布卜，此卜説也。太公之遇文王，或以爲屠，或以爲漁：屠牛朝歌，此屠説也；漁于渭陽，此漁説也。

噫，信以傳信，疑以傳疑！聖人存，則折之聖人；前聖既往，史傳所載不能無疑。大抵聖人之用人也以權，而賢者之應世也無常。文王之得太公，或以爲夢，或以爲卜，不足疑也，意其先夢而後卜，未可知也。在書有所謂「朕夢叶朕卜」，則先夢後卜，其理或然，而吾則以聖人之權托於此也。太公之遇文王，或以爲屠，或以爲漁，不足疑也，意其窮時無所不爲也。唐賢有所謂「朝歌屠叟辭棘津，八十年來釣渭濱」，則先屠後釣，亦未可知也，正吾所謂應世無常也。文王將田，史編布卜，其兆則以「非熊非羆，非虎非羆」爲辭，在司馬太史公嘗紀之於齊世家矣，則文韜所載，蓋亦有所本也。其曰「以之佐昌」，昌，文王名也。施及三王，以其佐文、武與成王也。○劉寅云：文王，后稷十二世孫，周西伯姬昌也。文，謚號也。王，追稱之也。史編，周太史名編，掌卜者也。田，狩獵之總名。渭水出南谷山，在鳥鼠山西北，東流入於河。水北曰陽。龍、彲、虎、羆，皆獸名。龍，鱗蟲之長，有鱗曰蛟龍，有翼曰應龍，有角曰虬龍，無角曰螭龍。彲與螭同，亦作離，周紀曰「如豺如離」是也。虎，解見吴子書。羆，形似熊，被髮人立，絶有力，虎亦畏之。舊本作「非熊非羆」爲是。此言文王將出獵，史編布卜，而得其兆，曰：田於渭水之陽，將大有所得焉。其所得者，非龍、彲、虎、羆四猛獸，其兆將得公侯，蓋天遺汝師，以之佐昌，而施及於三王焉。三王，謂文王、武王、成王也。或曰前夏、商二代稱王，今周將與之共爲三王也，未知是否。舊本「非熊非羆」下有「兆得公侯」四字，今從之。

〔震案〕布，施也，設也。卜，灼龜甲以占吉凶也。得，獲得也。彲，集韻平聲一支韻「抽知切」，普通話讀如吃，同螭，説文虫部「若龍而黄，北方謂之地螻」，「或云無角曰螭」。羆，即今所謂棕熊也。爾雅釋獸「羆，如熊，黄白文」，郭璞注：「似熊而長頭高脚，猛憨多力，能拔樹木。」廣韻上平聲支韻「彼爲切」，今普通話讀如皮。亦或謂黄熊。北堂書鈔卷一三帝王部十三武功四六引六韜逸文「散宜生得黄熊而獻之於紂」，此黄熊蓋羆也。國語晉語八「今夢黄熊入於寢門」，韋昭注：「熊似羆。」兆，龜卜所示也。公侯，謂顯尊者也。禮記王制：「王者之制禄爵，公、侯、伯、子、男，凡五等。」爾雅釋詁「公、侯，君也」，郝懿行義疏：「公侯者，列國之君也。」「公侯雖臣，於其國稱君也。」太公封於齊，故云公侯。師，言教以平天下之道者也。遺，賜予也，廣韻去聲至韻「以醉切」，今普通話讀如衛。佐，輔助也。施，惠益也。國語晉語二「務施與力而不務德」，韋昭注：「施，惠也。」惠及三王，言太公之輔，將惠益於文王、武王、成王也。

文王曰：「兆致是乎？」史編曰：「編之太祖史疇，爲禹占①，得臯陶，兆比於此②。」

【考異】

①「禹」，開宗、彙解並作「舜」。

②銀雀山簡此處作「……□爲禹卜□□……」。

【集解】施子美云：昔禹占，得皋陶，其兆亦如此，此史編所以借是以實其事也。○劉寅云：文王曰：前之卜兆曾致是乎？史編對曰：編之太祖名史疇者，與舜占得皋陶，兆比於此。孔子曰：「舜有天下，選於衆，舉皋陶，不仁者遠矣。」今本皆曰「爲禹占，得皋陶兆」，蓋傳寫之誤，宜正之。舜，虞帝名，姓姚氏，瞽叟之子。皋陶、禹，皆舜臣名。禹後受舜禪，爲天子，國號夏，姓姒氏。

〔震案〕致，至也，及也。是，此也。太祖，先祖也。皋陶，一作咎繇，舜臣，掌刑典，偃姓。皋，廣韻下平聲豪韻「古勞切」，讀如高。陶，廣韻下平聲宵韻「餘昭切」，讀如遥。比，類似也。

文王乃齋三日①，乘田車，駕田馬，田於渭陽②，卒見太公，坐茅以漁③。

【考異】

①「齋」，孫校本作「齊」。先秦之書「齋」字作「齊」者屢見。左傳昭公十三年「使五人齊而長入拜」，陸德明釋文「齊，側皆反，本又作齋」，李富孫左傳異文釋八：「齋，本字；齊，古省借字。」

②銀雀山簡此處作「……□田于渭之陽」。治要此章不在文韜，而在序篇，篇首即以「文王田乎渭之陽」始。「於」，武備志作「于」。

③「卒見太公，坐茅以漁」，銀雀山簡作「吕尚坐【□□】漁」，治要無「卒」字，「以漁」作「而釣」。

【集解】

施子美云：文王既聞史編之言，知天之所遺者在是，故不敢輕之。於是乎致三日之齋，而講時田之禮，卒見太公坐茅而漁於渭濱。○劉寅云：齋之爲言齊也，所以齊思慮之不齊，而致其齊也。文王聞史編之言，乃齋三日，乘田獵之車。田車，輕車也。駕田獵之馬。田馬，齊其足，取其追逐之疾也。乃田於渭水之陽，終見太公坐茅垂釣於水濱以漁。漁，謂捕魚也，本作「瀲」，此蓋省文耳。○朱墉云：卒，終也。坐茅，藉茅以坐也。

〔震案〕齋，齋戒也。茅，茅草也。

文王勞而問之①，曰：「子樂漁邪②？」太公曰③：「臣聞君子樂得其志④，小人樂得其事，今吾漁甚有似也，殆非樂之也⑤。」

【考異】

①治要無「文王勞而」四字。

②「樂」下，治要有「得」字。「邪」，銀雀山簡作「乎」，直解作「也」，治要、開宗、武備志、彙解、孫校本俱作「耶」。

③治要此處下屬「夫釣以求得也」。

④直解、開宗、武備志、彙解、孫校本俱無「臣聞」二字。

⑤上「太公曰」至此二十九字，銀雀山簡作「吕尚曰吾……細人樂得其事今吾虞……」。直解、開宗、武備志、彙解、孫校本俱無「殆非樂之也」五字。

【集解】施子美云：文王見其爲美丈夫，故勞而問之，試之漁樂。太公一聞其言，而情意相感，故因以言其志。太公謂「君子樂得其志，小人樂得其事」者，蓋人各有所欲，士君子貧之所養，將以求達之所施。昔諸葛亮人問其志，則笑而不言，及遇先主一話草廬之間，而三分基業已定，則君子之志必期有得也。太公之志，非樂漁也，寓於此而期於彼也。古者未行道之際，而求以行之，其志各有所樂也，初不在於物也，阿衡負鼎，百里飯牛，彼其志各有所得也，豈其樂邪？亦權之所寓也。若夫小人則唯其所作，乃其所樂也，故小人樂得其事。君子之所爲必有似也者，以其事在此而意在彼也，非樂於此也。○劉寅云：文王下車勞撫而問之，曰：子亦樂於捕魚邪？太公對曰：君子樂得其所志，小人樂得其所事。今吾漁釣，甚有所似也。太公本姜姓，名尚，字子牙，其先封於吕，故又曰吕尚。文王遇之渭水，曰「吾先君太公望子久也」，故又號曰太公望。後爲太師，又號師尚父。○黄獻臣云：首揭一「志」字，便見渭濱無限經綸不徒在一釣一絲間，謂君子意不在魚，適其志耳；小人喜業魚利，樂其事耳。細玩下文，有味乎其言矣。晉漁父之對孫愐者（守潯江夜泊，見漁者垂竿長嘯，問以賣魚，對曰「某釣非釣，寧賣魚耶？」鼓枻浩歌而去），非有得於是樂乎？舊謂君子、小人以位言，君子得其行道之志，小人得其所爲之事，故樂似鶻突。○朱墉云：勞，慰勞也。志，心之所之也。得其志，得其所存之志也。得其事，得其所行之事也。樂事者，就漁中有所得利也；樂志者，就漁中有所寓意也：所以有君子小人之分。

〔震案〕樂，喜好也。論語雍也「知者樂水」，孔穎達正義：「樂，謂愛好。」廣韻去聲效韻：「樂，好也，五教切。」今普通話讀如醫藥之藥。得其志，藉其事而得以遂其志也。得其事，從其事而得其利也。殆，必定也，猶今語云當然。呂氏春秋自知「座殆尚在於門」，高誘注：「殆，猶必也。」殆非樂之也，言所欲好者，自當非獲魚之利也。

文王曰：「何謂其有似也①？」太公曰：「釣有三權：祿等以權，死等以權，官等以權。夫釣以求得也②，其情深，可以觀大矣③。」

【考異】

①「文王曰『何謂其有似也』」，銀雀山簡作「……□何胃虞【□□】佁」。胃，讀爲謂。佁，讀爲似。

②治要此句上屬「問之曰：『子樂得漁耶？』太公曰」。「夫」，武備志作「大」。

③上「太公曰」至此三十三字，銀雀山簡作「吕尚曰夫漁有三權等以權【□□】以禁官夫漁求得其請深……」。請，讀爲情。朱駿聲説文通訓定聲鼎部：請，叚借爲情。

【集解】

施子美云：太公既言漁之有似，文王未釋其意，故問其何謂也。太公因言，鈞之三權，禄、死、官之所寓也。蓋鈞本以求得也，人之役於名利，亦以求得也。鈞之爲事雖微，而其情深遠，可以觀大，言天下之事，即是而可知也，何小大之拘？夫三權之意，蓋言君子出處之間，當求之己，不可以苟合也。禄固可取也，然不可貪；官固可就也，然不可冒；死固可爲也，然不可易。是三者莫不有權。知其權之所在，則萬鍾可受，豈以爲泰？三公可爲，豈以爲榮？剖心可忍，豈以爲難？不得其權，則亦不可以苟就矣。太公之意，蓋在於是也。噫！事必有所寓，鈞豈其所樂？詹何之鈞，豈其鈞邪？治國之道也。知詹何之鈞寓於治國，則知太公之鈞必非所樂，三權所寓，即鈞之情可知也。○劉寅云：文王問曰：何謂其有似也？太公對曰：鈞有用權道者三。禄等以權，謂以餌取魚似以禄取人也；死等以權，謂香餌之下必有死魚，似重禄之下必有死士也；官等以權，謂魚之大小各異其用，似賢才之大小各異其任也。夫鈞以求其所得也，其情深，可以觀之，而所謂情者亦大矣。○黄獻臣云：次揭一「情」字，便見師尚父以天下爲己任。言鈞有三等權術，始焉以餌取魚，既焉香餌之下必有死魚，終焉因魚之大小而異用之。今以禄取人，等以餌取魚之權；重祿之下必有死士，等香餌之下必有死魚之權；官人必因其才之大小而異任，等因魚之大小而異用之權。夫得人大事也，而權寓於釣，其情深，可以觀大矣。舊訓可以觀取天下之大事，非旨。○朱墉云：似，比類也。權，權術也。等，相同也。情，性之所發也。觀大，得人才之大事也。指南：「釣有三權，權字有操縱惟我之意。」王元翰曰：「釣事非深，其中之情則深。得其情之深，則天下之大可以觸類而推。」謝弘儀曰：「得失聚散、取予歸往，非無情之事，其中原有相結而不可解之故，便是情深。」陳孝平曰：「天下事即微，可以觀大。情深者，究其事情之深遠處。」

〔震案〕權，所以用權柄也，君人南面之術也。釣有三權，言爲君者以權馭人，其術有三，皆寓於釣。等，廣韻上聲等韻「類也，比也」。等以權，言釣之與權，可相比類也。情，謂內中之情實。論語子張「如得其情」，劉寶楠正義：「情，實也。」深，深遠也。此言釣之所求，豈獨獲魚之利哉？其內中情實，則爲君人南面之術，斯爲深遠，故釣事雖小，可以觀大矣。

文王曰：「願聞其情。」太公曰①：「源深而水流②，水流而魚生之情也；根深而木長，木長而實生之情也；君子情同而親合，親合而事生之情也③。言語應對者，情之飾也；言至情者，事之極也。今臣言至情不諱④，君其惡之乎？」

【考異】

①治要此處下屬「夫魚食其餌」。

②「源」，武備志、彙解並作「淵」。

③「君子情同而親合，親合而事生之情也」，銀雀山簡作「君子【□□□】親親生而事生之請也」。

④「今臣言至情不諱」，銀雀山簡作「吾言不諱」。「情」，直解作「泰」。

【集解】

施子美云：文王既聞太公之言，乃求其情之所在，太公乃以物情與人情參而答之。蓋天下之事，惟志意相得者乃可以盡其情，魚非水則不相得，實非木則不相得，事而不得其合，亦何以行其事邪？故源深水流，而魚生之情始於此；根深木長，而實生之情始於此；君臣叶和，情同親合，事豈不由是而生？事生之情，亦基於此矣。傳曰：「聖賢相逢治具張。」書曰：「元首明哉，股肱良哉，庶事康哉。」情同親合，所以爲事生之情也。情不易見，必托之言語應對之間而後顯，蓋言，心聲也，情動於中而後形於言，故言語所以飾情也。而至情所言，乃事之極也，蓋事以情度，情以言顯，情之所至，則事之所極也。凡太公之所以言者，乃太公之至情，而其所言之事，則時事之極也。蓋當商之季世，是事極之時，而太公之告文王，乃其至情也，第恐文王疑而不之信耳，故謂：臣之所言，皆至情而無諱，而君惡之乎？〇劉寅云：文王問曰：願聞其所謂情者如何？」太公對曰：「泉源深而水則流，水流浩蕩，而魚生之情也；植根深而木則長，木長茂盛，而實生之情也；君子若情相同，則親而相合，親而相合，乃事生之情也。情者，性之所發。言語應對者，皆情之文飾也；與人言至情者，亦事之至極也。今臣之言至泰，肆無所諱忌，其憎惡之乎？此太公欲言至情，恐文王惡之，故先設此以嘗之也。○朱墉云：長，茂盛也。實，子實也。合，意氣相投也。飾，文飾於外也。王漢若曰：「親合，情意投契，同心一德也。事生，時至事起，經綸創造也。」

〔震案〕願聞其情、魚生之情、實生之情、事生之情，諸情字亦皆情實也。太公之意，言水流魚生、木長實生、親合事生，此皆有其情實原委。至情，情實之至也。至，即質也。莊子天道「天地之平而道德之至」，郭慶藩集釋：「至與質同。至，實也。」故至情，亦情實之質，猶今之謂實質、本質也。至亦訓極也，至情既爲情實之質，則必能盡事終極之理也，故云言至情者，事之極也。惡，憎惡也，廣韻去聲暮韻「烏路切」，今普通話讀如物。太公謂其言及情實至理，無所僞飾，未知文王憎惡之否。

文王曰：「唯仁人能受至諫①，不惡至情，何爲其然？」

【考異】

①「唯」，開宗、武備志、彙解、孫校本俱作「惟」。「至」，直解、開宗、武備志、彙解俱作「正」，孫

校本作「直」，慶長本「至」「正」兩存之。

【集解】

施子美云：文王之卜太公，正欲得其至情而與之圖事，烏得有惡？故以「仁人受至諫」爲言。蓋人而有愛人之心者，必能納至忠之言，彼其所言，必以受之也。文王之仁必已存矣，正欲得直言而以利天下，夫何惡其至情？故曰「何爲其然」，言必不若是其惡之也。○劉寅云：文王曰：唯仁德之人能容受正諫，不憎惡至情，吾何爲其獨惡至情如此哉？

〔震案〕至諫，據實直諫也。

太公曰：「緡微餌明，小魚食之；緡調餌香①，中魚食之；緡隆餌豐②，大魚食之。夫魚食其餌③，乃牽於緡④；人食其禄⑤，乃服於君⑥。故以餌取魚，魚可殺⑦；以禄取人，人可竭⑧；以家取國，國可拔；以國取天下，天下可畢⑨。

【考異】

①「調」，銀雀山簡作「周」，直解、開宗、武備志、彙解、孫校本俱作「綢」。朱駿聲說文通訓定聲孚部：周，叚借爲調。周即調，廣雅釋詁四：「周，調也。」猶適也，合也。綢，疑調字形訛。

②「緡隆餌豐」，銀雀山簡作「侌緡重餌」。侌即古陰字，陰有沈降之義。尚書洪範「惟天陰騭下

民」，劉逢禄今古文集解：「陰，降也。古降讀户隆切，與陰爲雙聲。陰騭，猶言陟降。」

③「魚」上，銀雀山簡無「夫」字。治要此句上屬上「文王曰：『願聞其情。』太公曰」。

④「於」，孫校本作「其」。

⑤「其」，治要作「於」。

⑥「乃」，銀雀山簡作「而」。

⑦「魚」，銀雀山簡因上「取魚」字下簡斷而缺重文號，且「殺」下有「也」字。

⑧「竭」，銀雀山簡作「渴」。説文水部「渴，盡也」，段玉裁注：「渴、竭古今字，古水竭字多用渴。」

⑨「畢」下，治要有「也」字，此句下屬「天下者非一人之天下」。

【集解】

施子美云：此言人君馭人之權，猶以釣取魚，而人爲權所馭，亦如魚之食餌也。餌之於魚，各隨其小大而取之，則魚無遺矣。魚之所以制於釣者，以食其餌也；人之所以制於君者，以食其禄也。故以餌取魚，則魚爲餌所殺；以禄取人，則人必爲禄所竭。何者？魚食於餌，人貪於禄也。略曰：「香餌之下，必有懸魚；重賞之下，必有死夫。」亦此意也。自是而推之，小而家，大而國，又大而天下，其所以取之，皆一理也：彼惟有所貪，故必有所制，所以皆可取也。○劉寅云：太公對曰：緡之絲微，鉤之餌明，小魚來食之。緡，魚繫也，以絲爲之。詩曰：「維絲伊緡。」緡之絲綢，鉤之餌香，中魚來食之。緡之絲隆，鉤之餌豐，大魚來食之。夫魚食鉤上之餌，乃牽制於緡，而不能脱；人食國家之禄，乃服從於君，而不忍去。故以香餌取魚，魚可殺而食之；以爵禄取人，人可盡而用之；以家而取人之國，則其國可拔而有之；以國而取人之天下，則天下可盡得而服之。○黄獻臣云：此因文王欲聞其情，而告以取人之情。人才有大小，而皆可以禄取之，猶魚有大小，而皆可以餌取之。盡得人才而用之，則國人之心可拔而起，天下人之心可畢而收。所謂親合而事生者，此也；所謂至情者，此也。如此説，方與下文王「天下歸之」問相照，若實説要取天下，似大驟。○朱墉云：緡，以絲爲之，所以繫釣者。餌，魚食也。小魚食之，喻微禄可以羈縻小臣。中魚食之，喻中禄可以得中才。隆，盛也。豐，厚也。喻重禄可以得大賢服從也。竭，盡用也。畢，全收也。

〔震案〕緡，廣韻上平聲真韻「絲緒，釣魚綸也」，即釣絲，「武巾切」，普通話讀如民。明，當讀爲萌。俞樾群經平議卷三尚書「庶明厲翼（皋陶謨）」條云，「明當讀爲萌」，「明、萌古通用也」。又文心雕龍明詩「則明於圖讖」，劉永濟校釋：「唐寫本『明』作『萌』，是。」是讀爲萌發之萌也。萌者，草木初生，喻事之始生。文選卷三九司馬相如上書諫獵「蓋聞明者遠見於未萌」，吕向注：「萌，始形見也。」餌明即餌萌，謂魚餌量少而細小，形可初見，與下文餌香、餌豐相呼應而言。調，廣韻下平聲蕭韻「徒聊切」，讀如條。淮南子說林「梨橘棗栗不同味，而皆調於口」，高誘注：「調，適。」猶適口、可口。微、調、隆，亦皆就餌食而言，非謂緡也。緡微餌明、緡調餌香，緡隆餌豐，猶云緡餌微明、緡餌調香、緡餌隆豐也。牽，謂牽繫、牽制也。服，服事也。拔，攻取也。畢，盡也。以家取國、以國取天下者，言若竭盡天下人才而用之，則以一家之力可攻取一國，以一國之力可盡取天下也。

「**嗚呼！曼曼緜緜，其聚必散；嘿嘿昧昧①，其光必遠！微哉，聖人之德，誘乎獨見②；樂哉，聖人之慮，各歸其次，而樹斂焉③！**」

【考異】

①「嘿嘿」，開宗作「默默」。玉篇口部：「嘿，與默同。」「昧昧」，孫校本作「昩昩」。集韻末韻：「昩，日中不明也。」

②銀雀山簡此處作「……□遠聖人蜀知蜀聞蜀見」，簡文「遠」上一字唯存殘畫，似非「必」字。蜀，讀爲獨。朱駿聲說文通訓定聲需部：蜀，叚借爲獨。

③上「樂哉」至此十四字，銀雀山簡作「樂才聖人大上歸其次樹斂」，整理小組謂簡文「大上」一句當有脱文，疑本作「大（太）上歸□（或□□），其次樹（樹）斂」。傳世諸本似有脱誤。樹，樹省形。「樹斂」，講義作「樹歛」，直解作「立歛」，開宗、武備志、彙解、孫校本俱作「立斂」，

慶長本「樹」「立」兩存，「斂」作「歛」。下「樹斂」，各本亦皆如此。歛，呼談切，讀如憨，欲也，與斂異，亦通作斂，訛字也。類篇卷二四欠部「歛，呼含切，欲也」，「又力冉切，收也」。訓收者，用爲斂，是形訛也。

【集解】

施子美云：天下之理，盛者必衰，翕者必張。太公之意，大抵以陰謀爲尚。曼曼緜緜，其勢之盛，盛者必衰，故其衆必散，惟其始之嘿嘿昧昧者，而終則其光必遠。蓋無冥冥之志者，無赫赫之功；無昏昏之智者，無昭昭之明。天下之事，以微爲妙，聖人之德，亦已微矣，惟其微而不可見，此所以能成其大功也。聖人之德，人雖不見，而聖人於其至微之中，而能獨見之也。聖人惟能陰修其德，則其所慮者亦已當矣，故樂焉。惟其慮之也審，故必歸其所止之地，而天下可以樹斂也。○劉寅云：嗚呼，嘆詞。太公又嗟嘆而言人衆之曼曼緜緜者，其叢聚雖盛，後必散亂而莫救。曼曼緜緜，言其枝葉之延施修廣也。如夏桀、昆吾、韋、顧，一本而生三蘖，其叢聚盛矣，成湯載旆秉鉞而往征之，則散而莫救。人君能嘿嘿昧昧，遵養時晦，其後光華昭著必遠被矣。嘿嘿昧昧，欲其韜光隱迹，以成就夫遠大者，此文王所以不大聲色，不長夏革，不識不知，順帝之則，而其後如日月之照臨，光于四方，顯于西土矣。又言微妙哉聖人之德，誘人而人歸之也。德誘，如孔子循循然善誘人之誘。惟能以德誘人，而人心之歸自不容已也。文王三分天下有其二，其以德誘之乎？聖人以德誘人，不大聲色，此衆人所不能見而樂之，而聖人獨見獨樂之耳。聖人之慮，天下各歸其次，而立收斂人心之法焉。次，舍也。言人心各有所歸之處，聖人當立收斂人心之法，而不使之他適也。收斂人心之法，即下文仁德義道也。一本作「時斂」，未知是否。○朱墉云：曼，延也；緜，纏綿也，言枝葉之廣遠也。嘿嘿，寂靜也；昧昧，幽暗也，皆韜才斂跡之意。微，隱微也。誘，引進也。慮，思慮也。指歸：德誘，謂招徠之而無其迹。

〔震案〕聚，讀爲藂，藂即叢也。楚辭七諫怨思「荊棘聚而成林」，王逸章句：「聚，一作藂。」小爾雅廣詁：聚，「叢也」。其聚必散，言其枝葉蕃盛，而終將散落凋零也。

文王曰：「樹斂何若①，而天下歸之？」

【考異】

①「何若」，銀雀山簡作「何如」，講義、直解、慶長本俱作「若何」。

【集解】

施子美云：文王未知其意，故復問以天下歸之之由。○劉寅云：文王問：立收斂人心之法何如，而天下來歸之？

太公曰：「天下非一人之天下①，乃天下之天下也②。同天下之利者③，則得天

下④；擅天下之利者，則失天下⑤。

【考異】

①「下」下，治要有「者」字。治要此句上屬「天下可畢也」。

②上「太公」至此十八字，銀雀山簡作「吕尚曰【□】下非一人之天下也天下之天下也」，其下又多「國非一人國也」一句。治要無「乃」字。

③「同」、「之」，治要分別作「與」、「同」。

④「則」，治要作「澤」。

⑤治要無「則」字。

【集解】

施子美云：太公之意，蓋欲使之與天下共之，而後可以得之也，蓋得天下之道，不過乎公也，惟公也，故能與天下不可私也。天下非出於一人，而乃在於天下，故一人雖有所欲，不足以得天下，而天下之所歸，乃可以取天下，此所以爲天下之天下也。故同其利則得之，此公天下而以無心取之者也；擅其利則失之，此私一己而以有心取之者也。舜、禹有天下而不與，此以公而得之也；秦皇以始而傳位，此以私而失之者也。○劉寅云：太公對曰：天下者，非一人之天下，乃天下人之天下也。君能與人同天下之利者，則必得天下；專擅天下之利，而不與人共之者，則必失天下。愚謂孔子罕言利，孟子不言利，太公聖人之流，而首以利言，何哉？蓋利者，將欲利乎人也，將欲利乎天下也。若能利人，能利天下，而存夫天理之公，何爲而不可？若夫擅一己之私，而惟欲利乎己，此孔子所以罕言，孟子所以不言也。太公之言，其有旨歟？○朱墉云：擅，專取也。趙克榮曰：「天下之利，本天下之民所自有，總是我不奪其所有，即同天下之利矣；苟我不能使民共有其利，即爲擅天下之利矣。」

「天有時，地有財①，能與人共之者，仁也；仁之所在，天下歸之。免人之死，解人之難，救人之患，濟人之急者，德也；德之所在，天下歸之②。與人同憂同樂、同好同惡者③，義也④；義之所在，天下赴之⑤。凡人惡死而樂生，好德而歸利⑥，能生利者，道也；道之所在，天下歸之。」

【考異】

①「財」，治要作「時」。

②直解無「免人之死」至「天下歸之」二十七字。

③直解無「者」字。

④治要無此二字。

⑤「赴」，銀雀山簡、治要並作「歸」。

⑥「凡人惡死而樂生，好德而歸利」，銀雀山簡作「凡民者樂生而亞死亞危而歸利」。亞即古惡字。説文亞部「亞，醜也」，段玉裁注：「此亞之本義。」故美惡、好惡，字本當作亞。古惡與亞同音，朱駿聲説文通訓定聲豫部謂惡字叚借爲亞。「德」，治要作「得」。得通德。荀子解蔽「宋子蔽於欲而不知得」，俞樾平議：「古『得』『德』字通用。」

【集解】

施子美云：天有時，地有財，能與人共之者，仁也，此亦公天下者，能與天下同其利也。天有可爲之時，使人自爲之；地有可取之財，使人自取之。聖人之所以能使天下同其利者，以其有仁心也。武王觀兵孟津，待時而發，鹿臺有財，從而散之，皆所以與之共之也，其仁可知也。仁則見親，此天下所以歸之也。德惟善政，政在養民，免其死，解其難，救其患，濟其急，皆德政之所施也。武王之興，救天下於水火之中，使斯民得離其害，其德可知也。惟民歸于一德，此天下所以歸之也。至於義，則以宜爲尚。憂樂好惡，一合於宜，則必當與之共之。武王應人以興，則其憂樂好惡必與之同，其義可知也。義者，人之所共由，此天下所以赴也。仁與德與道，皆言天下歸之，而義獨謂之赴之者，蓋以義制事，人所共欲，故必趍赴之。至於大道之行，則天下爲公，此道之所以能生利之也。汝墳道化，行葦忠厚，皆周家之所積也，道可以冒天下，宜天下歸之。○劉寅云：天有歲時，地有貨財，得其時，能與人同之，得其財，能與人共之者，謂之仁；仁之所在，天下來歸之。與衆人同其憂、同其樂，同其所好、同其所惡，此義也；義之所在，天下來赴之。傳曰「民之所好好之，民之所惡惡之，此之謂民之父母」，即此義也。凡人莫不惡死而樂生，好德而歸利，能生利者，道也；道之所在，天下歸之。如生財有大道是也，生財有道，故人歸之。太公言利，而終歸於仁德義道，豈不慱哉？○朱墉云：時，春生夏長秋收之時也。財，山林原隰之利也。仁，慈惠也。義者，因人心之同而裁制之，使彼我如一也。赴，歸往也。翼注：「四令所在，皆是收斂人心之法，跟上文『立斂何若，而天下歸之』來，『立斂』又頂『聖人之德誘』來，仁德義道，正聖人德誘之大端也。」

〔震案〕樂，讀如醫藥之藥，詳上「子樂漁邪」。

文王再拜曰：「允哉①，敢不受天之詔命乎②？」乃載與俱歸③，立爲師。

【考異】

①銀雀山簡無此二字。

②「不」，銀雀山簡作「毋」。

③開宗無「俱」字。

【集解】

施子美云：文王一聞太公之言，而斯心適與之合，故信其所言，而實其所卜之辭，以「受天詔命」爲言，蓋卜以「天遺」爲辭故也。情合言投若是，可不載與歸乎？然太公之德，非可以臣用也，故立爲師，此師尚父之號所由起也。○劉寅云：文王再拜太公而言曰：信哉，敢不受上天詔誥之命乎？乃載太公與俱歸，立爲師，號爲尚父。○黄獻臣云：此告文王以得天下歸之道，兩聖遇合自此始。得天下，謂得天下之歸心，非謂必得天下也，正欲以仁義道德灌溉斯世，令斯民各得其所。意渭濱之經綸，猶然莘野之自任，文王何如主？若渭陽一見，即教以取天下後車之載，大非服事之心矣。○朱墉云：允，信也。詔，命天遺汝師之言也。全旨：此章見聖人之出處，必以正儒者。功名念熱，急於求售，輕身往見，是先不端其始，烏能以正天下乎？故聖人席珍待聘，每隱於耕釣中，必待天命人心事變極至之時，方一出而撥亂反正，以顯其參贊位育之經綸。天下一情欲之區也，智愚、賢不肖無人不顛倒於情欲之中。凡生死、利害、憂樂、好惡，皆情也，爲情之所牽繫，即不爲人用，而不可得以情感。情出於自然，非由勉强，得其至情，則權自我操，雖欲不歸，而奚往耶？通篇借釣引起，從志發出情來。志者，一人之所獨，果決而不回者也。情者，萬物之所同，感通而無阻者也。仁人通德類情，即物情；以知人情，即賢才；以知衆人之情，家、國、天下皆可以情推之而可取。夫至天下皆可取，大小遠邇之悉爲我收，此正君子之志也，即君子樂之所在也，豈一漁釣而已哉？

盈虛

【集解】劉寅云：盈虛者，氣化盛衰、人事得失之所致也。氣化盛、人事治爲盈，氣化衰、人事失爲虛。

文王問太公曰："天下熙熙①，一盈一虛，一治一亂②，所以然者何也③？其君賢不肖不等乎④？其天時變化自然乎⑤？"

【考異】

①"熙熙"，講義作"濰濰"。濰字从冫，和也，與熙異，蓋爲形訛。

②"熙熙"至此十字，治要唯作"一亂一治"四字。

③"所以然者何也"，治要"所"上有"其"字，"何"下無"也"字。

④治要無此八字。

⑤「其天時變化自然」，治要作「天時天時變化當自有之」。「時」，開宗作「道」，據下文「不在天時」，當以作「時」爲是。

【集解】

劉寅云：文王問太公曰：天下熙熙然而廣大，其一盈一虚、一治一亂，所以如此者，何也？其人君者，賢不肖不同等乎？其天時變化之自然乎？○朱墉云：熙熙，廣大貌。盈虚、治亂，指運氣言。

〔震案〕一盈一虚，一治一亂，猶言治亂興衰也。自然，當然之理、必然之事也。

太公曰：「君不肖，則國危而民亂；君賢聖，則國安而民治①。禍福在君，不在天時。」

【考異】

①「國安而民」，治要作「國家安而天下」。

【集解】

施子美云：盈虚治亂，雖若有數，實人君有以致之也，非天時必然也。建中盧杞之禍，唐文宗實基之，而乃且引桑道茂之語，謂天命當然，曾不知天理人事本一律也。人事盡處，是爲天理，不修其所以在人者，而泥其所以在天者，亦惑矣。堯、舜、桀、紂不可同日而語也久矣：寬簡之化、慈儉之德，堯、舜之所以治也；暴虐之政、矯誣之行，桀、紂之所以亡也。故國之安危、民之治亂，在乎君之賢聖不肖，而不在於天時也。○劉寅云：太公對曰：人君不肖，則國家危殆而生民擾亂；人君賢聖，則國家安寧而生民治平。禍福在人君之所致，不在乎天時也，謂人事動于下，則天道應于上矣。○黄獻臣云：賢聖兼心法、身法、治法講。君聖，則治國臨民有道，故國安民治。禍福即上盈虚治亂言。人事動於下，則天道應於上，不專在天時。

文王曰①：「古之賢君可得聞乎②？」太公曰：「昔者③，帝堯之王天下④，上世所謂賢君也⑤。」

【考異】

①直解無「文」字。

②「賢君」，直解、彙解並作「聖賢」，開宗、武備志、孫校本俱作「賢聖」。據下文「上世所謂賢君也」，此處似亦當作「賢君」。

③治要無「者」字。

④治要無「之王天下」四字。「下」下，開宗、武備志、彙解、孫校本俱有「也」字。

⑤「世」下，治要有「之」字，此句下屬「堯王天下之時」。

【集解】劉寅云：文王曰：古聖賢之君可得而聞乎？太公對曰：昔者帝堯之王天下，上古之世所謂賢君也。堯，帝嚳之子，姓伊，祈氏，初爲唐侯，升爲天子，都平陽，國號唐。堯，其謚也。以身臨天下謂之王。

〔震案〕得，可也，能也。可得，猶可以。聞，聞知也。王，去聲。上世，上古之世也。

文王曰：「其治如何①？」太公曰：「帝堯王天下之時②，金銀珠玉不飾③，錦繡文綺不衣，奇怪珍異不視④，玩好之器不寶，淫泆之樂不聽⑤，宫垣屋室不堊⑥，甍桷椽楹不斲⑦，茅茨徧庭不剪⑧。

【考異】

①「如何」，開宗、孫校本並作「何如」。

②治要無「帝」字，「堯」字上屬「昔帝堯上世之所謂賢君也」。

③「不飾」，治要作「弗服」。下「不衣」、「不視」、「不寶」、「不聽」、「不堊」之「不」，治要亦皆作「弗」。

④「珍異」，治要作「異物」。

⑤「泆」，治要、講義、直解、開宗、彙解、慶長本俱作「佚」。淫泆，亦作淫佚。左傳隱公三年「驕奢淫泆」，孔穎達疏：「淫謂者欲過度，泆謂放恣無藝。」國語越語下「淫佚之事」，韋昭注：「淫佚，放盪。」或作淫逸。漢書刑法志「男女淫佚」，顏師古注：「佚讀與逸同。」

⑥「屋室不堊」，治要作「室屋弗崇」。崇，修飾也。國語周語中「容貌有崇」，韋昭注：「崇，飾也。」

⑦治要無此六字。

⑧「偏庭」，治要作「之蓋」。「偏」，武備志作「偏」。墨子非攻下「偏具此物」，畢沅注「偏當爲偏」，孫詒讓閒詁引王念孫云：「古多以『偏』爲『偏』，不煩改字。非儒篇『遠施周偏』，公孟篇『今子偏從人而説之』，皆是『偏』之借字。……然則『偏』之爲『偏』，非傳寫之譌也。」「剪」，孫校本作「翦」。翦，其本字，玉篇羽部「俗作剪」。

【集解】

劉寅云：文王問曰：帝堯之治天下如何？太公對曰：帝堯王天下之時，金銀珠玉不以爲飾，錦繡文綺不以爲衣，奇怪珍異之物不視於目，玩好之器不以爲寶，淫佚之樂不聽于耳，宫之牆垣與屋室不施堊白之色，甍桷椽楹不雕斲爲文采，茅茨偏滿庭前，而不剪除。甍，屋棟，所以承瓦也。桷，榱也，秦名爲椽，周名爲榱，魯名爲桷。楹，柱也。茅，草名。茨，蒺藜也。○朱墉云：「堊，以白土飾牆也。不斲，不雕刻也。徧，滿也。剪，除治也。〔震案〕文綺，絹帛之屬有文采也。衣，去聲，穿著也。奇怪珍異，謂奇特稀異之物也。視，藏納也。禮記坊記「則不視其饋」，鄭玄注「不視，猶不内也」，孔穎達疏：「視，納也。」玩好，賞玩也。好，去聲。寶，視爲珍寶，珍重之也。垣，牆垣也。堊，廣韻入聲鐸韻「烏各切」，讀如善惡之惡。甍，屋脊也，廣韻下平聲耕韻「莫耕切」，讀如萌。桷，説文木部「椽方曰桷」，段玉裁注：「桷之言棱角也。椽方曰桷，則知桷圜曰椽矣。」廣韻入聲覺韻「古岳切」，讀如覺醒之覺。庭，即門庭之庭，堂前地也，玉篇广部「堂堦前也」。

「鹿裘禦寒，布衣掩形，糲粱之飯①，藜藿之羹②，不以役作之故③，害民耕績之時④，削心約志，從事乎無爲⑤。

【考異】

①「粱」，直解、開宗、武備志俱作「梁」。朱駿聲説文通訓定聲壯部：「梁，叚借爲粱。」

②上「鹿裘」至此十六字，治要作「衣履不弊盡不更爲，滋味重累不重食」。「藜」，武備志、孫校本並作「黎」。白虎通諫諍「黎蒸不熟」，盧文弨校語：「黎與藜通。」

③「役作」，治要作「私曲」。

④「害民耕績」，治要作「留耕種」。「績」，直解、開宗、武備志、彙解、慶長本、孫校本俱作「織」。

⑤治要此句下屬「其自奉也甚薄」。「乎」，開宗作「於」，武備志、孫校本並作「于」。

【集解】

施子美云：文王聞「在君不在天時」之言，乃求聞古之賢君。古之賢君，其帝堯之世，以崇儉爲德，以務本爲業，以任人爲能，以揚善爲尚，以防民則有法，以恤民則有政，以馭下則有權，以奉養則有節。自「金銀珠玉不飾」，至於「削心約志，從事乎無爲」，此崇儉之德也。堯舜之世，土器是用，漆器不造，至音是聽，淫聲不尚，其於金銀、錦繡、奇怪、玩好、淫佚之樂，皆所不好也。又豈有倡優后飾，如秦之末俗邪？珊瑚器用，如晉之弊政邪？作奇技淫巧，如商之季世邪？好淫娃之音，如鄭、衛之俗邪？宫垣屋室，不致粉堊，甍桷椽楹，不加雕斲，茅茨雖遺而不剪。衣苟可衣，不嫌鹿裘布衣；食苟可食，不嫌其糲飯藜羹；居苟可安，不肯以役作之事妨民耕績之時。又豈有丹楹刻桷，如魯侯之奢者乎？毳冠是聚，如鄭國之侈者乎？庖肥肉而民餓莩，築通天而民歛怨，如戰國之君乎？古之賢君，其待天下也以無心，故其治天下也以無爲，但見其非心黄屋、優游岩廊而已，則其所以削心約志，以從事於無爲者可見矣。○劉寅云：以鹿皮之裘禦冬寒，以布衣掩形體，粗糲粱米爲飯，以藜藿之菜羹而食之。粱，穀名，似粟米而大，河北冀州之地有赤粱穀、白粱穀是也。藜，草名，即落藜也，初生可食。藿，菽之小者，又曰菽之葉也。不以宫室役作之故害民耕織之時，削心約志，從事乎無爲之治。○黄獻臣云：無爲兼治身、治民看。○朱墉云：鹿裘，裘之賤者。糲，粗也。役作，官府役使也。削，治也。約，節制也。

〔震案〕鹿裘，鹿皮衣也。先秦鹿多而賤，故以著鹿裘爲儉。晏子春秋外篇第八：「晏子相景公，布衣鹿裘以朝。公曰：『夫子之家，若此其貧也，是奚衣之惡也！寡人不知，是寡人之罪也。』」鹿裘亦或用爲喪服。禮記檀弓上「鹿裘衡長袪」，孔穎達疏：「鹿裘者，亦小祥後也，爲冬時吉凶衣，裏皆有裘。吉時則貴賤有異，喪時則同用大鹿皮爲之。鹿色近白，與喪相宜也。」布，説文巾部「枲織也」，段玉裁注：「古者無今之木綿布，但有麻布及葛布而已。」掩形，猶蔽體也。役作，工役勞作也。害，妨也。耕績，耕種紡績也。績，普通話當讀去聲。時，農户生産勞作之時也。削，削弱也。心，性情也。志，意念也。削心約志，猶云削約心志也，謂削抑其心性志欲也。從事乎無爲，致力於無爲之道也。

「吏忠正奉法者尊其位①，廉潔愛人者厚其禄，民有孝慈者愛敬之，盡力農桑者慰勉之，旌別淑德②，表其門閭。

【考異】

①「忠」，開宗作「守」。

②「德」，直解、開宗、武備志、彙解、孫校本俱作「慝」。

【集解】

施子美云：尊位厚禄以待臣下，此以任人爲能也。夫臣之所以修己者，既盡其道，則上之所以示勸者必盡其報，臣而有忠正奉法者，此人臣能承君之命者也，若此之人爲可任，故尊其位以貴之。廉潔愛人，此人臣能行己以恤民者也，若此之人爲不貪，故厚其禄以富之，其在三代之世亦然。伊尹告大甲以有言必求諸道，罔以辨言覆邦，是能忠正奉法也。阿衡，上公之任，非伊尹其誰居？一介不取人，爲下則爲民，是能廉潔愛人也。禄以天下，繫馬千駟，豈以爲過邪？民有孝慈之行者愛敬之，有淑善之德者旌表之，皆所以揚善也。其在三代之世亦然。成王嘗書其孝弟有學者，武王嘗式商容之閭，是亦愛敬旌表之意也。務農桑者，從而慰勉之，所以重本也。其在周室有興甿之舉，在漢世有力田之科，是亦勉之之意也。○劉寅云：吏有忠正奉法者，尊崇其爵位；有廉潔愛人者，重厚其俸禄；民有孝父母、慈孤幼者，則愛之敬之；盡力於農畝蠶桑者，則慰之勉之；旌别淑善邪慝之人，表其門閭，使善者勸而惡者懲也。○朱墉云：慰勉，慰勞勸勉，使益盡力也。旌，表揚也。别，不使混淆也。淑，善也。慝，惡也。

〔震案〕旌，辨明也。尚書畢命「旌别淑慝」，孔安國傳：「言當識别頑民之善惡。」門閭，城門及里門也，此處蓋謂鄉里。旌表門閭，言表彰其德行，以顯於鄉里也。閭，廣韻上平聲魚韻「力居切」，讀如驢。

「平心正節，以法度禁邪僞，所憎者有功必賞，所愛者有罪必罰，存養天下鰥寡孤獨，振贍禍亡之家①。

【考異】

①「振」，講義、直解、開宗、武備志、彙解、慶長本俱作「賑」。説文「振，舉救也」，邵瑛群經正字卷二四云，「此即俗賑濟之本字」，「恐俗轉以賑爲正字」，「諸史籍所云『振給』、『振貸』，其義皆同，盡當爲振字，今人之作文書者以其事涉貨財，輒改振爲賑。按説文解字云『賑，富也』，此則訓不相干」。

【集解】

施子美云：平心正節，以法度禁邪僞，此防民之法也，必平心正節者，率之以己也。在成周之世，選賢能以長治，推禮樂以防情僞，立鄉刑以糾萬民，是亦禁之之意也。賞罰必當功罪，不以愛憎而爲輕重，此馭下之權也。其在成周之世，太宰以八柄詔王馭群臣，内史以八枋詔王治，是亦馭之之權也。鰥、寡、孤、獨四者，窮民也；禍亡之家，天患之所及也，必存養而賑贍之，此所以恤民也。文王發政施仁，成王荒政聚民，是亦恤之之意也。○劉寅云：平其心志，正其禮節，以法度禁止姦邪詐僞。平日所憎惡者，有功必賞；平日所親愛者，有罪必罰，存養天下鰥寡孤獨之人。孟子云：「老而無妻曰鰥，老而無夫曰寡，幼而無父曰孤，老而無子曰獨。此四者，天下之窮民而無告者。文王發政施仁，必先斯四者。」又賑濟贍養有禍患喪亡之家。○黄獻臣云：平心志是心法，如「欽明文思安安」是。正禮節是身法，如「允恭克讓」是。○朱墉注：「平其心，不偏頗也。正其身，使合節度也。賢君能平心正節，則天下無不平、無不正矣。」翼賑，救濟也。贍，足也，養也。

〔震案〕節，準則、法度也。存養，撫養也。贍，賑濟也。

「其自奉也甚薄①，其賦役也甚寡②，故萬民富樂，而無飢寒之色③，百姓戴其君如日月，親其君如父母④。」

文王曰⑤：「大哉，賢君之德也⑥！」

【考異】

①治要此句上屬「從事乎無爲」。

②「其賦役也」，治要作「役賦」。

③「飢」，武備志、慶長本並作「饑」。據説文食部，「穀不孰爲饑」，「飢，餓也」，此處與「寒」並用，當以作「飢」爲是；然而段注謂二字「諸書通用者多有」，則作「饑」者亦非訛誤也。

④「親」，治要作「視」。

⑤「王」，武備志作「士」，蓋形近致訛。

⑥「賢君之德」，直解、開宗、武備志、彙解、孫校本俱作「賢德之君」。「也」，治要作「矣」。

【集解】

施子美云：自奉以薄，言奉養之有節也；賦役欲寡，所以舒民之財力也。成周之世，雖好用匪頒賜予，莫不有式，其於民也，制斂法，以年之上下，起徒役，毋過於一人，是亦薄於自奉，寡其賦役也。能備是數者，則民必安其所，樂其業，家給人足，豈有飢寒之虞哉？九年之潦，民無菜色，可以見矣。若是，則人之於上，必有愛敬之心。惟其有敬上之心，故戴之如日月；惟其有愛上之心，故親之如父母。天無二日，民無二王，是則民之戴上之心可知矣。文王既聞其言，得不深嘉而盛美之歟？故曰：大哉，賢君之德！噫，是德也，堯帝之德也！夫子嘗曰「大哉，堯之爲君」，則堯德可謂大矣，文王得不嘉歎之？○劉寅云：其自奉於己也甚微薄，其賦役於民也甚寡少，故萬民富足歡樂，無飢餓寒凍之色，百姓感戴其君如日月，親愛其君如父母。文王聞之，乃曰：大哉，此賢德之君也！○黄獻臣云：此言氣化盈虚治亂皆人事所致。師尚父開首即以帝堯無爲之道望其君，可見兩聖人初無利天下之心，有道之君約志平心，任賢恤民，天下安得不尊親？紂瑶臺瓊室，長夜以飲，炮烙爲懽，使尚父遇之，而以是説進，則爲九侯之醢、比干之刳矣，安望其後車以載乎？其衣寶玉自焚，至死猶迷耳。後世漢文惜露臺之費（文帝欲作露臺，計直百金，曰：「此中人十家之産，胡以臺爲？」乃止），身衣曳綈，示敦朴爲天下先（文帝所幸愼夫人，衣不曳地，幃帳無文繡，治霸陵皆瓦器），庶幾約志，而玉杯改元（新垣平使人持玉杯獻文帝，先言「闕下有寶器來」，果有獻玉杯者，刻曰「人主延壽」，遂改元），惜於平心正節猶未逮也。○朱墉云：賦，征田里之粮也。役，力作也。戴，尊奉也。

〔震案〕奉，奉養也。薄，粗陋也。戴，崇奉也。

國務

【集解】

劉寅云：國務者，治國之大務，如篇内所云「愛民之道」是也。

〔震案〕務，緊要事也。

文王問太公曰①：「願聞爲國之大務②，欲使主尊人安，爲之奈何③？」太公曰：「愛民而已④。」

【考異】

①治要無「曰」字。

②「大務」，治要作「道」，此句下屬「太公曰『愛民』」。「大」，講義、慶長本並作「太」，直解脱此字。太即大也。廣雅卷一釋詁「太，大也」，王念孫疏證：「太者，白虎通義云，十二月律謂之大吕何？大者，大也。正月律謂之太蔟何？太，亦大也。」先秦舊籍多以大爲太或泰。説文水部「夳，古文泰如此」，段注云：「後世凡言大，而以爲形容未盡，則作太，如大宰俗作太宰，大子俗作太子，周大王俗作太王是也。謂太即説文夳字，夳即泰，則又用泰爲太。」又江沅説文釋例：「古祇作大，不作太，亦不作泰，易之大極，春秌之大子、大上（僖廿四年、襄廿四年），尚書之大誓、大王、王季，史漢之大上皇、大后，後人皆讀爲太，或徑改本書作太及泰。」

③八角廊簡文王問太公之語唯作「爲國之務果何」六字。

④治要無「而已」二字，此句上屬「願聞爲國之道」。

【集解】

施子美云：王者不能自尊，以有民而後尊；民不能自安，以得主而後安。是以尊主安人之道，必先於愛民，蓋愛民者，人常愛之，此所以人安而主尊也。○劉寅云：文王問太公曰：願聞治國之大務，欲使爲主者尊，爲百姓者安，爲之奈何？太公對曰：治國之大務，愛民而已矣。

文王曰①：「愛民奈何②？」太公曰：「利而勿害，成而勿敗，生而勿殺③，與而勿奪④，樂而勿苦，喜而勿怒。」

【考異】

①治要無此三字。

②治要無「愛民」二字。

③「殺」，治要作「煞」，直解作「役」，慶長本「殺」「役」兩存之。治要凡「殺」字皆作「煞」。煞，同殺。

④「與」，開宗、武備志、孫校本俱作「予」。説文予部「予，推予」，段注：「予、與古今字。」

【集解】

施子美云：愛民之道無他焉，必本之人情也。三王之政，必本人情：人情莫不欲壽也，我則生而不傷；人情莫不欲富也，我則厚而不困；人情莫不欲佚也，我則節其力而不勞。是以太公之答文王，必以利勿害、成勿敗六者釋之。○劉寅云：文王問曰：所謂愛民奈何？太公對曰：均以田宅之利，而勿傷害之；綏以成全之道，而勿毁敗之；授以生養之方，而勿殺伐之；厚以賜與之恩，而勿侵奪之；慰其安樂之心，而勿勞苦之；成其喜悦之意，而勿忿怒之。此曰「生而勿役」，下文云「無罪而罰則殺之」，是「生而勿役」乃「生而勿殺」也，今正之。○朱墉云：害，損害也。敗，毁壞也。與，施與也。怒，怨忿也。

文王曰：「敢請釋其故①。」太公曰：「民不失務則利之②，農不失時則成之③，

省刑罰則生之④，薄賦斂則與之⑤，儉宮室臺榭則樂之⑥，吏清不苛擾則喜之⑦；

【考異】

①「敢請釋其故」，治要作「奈何太公何」。

②「失」下，治要有「其所」二字，且自此以下至「吏濁苛擾則怒之」，凡句末「之」字下皆有「也」字。

③「時」，治要作「其時業」三字。

④直解、武備志、孫校本俱無「省刑罰則生之」六字，開宗作「罪疑而宥則生之」，彙解作「不罰無罪則生之」。

⑤「與」，開宗、武備志、孫校本俱作「予」。「斂」，講義、直解、慶長本俱作「歛」，下「斂」字同此，詳文師篇「而樹斂焉」。

⑥「儉宮室臺榭」，治要作「無多宮臺池」。

⑦治要無「擾」字。

【集解】

劉寅云：文王問曰：敢請解釋其故如何？故者，已然之迹也。太公對曰：民不失蠶桑之務，則利之也；農不失耕穫之時，則成之也；薄其賦歛之物，則與之也；儉宮室臺榭而不役使，則樂之也；爲吏者清白不苛刻擾害，則喜之也。按上文言愛民有六事，今不釋「生而勿殺」者，恐遺之也。○朱墉云：不失務，不失蠶桑之事務也。儉，省也。苛，刻也。

〔震案〕臺榭，積土高而上平爲臺，臺上築屋爲榭。詩大雅靈臺「經始靈臺」，毛傳：「四方而高曰臺。」爾雅釋宮「闍謂之臺，有木者謂之榭」，郭璞注臺謂「積土四方」，榭謂「臺上起屋」。臺榭原爲軍事設施。國語楚語上「故先王之爲臺榭也，榭不過講軍實，臺不過望氛祥」，徐元誥集解：「講，讀爲構，有合集之義。構軍實，謂藏集軍之器用也。」又或用爲遊觀之所。左傳襄公三十一年「無觀臺榭」，孔穎達疏：「臺榭皆高，可升之以觀望，言無觀望之臺榭也。」太公所云「儉宮室臺榭」者，當指遊觀之所而言。

「民失其務則害之①，農失其時則敗之②，無罪而罰則殺之③，重賦斂則奪之④，多營宮室臺榭以疲民力則苦之⑤，吏濁苛擾則怒之⑥。

【考異】

①「民失其務則」，八角廊簡作「失其所務是胃」。胃，讀爲謂。

②「則敗之」，八角廊簡作「是胃□」。

③「罰」，講義、慶長本並作「討」。罰字一作罸，亦或作討。文選卷四〇任昉奏彈曹景宗「受命致罰」，舊校云：「善本作討字。」潛夫論述赦篇「天罰有罪」，汪繼培箋：「書皋陶謨罰今

作討。」

④「則」，八角廊簡作「是胃」。

⑤「營宮室臺榭以疲民力」，八角廊簡作「治臺游宮室之觀而不……者其民□」，治要作「多害室遊觀以疲民」。「則」，八角廊簡作「是胃」，且「之」下有「□□而□」四字。

⑥「濁」，治要作「爲」。

【集解】

施子美云：且夫四民各有常業，皆所以利之也；書有所謂「居四民，時地利」，則利之必在於四民不失其務，失則害矣。農有三時，所以成其事也；傳有所謂「不奪民時，則百姓富」，則成之必在於不失農時，失則敗矣。刑罰不濫，而後保其生；傳有所謂「刑罰不中，則民無所措手足」，是省刑乃可以生之也，不省而濫則殺之矣。善爲國者務富民，所以予之也；傳有所謂「百姓足，君孰與不足」，則薄賦斂所以予之也，不薄則奪之矣。人得其佚則喜，是不可無以樂之也；傳有所謂「文王以民力爲臺爲沼，而民歡樂之」，則儉宮室臺榭可以樂之，侈而崇則苦矣。吏不擾則民安其業；傳有所謂「其政平，其吏不苛，吾是以不能去」，則清而不擾者民必喜，苟濁而擾則怒矣。○劉寅云：民失其蠶桑之務，則害之也；農失其耕穫之時，則敗之也；民無罪而行罰，則殺之也；重賦斂之物，則奪之也；多營造宮室臺榭，以疲勞民力，則苦之也；爲吏者昏濁苛刻，擾害其民，則怒之也。

「故善爲國者，馭民如父母之愛子①，如兄之愛弟②，見其飢寒則爲之憂③，見其勞苦則爲之悲，賞罰如加於身④，賦斂如取己物⑤。此愛民之道也⑥。」

【考異】

①「馭」，治要作「御」。御同馭。説文彳部「御，使馬也」，「馭，古文御」。

②「愛弟」，治要作「慈弟也」。開宗無「如」字。

③「其」、「憂」，治要分別作「之」、「哀」，下「見其勞苦」之「其」同此。「飢」，直解、武備志、彙解、慶長本俱作「饑」，詳盈虚篇「而無飢寒之色」。

④「於」，開宗作「其」。

⑤「己物」，直解、開宗、武備志、慶長本、孫校本俱作「於己」，彙解作「諸己」。

⑥上「賞罰」至此十八字，治要唯作「文王曰『善哉』」五字。

【集解】

施子美云：是以善爲國者，家視四海，子視兆民，一視同仁，篤近舉遠，其馭之也，殆如父母之於子，兄之於弟，其愛之之情猶己也。飢寒勞苦，豈不欲與之共？賞罰賦斂，豈不以身視之？昔者稷思天下有飢者，猶己之飢；禹思天下有溺者，猶己之溺；與夫文王視民如傷，是皆得愛民之道也。蓋有恤民之心者必有恤人之政，此其道也。○劉寅云：故善治國者，馭民如父母之愛其子，如兄之愛其弟；見其饑餓寒凍者，則爲之憂；見其勤勞困苦者，則爲之悲；賞罰如加自己之身，賦斂如取自己之物。此乃惠愛人民之道也。○黄獻臣云：此言爲國之大務在愛民，六事皆愛民之務。管仲善其制（處士就閒燕，工就官府，商就市井，農就田野，制國二十一鄉，阜民樂業），晏嬰師其儉（居室湫隘，敝車羸馬，一狐裘三十年，齊士待以舉火者七十餘家），得其偏猶足以霸，矧馭之如父母者乎？○朱墉云：馭，撫馭也。賦，田税也。斂，收聚也。

〔震案〕馭，治理也，同御。説文彳部：「御，使馬也，从彳从卸。馭，古文御。」詩大雅思齊「以御于家邦」，鄭玄箋：「御，治也。」

大禮

【集解】劉寅云：大禮者，論君臣之禮也。取書内「大禮」二字以名篇。○朱墉云：大禮者，千古以來君臣之大禮也。君臣之禮，等於天地，故謂之大禮。

文王問太公曰：「君臣之禮如何？」太公曰：「爲上唯臨①，爲下唯沈；臨而無遠，沈而無隱。爲上唯周，爲下唯定；周則天也，定則地也；或天或地，大禮乃成②。」

【考異】

①開宗、彙解「唯」並作「惟」。下三「唯」字，彙解亦同此。

②「大」，慶長本作「太」。太即大字，詳國務篇「願聞爲國之大務」。

【集解】

施子美云：君臣有異職，斯有異分。君以知爲職，惟智乃能臨，故爲上在乎臨；臣以順爲職，惟順乃能沈，故爲下在乎沈。以上臨下，則易至於勢隔，故臨者不可遠，又欲親乎其臣也；下沈而順，則易至於不言，故沈者不可隱，又欲盡言于上也。昔者光武明謨糾斷，授諸將以方略，本以智臨之也，然慮其或遠乎臣，故於鄧禹則常置之卧内，與決謀議，則臨而無遠也可知矣。鄧禹深沈大度，是能以沈事上也，然不可或隱，故爲光武論諸將無遠圖，謂天下不足慮，則沈而無隱也可知矣。至於爲上惟周，則以其運動而爲謀也；爲下唯定，則以其静守以不變也。君之周所以法天，蓋以乾道行健，君子以自强不息，有得乎是也；臣之定所以法地，蓋以地勢坤，君子以厚德載物，有得乎是也。故周所以則天，定所以則地，或天或地，則大禮以是而明。蓋天尊地卑，乾坤定矣。卑高以陳，貴賤位矣，是則君臣之道既有所取，而君臣之分亦以是明，此大禮所以成也。○劉寅云：文王問太公曰：君臣之禮如何？太公對曰：爲君上者，唯欲其臨民；爲臣下者，唯欲其沈伏。臨民而無遠於民，沈伏而無隱於君。爲君上者，唯欲其普遍；爲臣下者，唯欲其安定。普遍則天也，安定則地也，或天或地，大禮乃成。易曰：「天尊地卑，乾坤定矣，卑高以陳，貴賤位矣。」此君臣大禮之所以成也。○黄獻臣云：此言君臣之禮等於地天。居上以臨蒞爲尊，居下以沈伏爲恭，無遠則邇於情，無隱則忠於事。用恩周，即敬大臣、體群臣之旨；守分定，即堂陛冠履之必嚴（賈誼曰「人主之尊如堂，群臣如陛」）。君則天，如天無不覆也；臣則地，如地有常職也。故禮所以經君臣。○朱墉云：臨，以上蒞下也。沈，伏抑謙卑之意也。遠，與民疎隔也。隱，藏匿欺蔽也。周，普徧也。定，安守不侵陵也。則，效法也。

〔震案〕周，有周全包容之義。或天或地，即有天有地。呂氏春秋貴公「無或作好」，高誘注：「或，有也。」

文王曰：「主位如何？」太公曰：「安徐而静，柔節先定，善與而不爭，虚心平志，待物以正。」

【集解】施子美云：此論聖人宅心之道。主位者，主之所以處心者也。安徐而靜者，所以退藏於密也。惟能安靜，則柔節先定於此矣。能靜而柔，此以謙處己也。惟以謙處己，故無心於勝物，宜其善予而不爭也。虛其心則不蔽，惟能虛其心，故志以是平，平其志則不欺，此以公而應下也。惟以公應下，故其所以待之者，皆不外乎正道。昔者文王之遵養時晦，則安徐而靜也；徽柔懿恭，則柔節先定也。文王惟能以謙自處，故於昆夷之事有所不辭，乃善予而不爭也；其克宅厥心，不識不知，是又虛心平志也。文王惟能以公應下，故以正伐商，非待物以正乎？吾觀文王之所爲所行，不無得於太公之開悟也。○劉寅云：文王問曰：人主之位如何？太公對曰：安徐而靜，不妄動也；柔節先定，不剛猛也；善與而不爭，惠施流布也；虛心，不自滿也；平志，不私曲也；待物以正，不偏黨也。○黃獻臣云：此言履君位之大禮。○朱墉云：安，安詳也。徐，徐緩也。柔，和柔也。節，有制也。善與，惠施流布也。不爭，不爭利也。虛心，不滿假也。物，人也。以正，無偏黨也。

〔震案〕主位，君主居其位也。先定，率先定己，所以定人也。柔節先定者，主見瞭然於胸而能鎮定自若，狀貌和柔而有節度，故能率以定人也。虛心平志者，守持虛靜，平和心志也。待物以正者，不以物累，秉持允正也。管子九守篇云「安徐而靜，柔節先定，虛心平意以待須」，尹知章注：「人君居位，當安徐而又靜默。以柔和爲節，先能定己，然後可定人。虚其心，平其意，以待臣之諫説。須，亦待也。」

文王曰：「主聽如何？」太公曰：「勿妄而許①，勿逆而拒②，許之則失守，拒之則閉塞。高山仰之③，不可極也④；深淵度之，不可測也。神明之德，正靜其極⑤。」

【考異】

①「許」，武備志作「喜」。

②「拒」原作「担」，講義、直解、開宗、武備志、彙解、慶長本、孫校本俱作「拒」。據下文「拒之則閉塞」，乃知「担」字訛，當以作「拒」爲是，今正之。

③「之」，直解、開宗、武備志、彙解、慶長本、孫校本俱作「止」。詩小雅車舝「高山仰止，景行行止」，馬瑞辰傳箋通釋云：「之字篆文作㞢，與止字形近易譌。據箋云『則慕仰之』、『則而行之』，皆本經文爲訓，正義曰『仰之』、『行之』，則上下句皆當作之爲是。」此處亦當以作「之」爲是。

④「極」，武備志、孫校本並作「及」。

⑤「正靜」，彙解作「靜正」。

【集解】

施子美云：此論人主之聽不可不審也。書曰：「有言遜于汝志，必求諸非道；有言逆于汝心，必求諸道。」則是聽言者，不可以妄許妄拒也。妄而許之，必其内無所守，故謂之失守；逆而拒之，則言不敢進，故閉塞。大抵人之所以謀事者，必其内有所主，不可窮極也。且以高山言之，其高若不可極也，然山之巔，或可憑而遊，則高山猶有可極之理，未足爲難窮也；以深淵言之，其深若不可測也，然淵雖深，或可沈而没，則深淵猶有可測之理，亦未足爲難窮也。至於兵之爲謀，本於聖人之心，有不可得而窮者，此神明之德也。神明之爲德，聖人以心而運智謀，妙而難知，既神且明，由其神明，而至於正靜之極，則其爲兵也必一而不變，寂而不動，乃其德之極也。昔者文王之齊聖廣淵，克宅厥心，此文王之所以爲神明之德也，故其妙至於之德之純，則其正靜之極爲如何？文王惟充是德，所以能一舉而克商也。○劉寅云：文王問曰：人主之聽如何？太公對曰：聽其言，勿妄而許之，勿迎而拒之，許之則失吾心之守，拒之則閉塞吾耳之聽。如高山在前，仰之而不可盡也。詩經作「仰止」，止，語助辭，此對下文深淵度之而言，恐只是之字。深淵在前，度之而不可測也。言人主之聽，無有窮盡；事變之來，不可測量。神明之德，正而且靜，乃其極也。心者，人之神明，號曰天君；而耳司聽，目司視，皆從令者也。吾心神明之德，以正靜爲極，而耳目之視聽，自無非僻之干矣。○黄獻臣云：此言人主聰聽之禮。勿妄爲許可，勿逆拒爲不可，虛衷以應，如高山無紀極，如深淵難測度。神明之德，視聽從出，正而不偏，靜而不躁，乃其極也，則自無非僻之干矣。高山仰止，只講宥密意（宥密，深遠之意，頌曰「夙夜基命宥密，於緝熙，殫厥心」），非戴如日月之説。○朱墉云：勿，禁止之辭。妄，輕也。許，可也。逆，迎也。拒，絶也。守，吾心執守也。閉塞，塞吾耳之聰也。止，當作之，助語辭。極，至也。度，料度也。正，不偏倚也。靜，不妄動也。王漢若曰：「神明，心也。德，心之德也。心本神明之物，而所以見其神明之德者，亦惟是不偏不倚，無思無慮，能正能靜，即神明之德之極至處也。」臧雲卿曰：「應酬萬變者，神也。辨別衆理者，明也。鎮定不摇者，靜也。蕩平無黨者，正也。」

〔震案〕聽，有審察之義。尚書洪範「四曰聽」，孔安國傳「察是非」，孔穎達疏：「聽者，受人言，察是非也。」春秋繁露五行五事云：「聽曰聰，聰者能聞事而審其意也。」逆，迎受也。逆而拒，即當面拒之也。失守，失其定念，首鼠兩端也。度，廣韻入聲鐸韻「徒落切」，今普通話讀如奪。神明，精神也。德，本性也。管子九守篇云：「聽之術，曰勿望而距，勿望而許。許之則失守，距之則閉塞。高山仰之，不可極也。深淵度之，不可測也。神明之德，正靜其德極也。」尹知章注：「聽言之術，必須審察，不可望風，則有所距，有所許也。既未審察，輒有距而許之，故或失守，或閉塞。不審察者，常爲彼所知，故戒之當如高山深淵，不可極而測之。既如山淵，則其德配神明，而正且靜。如此者，其有窮極矣。」又鬼谷子符言篇云：「德之術曰：勿堅而拒之。許之則防守，拒之則閉塞。高山仰之可極，深淵度之可測，神明之位，德術正靜，其莫之極。」陶弘景注：「崇德之術，在於恢宏博納。山不讓塵，故能成其高；海不辭流，故能成其深；聖人不拒衆，故能成其大。故曰勿堅而拒之也。許而容之，衆必歸而防守；拒而逆之，衆必違而閉塞。歸而防守，則危可安；違而閉塞，則通更壅。夫崇德者，安可以不宏納哉？高莫過山，猶可極；深莫過淵，猶可測。若乃神明之位，德術正靜，迎之不見其前，隨之不見其後，其可測量哉？」

文王曰：「主明如何？」太公曰：「目貴明，耳貴聰，心貴智。以天下之目視，則無不見也；以天下之耳聽，則無不聞也；以天下之心慮，則無不知也①。輻湊並進②，則明不蔽矣。」

【考異】

①「知」，開宗作「智」。

②「湊」，開宗、彙解並作「輳」，與湊同。廣韻候韻：「輳，輻輳，亦作湊。」然輳字晚出，作「輳」者，當係後人所改。武備志作「奏」，與湊通。荀子王霸「然而天下之理略奏矣」，王念孫讀

書雜志八之四云：「奏，讀爲湊。」「並」，講義作「兹」，開宗、孫校本並作「竝」。疑「兹」本亦當作「竝」，形近而致訛。竝者並之本字，隸變作「並」。

【集解】

施子美云：此言人主在於兼聽廣覽，然後可以益其明。以一己之聞見爲聞見者，不若以天下之聞見爲聞見；以一己之智慮爲智慮者，不若以天下之智慮爲智慮。何者？目欲明，耳欲聰，心欲智，聰明智慮所以能廣者，非一人能自足也，兼天下之心耳而爲之也。若是，則天下之人皆將樂告以善，故輻湊並進，而明不蔽。昔者大舜之濬哲文明，則舜之聰明智慮爲不可及也，舜之所以能若是者，以其能明目達聰故也；文王之聰明淵懿，文王之聰明智慮爲不可及也，文王之所以能若是者，以其能詢彼八虞也。古之明而不蔽者，唯舜、文爲能盡之。○劉寅云：文王問曰：人主之明如何？太公對曰：目貴乎明，耳貴乎聰，心貴乎智。明，無所不見也；聽，無所不聞也；智者，心之神明，所以妙衆理而宰萬物者也。人君以天下之目視，則無所不見；以天下之耳聽，則無所不聞；以天下之心慮，則無所不知。輻湊並進，則人主之明不壅蔽矣。湊當作輳。輻輳，車輻共一轂也。○黄獻臣云：此言人主視遠之禮。合聰聽睿智，而後可以言精明，然非以天下則不能無蔽，能用天下之耳目心思，則賢者交相忠告，人主之明愈無壅蔽矣。○朱墉云：轂，輻所湊也，喻總聚之義。蔽，遮掩也。

〔震案〕輻，車輪輻條也。輻湊，謂輻條集於輪軸也。管子九守篇云：「目貴明，耳貴聰，心貴智。以天下之目視，則無不見也。以天下之耳聽，則無不聞也。以天下之心慮，則無不知也。輻湊並進，則明不塞矣。」尹知章注：「言聖人不自用其聰明思慮，而任之天下，故明者爲之視，聰者爲之聽，智者爲之謀，輻湊並進，不亦宜乎？故曰『明不可塞』。」又鬼谷子符言篇云：「目貴明，耳貴聰，心貴智。以天下之目視者，則無不見；以天下之耳聽者，則無不聞；以天下之心思慮者，則無不知。輻輳並進，則明不可塞。」陶弘景注：「目明則視無不見，耳聰則聽無不聞，心智則思無不通，是三者無壅，則何措而非當也？昔在帝堯，聰明文思，光宅天下，蓋用此道也。夫聖人不自用其聰明思慮，而任之天下，故明者爲之視，聰者爲之聽，智者爲之謀，若雲從龍，風從虎，沛然而莫之御，輻湊並進，則亦宜乎？若日月之照臨，其可塞哉？故曰『明不可塞也』。」

明傳

【集解】劉寅云：明傳者，以至道之言，明傳之子孫也。取書中「明傳」二字以名篇。○茅元儀云：文王欲明傳於武王者。○朱墉云：明指利害之所在也。

〔震案〕明，顯明也。

文王寢疾，召太公望，太子發在側①，曰②：「嗚呼！天將棄予，周之社稷將以屬汝③。今予欲師至道之言，以明傳之子孫。」

【考異】

①「太」，講義作「大」，詳國務篇「願聞爲國之大務」。

②直解無「曰」字。

③「屬」，直解一本作「厲」。劉寅云：舊本「厲汝」作「属汝」，如「属之子乎」、「属之我乎」之属，今從之。属，屬俗字，蓋與「厲」字形近而致訛。

【集解】

劉寅云：昔者文王寢疾，召太公望，太子發在側。發，武王名也。文王嗟嘆而言曰：嗚呼，今天將棄予，故使予有疾也。周家之社稷將以屬汝，今予欲師至道之言，以明傳之子孫如何。○朱墉云：側，傍也。嗚呼，發嘆辭。屬，託也。汝，指太公也。

〔震案〕寢疾，卧病也。棄，捐棄也。天將棄予，猶云天將絶我命矣。屬，廣韻入聲燭韻「之欲切」，今普通話讀如主。師，學也，受也。至道，猶至理。

太公曰：「王何所問？」文王曰：「先聖之道①，其所止②、其所起③，可得聞乎？」

【考異】

①「道」，彙解作「言」。

②「止」，武備志、彙解、孫校本俱作「起」。

③「起」，武備志、彙解、孫校本俱作「止」。

【集解】

施子美云：主以道勝，故道之所傳，不可不明也。夫道之大原出於天，而傳於聖人，然聖人不世出，故道有所傳，亦有所廢。道之傳，道之所起也；道之廢，道之所止也。道之所以起者，以其知所以治身待人之道也。○劉寅云：太公曰：王今何所問？文王曰：古先聖人之道，其所止、其所起，可得而聞乎？○朱墉云：止，息也。起，行也。

〔震案〕得，可也，能也。可得，猶可以。聞，聞知也。

太公曰：「見善而怠，時至而疑，知非而處，此三者，道之所止也；

【集解】

施子美云：聞善不能從，聖人以爲憂，則見善而怠者，是無志於善也；天與不取，反受其咎，則時至而反疑者，是失時也；順非而澤，聖人之所必誅，則知非而處者，是固意而爲之也。凡此三者，皆内而無所守，故不審所行，其何以能興？此道之所以止也。○劉寅云：太公對曰：見善不行，而反生怠惰之心；時至不行，而反有疑惑之意；知其事之非，不能避，而反處之。此三者，道之所以止也。○朱墉云：怠，惰慢也。疑，不決斷也。非，事之非也。處，憚改也。

〔震案〕處，謂處之泰然而不思糾過也。

「柔而静，恭而敬，强而弱，忍而剛，此四者，道之所起也。

【集解】施子美云：若夫所以修身者極其至，所以待人者無不備，則可以有爲矣，故道以此四者而起。柔不能静，其失也懦，惟柔而静，然後爲能定；恭不能敬，其失也矯，惟恭而敬，然後爲得禮：以是而修身，其德斯爲至矣。太强則折，故强必濟以弱；太忍則懦，故忍不專忍，必濟以剛：以是而待人，其德爲兼備矣。昔文王之興也，徽柔懿恭之德積于厥躬，則文王之所以脩身者，能柔而静、恭而敬矣。及其推是以待人，則又能兼備其德焉。以三分有二之勢，非不强也，而以服事商，是强而能弱也；羑里明夷之際，有所不恤，是能忍也，而於伐商之事，必斷然爲之，非忍而剛乎？文王惟盡是四者，此文王之所以興也。太公之言，抑亦以文王之所爲者，而使武王繼之歟？○劉寅云：柔而能靜則有守；恭主容，敬主事，恭而能敬則處己、接物皆能謹；强而能弱則有容；忍而能剛則有爲。此四者，道之所以起也。○朱墉云：靜，鎮靜也。恭，主容；敬，主事；恭見於外，敬主乎中。强，毅力也。弱，柔弱也。忍，含容也。剛，果決也。

〔震案〕柔，性和柔也。而，猶且也。靜，安靜平和也。

「**故義勝欲則昌，欲勝義則亡，敬勝怠則吉，怠勝敬則滅。**」

【集解】

施子美云：故義勝欲則昌，欲勝義則亡。厲公惟大於鄢陵之勝，厲公以死，非怠勝敬則滅乎？○劉寅云：故義勝乎欲者則國昌，欲勝乎義者則國亡，敬勝乎怠者則獲吉，怠勝乎敬者則必滅。義者，心之制，事之宜，乃天理之公也。欲者，目之於色，耳之於聲，鼻之于臭，口之於味，四肢之於安佚，乃人欲之私也。敬者，整齊收斂，主一無適，聖學之所以成始而成終者也。怠者，心志怠惰，處己、接物皆不能致謹也。○黄獻臣云：此告文王先聖至道之言，以明傳子孫之旨。道之所止處，正怠、欲勝也；道之所行處，正敬、義勝也。此武王得所傳，而有丹書之戒歟？（胡雙湖贊武王洪範之陳萬事彝倫之道，著丹書之戒，敬怠、義欲之辨明。）○朱墉云：義欲就行事言，敬怠就存心言。敬者，心存謹畏也。怠者，志意荒慢也。

六守

【集解】劉寅云：六守者，以仁、義、忠、信、勇、謀六者守之而不失也。以書内有「六守」二字，故取以名篇。○朱墉云：守者，抱持之而弗失也。用賢以守國，使農工商各安其業，則國富强而坐致其昌隆矣。

〔震案〕守，人臣所以守國之德也。

文王問太公曰①：「君國主民者②，其所以失之者何也③？」太公曰：「不慎所與也④。人君有六守、三寶⑤。」

【考異】

①凡「太公」，銀雀山簡皆作「大公望」。大讀爲太，詳國務篇「願聞爲國之大務」。

②「國主」，武備志、彙解作「主國」，並誤。銀雀山簡「主」作「王」。主與王形近，舊籍多互用。墨子辭過篇「當今之主」，孫詒讓閒詁：「長短經作王。」又管子輕重戊「明王之所以賞有

功」，戴望校正：「宋本王作主。」治要無「者」字。

③武備志、孫校本並無「以」字。銀雀山簡無「者」、「也」二字。

④「慎」字原缺筆，直解、開宗、武備志、彙解、孫校本俱作「謹」，此避南宋孝宗趙眘嫌名。玉篇目部：「眘，食刃切，古文慎。」蓋宋本有避「慎」字改「謹」者，明清仍之，惟日傳治要、講義、慶長本俱作「慎」。下「慎擇六守」之「慎」同此。「與」，銀雀山簡作「予」。予同與，詳文韜國務篇「與而勿奪」。荀子成相「内不阿親賢者予」，楊倞注「予，讀爲與」，郝懿行補注：「予、與古今字。」

⑤「人君有六守、三寶」，銀雀山簡作「君有三器六守臣有……」。

【集解】

施子美云：臣有常德，民有常業，人主之所以君國主民者，其本在是。何以爲臣之德？六守者，臣之德也。何以爲民之業？三寶者，民之業也。六者，以其出於人臣之所操守，故謂之六守；三者，以其爲寶，故謂之三寶。○劉寅云：文王問太公曰：凡國君主民者，其所以失國與民者何也？太公對曰：人君不能謹其所與也。人君有六守、三寶，不可不致謹耳。○朱墉云：失，失國失民也。慎，謹也。所與者，與我共守國之人也。

〔震案〕君，君臨也。主，掌管也。與，親附也。管子大匡「公先與百姓而藏其兵」，蘇輿云：「與，親也。」寶，猶重器、柱石之謂也。吕氏春秋侈樂「不知其所以知之謂棄寶」，高誘注：

「寶，重也。」

文王曰：「六守何也①？」太公曰②：「一曰仁，二曰義，三曰忠，四曰信，五曰勇，六曰謀，是謂六守。」

【考異】

①「守」下，彙解有「者」字。

②「文王曰：『六守何也？』太公曰」十字，治要唯作「六守者」三字。

【集解】

劉寅云：文王問曰：所謂六守者何也？太公對曰：一曰仁，仁者，本心之全德也；二曰義，義者，處物而得其宜也；三曰忠，忠者，盡己之心也；四曰信，信者，以實之謂也；五曰勇，勇者，用也，共用之謂勇；六曰謀，謀君計也，慮難之謂謀。此謂之六守。○朱墉云：勇者，用也，剛毅有爲之謂勇也。謀者，籌畫萬變也，又揆事度物、曲中事機也。

文王曰：「慎擇六守者何①？」太公曰：「富之而觀其無犯，貴之而觀其無驕，付之而觀其無轉，使之而觀其無隱，危之而觀其無恐，事之而觀其無窮②。

【考異】

①「六守者何」，治要作「此六者奈何」。「者」，銀雀山簡作「奈」。

②上「太公曰」至此四十五字，銀雀山簡作「大公望曰富之觀其毋犯也貴……觀其毋專也使之觀其毋懸【□】之觀其毋□事之觀……」。專，讀爲轉。懸，讀爲隱。

【集解】

劉寅云：文王問曰：謹擇六守者奈何？太公對曰：富之以財，而觀其無犯；貴之以爵，而觀其無驕；付託之重任，而觀其無轉；使之有所作爲，而觀其無隱；危之以險難，而觀其無恐；問之以事變，而觀其無窮。○朱墉云：擇，簡選也。犯，踰禮也。付，託也。轉，遷移也，圖僭竊也。使，役使也。隱，欺蔽也。危，險難也。恐，畏懼也。事，投之以事變也。無窮，應酬多方也。

〔震案〕慎擇六守，言謹慎簡選六守之人也。

「富之而不犯者，仁也；貴之而不驕者，義也；付之而不轉者，忠也；使之而不隱者，信也；危之而不恐者，勇也；事之而不窮者，謀也①。

【考異】

①上「富之」至此四十八字，銀雀山簡作「……不剸者忠使之不懸者信危之不……者謀」。剸，

讀爲轉。

【集解】

施子美云：六守者，仁、義、忠、信、勇、謀也。富而不犯，是爲仁也；蓋富者易至於侈而失禮，若夫富而不犯，則不貪其富，必以分人，而不至於犯禮，其存心必有仁也。昔者，趙奢可謂富而不犯者也，王及宗室有所賞賜，悉以分予士卒，是富而不犯也，其仁可知矣。貴而不驕，是爲義也；蓋貴者易至於驕以傲人，若夫貴而不驕，則不恃其貴，而無自大之心，其所爲必合義。昔田穰苴雖以大司馬之尊，而與士卒最羸弱者，此是能貴而不驕也，其義爲足取矣。可以托六尺之孤，可以寄百里之命，必其忠者也；付之而堅守不轉，是爲忠也。高祖謂周勃可以安劉，卒之誅吕强漢，不易所守者，忠也。爲下唯沈，沈而無隱，臣之道；使之而不隱，必其有信也。充國圖方略於金城，守便宜於屯田，可謂有使而不隱之信也。見危致命，士之大節；危而不恐，必其有勇也。李廣爲右賢王所圍，乃且解鞍縱卧，是乃危而不恐之勇也。奇正發於無窮之源，其應事也不窮，則其謀爲莫善也。張良運籌，李勣多筭，皆不窮之謀也。○劉寅云：富之以財，而不犯者，仁也；仁者，存夫天理之公，故富之而不犯。貴之以爵，而不驕者，義也；義者，心有裁制，而處事得宜，故貴之而不驕。付託以重任，而心不轉移者，忠也；忠者，盡心以事君，故付之而不轉。使之有所施爲，而無隱者，信也；信者，凡事以實，故使之而不隱。危之以險難，而不恐者，勇也；勇者，敢於前進，故危之而不恐。問之以事變，而不窮蹙者，謀也；謀者善於籌度，故事之而不窮。此皆用人之術，故曰謹其所與也。

「人君無以三寶借人①，借人則君失其威②。」

【考異】

①「人君」下，治要有「慎此六者以爲君用君」九字。

②銀雀山簡此處作「……器作人作【人】則君將失其威」。乍、昔上古音近，作讀爲借。「借人則君」，治要作「以三寶借人則君將」。

【集解】

劉寅云：人君無以三寶假借與人，以三寶借人，則君國者失其威矣。○朱墉云：借人，爲敵國資也。王元翰曰：「三寶借人者，人君陵虐之甚，三者散而之四方，是爲敵國資也，非借人而何？」

〔震案〕借人，委託於人也。威，威權也。

文王曰：「敢問三寶？」太公曰①：「大農、大工、大商②，謂之三寶③。農一其鄉則穀足④，工一其鄉則器足，商一其鄉則貨足，三寶各安其處⑤，民乃不慮，無亂其鄉，無亂其族。

【考異】

①治要無「文王曰：『敢問三寶？』太公曰」十字。

②「大商」上，治要有「嗃」字。

③「寶」，銀雀山簡作「菒」，即葆字省形，讀爲寶。治要此句下屬「六守長則國昌」。

④「農一」，銀雀山簡作「戎壹」。古戎、農音近，簡文多借戎爲農。壹與一同，猶聚也，合也，一統之也。下「工一」、「商一」之「一」同此。「穀」，原作「榖」，開宗、武備志、慶長本同，直解作「糓」，據龍龕手鑑殳部，係「穀」之俗字，説文木部「榖，楮也」，榖、糓並誤。作「榖」者「穀」字之訛，作「糓」者「穀」字之訛，「糓」亦「穀」之或體，集韻屋部云：「穀、糓，古禄切，説文『續也，百穀之總名』；一曰善也、禄也；一曰水名，或从米。」今據彙解及孫校本改作「穀」。

⑤「各安其」，銀雀山簡唯作一「有」字。

【集解】

施子美云：若夫三寶，則國之所寶，不可以借人，借人則失威，是無民誰與爲君也？孟子嘗曰：「諸侯之寶三，土地、人民、政事。」則人民之可寶也明矣。三寶則大農、大工、大商也。農安其居，則可以足食，故農一其鄉則穀足；工安其居，則可以給用，故工一其鄉則器足；商安其居，則可以聚貨，故商一其鄉則貨足：是三者既安其處，則民有常業，宜其無他慮也。三者既異其居，則無亂其鄉，而無亂其族。昔者，管仲分國爲二十一鄉，農、工、商各有所居，使農之子常爲農，工之子常爲工，商之子常爲商，長遊少習，不見異物而遷，則其鄉與族必不亂也。○劉寅云：文王曰：敢問三寶如何？太公對曰：大農、大工、大商，謂之三寶。爲農者一其鄉，則穀食足；爲工者一其鄉，則器用足；爲商者一其鄉，則貨財足。三寶各安其所處，民乃無他慮，農、工、商無使亂處其鄉，無使亂聚其族。○朱墉云：一其鄉者，聚集也。謂安其處、不慮者，百物豐裕，無憂慮也。亂，作亂也。合參：古者寓兵於農，糗糧茭芻，悉所取足，而器械財用，必資工商，正爲國缺一不可的，必人君能清心寡欲，愛養斯民，方全此三者。

〔震案〕大農、大工、大商，大者，言其至大至重也。一其鄉，定民之居也。國語齊語六、管子小匡並載：管仲相桓公治齊，參其國而伍其鄙，定民之居，成民之事。制國以爲二十一鄉，商工之鄉六，士農之鄉十五，五家爲軌，十軌爲里，四里爲連，十連爲鄉；制鄙，則三十家爲邑，十邑爲卒，十卒爲鄉。此其制也。穀，糧食也。器，器物也。貨，貨財也。安其處者，安心於居處職業也。慮，憂慮也。管仲治齊，既言定民之居，成民之事，則士農工商不使雜處，故云「無亂其鄉，無亂其族」也。族，亦鄉也。國語齊語六「工立三族」，韋昭注「族，屬也」，徐元誥集解引劉績曰：「此言工之鄉。」

「臣無富於君①，都無大於國②，六守長則君昌③，三寶完則國安④。」

【考異】

①銀雀山簡此句作「……毋富於君」。「於」，武備志作「于」。

②銀雀山簡此句作「都毋大□……□是胃九交」。胃，讀爲謂。「於」，直解、武備志並作「于」。

③「君」，治要作「國」，此句上屬「謂之三寶」。

④「完」字原缺筆，直解、開宗、武備志、彙解、孫校本俱作「全」，皆以避宋欽宗趙桓嫌名。完與桓中古音同，廣韻上平聲桓韻「胡官切」。惟日傳治要、講義、慶長本作「完」。「六守長則君昌，三寶完則國安」，銀雀山簡作「六守安君能長三葆定則君……」，其下又有「……君无央九交親則君□……」。

【集解】

施子美云：至於臣不可富於君，都不大於國，是又欲以上制下、以大制小，不可使之越分也。如齊之田氏則富於君矣，鄭之京城則大於國矣，豈先王所以望後世耶？故六守長則國昌，以其得士者昌也；三寶全則國安，以其本固邦寧也。○劉寅云：臣無使富於君，都無使大於國。邑有先君之廟曰都，人君所居曰國。若六守長，則君乃昌盛；三寶全，則國乃安寧。○黃獻臣云：禮記：「制國不過千乘，都城不過百雉，家富不過百乘。」此言君國子民者，當謹所與，而後君隆國定而無失。六守爲用人之實，衡人於叔季。若羊續不輸東園禮錢（靈帝欲拜續太尉，時進三公者，輸東園禮錢三萬，續舉緼袍示之曰「臣之所有，惟此而已」，不憚而罷），可以觀仁；陰識不拜掖庭爵邑（識爲陰鄉侯，以征伐功加秩，辭曰「海内初定，將帥有功者多，獨進掖庭爵邑，不可示天下」，帝從之），可以觀義；解揚令臣無二命（晉使解揚報宋，命固守待援，楚子令易辭，揚佯許對宋，卒致晉命，楚欲殺之，揚曰「臣無二命」，楚因以歸），可以觀忠；劉子羽身坐壘口（金人犯境，築壁壘于潭毒山，諸將泣曰「此非坐處」，子羽曰「吾寧死勿食吾言」，金人遁去），可以觀信；澹明斷蛟投璧（澹明持文璧渡江，兩蛟夾舟，澹明曰「吾不可以威劫」，拔劍斬之，投璧於江），虞詡盤根錯節（鄧騭惡虞詡，以爲朝歌長，親舊皆吊，詡曰「不遇盤錯，不別利器」，到官設三科，募壯士，潛入賊中，以綵線縫賊裾，賊出市，輒遭捕獲，因駭散），可以觀勇與謀。范延賞謂市廛絶遊惰，農不離畎畝，其所重在三寶者歟？

〔震案〕長，崇尚也。漢書杜周傳「廢奢長儉」，顔師古注：「長謂崇貴之也。」昌，盛也。完，保守也。

守土

【集解】劉寅云：守土者，保守吾國之土疆也。文王問守土，故取以名篇。○朱墉云：保守疆土，貴於親賢馭衆，因時圖事，而得仁義之大綱。

文王問太公曰①：「守土奈何？」太公曰：「無疏其親，無怠其衆，撫其左右，御其四旁②。

【考異】

①凡「太公」，銀雀山簡皆作「大公望」。大讀爲太，詳國務篇「願聞爲國之大務」。「問」，武備志、孫校本並作「謂」。

②「旁」，開宗作「方」。此其本字。俞樾諸子平議莊子一「其可以爲舟者旁十數」按：「旁讀爲方，古字通用。」四旁即四方。周髀算經卷下之一「天之中央亦高四旁六萬里」，趙爽注：「四旁，猶四極也。」

【集解】

施子美云：守土之道，以人而固，以權而重：無疏其親，無怠其衆而下，皆以人固也；無借人國柄，是又以權重也。親者，親戚也。親不可離，故無疎其親。衆者，衆人也。衆不可忽，故無怠其衆。左右，則其鄰近者也，賴之以衛，故當撫之。四方者，其交與者也，賴之以助，故必有以御之。既盡其所以待人之道，則其於守土也宜矣。○劉寅云：文王問太公曰：守吾國之境士奈何？太公對曰：無疏遠其九族之親，無怠慢其天下之衆，撫綏其左右之人，控御其四方之士。○朱墉云：疏，遠也。親，九族之親也。怠，忽也。衆，人民也。撫，安也。御，控制也。四旁，四方之土也。

「無借人國柄，借人國柄，則失其權。無掘壑而附丘。無舍本而治末。日中必彗①，操刀必割，執斧必伐。日中不彗，是謂失時；操刀不割，失利之期；執斧不伐，賊人將來。涓涓不塞，將爲江河；熒熒不救，炎炎奈何②？兩葉不去，將用斧柯。

【考異】

①「彗」，銀雀山簡作「衛」。彗、衛，並當讀爲熭，詳下。

②「奈」，武備志、孫校本並作「若」。

【集解】

施子美云：柄者，上之所執，而下之所從也，不可以借人，借人則失其權，是倒持太阿，授人以柄也。既得其所以制人之權，則其於守土也亦宜矣。以至人之所侮者，吾不之侮；人之所趍者，吾不之趍。壑者，卑下之喻也。卑下者，人之所侮，吾則不掘壑。丘者，崇高之喻也。崇高者，人之所趍，吾則不附丘。本者，農桑之務也；末者，財貨之事也。本易以弃，末易以滋，故無舍本而治末。以至人不可以無斷，斷虵不可不分，刺虎不可不斃，人其可無斷乎？口中不彗，操刀不割，執斧不伐，是皆不斷之過也。事不可以不防微，履霜有堅冰之戒，挑虫有維鳥之成，微其可不防乎？涓涓不塞，熒熒不救，兩葉不去，是皆防微之戒也。○劉寅云：無假借人以國柄，國柄即政柄也，借人國柄，則失其威權。無掘壑而附丘。壑，深谷也。丘，大阜也。壑已深矣，而又掘之；丘已高矣，而又附之，如有權寵者，而又以權寵與之，後則不可制也。無舍本而治末。中國，本也；四夷，末也。農桑，本也；技巧，末也。不治中國而治四夷，則內虛矣；不務農桑而務技巧，則無儲矣。日至中天，必熾熱而彗。彗，暴乾也。操刀者必欲其割，執斧者必欲其伐。日至中天而不彗，是謂失時矣；操刀而不能割，則失便利之期矣；執斧而不能伐，賊人將來害之矣。涓涓之水不能窒塞，後來將爲江河，而不可制矣。涓涓，水流貌。熒熒之火不能救止，後來將成炎炎之勢，而無可奈何矣。熒熒，火光也。兩葉初生而不能除去，後來將用執斧柯而伐之矣。皆言其時之不可失，而事之不可不早圖也。○朱墉云：國柄，政事之權柄，如生殺予奪是也。掘壑，深之益深也；附丘，高之益高也，喻權勢益盛也。本，農桑也。末，技巧也。彗，光芒四灼也，暴乾也。涓涓，水初流貌。熒熒，火始燃貌。柯，斧柄也。

〔震案〕無掘壑而附丘，尚公平也。彗，當作熭，讀如衛，曬乾也。說文火部「熭，暴乾火也」，集韻祭韻「或作㬚」。漢書賈誼傳云：「黄帝曰：『日中必㬚，操刀必割。』」顔師古注引孟康曰：「㬚音衛。日中盛者，必暴㬚也。」又引臣瓚曰：「太公曰『日中不㬚，是謂失時。操刀不割，失利之期』，言當及時也。」又曰：「此語見六韜。㬚謂暴曬之也。」期，期限也。賊人，悖逆作亂之惡人也。

「是故人君必從事於富，不富無以爲仁，不施無以合親，疏其親則害，失其衆則敗。無借人利器，借人利器，則爲人所害①，而不終其正也②。」

【考異】

①「則」，武備志作「而」。

②「其正也」，銀雀山簡、講義、開宗、武備志、彙解、孫校本俱作「其世」，直解作「於世」，慶長本「其世」、「於世」兩存之。

【集解】

施子美云：人君必從事於富，非欲聚財也，欲其有以及人也。不富無以爲仁，以其仁者樂施也，不施則人不聚，所以無以合親，疏親失衆，何以爲利？借人利器，得無失權？宜其不害則敗也。○劉寅云：是故爲人君者必欲從事於富，若不富則無以爲仁。富者，非止於富國，在於富民也，民富則爲仁矣，所謂禮義生於富足是也。孔子適衛，答冉有之問，亦曰「富之而後教之」。若民貧，則救死不贍，奚暇治禮義哉？人君不施與，則無以合九族之親。疏其九族之親，則國有害；失其天下之衆，則國必敗。無假借人以利器，假借人以利器，則爲人所害，而不令終於世，所謂倒持太阿，授人以柄者也。喻人君不可以權假人，以權假人，反爲人所害，如主父見囚於李兑、胡亥見殺于趙高之類是也。○朱墉云：富，富民也。爲仁，興禮義也。合，聯屬也。利器，即國柄也，君之威權也。不終者，不能令終也。

〔震案〕施，以財分人也。合，和融也。詩小雅常棣「妻子好合」，鄭玄箋：「好合，志意合也。合者如鼓琴瑟之聲相應和也。」合親，使親族和睦也。疏其親則害，害即禍也，言疏遠其親族，則招致災禍也。失其衆，失衆人心也。敗，覆亡也。不終其正者，言其治不能終久也。正即政也，朱駿聲説文通訓定聲鼎部：「【叚借】爲政」，「吕覽順民『湯克夏而正天下』注：『治也』」。

文王曰①：「何謂仁義？」太公曰：「敬其衆，合其親。敬其衆則和，合其親則喜，是謂仁義之紀②。」

【考異】

①「文」字原脱，據講義、直解、開宗、武備志、彙解及孫校本補之。

②上「敬其衆則和」至此十六字，銀雀山簡作「敬其衆則和□……殆是胃仁之紀」。胃，讀爲謂。

【集解】

施子美云：兵固有正道，未達其道者，烏能無疑？仁義之道，不過乎得人心也。衆之與親，皆以心相向。敬其衆而不之慢，則人必和；合其親而不之離，則人必喜。既有以得天下之心，斯可以盡兵道之要，故謂之仁義之紀。紀者，言其法之要也，禮有所謂「以紀萬民」者，言以此法可以總其要也。昔者成周之際，周官所載，皆仁義之道也：校登稽比之法，必以時舉，所以敬其衆也；嘉禮之制，以親萬民，所以合其親也。宜其泰和之治，歡心各得，則其和喜爲如何？夫如是，故可以紀萬民。成周之際，惟備是道，此萬民之卒伍所以可得而會也。○劉寅云：文王問曰：何謂仁義？太公答曰：敬其衆而不怠，合其親而不疏。敬其衆則一國和，合其親則九族喜，此所謂仁義之紀。仁主于愛，義主于宜，故以敬其衆、合其親言，皆仁義之用，非仁義之體也。○朱墉云：紀，總領也。

「無使人奪汝威，因其明，順其常，順者任之以德，逆者絶之以力，敬之無疑①，天下和服②。」

【考異】

①「無」，直解、開宗、武備志、彙解、孫校本俱作「勿」。

②上「無使」至此三十二字，銀雀山簡作「……奪之威息其明因順其常□則□【□】□悳逆則扴

之……國家和服」。悳，同德。扤，集韻入聲九月韻「擊也」，「語訐切」，今普通話讀如業。

【集解】施子美云：無使人奪汝威，所以謹其權也。因其明，則無作聰明也；順其常，則不悖其常也。或謂因人之明，是以天下之目爲目也；順人之常，以天下之制爲制也。或以明爲曉然之理，天下之所共見者，吾從而因之。順者任之以德，謂彼不悖於理，吾則撫之以善；彼不順而逆，兵之所必加，故絶之以力。敬之無疑，天下和服，是敬人者，人常敬之，所以能得天下之心也。○劉寅云：無使人侵奪汝威，威即權也。首曰無借人國柄，中曰無借人利器，此曰無使人奪汝威，甚言其權之不可失也。主權一失，則如三家之於魯、六卿之於晉矣，此太公所以拳拳而致誠也。因其人心之明，順其天道之常。順者任之以德，如「小邦懷其德」是也；逆者絶之以力，如伐崇而「是絶是忽」是也。人君能敬其事而無疑，則天下之人心和服矣。孔子論「道千乘之國」，而首曰「敬」，亦此意也。○黄獻臣云：此言保守疆土在明仁義之本統，親賢馭衆，而不借人以柄。民之本務在農，民富則仁不遺親，義不後君。賢又所以輔君守土，以保民者也。能任賢，則與之共飭事機之會，共操微漸之防，而太阿不至倒持，如漢元以史高領尚書，弘恭、石顯典樞務，孝文之業衰矣。是以人主當令海内富庶，以收仁義之效，不可疏其親而失其衆。試稽告身一通而官爵輕（唐清渠之敗，復以官爵收衆卒，大將軍告身一通，止易一醉），糲食菜餤而瓊林散（涇原軍士冀得厚賜，及犒，惟糲菜，衆蹴覆之曰「吾輩食不飽，聞瓊林、大盈金帛貯積」，遂作亂）」，經國者，可不開源節流，致意於大道耶？故仁義之紀既明，則主威自不可奪；任德去逆，則又借義以行仁之紀。本末明而賢奸辨，天下不服者，未之有也。此守土之第一義也。○朱墉云：明，人心之明也。常，天道之常也。順，服從也。任，使也，以德用仁義也。逆，叛逆也。絶，拒絶也。以力，用兵力也。敬之，無敢慢於事也。勿疑，内決於心也。和者，愛其德也。服者，服其斷也。

〔震案〕因其明，順其常，因與順同義，明即審也，常即恒也。此言當順應人心明審之理、天地恒常之道。任，親信之也。詩邶風燕燕「仲氏任只」，鄭玄箋：「任者，以恩相親信也。」德，恩德也。絶，滅絶也。力，强力也。

守國

【集解】

劉寅云：守國，保守國家之道也。文王問「守國」，故取以名篇。

文王問太公曰：「守國奈何？」太公曰：「齋①，將語君天地之經、四時所生、仁

聖之道、民機之情②。」

【考異】

①「齋」，講義、直解並作「齊」，下「王即齋七日」句，講義「齋」字亦如此。詳文師篇「文王乃齋三日」。

②上「齋將」至此二十字，銀雀山簡作「資□□君天地之經四時之所生仁聖之道民機……」。資讀爲齋。資从次聲，齋从齊聲，上古音近。資通齊。詩大雅板「喪亂蔑資」，馬瑞辰傳箋通釋：「資、齊古同聲通用。」齊又同齋，詳文韜文師篇「文王乃齋三日」，故資與齋通。

【集解】

劉寅云：文王問太公曰：人君保守國家，其道奈何？太公對曰：君今齋，將告君以天地經常之理、四時之所生及仁聖隱見之道、民機發動之情。○朱墉云：齋，齊其思慮也。經，常也。機，發動之芽也。

〔震案〕語，猶告訴，讀去聲。經，運行之法則也。四時，四季也。生，長育也。四時所生，四季變遷長育萬物之迹也。機，事之微也。情，情實也。

王即齋七日①，北面再拜而問之②。太公曰：「天生四時③，地生萬物④，天下有民，仁聖牧之⑤。

【考異】

①直解、開宗、武備志、彙解、孫校本皆無「即」字。

②「王即」至此二句，銀雀山簡作「……面再拜曰□【□□】地經四時之所生仁聖之道民機之請」。請，讀爲情，詳文韜文師篇「其情深」。

③「天」上，銀雀山簡有「夫」字。

④「地生萬物」，銀雀山簡作「地【□】萬才」。

⑤「仁聖」，直解、開宗、武備志、彙解、孫校本俱作「聖人」。

【集解】

施子美云：欲以天下之大計告人者，必不可使易得也。太公因文王守國之問，而以天下之機告之，此大事也，不可以易言之，故必使文王齊，而後語之，所以重其事也。夫天地之理至難測也，而有可得而見者，以有四時之所生也；仁聖之道至難明也，而有可得而證者，以有民機之情也。欲知天地之理者，即諸造化之際而觀之可知矣；欲知仁聖之道者，即諸天下之機而求之可知矣。是以堯之欽若昊天，而必命羲和氏以辨析、因、夷、隩之時者，以其天地經常之理在於是也。堯欲授舜，必以其朝覲獄訟之所歸，以其仁聖之道在於此也。況夫天不言而四時行，地不産而萬物化，則天地者，四時萬物之主也。聖人作而萬物覩，則仁聖者，萬民之主也。傳曰：「天生民而立之君，使司救之。」此仁聖牧民之説也。○劉寅云：文王乃齋七日，北面再拜太公而問之。太公曰：天生四時以成歲，地生萬物以養人，天下有民，聖人爲君而司牧之。○朱墉云：北面再拜，以師禮尊之也。牧，養也。

〔震案〕牧，治理也。

「故春道生，萬物榮；夏道長，萬物成；秋道斂①，萬物盈；冬道藏，萬物尋②。盈則藏，藏則復起，莫知所終，莫知所始③。聖人配之，以爲天地經紀。

【考異】

①「斂」，講義、直解、開宗、慶長本俱作「歛」，詳文師篇「而樹歛焉」。

②上「故春」至此二十五字，銀雀山簡作「……物生夏道長【□□□】□道實萬物盈冬大瓶……」。「尋」，講義、直解、開宗、武備志、彙解、慶長本、孫校本俱作「静」。

③「莫知所終，莫知所始」，銀雀山簡作「反其所終始莫……」。

【集解】

施子美云：且四時有代謝，萬物有榮枯。春，蠢也，萬物蠢動之時，故春主生而物以之榮；夏，假也，萬物假大之際，故夏主長而萬物以成；秋，以揫歛爲事，故萬物盈；冬，以藏復爲義，故萬物静。四時雖有定位，而變化之道，有不可得而窮者；萬物於此盈則藏，藏則復起，亦不可得而窮。易曰「艮，東北之卦也，萬物之所成終而成始也」，「故終萬物、始萬物者，莫盛乎艮」。此則盈而藏、藏而起，莫知終始之説也。聖人配之，以爲天地經紀，所以輔相天地，而使天下之事各得其序也。○劉寅云：故春道主生，萬物得以榮；夏道主長，萬物得以成；秋道主斂，萬物得以盈；冬道主藏，萬物得以静。萬物盈則藏，藏則復起而生，衆人莫知其所以終，莫知其所以始。聖人配之，以爲天地之經，以爲天地之紀。經謂經緯，縱者爲經，横者爲緯。紀謂綱紀，大者曰綱，小者曰紀。○黄獻臣云：此言守國當配天地之道，而爲之經紀。天地之經，四時所生，生長收藏，循環不已。統觀萬物，而萬物各得，是天地之大也，有經之意；析觀一物，而一物不遺，是天地之小也，有紀之意。聖人配天地之生長，而爲仁育之政；配天地之收藏，而爲義正之政；配天地之循環不已，而爲仁義並行不悖。則萬民皆得其所，是謂天地之經；一民無不被其澤，是謂天地之紀。要講配字透，即是聖人知化育、彌綸、參贊之功用。○朱墉云：榮，華茂也。斂，收也。盈，滿也。静，潛伏也。經者，一定不易也。紀者，井然有理也。

〔震案〕道，事物當行之理。生，繁育也。長，撫養也。成，長成也。藏，儲藏也。尋，玉篇寸部「遂也」。漢書郊祀志上「寖尋於泰山」，顏師古注引晉灼曰「尋，遂往之意也」，師古曰：「尋，就也。」尋即往遂其所歸也。易傳説卦云：「帝出乎震，齊乎巽，相見乎離，致役乎坤，説言乎兑，戰乎乾，勞乎坎，成言乎艮。」尋猶「成言乎艮」之「成」，亦説卦傳所謂「萬物之所成終而所成始也」，故下云「莫知所終，莫知所始」。藏則復起，藏而又復起於生也，周而復始，循環交替，無所終始矣。配，配合也。聖人觀四時變遷之迹，與天地萬物運行之法相合，乃得經綸綱紀，所以爲保守國家之道也。

「故天下治，仁聖藏，天下亂，仁聖昌，至道其然也①。

【考異】

①上「故天下」至此十八字，銀雀山簡作「……和之至道然」。「其」，武備志、孫校本並作「皆」。

【集解】

施子美云：仁聖之在天下，未嘗無也，而所以有隱顯者，因治亂而異也。天下治，則百姓皆曰自然，安知帝力何有於我哉？此仁聖所以不聞於世，故曰仁聖藏。及天下危亂之際，斯民思后之心切，必求仁聖而歸之，而仁聖之君德澤始行於天下，故曰仁聖昌。此非仁聖有盛衰也，消息、盈虛，理所當然也。昔者唐堯至治之世，蕩蕩而民無能名，則仁聖之藏可知也；及夏商之季，來蘇之民望于湯，迎師之衆歸于武，而湯武之仁聖始昌矣。○劉寅云：故天下治，仁聖之在側微者，皆隱藏而不見；天下亂，仁聖之士皆出，撥亂世而反之治。至道其如此也，如夏亂而伊尹出，殷亂而太公出，是所謂天下亂而仁聖昌也。○黄獻臣云：此言守國當審仁聖出處之道，而爲之招致。治藏亂昌，此伊尹所以出桀之世，太公所以生紂之時。是故二老去而殷墟，三傑用而漢興（高祖曰「吾運籌帷幄不如子房，鎮撫給餉不如蕭何，戰勝攻取不如韓信」），桓靈之世多用異材，爲魏、蜀、東吴所物色，其治亂所關尤重也。必明良師，濟白駒，無空谷（留賢之詩「皎皎白駒，在彼空谷」），則世道昌。○朱墉云：藏，隱藏也；治世不待作爲，則仁聖不見其功也。昌，光大也；亂世撥亂反正，仁聖昌大其用也。

〔震案〕至道，道之極也。其，揣測之辭，猶蓋也。然，如此。

「聖人之在天地間也，其寶固大矣。因其常而視之，則民安。夫民動而爲機，機動而得失爭矣①。

【考異】

①上「聖人」至此三十五字，銀雀山簡作「故仁聖之在天……矣故因其恒常示之其所明□……動而爲機機動而得失爭矣」。

【集解】

施子美云：是以聖人位乎天地之間，其所寶者大矣。寶者何？位也。易曰「聖人之大寶曰位」，其寶不亦大乎？聖人位乎民上，不可以悖民之性而擾之，故因其常而視之，使民各安其所，此楊子言虞夏之君所以曰「垂拱而視天下民之阜」，以其能因其常也。若夫機之所觸，則必有動焉，機動則有從違，所以得失爭焉。○劉寅云：聖人之在天地間也，其所寶者固大矣。因其恒常之道而視之，則民安。上言所寶，下言安民，民其國家之寶乎？夫民動而爲機，機一動而有得失，則爭矣。○朱墉云：寶，指民言。常，五倫之常道也。視，審察也，奬勸匡正也。得，得其所欲也。失，失其所欲也。

〔震案〕寶，謂聖人之道。廣雅卷三上釋詁「寶，道也」，王念孫疏證：「寶與道同義，故書傳多竝舉之。」此言天地之間，聖人之道爲至大矣。唯其道也大，故終必光大。上言天下一治一亂，而仁聖或藏或昌，而此言天下雖治，聖人未嘗無昌盛光大之機也，若以常情視之，則天下治、民心安，然而猶或有動蕩隱微之機，機微動作生變，則得失紛爭必起矣。

「故發之以其陰，會之以其陽，爲之先唱①，天下和之②。極反其常，莫進而爭，莫退而讓③。

【考異】

①「唱」，開宗、武備志、彙解、孫校本俱作「倡」。倡與唱同。史記陳涉世家「爲天下唱」，司馬貞索隱：「漢書作『倡』，倡謂先也。」説文「唱，導也」，段玉裁注：「古多以倡字爲之。」

②上「故發」至此十九字，銀雀山簡作「應和曰發之陰會之陽……」。「天」上，直解、開宗、武備志、彙解、孫校本俱有「而」字。

③「讓」，直解、武備志、彙解、孫校本俱作「遜」，開宗作「避」，皆以避北宋英宗趙曙生父濮王趙允讓之名。

【集解】

施子美云：惟有得失，故善取天下者必有其術。發以陰，會以陽，此聖人取天下之術也。方其兵之未用之始，則惟恐人之或知，故發之必以陰。陰者，取其隱而難知也。及其將用之際，則復恐人之或不知，故會之以其陽。陽者，取其顯而易見也。昔者，文武之君伐商之際，陰謀修德，則發之以其陰也；及牧野之役，乃明誓以告天下，非會之以其陽乎？惟得其術，故能爲天下先倡，而天下從而和之，此八百國之所以不期而會也。極反其常，則以道之所極，不可以常理拘，必權而後可也。法有所謂「戰權在乎道之所極」，此反經而合道之説也，其用之也，必得其中。時未可爲，則莫進而爭，雖三分有二，未免於事商；時既可爲，莫退而讓，是以折蓍毀龜，必往而後可。○劉寅云：陰，兵刑也。陽，德澤也。陰慘而陽舒，陰殺而陽生。民機動而爭，故發之以陰，會之以陽，謂刑以伐之，德以合之也。聖人爲之先唱，而天下從而和之。凡物極則反其常，故莫進而與之爭，莫退而與之遜，務得其中和之道。○黄獻臣云：此言守國當察民機之情，而使之復於常道。聖人大寶惟民，因天地常道以撫親之，民乃寧。夫民心一動而機形，機形則有得有失，而爭端起，民即不安矣。聖人乃發之以陰，而爲兵刑以一之，會之以陽，而爲德澤以綏之，仁聖倡於上，萬民和於下，示之以極，民乃反復於常道之中，自然皆得無失。莫進而爭於太過，亦莫退而遜於不及，民其有不安乎？詩曰「陳常於時夏」，孟子曰「君子反經而已矣」，皆語常也。易曰「聖人之大寶曰位」，此獨屬之民，誠洞晰於幾矣。○朱墉云：發，振作也。陰，兵刑也。會，收斂也。陽，德澤也。先倡，仁聖倡于上也。和，附和也。極，至也。莫進、莫退，不失大過、不及也。

〔震案〕此承上機動而得失爭而言。發，行其謀也。呂氏春秋重言「謀未發而聞於國」，高誘注：「發，行。」當隱秘爲之，故云以其陰也。會，會盟諸侯也，當彰而顯之，故云以其陽也。和，響應也，讀去聲。極，窮極也。呂氏春秋大樂「極則復反」，高誘注：「極，窮。」極反其常，言行伐商之謀，當持重爲之，若行之過甚，執於一端，窮乎其極，則當復歸於常態，反得其中道也。故下云莫進而爭，莫退而讓，言切勿貿然進取，爭其不可得，亦不可畏葸避退，錯失其時也。

「守國如此，與天地同光①。」

【考異】

①武備志無此九字。

【集解】施子美云：能盡此，可以長守國矣，此所以與天地同光。○劉寅云：守國若能如此，則與天地同光矣。○黄獻臣云：此總結上文，言守國能如此，則人君之安民，與天地之盡物同光矣。作此篇題，須發聖人與天地同用意，見聖人有功於天地。○朱墉云：光，昭明也。

〔震案〕文王問守國，而太公以伐商語之，蓋僻守一隅，但得保全一時，未可久也，惟其進取天下，以爲堅守永固之道，乃能與天地同光矣。

上賢

【集解】劉寅云：上賢者，以賢者爲上，以不肖者爲下也。以書内有「上賢」二字，故取以名篇。○

朱墉云：上賢者，尊尚賢人也。

文王問太公曰①：「王人者，何上何下②？何取何去？何禁何止？」

【考異】

①「太公」，治要作「師尚父」。

②治要無「何下」二字。

【集解】

劉寅云：文王問太公曰：王人者，以何者爲上？何者爲下？何所取？何所去？何所禁？何所止？

太公曰①：「王人者②，上賢，下不肖，取誠信，去詐僞，禁暴亂，止奢侈，故王人者有六賊七害。」

【考異】

①「太公」，治要作「尚父」。

②治要、直解、開宗、武備志、彙解、孫校本皆無「王人者」三字。

【集解】施子美云：進賢退不肖，爲治之要務也，故王人上賢下不肖；遇民以信，至治之世也，故王人取誠信，去詐僞；暴亂者，有以傷吾之治，故禁之；奢侈者，有以變吾之俗，故止之。成周之際，以賢制爵，所以上賢下不肖也；在市有飾僞之禁，所以取誠信、去詐僞也；以刑五禁，所以禁暴亂也；靡者使微，所以去奢侈也。人主之所上所下、所去所取、所禁所止者在是，此六賊七害所以在所防也。六賊七害，皆不肖、詐僞、暴亂、奢侈者之所爲，此王者所以有以防之也。惟不肖、詐僞、暴亂、奢侈在所去，則吏民士臣必欲其各盡其能。○劉寅云：太公對曰：以賢爲上，不肖爲下，取誠信之士，去詐僞之人，禁暴亂之端，止奢侈之心，故王人者有六賊七害，不可不知也。

〔震案〕王人，君王也。取，取用也。去，棄置也。

文王曰：「願聞其道。」太公曰：「夫六賊者①：一曰，臣有大作宫室池樹②，遊觀倡樂者③，傷王之德④；

【考異】

① 治要無「文王曰：『願聞其道。』太公曰夫」十一字。

② 「臣有大作宫室池樹」，治要作「大作宫殿臺池」。「池」，講義作「臺」，慶長本兩存之。

③「倡樂者」，治要作「淫樂歌舞」。

④「之」，治要作「者」。

【集解】

劉寅云：文王曰：願聞其道如何？太公曰：夫所謂六賊者，其一曰，臣下有大作宮室池榭，以遊觀倡樂者，則傷王之德。○朱墉云：倡樂，首先荒樂之事也。德，儉德也。

〔震案〕池榭，池沼臺榭。倡，説文人部「樂也」，廣韻陽韻「樂也，優也」。漢書灌夫傳「所愛倡優巧匠之屬」，顔師古注：「倡，樂人也。優，諧戲者也。」倡樂，蓋倡優所爲樂舞諧戲之屬。倡，廣韻下平聲陽韻「尺良切」，今普通話讀陰平聲。樂，當讀如音樂之樂。

「二曰，民有不事農桑①，任氣遊俠②，犯歷法禁，不從吏教者③，傷王之化④；

【考異】

①治要無「民有」二字。

②「任氣」，治要作「作業作勢」。

③治要無「者」字。

④「化」，治要作「威」。

【集解】劉寅云：次二曰，民有不事農桑之業，任氣游俠，犯歷國之法禁，不聽從吏教者，則傷王之化。○朱墉云：任氣，任用氣血也。遊，遊説也。俠，俠士也。犯，觸也。歷，陵也。〔震案〕任，放任也。氣，意氣也。遊非遊説。王念孫廣雅疏證卷二下釋詁：「遊，即所謂游俠也」，「游與遊同」。俠士善交遊，故曰遊俠。歷，犯也。法禁，律條所禁也。化，教化也。

「三曰，臣有結朋黨①，蔽賢智②，鄣主明者③，傷王之權④；

【考異】

①「臣」，彙解作「民」。「臣有結」，治要作「結連」。

②「蔽」上，治要有「比周爲權以」五字。

③「鄣主明者」，治要無此四字。「鄣」，直解、開宗、武備志、彙解、孫校本俱作「障」。王念孫讀書雜志五之十二管子輕重丁「阮而不遂　報上」條引王引之云：「立政篇曰『溝瀆不遂於隘，鄣水不安其藏』，又曰『通溝瀆，脩障防，安水藏』」，「鄣，與障同」。

④「之權」，治要作「者治」。

【集解】劉寅云：次三曰，臣有交結朋黨，壅蔽賢智，遮障主明者，傷王之權。○朱墉云：蔽，掩也。障，遮隔也。

〔震案〕權，權力也。

「四曰，士有抗志高節①，以爲氣勢，外交諸侯，不重其主者②，傷王之威③；

【考異】

①「士有抗志」，治要唯作「抗智」二字。

②「外交諸侯，不重其主者」，治要無此二句。

③「王之」，治要作「吏」。

【集解】劉寅云：次四曰，士有抗志不屈，自負高節，以爲氣勢，外則私與諸侯交結，不自重其王者，則傷王之威。

〔震案〕抗亦高也。淮南子說山「而溺者不可以爲抗」，高誘注：「抗，高也。」抗志高節，即志節清高也。氣勢，志氣聲勢也。重，敬重也。威，威嚴也。

「五曰，臣有輕爵位①，賤有司，羞爲上犯難者②，傷功臣之勞③；

【考異】

①治要無「臣有」二字。

②治要無「者」字。

③治要無「之勞」二字。

【集解】

劉寅云：次五曰，臣有輕人君之爵位，賤有司之職任，恥與君上犯難而前者，則傷功臣之勞。○朱墉云：犯難，冒犯危險之患難也。〔震案〕犯，冒也，有所遭逢而不顧也。難，災患也，去聲。勞，功勞也。詩大雅民勞「無棄爾勞」，鄭玄箋：「勞，猶功也。」

「六曰，强宗侵奪①，陵侮貧弱者②，傷庶人之業③。

【考異】

①「强宗」，治要作「宗强」。

②「陵侮貧弱者」，治要作「凌侮貧敬」。凌通陵。戰國策秦三「凌齊、晉」，校云「鮑本『凌』作

『陵』」，吴師道補正：「『陵』通。史『凌雲』，漢書『陵雲』。」治要、直解、開宗、武備志、彙解、孫校本俱無「者」字。

③「人之業」，治要作「民矣」。

【集解】

劉寅云：次六曰，强大之宗相侵相奪，陵侮貧弱之民，則傷庶人之業。○朱墉云：陵，虐也。侮，欺也。

〔震案〕宗，宗族也。業，所以營生者。

「七害者：一曰，無智略權謀①，而以重賞尊爵之故②，强勇輕戰，僥倖於外，王者慎勿使爲將③；

【考異】

①「權」，治要作「大」。

②直解、開宗、武備志、彙解、孫校本俱無「以」字。若此，則「故」字當屬下爲句。

③治要無「爲」字。「慎」，直解、開宗、武備志、彙解、孫校本俱作「謹」，詳六守篇「不慎所與也」。下「王者慎勿與謀」、「慎勿近」、「慎勿寵」、「慎勿使」，四「慎」字皆如此。講義惟末者

「慎勿使」之「慎」作「謹」，其餘作「慎」。疑此係日人翻刻宋書回改避諱字時所遺漏也。

【集解】

劉寅云：所謂七害者：其一曰，無智略權謀之人，而重之以賞，尊之以爵，故强勇輕戰者，皆僥倖於外，王者慎勿使此等之人爲將。

〔震案〕强，普通話讀陽平聲，用如荀子宥坐「强足以反是獨立」，楊倞注：「强，剛愎也。」僥倖，企求非分不預之利也。莊子在宥「此以人之國僥倖也」，陸德明釋文「僥倖，求利不止之貌」，郭慶藩集釋：「僥，要也，求也。釋文作儌，儌亦求也。」

「二曰，有名無實①，出入異言，掩善揚惡②，進退爲巧③，王者慎勿與謀④；

【考異】

①「無實」，治要作「而無用」。

②「掩善揚惡」，治要作「揚美掩惡」。

③「巧」，治要作「功」。

④「勿」，治要作「莫」。

【集解】劉寅云：次二曰，有虚名無實行，出入造爲異言，掩人之善，揚人之惡，進退爲巧好之事，王者慎勿與之同謀。

〔震案〕巧，投機也。

「三曰，朴其身躬①，惡其衣服，語無爲以求名，言無欲以求利②，此僞人也，王者慎勿近③；

【考異】

①「躬」，治要作「頭」。

②「利」，治要作「得」。

③「近」，治要作「進」。

【集解】劉寅云：次三曰，質朴其身躬，麄惡其衣服，語無爲以求虚名，言無欲以求厚利，此虚僞之人也，王者慎勿近之。

〔震案〕朴，同樸。

「四曰，奇其冠帶，偉其衣服①，博聞辯辭②，虚論高議③，以爲容美，窮居靜處④，而誹時俗⑤，此姦人也，王者慎勿寵；

【考異】

①「奇其冠帶，偉其衣服」，治要無此八字。

②「聞辯」，治要作「文辨」，講義、直解、開宗俱作「聞辨」。論語鄉黨「便便言」，何晏集解引鄭玄曰「便便，辯也」，劉寶楠正義：「辨、辯同，謂辯論之也。」又「辭」，開宗、武備志、孫校本皆作「詞」。漢書叙傳上「匪詞言之所信」，蕭該音義：「詞，字書曰『古辭字』。」

③「虚論高」，治要作「高行論」。

④「以爲容美，窮居靜處」，治要無此八字。

⑤「誹」，治要作「非」，開宗作「排」。非與誹通。説文言部「誹，謗也」，段玉裁注：「誹之言非也，言非其實。」

【集解】

劉寅云：次四曰，奇異其冠帶，卓偉其衣服，廣博其聽聞，辯給其言辭，虚論高議，以爲容美可觀，窮居靜處，而誹謗時俗，此姦邪之人也，王者慎勿寵之。○朱墉云：誹，誹謗也。

〔震案〕容，容儀也。窮，窮陋也。窮居靜處，居窮陋之所，處僻靜之地。時俗，時世之流俗也。

「五曰，讒佞苟得，以求官爵①，果敢輕死，以貪禄秩②，不圖大事，得利而動③，以高談虚論説於人主④，王者慎勿使；

【考異】

①「讒佞苟得，以求官爵」，治要無此八字。

②「以貪禄秩」，治要作「苟以貪得尊爵重禄」。

③「得」，治要作「待」，直解、開宗、武備志、彙解、孫校本俱作「貪」。

④「以高談虚論説於人主」，治要無此九字。「於」，武備志作「于」。

【集解】

劉寅云：次五曰，讒佞之人務於苟得，以求官爵，果敢之人輕易於死，以貪禄秩，不圖謀大事，但貪利而動，以高談虚論取悦於人主，王者慎勿使之。〔震案〕讒佞，即小人也。莊子漁父：「好言人之惡，謂之讒。」佞，姦巧諂諛也。苟得，苟且得利也。果敢輕死，言遇事魯莽，不顧惜性命。禄秩，猶禄位也。説，遊説也，廣韻去聲祭韻「舒芮切」，讀如税。

「六曰，爲雕文刻鏤①，技巧華飾，而傷農事②，王者必禁之③；

【考異】

①「雕」，講義、慶長本並作「彫」。此其本字。周禮春官司几筵「右彫几」，孫詒讓正義：「彫几者，説文彡部云『彫，琢文也』，又几部引周禮『五几』作『雕几』，段玉裁云：『説文作「雕」，假借字。今周禮作「彫」，正字。』」

②「而」，治要、講義並作「以」，慶長本兩存之。

③直解、開宗、武備志、彙解、孫校本俱無「之」字。

【集解】

劉寅云：次六曰，務爲雕文刻鏤技巧華飾之物，而傷害農事，王者必禁之。

〔震案〕雕文刻鏤，雕鏤花紋圖案於器物之上也。技巧，工巧於末技也。華飾，光彩之文飾也。

「七曰，僞方異伎①，巫蠱左道②，不祥之言③，幻惑良民④，王者必止之⑤。

【考異】

①「僞方異伎」，治要作「爲方伎咒詛」。「伎」，直解、開宗、武備志、彙解、慶長本、孫校本俱作

「技」。説文「伎」段玉裁注謂：「俗用爲技巧之技。」

②「巫蠱左道」，治要作「作蠱道鬼神不驗之物」。

③「之」，治要作「訛」。

④「幻惑」，治要作「欺詐」。

⑤「必」下，治要有「禁」字。

【集解】劉寅云：次七曰，僞方異技及巫蠱左道、不祥之言，幻惑良善之民，王者必止之。僞方異技、巫蠱左道，如漢武時李少君、文成、五利、謬忌、董偃之流及巫蠱之禍是也。○朱墉云：方，方術也。技，技藝也。如漢李少君、文成、五利之流。巫，女師。蠱，厭魅也。如漢江充戾太子之事。左道，不正之道也。不祥，不善也。幻，虚幻也。惑，迷也。

〔震案〕僞方異技，僞詐怪誕之方術技藝也。巫蠱，巫師以邪術加禍於人也。蠱，毒蟲也，廣韻上聲姥韻「公户切」，讀如古。幻惑，迷亂也。

「故民不盡力①，非吾民也②；士不誠信③，非吾士也；臣不忠諫，非吾臣也；吏不平潔愛人，非吾吏也；相不能富國强兵④，調和陰陽，以安萬乘之主，正群臣⑤，定名實⑥，明賞罰，樂萬民⑦，非吾相也。

【考異】

①「盡」下，治要有「其」字。

②治要無「也」字，下「非吾士也」、「非吾臣也」、「非吾吏也」亦如此。

③「信」下，治要有「而巧僞」三字。

④「相」，治要作「宰相」，下「非吾相也」亦如此。

⑤「正」，治要作「簡練」。「群」，武備志、孫校本並作「君」。

⑥「實」，武備志作「寔」。寔，說文宀部「止也」。與實通。朱駿聲說文通訓定聲解部：寔，叚借爲實。

⑦「樂萬民」，治要作「令百姓富樂」。

【集解】

施子美云：爲民者必有常業，故不盡力者，不足以爲吾民。古者，閒民無常職，猶轉移執事，況有事而不盡力乎？士以合志同道爲尚，士而不誠信，不足以爲吾士。古者，友以任得民，則相與可不以信乎？事君有犯無隱，人臣之節也。古者，天子有爭臣七人，爲臣而不諍，豈其臣邪？廉吏是爲民表，故平潔而愛人，乃其事也。古者，廉潔愛人者必厚其禄，不能平潔以愛人，豈其吏邪？至於宰相大臣，則軍國之所統，陰陽之所總，人君之所倚毗，臣下之所取法，吏治之所由核，勸懲之所自出，萬民之所仰望，盡是數職，乃可以爲相，不能則非相也。○劉寅云：故民不盡力於農畝，非吾國之民也；士不誠信以事上，非吾國之士也；臣不能忠諫其主，非吾國之臣也；吏不均平靜潔而愛人，非吾國之吏也；相不能富國而强兵，調和天地之陰陽，以安定萬乘之主，又不能正群臣使不邪枉，定名實使無虚僞，明賞罰使善惡分，樂萬民使不失業，非吾國之相也。

〔震案〕平潔，公正廉潔也。調和陰陽，協調陰陽之氣，使其平和有序也。爲相者，陶冶萬物，調順天候，化正天下，平和人事，所以致太平也。正群臣者，正其職分也。定名實，即韓非子定法所謂「因任而授官，循名而責實」也。樂萬民，使萬民樂業也。

「夫王者之道如龍首①，高居而遠望，深視而審聽②，示其形③，隱其情④，若天之高，不可極也⑤，若淵之深⑥，不可測也⑦。

【考異】

①「夫王者之道如龍首」，治要作「故王人之道，如龍之首」。

②「深」，治要作「徐」。

③「示」，治要作「神」。

④「隱其情」，治要作「散其精」。

⑤治要無「也」字。

⑥「淵」，治要作「川」。

⑦治要本篇止於此。

【集解】

施子美云：若夫王者之道，則儼然可畏，如龍首焉。龍者，人君之象也。易於乾象，以龍明之，至九五之位，乃人君之位也，則以「飛龍在天，大人造也」爲言，則王者之道，如龍首也明矣。九重之上，黼坐之間，垂衣拱手，俯監四海，非高居而遠望乎？前旒蔽明，黈纊塞耳，非深視而審聽乎？天威不違咫尺，其形必有所示也，獨運陶鈞之上，其情不亦隱乎？蓋不有以臨乎下，則不足以得其心；不有以密其機，則不足以乘其時。示其形者，所以臨之也；隱其情者，所以密之也。若天之高，不可得而極；若淵之深，不可得而測。此言王者之道，高深如天地，不可俄而測度也。人君之道唯若是，其不可窮，故其用之，亦欲其當。古人有言：當斷不斷，反受其亂；天與不取，反受其咎。故可怒不怒，可殺不殺，皆當斷而不斷也，是以姦臣得以作，而大賊得以發，此成帝所以養成王鳳之姦，而曹操所以不能除司馬懿也。兵勢不行，是不能因天時以取之也，故敵國乃强，此吴王棲越王於會稽，而越王卒以伯是也。○劉寅云：夫王者之道如龍首。龍，陽物也，故以比王者之道。龍首居高而遠望，視深而聽審，示其形，使人知所畏，隱其情，使人不可測，又若天之高遠，而不可窮極也，又若淵之深浚，而不可度量也。○朱墉云：示其形，使人知所畏也。隱其情，使人不可測也。極，窮盡也。測，度量也。

「故可怒而不怒，姦臣乃作①；可殺而不殺②，大賊乃發；兵勢不行，敵國乃强。」

文王曰：「善哉。」

【考異】

①「姦」，彙解作「奸」。奸，古讀如肝，假借爲姦。説文女部段玉裁注云：「今人用奸爲姦。」

②「不」下，彙解有「可」字。

【集解】

施子美云：斯皆至當之言，文王安得不善之？蓋其言既盡乎理，則於吾不能無以美之也。○劉寅云：故其人可怒而不怒，姦臣乃作；其人可殺而不殺，大賊乃發，若漢元帝之於弘恭、石顯是也。兵勢若不能行，敵國乃强盛而不可制矣。文王曰：公言善哉。○黄獻臣云：此言王者當辨賢奸，誠僞，嚴奢亂、賊害之防，故其道高出士民臣相之上。龍潛見不測，是以君道似之，高其位而大其觀，視無形而聽無聲。示其形，使人知所畏；隱其情，使人不能識。賢奸無不燭，誠僞無不審。若龍首然，批鱗得以行其志（人有得驪珠者，不知龍項下有逆鱗，批之即死），禍水難以揚其波（周時龍漦流於庭，後爲褒姒，寔亡周國。漢成帝得趙飛燕爲后，識者唾曰「此禍水也，滅炎必矣」）。高不可極，淵不可測，乾剛彈壓，殘賊屏熄，此真王者之道也。

〔震案〕可怒，猶當怒也，下「可殺」之可同。作，興起也。賊，作亂者也。周禮秋官士師「邦賊」鄭玄注：「爲逆亂者。」發，横行也。勢，威勢也。兵勢不行，言兵力羸弱，無威懾也。

舉賢

【集解】

劉寅云：舉賢者，舉用賢才也。以文王問舉賢，故取以名篇。○朱墉云：言人君舉賢貴得其實也。

文王問太公曰①：「君務舉賢，而不獲其功②，世亂愈甚，以至危亡者③，何也④？」

【考異】

①「王」，武備志作「士」。

②「不」下，直解、開宗、武備志、彙解、孫校本俱有「能」字。

③「至」，治要、直解、彙解俱作「致」。致亦至也。莊子外物「致黄泉」，陸德明釋文：「致，至也，本亦作至。」

④八角廊簡文王問太公語唯作「舉賢而國危亡者何也」九字。

【集解】

劉寅云：文王問太公曰：君務舉賢，而不能獲其功，世亂愈甚，以至危殆亡滅者，何也？○朱墉云：務，專力也。獲，得也。

〔震案〕舉，謂推薦選拔。

太公曰：「舉賢而不用，是有舉賢之名①，而無用賢之實也②。」

【考異】

①「名」下，治要有「也」字。

②「而無用賢之實」，治要作「無得賢之」。

【集解】

劉寅云：太公對曰：舉賢而不能用，是有舉賢之虚名，而無用賢之實效也。

文王曰：「其失安在？」太公曰：「其失在君好用世俗之所譽①，而不得真賢也②。」

【考異】

①治要無「君」字。

②「而不得真賢也」，治要作「不得其真賢」。「真」，直解、開宗、武備志、彙解、孫校本俱作「其」，慶長本兩存之。

【集解】

劉寅云：文王問曰：其失安在？太公對曰：其失在人君好用世俗之所稱譽者，而不得其真賢也。○朱墉云：譽，稱其善也。

〔震案〕失，失誤也。

文王曰：「何如①？」太公曰：「君以世俗之所譽者爲賢②，以世俗之所毁者爲不肖，則多黨者進，少黨者退。若是則群邪比周而蔽賢③，忠臣死於無罪④，姦臣以虚譽取爵位⑤，是以世亂愈甚，則國不免於危亡⑥。」

【考異】

①「何如」，治要「何」上有「好用世俗之所舉者」八字，且「如」作「也」，慶長本作「如何」。

②「君」上，治要有「好聽世俗之所譽者，或以非賢爲賢，或以非智爲智，或以非忠爲忠，或以非信爲信」五句，八角廊簡作「……□不忠爲忠以非信爲信以譽爲功以□……」。「譽」，治要作「舉」。「賢」下，治要有「智」字。

③上「君以」以下三十九字，八角廊簡作「……黨者是其群至比周□習□也」。「若是則」、「邪」，治要分别作「是以」、「耶」。耶同邪。治要凡「邪」字俱作「耶」，敦煌唐寫本同。

④「忠」上，八角廊簡有「□而」二字。「於」，武備志作「于」。

⑤「姦」，八角廊簡作「其邪」。

⑥「則」，治要作「故其」。

【集解】

劉寅云：文王問曰：此説何如？太公對曰：君以世俗之所稱譽者爲賢，以世俗之所謗毁者爲不肖。世俗無知人之明，所譽者未必賢，所毁者未必不肖，人君不能别白，則多樹朋黨者進，少樹朋黨者退。如此，則群邪相比周而隱蔽賢人，忠藎之臣皆死於無罪，姦詐之臣以虚譽取君之爵位，是以世亂愈甚，則國家亦不免於危亡矣。○朱墉云：毁，言其不善也。黨，同類也。

比，偏黨也。周，連結也。蔽，掩藏也。

〔震案〕朱訓周爲連結，恐未確。周謂親密，左傳文公十八年「是與比周」，孔穎達疏：「周是親密也。」又爲忠信，尚書太甲上「自周有終」，孔安國傳：「周，忠信也。」故比周之周或兼此二義。韓非子孤憤「比周相與」，舊注曰：「阿黨爲比，忠信爲周也。比周者，言以阿黨之人爲忠信與親也。」群邪比周，言姦邪之人互爲忠信，相與阿黨親附也。

文王曰：「舉賢奈何？」太公曰：「將相分職，而各以官名舉人①，按名督實②，選才考能，令實當其名③，名當其實④，則得舉賢之道也⑤。」

【考異】

①「各以官名」，治要作「君以官」。

②「按名督」，治要作「案名察」。案通按，據也。朱駿聲說文通訓定聲乾部：案，叚借爲按。

③「實當其」，治要作「能當」。

④「當」，治要作「得」。

⑤「舉賢」，治要作「賢人」，無「也」字，且下有「文王曰『善哉』」五字。

【集解】施子美云：齊侯問郭所以亡，父老以爲善之而不用；子張問中行氏所以亡，夫子謂中行氏尊賢而不能用之，則有名無實者，豈王公之尊賢歟？求其所以失之之源，則在於王以妄譽而妄取之也。如以世俗毁譽而爲賢不肖，則朋黨之説進，而忠臣賢士無所容矣。昔者齊威王可謂不惑於毁譽也，召即墨大夫語之曰：「自子之居即墨也，毁言日至，然吾使視即墨，田野闢，人民給，官無事，是子不事吾左右以求助。」召阿大夫，語之曰：「自子守阿，譽言日至，然吾使人視阿，田野不闢，人民貧餒，趙伐鄄，子不救，衛取薛陵，子不知，是子厚幣事吾左右以求譽也。」是日烹阿大夫及左右常譽者，封即墨大夫以萬家，是則威王知以爲賢不肖者，不在於世俗之毁譽矣。善乎！孟子之言曰：「左右皆曰賢，未可也；諸大夫皆曰賢，未可也；國人皆曰賢，然後察之，見賢焉，然後用之。」是則舉賢者必欲得其實，而後可也。此太公所以欲使將相分職，各以官名舉人，而責其名實才能之相副也。○劉寅云：文王曰：舉賢之道奈何？太公曰：將與相分職，而各以其官名舉人，按其名以其實，選取人才而考試其能否，使實必當其名，名必當其實，名實相乎，則得舉用賢才之道也。○黄獻臣云：此言舉賢者當循名覈實，而實收其用。敷奏以言，明試以功，其法雖詳，終不如各舉所知。欲稽所舉之實，先核將相之品，自無比周矣。有虚名，無實效，此郭公之所以亡也。若齊王烹阿而封即墨，宋之擇相，求宦官、宫妾不知名之人，蓋以此也。故擬十銓親決者（玄宗疑選法不公，宇文融奏請吏部爲十銓，親決試判，吴兢論非推誠感物之道，且人主不宜行銓衡之事），不猶愈於發口欲言之陋耶（關播于上前欲有所言，盧杞目止之，出曰：「以足下少言，故相引至此，曏者奈何發口欲言耶？」播後遂不敢發語）？○朱墉云：名，聲稱也。實，事功也。

〔震案〕督，説文目部「察也」。

賞罰

【集解】劉寅云：賞罰者，賞有功而罰有罪也。以文王問賞罰之道，故以名篇。○朱墉云：賞有功而罰有罪，全在於信必，不獨可以勸百懲衆，且可無間於天地神明。

文王問太公曰：「賞所以存勸①，罰所以示懲，吾欲賞一以勸百，罰一以懲衆，爲之奈何？」

【考異】①「勸」，開宗作「功」。

【集解】劉寅云：文王問太公曰：賞賜所以存勸善之道，刑罰所以示懲惡之道，吾欲賞一人以勸百人，罰一人以懲衆人，將爲之奈何？○朱墉云：懲，戒也。

〔震案〕存，玉篇子部「有也」。勸，説文力部「勉也」，段玉裁注：「勉之而悦從亦曰勸。」

太公曰：「凡用賞者貴信，用罰者貴必，賞信罰必於耳目之所聞見①，則所不聞見者，莫不陰化矣。夫誠暢於天地②，通於神明，而況於人乎？」

【考異】

①「聞見」，開宗、武備志、孫校本俱作「見聞」。下「聞見」同此。

②「於」，武備志作「于」。

【集解】施子美云：賞罰二柄，勵世磨鈍之術，有功不賞，有罪不誅，雖唐虞不能化天下，况於治兵馭衆之際，獨能舍是哉？是以孫子則有「賞罰孰行」之説，尉子則有「明賞決罰」之説，衛公則有「先愛後威」之説，言二者不可偏廢也如此。然人君執權以馭臣下，不徒設也，有意存焉。賞罰者，權也。勸懲者，意也。傳曰「賞當功則臣下勸」，非賞以示勸乎？書曰「罰及汝身，弗可悔」，非罰以示懲乎？湯誓有曰「予其大賚汝」，「予則孥戮汝」，皆所以示勸懲也。賞罰惟可以示勸懲，故賞一可以勸百，罰一必欲可以懲衆，以其所及者寡而所化者衆也。欲人有所感化，則所以用是權者又欲其誠，惟誠則人必有所勸懲矣。信其賞者，言賞之不虚也；必其罰者，言罰之不疑也。齊威王一烹阿大夫，賞即墨大夫，而諸侯以服；漢宣帝一信賞必罰，而單于請臣。信必之效，其施於天下也如是，況馭軍乎？此湯於誓衆之際，既曰「大賚汝」，「孥戮汝」，而後繼之曰「朕不食言」者，蓋欲示其信必也。惟其信必，故其所用雖及於人之所聞見，而所不聞見者，亦將得於聞見，而有所勸懲矣。何者？天地雖遠，神明雖幽，而誠之所至，尚可以感格之，況於賞罰之用既誠，人獨不爲之陰化邪？○劉寅云：太公對曰：大凡用賞者貴乎信，用罰者貴乎必，賞信罰必於吾耳目之所聞所見，則耳目用不聞不見者，莫不陰爲之變化矣。夫誠上達於天地，通徹於神明，而況於人有不化之者乎？○黄獻臣云：此言賞罰必信，而後可以勸懲。信賞必罰，人每知之，人又實昧之，欲窮於耳目之外，而遺於聞見之真，則人心未必其通暢。惟於所見聞毋慳惜，毋留刑，則賞罰之所及者顯爲服，而賞罰之所不及者默然爲化。故覩沙中之偶語，而雍齒封（高祖見諸將偶語沙中，問留侯，對曰「此屬共取天下，今所封皆故人，故自疑耳」，乃封仇怨之雍齒爲什方侯，諸將喜曰「雍齒且封，吾屬無憂矣」）；不受一卒之私，而元振戮（王元振自以爲功，子儀曰「汝害主將，若賊乘其釁，無絳州矣」，遂收之，辛雲京亦按誅叛鄧景山者），所繇功臣悦服，諸鎮奉法歟？○朱墉云：信，不欺也。必，不恕也。誠，對僞言。暢，感通也。

〔震案〕陰，讀爲闇，集韻平聲四覃韻「烏含切」，普通話讀如安，闇即默也。廣雅釋言「陰，闇也」，王念孫疏證：「陰、闇古同聲而通用。」尚書説命上「亮陰三祀」，孔安國傳：「陰，默也。」孔穎達疏：「陰者，幽闇之義，默亦闇義，故爲默也。易稱『君子之道』，『或默或語』，則默者，不言之謂也。」神明，猶神祇。禮記表記「皆事天地之神明」，鄭玄注：「神明，謂群神也。」

兵道

【集解】劉寅云：兵道者，用兵之道也。以武王問兵道，故以名篇。○黄獻臣云：用兵之家原有别道，六韜書中始論及此。○朱墉云：兵道者，用兵之要道也。一則不紛，不紛則不亂，所以審察敵人之機，而速乘其利，擊其不意也。

〔震案〕開宗本篇入武韜。

武王問太公曰：「兵道如何①？」

【考異】

①「如何」，直解、開宗、武備志、彙解、孫校本俱作「何如」。

【集解】

劉寅云：周武王克商而有天下，始稱王。武，謚也。昔日武王問太公曰：用兵之道何如？

太公曰：「凡兵之道，莫過乎一①。一者，能獨往獨來。黄帝曰『一者，階於道②，幾於神③』，用之在於機，顯之在於勢，成之在於君，故聖王號兵爲凶器，不得已而用之。

【考異】

①「過」，開宗作「貴」。

②「階」，開宗作「偕」。

③「幾」，武備志、孫校本並作「機」。朱駿聲説文通訓定聲履部：機，叚借爲幾。

【集解】

施子美云：一之爲説，或以爲心，謂用兵之道，不過乎守之以心。以兵法攷之，有所謂攻守一法，有所謂奇正一術，有所謂車步騎三者一法也，是則一者，兵之至理也。且以聖人之道，尚欲以一貫之，侯王之治，亦欲以一正之，則一者，其至理也。兵之爲道，不離乎至理之間，所以謂之莫過乎一也。惟抱乎一，則可以自用，而不爲人所制，故能獨往獨來者，言無所制也。尉子亦曰：「獨往獨來者，伯王之兵也。」是理也即道也，兵之爲理既寓於道，則其妙也亦極其變而幾於神，此言兵之妙理如是其極也。是理也雖有所寓，而用之則在於聖人，其用也雖以機用、以勢致，而收其成功，則君實司之。不用以機，則無以密其謀；不致以勢，則無以聲其罪；兵之爲用雖有異，要其成功，皆君也，蓋天下有道，征伐自天子出也。太公以是告武王，欲武王盡其所以用之之理，武王惟得是理，故其舉之也，寓之於同心同德之人，托之於三千一心之臣，皆其一之所寓也。既盡乎一心，知乎道與神之所在矣。及其用之，必示弱而後進，以其機所當然也；明誓以告爾有衆，以其勢當然也；用之雖異，而功之所成，則在於武王，非成之在君乎？兵道之用若是其妙，故聖王之於兵，不敢輕而用之，視爲凶器，不得已用之。范蠡亦曰：「兵，凶器也」，「好用凶器，試身於所末，上帝禁之，行者不利」，則其用之也，非出於不得已乎？○劉寅云：太公對曰：凡用兵之道，莫過乎一。一者，誠實而專一也。惟其誠實而專一，故能獨往獨來，猶言獨出獨入，謂無敵也。昔者黄帝有曰，一者階於道，謂道不過乎一也；幾於神，謂神不越乎一也。用之在乘其機，顯之在因其勢，成之在君之心，故聖王號兵爲凶惡之器，不得已而後用之。○黄獻臣云：此言兵道在妙于一。一者，獨來獨往之神，潛天潛地，神明變化，可以獨運，而不可以衆解，可以密藏，而不可以輕洩。非得機，則一胡繇用？非得勢，則一胡從顯？非得君，則一胡能成？是故黄鉞揮於天人之機，傳檄定於逐鹿之勢（韓信曰「章邯、司馬欣、董翳，秦民所怨，楚獨王此三人，秦民莫不願大王王者，誠舉兵而東，三秦可傳檄而定」），中山定於盈篋之謗弭（樂羊伐中山，三年拔之，返而論功，文侯示以謗書盈篋，樂羊曰「此非臣之功，君之力也」）。兵，凶器也，可輕用乎哉？○朱墉云：莫過者，謂不出乎其外也。獨往獨來者，運用在己，人之見聞所不及也。自其通達無礙而言，謂之道。自其變化莫測而言，謂之神。在於機者，乘機應變也。在於勢者，因勢利導也。「一者，階於道」三句，是黄帝成語。階，升也。幾，及也。

〔震案〕一，即專一，有二義，其一曰三軍齊一也，孫子軍爭篇「人既專一，則勇者不得獨進，怯者不得獨退」，故三軍之衆，進退惟如一人，故云獨往獨來；又一曰我專爲一而敵分爲十也，即今之所謂集中兵力，孫子虚實篇「形人而我無形，則我專而敵分」，我形不彰，變化莫測，運用在己，人莫能知，故謂獨往獨來，言無所制也。二義皆本乎抱一也。階，玉篇阜部「進也」。一階於道，道即一也，言道始由一而進也。老子四十二章云：「道生一，一生二，二生三，三生萬物。」幾謂終盡。莊子達生「民幾乎以其真」，成玄英疏：「幾，盡也。」幾於神，言終盡乎神明之妙也。此言用兵貴一，一始乎道，終乎神也。用之者，守持抱一也。顯之者，運用奇正、虚實之變，所以示形動敵也。

「今商王知存而不知亡，知樂而不知殃。夫存者非存，在於慮亡①；樂者非樂，在於慮殃。今王已慮其源，豈憂其流乎②？」

【考異】

①武備志無「在」字。下「在於慮殃」同此。

②「豈」，武備志、孫校本並作「曷」。

【集解】

施子美云：太公之意，勸武王成文王之志，謂今日之用兵，亦出於不得已也。其所以不得已者，蓋以商罪貫盈，百姓有辭，吾其可不應人而順天乎？商王之所以可伐者，以其殃亡之將至。夫天下之事，不難謹於艱難有事之際，而難謹於閒暇無事之日。天下雖若有泰山之安，而不忘累卵之危；雖若有終身之樂，而不無一朝之憂。商王安其存而不慮其危，熇其樂而不慮其殃，此其禍之所以將至也。今王已慮其源，豈憂其流？此又因以戒武王也。謹終如始，人之所難。源，其始也。流，其終也。慮其始，必思其終。太宗嘗曰：「朕雖平定天下，其守之實難。」是則源流所在，皆可慮也。○劉寅云：今商王受但知國之存，而不知國之亡；但知身之樂，而不知身之殃。夫所謂存者，非泥於存也，在乎能慮其亡耳；所謂樂者，非躭于樂也，在乎能慮其殃耳。今王已慮及其源，又豈憂其流乎？○朱墉云：存亡以國言，樂殃以身言。慮亡、慮殃，即安不忘危、治不忘亂之意。

〔震案〕存者非存、樂者非樂，言存之要義，不在一時之存；樂之要義，亦不在一時之樂也。源，事之根源也。流，事之枝節也。

武王曰：「兩軍相遇，彼不可來，此不可往，各設固備，未敢先發，我欲襲之，不得其利，爲之奈何？」

【集解】

劉寅云：武王問曰：若兩軍相遇，彼不可得而來，此不可得而往，各設固守之備，而未敢先發，我欲襲而取之，不得其便利，當爲奈何？○朱墉云：固備，堅守防衛也。

〔震案〕發，開戰也。

太公曰：「外亂而内整，示飢而實飽①，内精而外鈍，一合一離，一聚一散。陰其謀，密其機，高其壘，伏其鋭士，寂若無聲，敵不知我所備，欲其西，襲其東。」

【考異】

①「飢」，直解、武備志、彙解俱作「饑」，詳盈虚篇「而無飢寒之色」。

【集解】施子美云：形人之説，兵家之要術也。羸師以示，楚人以勝；形人是用，越人以伯。曳柴以從，可以勝齊；曳柴僞遁，可以勝楚。是則不有以誤敵，不足以勝敵也。孫子十三篇大抵以形人爲上，如曰「形人而我無形」，如曰「形兵之極，至於無形」，如曰「形之而敵必從之」，皆形人之説也。外亂内整，示飢實飽，與夫精鈍、離合、散聚，皆所以形之也。既有以形之，必有以取之。自陰謀密機以下，又所以取之也。兵之未用，則其爲計也不可使人窺；兵之既用，則其爲用也不可使人知。陰其謀者，所以秘其計也；密其機者，所以藏其用也；高其壘，所以固守；伏其鋭，寂若無聲，所以示弱。在我者既無形之可見，則在敵者必怠於所備，故敵不知所備，而可以計取矣。故欲西襲東，而復有以役之也。○劉寅云：太公對曰：吾外若亂而内實整，示以饑而實飽，内實精而外若鈍，使士卒一合而一離，如無節制，一聚而一散，如無統紀。陰祕其攻戰之謀，深密其發動之機，高其壁壘，使不得而入，隱伏其精鋭之士，寂若無聲，使不得而測，敵既不知我所備，彼欲其西，吾則襲其東。○朱墉云：内精，有練鋭之士也。外鈍，示老弱之卒也。一合一離，如無節制也。一聚一散，如無統紀也。陰，晦藏也。欲西襲東，貴神密也。

〔震案〕飢、飽，凡軍，缺糧草曰飢，充足曰飽。機，謂衆寡、奇正、虚實之部署也。壘，營壘也。伏，隱匿也。鋭士，精鋭之士也。欲其西，襲其東者，聲東擊西也。

武王曰：「敵知我情，通我謀，爲之奈何？」太公曰：「兵勝之術，密察敵人之機，而速乘其利，復疾擊其不意。」

【集解】

施子美云：用兵之法，大抵乘機。不乘其機，而徒欲以力爭，勝負何自而決邪？孫子有曰「兵之情主速，乘人之不及」，又曰「出其不意」，是皆乘機之説也；李靖曰「兵機事，以速爲神」，吴明徹曰「兵貴在速」，亦乘機之説也。太公之意，非欲使武王得其機而乘之乎？既得其機，復加以速，宜其可以擊其不意也。○劉寅云：武王曰：敵人若知我之情，通我之謀，將爲之奈何？太公對曰：兵家取勝之術，務要密察敵人發動之機，而速乘其便利，復要疾擊其不意，乃可勝也。○黄獻臣云：此言用兵當有先慮，密圖其機，而又密察敵人之機，以完上文未竟之旨。

〔震案〕情，情實也。通，洞徹也。機，部署也。見上「密其機」。

六韜集解卷第二

武韜

發啓

【集解】劉寅云：發啓者，開發啓迪其憂民之道也。取書中「發」字、「啓」字以名篇。〇朱墉云：開發啓迪憂民之道也，正不可輕用其兵之意。

文王在酆①，召太公曰②：「嗚呼③！商王虐極④，罪殺不辜⑤，公尚助予憂民⑥，如何⑦？」

【考異】

①「在」，銀雀山簡作「才」。易小畜「尚德載」，于省吾雙劍誃新證卷二「載、在、才、哉古通」，「金文在字、哉字多叚才爲之」。

②凡「太公」，銀雀山簡皆作「大公望」。大讀爲太，詳文韜國務篇「願聞爲國之大務」。

③「嗚呼」，銀雀山簡作「於乎」，且下有「謀念我」三字。於，廣韻上平聲模韻「哀都切」，讀如烏，又云「古作於戲，今作嗚呼」，「戲，古文呼字」。我，讀爲哉。治要無此二字。

④治要無「虐極」二字。

⑤「商王虐極，罪殺不辜」，銀雀山簡作「啻王猛極秋罪不我舍」。啻即商之形訛。

⑥「公尚助予憂民」，銀雀山簡作「女嘗助予務謀」，治要作「汝尚助余憂民」。「助」，武備志作「脇」。

⑦「如何」，銀雀山簡、治要俱作「今我何如」，武備志無此二字。

【集解】

施子美云：此文王發問太公圖商之計，謂商王之罪盈虐酷，殘害無罪之人，令太公助之，其爲憂民之心，在伐商救民也。○劉寅云：文王在酆邑，召太公問曰：嗚呼！今商王暴虐已極，罪殺無辜之人，如斮朝涉之脛、剖賢人之心之類，所以文王嗟嘆而言之也。公尚助予憂天下之民，其道如何？○朱墉云：酆，周都。

〔震案〕酆，或作豐，文王伐崇後都於此，在今陝西西安。史記周本紀：「伐崇侯虎，而作豐邑，自岐下而都豐。」罪，誅罰也。尚，表祈求之意，用如尚書湯誓「爾尚輔予一人」，江聲集注音疏：「尚，庶幾也。」

太公曰①：「王其修德以下賢②，惠民以觀天道。天道無殃③，不可先倡④；人道無災⑤，不可先謀⑥。

【考異】

①「太公」，銀雀山簡作「對」，即對字。説文丵部：「對，對或从士。」

②「修德以」，銀雀山簡、治要並作「脩身」，孫校本「修」亦作「脩」。按本當作「修」，脩謂肉乾，與修異。朱駿聲説文通訓定聲孚部：脩，叚借爲修。

③「無殃」，銀雀山簡作「无央」。无，同無。説文亾部「無，亡也」，「无，奇字」。下「大兵無創」之「無」同此。殃，讀爲央。

④「可」下，治要有「以」字，下「不可先謀」亦如此。「倡」，銀雀山簡作「昌」，治要作「唱」。昌、唱皆同倡，讀去聲。廣雅釋詁一：「昌，始也。」集韻去聲八漾韻：「唱（鯧、誯、倡），尺亮切，説文『導也』，或从侖、从言，亦作倡、昌。」

⑤「災」，銀雀山簡作「𢦏」。𢦏，讀爲災。

⑥「可」下，治要有「以」字。

【集解】

施子美云：夫欲伐人者，必先盡其在己，修德以下賢，惠民以觀天道，此盡其在己之事者，蓋惟修己而後可以待人，惟得民而後可以應天。賢，有德者也。德修於己，而後賢者歸之，故修德乃可以下賢，此修己以待人也。人之所欲，天必從之，惠足以及人，乃可以合天，故惠民以觀天道，此澤民以應天也。文王有徽柔懿恭，此文王之所以修德也，文王惟修是德，此閎夭、散宜生之徒所以爲用也，非以下賢乎？發政施仁，必先四者，此文王之所以惠民也，文王惟能惠民，此天道之所以乃眷西顧也，非觀天道乎？惟有以觀天道，故天道無殃，不可先倡；人道無災，不可先謀。蓋天之譴人君也，必有以戒之，此天道之殃也，天道未有殃，其可先倡乎？人事之成敗，必有變焉，此人道之災也，人道未有災，其先謀乎？此言商雖可伐，而天殃人災未見，不可先以舉事也。昔者堯之去四凶，堯非不能去之也，而必待舜而去之者，蓋當堯之世，四凶之罪未暴白於世，而天人之心有所未合也，及舜之世，則其惡已暴，天人之所共憤，然後可以除之也。是以越之伐吳，吳未發而先發，而范蠡亦以天時人事告之，越王不從，卒有會稽之厄。○劉寅云：太公對曰：王其修德以下賢士，子惠兆民以觀天道。天道無殃，不可先倡而爲之；人道無灾，不可先謀而起之。○朱墉云：惠民，子惠兆民也。觀天，觀天道之向背也。〔震案〕其，祈使之辭。修德，修養德行也。下賢，謂屈己以尊賢者。惠民，惠益人民也。觀天道，察天時、度天意也。殃，災禍也。天道無殃、人道無災，言無天災人禍也。倡，發起也。

「必見天殃，又見人災①，乃可以謀②。必見其陽，又見其陰，乃知其心；必見其外，又見其内，乃知其意③；必見其疏④，又見其親，乃知其情⑤。

【考異】

①「必見天殃，又見人災」，銀雀山簡作「必見其央有見其栈」。有，讀爲又。下「又見其陰」、「又見其内」、「又見其親」，「又」字皆同此。

②治要此句下屬「与民同利，同利相救」。

③「意」，銀雀山簡作「遂」。遂，猶志意。「必見其外」至此十二字，銀雀山簡在「乃可以謀」下。

④「疏」，銀雀山簡作「人」。

⑤「情」，銀雀山簡作「請」。請，讀爲情，詳文韜文師篇「其情深」。

【集解】

施子美云：惟天殃人災既見，然後徐而圖之，無不可矣。敵之所藴，雖若難知，而吾之所測，各以其術。心也，意也，情也，皆敵之所藴也。心有所思，意有所欲，情有所發，心、意、情，三者同出而異用。主之於内者，心也，傳曰「心之官則思」，此心也。在心爲志，意與志一也，傳有所謂「志意修」，此則意之所存，自心而出，必有所欲也。若夫情，則有所觸而後發，傳有所謂「情發於中」，此則情之所觸而發也。自其内而言之，則心爲之主，意爲之用，而情則有所形矣。此心、意、情之别也。三者固爲難知，而吾之測之各有其術。故（欲）知其心則何以哉？即其陰陽，而可以知之也。陽者，其顯而可見者也；陰者，其隱而難知者，所未爲之事也。即其所已爲，皆心之所思也，故即是而可以知其心。欲知其意則何以哉？即其内外，而可以知之也。外而人民田野，内而朝廷百官。始而觀其外，見其田野闢、萬民安，則外治矣；次而求於内，見其朝廷清、百官正，則内治矣。既觀其外，又觀其内，若是者，皆志之所寓也，故可以知其志。欲知其情則何以哉？即其親疏可知也。疏者，所疎遠者也。親者，所親者，所親近者也。既觀其疎，又觀其親，則其所去取者，其賢佞可知也。是乃情之所好惡也，故因是可以知其情。太公告文王以「吾觀其野」、「吾觀其衆」、「吾觀其吏」，其告武王，則以「今商知存不知亡，知樂不知殃」，若此言者，皆所以求心、意、情也。既盡其所以測之之術，則敵豈難知哉？既知其心、意、情之所在，由是而制之，斯易爲術矣。○劉寅云：必見上天之降殃，又見下民之生灾，乃可以謀而爲之。天殃，如日月失明、星辰逆行、夏霜冬雷、春凋秋榮之類是也。人灾，如五穀不熟、饑饉荐臻、盜賊滋熾、姦宄竊發之類是也。陽，顯明之地。陰，幽暗之處。顯明之地所爲者皆暴虐之事，幽暗之處所爲者皆淫惡之行，乃知其心之昏惑也。必見其外之所行，又見其内之所養，外之所行者皆賊虐之政，内之所養者皆邪僻之非，乃知其意之迷亂也。如紂，外則殺忠賢而賊諫輔，内則肆酖昏而耽色慾，心神昏惑，志意迷亂，從可知矣。必見其疏遠者離叛，又見其親近者放逐，乃知其情之向背也。如紂，遠則江、沱、汝、漢之間，悉從文王之化，近則微子去，箕子奴，人情之向背亦從可知矣。○黄獻臣云：此言王者修德下賢以惠民，乃憂民之本圖，迨觀天道人道，亦必迫而後起，聖人原無心也，亦不得已也。○朱墉云：疏，遠方之人，江、沱、汝、漢之間。親，如箕子爲叔、微子爲庶兄也。情，情之乖戾也。一説，疏謂百姓離心，親謂同宗叛去。

〔震案〕心，内心所思也。意，意欲何爲也。情，人心向背之情實也。

「行其道，道可致也①；從其門，門可入也；立其禮，禮可成也；爭其强，强可勝也②。

【考異】

①「道可致也」，銀雀山簡作「可至也」。至同致，詳文韜舉賢篇「以至危亡者」。

②「爭其强，强可勝也」，銀雀山簡作「爭强者爭勝者也全勝可得」。

【集解】

施子美云：故行其道，道可致；從其門，門可入，此因敵而爲之謀也。法有所謂「踐壘隨敵」，此則行其道之説也。彼有可由之道，吾因其道而造之，道可得而至矣。法有所謂「承意從事」，此則從其門之説也。彼有可入之門，而從之，則門可得而入矣。立其禮，爭其强，此制敵而措以勝也。法有所謂「以禮爲固」，此則立禮之説也。吾欲伐人，必先之以禮，以爲不可敗之道，此禮之所由以成也。法有所謂「强必以謙服」，此則爭其强之説也。彼雖强，而吾有以爭之，則雖强而可勝也。文武之於商，或服事以驕之，或子女以樂之，若是者，皆所以行其道而從其門也。定其止齊之法，奮以熊羆之士，若是者，皆所以立其禮而爭其强也。○劉寅云：行其道，道可得而致也；從其門，門可得而入也；立其禮，禮可得而成也；爭其强，强可得而勝也。○黄獻臣云：此言修德下賢以惠民，乃可隨時順應如人。行其道，則道可致，從其門，則門可入，是故安常而立其禮，則禮可成，不得已而爭其强，則强可勝，聖人又何心哉？○朱墉云：其道，弔民伐罪之道也。其門，王天下之門也。禮，軍國之制度也。

〔震案〕行，踐行也。道，主張也。致，實現也。從，經由也。門，門徑也。立，建立也。禮，禮制也。成，得以施行也。爭其强，與强者爭也。

「全勝不鬭①，大兵無創，與鬼神通。微哉，微哉②！與人同病相救③，同情相

成④，同惡相助⑤，同好相趨⑥，故無甲兵而勝⑦，無衝機而攻⑧，無溝壍而守⑨。

【考異】

①「全」上，銀雀山簡有「全勝可得」四字。「鬭」，銀雀山簡作「斲」。斲即鬭省形也。

②「微哉，微哉」，銀雀山簡作「美才」。才，讀爲哉。

③「與人同病相救」，銀雀山簡作「與民人同悳【□】利相死」。悳，同德。治要此句作「与民同利，同利相救」，且上屬「必見天殃，又見人災，乃可以謀」。

④「情」，銀雀山簡作「請」。請，讀爲情，詳文韜文師篇「其情深」。

⑤「惡」，銀雀山簡作「亞」。亞，同惡，詳文韜文師篇「凡人惡死而樂生」。

⑥「趨」，治要作「趣」。此當作「趣」，作「趨」則讀爲「趣」。説文走部「趨，走也」，是爲疾行；又云「趣，疾也」，引申而爲趨向、意向。故舊籍二字通用，亦略有別，用於行走義多作「趨」，用於意旨義多作「趣」。漢書藝文志六藝略「苟趨省易」，顏師古注：「趨讀曰趣，謂趣向之也。」與此「同好相趨」同用。

⑦銀雀山簡、治要並無「故」字，且簡文「無」作「毋」。

⑧「無衝機而攻」，銀雀山簡作「毋衝龍而功」，治要作「無衡機而改」。衝龍，攻城械，詳附録。治要「衡」、「改」蓋爲形訛。

⑨「無溝壍」，銀雀山簡作「毋渠詹」。渠詹，即渠荅，詳附録。治要作「渠壍」。壍、詹同部通轉，渠壍即渠詹也，今傳本「溝壍」是「渠壍」之訛。

【集解】

施子美云：既有以因之，復有以制之，則不勞餘力，而可以收成功，故全勝不鬭，大兵無創，此以計取，而不用於兵也。法曰：「爭勝於白刃之前者，非良將也。」是則鬭而後勝，未免於勞民，若夫以全勝之，則無用於戰鬭矣。法曰：「上兵伐謀。」是則用兵而至於殺伐者，非善用者也，故大兵則無傷，故無創。文王之因壘降，此全勝不鬭也；大禹班師而苗格，此大兵無創也。乃若高皇戰於滎陽，戰於垓下，則非不鬭之全勝也；至于惠帝之世，瘡痍始瘳，豈無創之大兵乎？若是之兵，皆以計取，故其幽與鬼神通，言其微妙而不可知也，太公安得不以「微哉」而嘆美之？論制敵之道，莫若得人之心，與人同病相救、同情相成、同惡相助、同好相趍者，皆所以得其心也。同病相救者，此所以同其患難也，此傳之所謂「疾病扶持」之説也；同情相成，此所以輔其所欲爲也，若傳之所謂「興助利甿」之説也；同惡相助者，此相助以去其所惡也，傳有所謂「所惡與之去」是也；同好相趍，以就其所欲也，傳有所謂「所欲與之聚」也。惟其有以得其心，故雖無甲兵，可以勝；無衝機，可以攻；無溝壍，可以守。夫勝人者，必以甲兵，甲以爲衛，兵以致戰，有是乃可以勝。衝，蒙車也；機，械也，皆攻城之具也。溝壍，可深峻其城池也，皆守城之備也。今無此可以攻、可以守者，以其所恃者人心也。法有所謂「不戰而屈人兵」，此則無甲兵而勝也；有所謂「無衝蒙而攻，無渠荅而守」，此則無衝機攻、無溝壍守也。昔者成周之際，於廢病者，必有施舍之法。於夫患民病之際，則有施惠之法，皆所以救其病也；有相賙之法，有轉移之法，皆所以成其情也；田與追胥竭作，又所以助其惡而趍其好也。成周之法，惟若是其善，故當時聞有奠枕于京之安，有持盈守成之樂，而甲兵、衝機、溝壍，初未之修也，此其效歟？此皮日休所以曰「古之取天下以民心」，其以此歟？○劉寅云：全勝不在戰鬭，在勝於無形；大兵無欲傷殘，在完吾士衆。能勝於無形，而兵無傷殘，是其智與鬼神通，所以重言微哉微哉，而嘆其妙也。與人同病而相救援，同情而相成就，同惡而相扶持，同好而相趨向，故無甲兵而能勝人，無衝機而能攻擊，無溝壑而能固守。衝，衝車，從旁衝擊者也。機，弩牙也。○黄獻臣云：此言不得已而爭强，正妙在不爭之間，故不事甲兵、衝機、溝壍，而民心即是干城，何也？以萬民爲一心，視百姓如一人，雖有大兵，而又何鬭何創哉？○朱墉云：大兵者，是除殘之兵也，是伐暴之兵也，是救民水火之兵也。創，傷殘也。無創，兵不血刃也。微哉，嘆其極至也。

〔震案〕全，保全也。鬭，戰鬭也。大，至高至尊之謂。兵，軍隊也。創，傷亡也，普通話當讀陰平聲。微，微妙也。病，重疾也。同情相成，志意相投，相成全也。惡，憎恶也。好，喜好也。趨，逐也。甲兵，盔甲兵器也。衝機，衝即衝車，攻城具。淮南子覽冥「大衝車」，高誘注：「衝車，大鐵著其轅端，馬被甲，車被兵，所以衝于敵城也。」溝壍，壕溝也。

「大智不智①，大謀不謀，大勇不勇，大利不利。利天下者②，天下啓之；害天下者③，天下閉之。

【考異】

①「智」，銀雀山簡作「知」。

②「天下」，治要作「人」。

③「天下」，銀雀山簡、治要並作「人」。

【集解】

施子美云：論聖人之德，固無以復加，而求至德之極，則不知其所極。智也、謀也、勇也、利也，皆聖人之德也，謂之大智、大謀、大勇、大利，則其德之無以復加也。自其大德而求之，似不難見也，然其至也，至於不智、不謀、不勇、不利，是又其至德之極，不可得而知也。且應事不可以無智，大智則無乎不知，智而不明，其智是以不智；料敵不可以無謀，大謀則無乎不周，謀而不泄，其謀是以不謀；決勝不可以無勇，大勇則莫之敢當，勇而不恃，其勇是以不勇；恤民不可以無利，大利則無乎不及，利而不居，其利是不利。若是者，皆其德之至妙，而不可知其極也。

昔武王渡孟津而觀政于商，其智爲甚大也；陰謀修德，其謀爲甚大矣；一怒而安天下，其勇爲甚大也；散財發粟，其利爲甚大也。武王雖有是四者，而未嘗自以爲大，故天下亦莫知其所以爲大也。武王惟不自有其大，此天下所以歸之，而亦莫之知也，此傳所以曰「聖人不自大，故能成其大」，其以此歟？聖人待天下以至公之心，則天下必趍聖人以歸往之心，蓋聖人之於天下，非以爲己利也，將以利天下也。天下之民，撫之則后，虐之則讎，故利天下則天下啓導之，害天下則天下閉塞之。吾惟有以利之，故天下啓之以取天下之道，其啓之者，將以與之同其利也；苟或害之，則天下必惡之，故閉塞之，而不與之同。武王之伐商，武王非自利也，財可散則散之，粟可發則發之，所以利天下也。武王惟有以利之，故倒戈之徒自攻以北，壺漿之民惟師是迎，非有以啓之乎？○劉寅云：大智，人不見其智；大謀，人不見其謀；大勇，人不見其勇；大利，人不見其利。利天下者，天下之人皆開啓之；害天下者，天下之人皆閉塞之。○朱墉云：閉，阻塞也。

「天下者①，非一人之天下②，乃天下之天下也③。取天下者④，若逐野獸⑤，而天下皆有分肉之心⑥；若同舟而濟，濟則皆同其利⑦，敗則皆同其害⑧。然則皆有啓之⑨，無有閉之也⑩。

【考異】

①治要無「者」字。

②「下」下，治要有「也」字。

③上「天下者」至此十六字，銀雀山簡作「……天下天下之天下」。「乃天下之天下也」，治要無此七字。

④治要無「者」字。

⑤「取天下者，若逐野獸」，銀雀山簡作「天下如遂野鹿」，首脱「取」字。遂，逐形訛也。

⑥「而」上，治要有「得之」二字，且「肉」下無「之心」二字。

⑦「濟則」，治要作「天下」。

⑧「敗則」，治要作「舟敗天下」。

⑨「有」下，直解、開宗、武備志、彙解、孫校本俱有「以」字。

⑩「有」下，開宗、武備志、彙解、孫校本俱有「以」字。「也」，銀雀山簡無，治要作「矣」。

【集解】

施子美云：大抵天下之天下，非一人之天下，惟爲天下，此聖人所以無心取天下，不以私心，歸必利之，而後同與啓之。故取天下者，若逐野獸，天下皆有分肉之心。昔秦、隋之亡，若失其鹿，而天下共掎角之，非人皆有分肉之心乎？惟天下皆有是心，故若同舟而濟，患難與之共，既濟則皆得其利。漢室之興，大事既成，韓信、豨、布之徒皆得分地而王，關中父老亦喜苛法之除，非濟則與之同其利乎？苟爲敗則皆受其害，若是，則得其利者宜皆啓之，而無或閉之也。○劉寅云：天下者，非一人之天下，乃天下人之天下也。其取天下者，若追逐野獸，而天下皆有分肉之心；若同舟共濟水，既濟則皆同得利，若敗則皆同受其害。如此，則天下皆有以開啓之，無有以閉塞之也。○黄獻臣云：此言憂民而不自用其智謀勇利，則天下願同其利者，必多方啓之，而不閉之，所以有濟而無敗也。○朱墉云：濟，渡水也。

「無取於民者①，取民者也②；無取於國者，取國者也③；無取於天下者，取天下者也④。無取民者⑤，民利之；無取國者，國利之；無取天下者，天下利之。

【考異】

①「無」，銀雀山簡作「毋」，且無「於」字。下「無取於國」、「無取於天下」亦皆如此。

②銀雀山簡無「者也」二字。下「國者也」、「天下者也」亦皆如此。

③治要無「取國者」三字，「也」字屬上，蓋爲脱誤。

④直解、開宗、武備志、彙解、孫校本皆無「無取於國者」以下至此二十字。

⑤銀雀山簡、治要並無「無」字。下「無取國」、「無取天下」亦皆如此。

【集解】

施子美云：昔哀公問有若「二，吾不足」，而有若對以「百姓足，則君孰與不足」，是則君不可以取之民也。民，猶子也，父子豈有異財乎？此慈父之不忍推子也。父不可以推子，則君其可取之民乎？惟無以取之，乃所以取之，何者？吾不傷其財，則彼得以足其財，彼惟足其財，故可以供上之用，此無取者，所以取之也。曰無取云者，非不之取也，取之有制也；且以白圭欲二十取一，孟子猶以爲「貉道」，況不之取乎？是知無取者，無横取也。苟不之取，則祭祀、賓客、百官、有司，其何以給邪？惟無横取，故人樂於所供，而足於所用，在易之卦「損下益上」，其卦爲損，「損上益下」，其卦爲益，是則爲之君者，誠不可妄取於民也。推是心以往，則不惟可以及民也，雖施之國，施之天下，皆此心也，故自其無取於民而始，次則無取於國，終則無取於天下。既無以取之，則必有以利之，故不惟民利之，推之國則國利之，推之天下則天下利之。三代之君或以貢，或以助，或以徹，皆所以定取民之制也，惟取之有制，故自近及遠，無不蒙其澤焉。乃若秦之取之盡錙銖，天下之民何其不幸邪？○劉寅云：人君無取於民者，其實取民者也。無取於民者，不奪民之利也；取民者，得民心之歸也，民心歸，豈有不利者哉？所謂行仁義，而自無不利者也。故無取於民者，民利之；無取於國者，國利之；無取於天下者，天下利之。民利之者，民歸之也；國利之者，一國歸之也；天下利之者，天下之人歸之也。民歸之，一國歸之，天下歸之，此所以天下啓之也。○朱墉云：無取於民，志在安民，無心於取民財也。

「**故道在不可見①，事在不可聞，勝在不可知。微哉！微哉②！**」

【考異】

①銀雀山簡無「故」字。

②「微哉微哉」，銀雀山簡作「微才」。才，讀爲哉。治要下「哉」字與下句首「鷙」字誤乙。

【集解】

施子美云：兵之所資以爲用者，雖有不同；而兵之所以隱於無迹者，皆其所貴。道也、事也、勝也，此兵之所用，始終有不同也；而其不可見、不可聞、不可知，則皆欲其無迹焉。道也者，所以修之己，而以傾人者也；道而可見，則道不足用矣。事也者，見於所行，而以制人者也；事而可聞，則事不足持矣。勝也者，所以決其成敗，而勝人也；勝而可知，則勝無自成矣。大抵兵聞則議，見則圖，知則困，故道欲不可見，事欲不可聞，勝欲不可知，始則晦其道，次則密其事，而終則藏其勝，此其始終之序也。昔者武王之圖商也，陰謀修德以傾商政，則其爲道也不可見矣；其事多兵權奇計，則其爲事也不可聞矣；至於牧野之戰，倒戈之徒一北而成功，則其勝又烏可知邪？是三者惟欲其無迹，故其爲用也既微而又微，故曰「微哉微哉」，言其微妙之至也。○劉寅云：故道之妙，在衆人之不可見；事之密，在衆人之不可聞；勝之巧，在衆人之不可知。微哉，微哉，嘆其妙之至也。○黄獻臣云：此言不取以爲取者，其舉動出見聞知覺之外，蓋我無利天下之心，則天下無不以我爲利而歸心焉。其中有機，微哉，微哉，聖人亦不自知也。○朱墉云：道不可見者，取民在於不取也。張泰嶽曰：「道以兵道言，不可見，是秘密而使人不知也，惟其不知，正所謂深於道者也。」一説，此句非但言用兵之密，即上文取天下而天下不知、利天下而天下不見之旨。

〔震案〕道，以恩信道義撫衆也。孫子計篇：「道者，令民與上同意也，故可以與之死，可以與之生，而不畏危。」勝在不可知者，勝於衆所不知也。孫子形篇「見勝不過衆人之所知，非善之善者也」，王晳注：「衆常之人，見所以勝，而不知制勝之形。」

「鷙鳥將擊①，卑飛斂翼②；猛獸將搏③，弭耳俯伏④；聖人將動，必有愚色⑤。」

【考異】

①「鷙」、「擊」，銀雀山簡二字並作「執」。

②「卑飛斂」，銀雀山簡作「庳蜚翕」。庳，猶卑也。廣韻上聲紙韻「便俾切」，讀如婢。又云：「下也，或作埤，又音卑。」蜚，整理小組謂即「飛」之異體。治要「斂」亦作「翕」，武備志、彙解、孫校本則作「歛」。作「斂」當是，詳文韜文師「而樹斂焉」。翕即斂，形訛而作「歛」，又訛

作「歙」，故斂、歙或同用。荀子非十二子「斂然聖王之文章具焉」，王念孫讀書雜志八荀子弟二：「斂，當爲歙字之誤也。」是歙作「斂」也。歙又同翕。漢書辛慶忌傳「與歙侯戰」，顔師古注：「歙即翕字也。」然則翕與斂亦同用也。

③「猛獸將搏」，銀雀山簡作「虎狼將狭」。狭，整理小組疑作奔逸之逸。「搏」，治要作「擊」。

④「弭耳俯伏」，銀雀山簡作「弭耳固伏」。弭，整理小組疑戢之異體。「弭」，治要作「俛」，武備志作「彌」。彌通弭，文選揚雄羽獵賦「望舒彌轡」，李善注：「彌與弭古字通。」

⑤「愚」，治要作「過」。「色」下，銀雀山簡有「維文維悳孰爲之戒弗觀亞知其極」十四字，治要有「唯文唯德，誰爲之惑？弗觀弗視，安知其極」十六字。過是遇字形訛。莊子漁父「今者丘得遇也」，陸德明釋文：「過，或作遇。」又列子天瑞「過東郭先生，問焉」，杨伯峻集释：「『過』，北宋本作『遇』，汪本從之，今從藏本、四解本、世德堂本改正。」是過、遇互訛多見也。遇又叚借而爲愚，然則「過色」即「愚色」也。

【集解】　施子美云：譬之鷙鳥之擊物，必卑飛斂翼以藏其形。鷙鳥，鷹隼也，雖善擊，苟爲禽鳥之所見，則必避之，故卑飛斂翼以藏其形，而後可以擊之也。譬之猛獸之搏物，必弭耳俯伏以匿其形。猛獸，豹虎也，虎豹雖善搏，苟或衆獸之所見，則必避之，故弭耳俯伏以匿其形，而後可以搏之也。夫以禽獸微物也，欲有所取，猶有所隱，況於取天下者，獨使人得而知之、聞之、見之乎？是以聖人將動，必有愚色。愚也者，所以藏其智而不用也。蓋將欲取之，必固予之；將欲張之，必固翕之；將以動其用，可不隱其用乎？此聖人將動，所以必有愚色也。此文王之所以遵養時晦者，蓋將以示其愚也。○劉寅云：鷙疾之鳥將有所擊，必卑飛而收斂其翼；威猛之獸將有所搏，必弭耳而俯伏其身；明聖之人將有所動，必有如愚之色。此蓋欲文王遵養時晦以待之耳。○黄獻臣云：此言聖人潛藏之用，即遵養時晦意，非陰謀取勝之説。○朱墉云：弭，戢也。

〔震案〕鷙，猛禽也，廣韻去聲至韻「脂利切」，讀如至。卑飛，低飛也。歛，當作斂，斂即收斂。弭，低垂也，廣韻上聲紙韻「綿婢切」，普通話讀如米。俯伏，俯首伏卧於地也。動，作也。

「今彼殷商①，衆口相惑，紛紛渺渺，好色無極，此亡國之徵也②。

【考異】

①「彼」，銀雀山簡作「皮」，治要作「被」。被，通彼。朱駿聲説文通訓定聲隨部：被，叚借爲彼，實助語之辭。「殷」，講義、直解、開宗、武備志、彙解、孫校本俱作「有」，慶長本兩存之。

②上「紛紛」至此十四字，治要無，銀雀山簡作「謐謐譯譯恬惔隨意好道无極是胃毚文亡國之聲也」。胃，讀爲謂。「徵」，直解、開宗、武備志、彙解、孫校本俱作「證」。新唐書五行志「乃取其五事、皇極、庶證附於五行」，錢大昕廿二史考異卷四三：「證即徵字，宋人避仁宗嫌名改之。」

【集解】施子美云：國之治亂，皆有可見之形，「觀其禮而知其政」，聖人嘗有是言矣，是則國之政必有所可得而見者。昔夫子適蒲，入其境而稱之曰：「善哉，由也！恭敬以信矣。」入其邑曰：「善哉，由也！忠信而寬矣。」至其廷曰：「善哉，由也！察以斷矣。」子貢執轡而問曰：「夫子未見由之政，而三稱善，可得聞乎？」子曰：「吾見其政矣。入其境，田疇盡易，草萊甚闢，溝壑深治，此其恭敬以信，故其民盡力也；入其邑，墻屋完固，樹木甚茂，此其忠信以寬，故其民不偷；至其廷，廷甚清閑，諸下用命，此其明察以斷，故其政不擾也。觀此，則知國之治亂必有其證也明矣。」今商王之國，衆口相惑，則人有異志也，紛紛渺渺，則事無定度也，民之異也如此，政之亂也如此，而商王乃且好色無極，而不此之恤，其國必亡也，故太公指是以爲亡國之兆。○劉寅云：今彼有商之君，衆口互相惑亂，紛紛渺渺，好色之心無有窮極，此乃亡國之證也。紛紛，紊亂之貌。渺渺，無窮之貌。

〔震案〕渺渺，微遠無際也。管子內業「渺渺乎如窮無極」，尹知章注：「渺渺，微遠皃。言心之微遠，如欲窮之，則無其極。」紛紛渺渺，言政事混亂，無法度也。無極，無窮也。好色無極，言荒淫好色無節度也。

「吾觀其野，草菅勝穀①；吾觀其衆②，邪曲勝直③；吾觀其吏④，暴虐殘賊⑤，敗法亂刑，上下不覺⑥。此亡國之時也⑦。

【考異】

①「菅」，銀雀山簡、治要並作「茅」。「穀」，原同開宗、武備志、慶長本訛作「穀」，治要、直解並訛作「穀」，據講義、彙解、孫校本正。詳文韜六守篇「農一其鄉則穀足」。

②「其」下，治要有「群」字，則「衆」字屬下爲句。「衆」下，銀雀山簡有「人」字。

③「邪曲勝直」，銀雀山簡作「群曲笑直」，治要無「邪」字。

④「吏」，銀雀山簡作「君子」，武備志作「利」。

⑤「暴虐殘賊」，銀雀山簡作「衆賤枉直」。「虐」，治要作「虎」。「賊」，直解、開宗、武備志、孫校本俱作「疾」。

⑥「下不」，銀雀山簡作「不知」。「上」上，治要有「而」字。

⑦銀雀山簡無「此」字。「時」，銀雀山簡、治要並作「則」。治要此句下有「夫上好貨，群臣好得，而賢者逃伏，其乱至矣。太公曰」二十字，下屬文啓篇「天下之人如流水」。

【集解】

施子美云：況觀其田野之間，草菅勝於穀，此則農不得盡力於田畝也；觀其衆庶之間，則邪曲勝直，而公道不行，此則民無正論，而互相蒙也；觀其官吏，則暴虐殘賊以害其下，敗法亂刑以毁其公，上下安之，而不自覺，其亡也必矣。故太公指以爲此亡國之時也。○劉寅云：吾觀其田野，草菅勝五穀；吾觀其人衆，邪曲勝正直；吾觀其爲吏者，惟務暴虐殘疾，敗亂國之刑法，上下皆不覺悟。此乃亡國之時也。○黄獻臣云：此言商國敗亡之證候，正坐「上下不覺」耳，惟不覺，故不知憂，是以有待於惠民之人。○朱墉云：菅，草名，茅屬。〔震案〕邪曲，姦邪不正也。直，正直也。賊，殘暴也。暴虐殘賊，行殘忍凶暴之事也。刑，亦法也。敗法亂刑，猶言敗亂法度也。覺，覺察也。時，世道時局也。

「大明發而萬物皆照，大義發而萬物皆利，大兵發而萬物皆服①。大哉！聖人之德，獨聞獨見，樂哉②！」

【考異】

①上「大明」至此二十四字，銀雀山簡作「……明發萬物皆發仁發萬物皆利兵發萬物皆服」。

②上「大哉」至此十二字，銀雀山簡作「聖人之惪□乎蜀聞蜀見樂才聖人」。

【集解】

施子美云：聖人之德，各有所寓，而有生之類，各得其欲。大明也、大義也、大兵也，皆聖人之德也。自其明示天下之際而言，則謂之大明；自其正天下之不正者言之，則謂之大義；自其爲天下除殘賊而言之，則謂之大兵。大明發而萬物皆照者，蓋大明則無所不照，故雖蔀屋之下、暗室之中，容光必照，此大明發而萬物所以皆照也；大義發而萬物皆利者，蓋仁義固所以利之也，況大義既發，則無所不利，故室家得以相慶，百姓得以按堵，此大義發而萬物所以皆利也；及推是而爲大兵，則萬物皆服，蓋仁人之兵無敵於天下。今大兵既發，則所向者莫不聞風而靡，宜其萬物皆服也。昔者武王之克商也，其德可謂至矣，觀其明誓告於汝衆，則其明亦大矣，故光于四方，不復減於文王之丕顯，是則萬物皆照可知也；以至義伐不義，則其義亦大矣，故仁及草木，積成周家之忠厚，則萬物之利也可知矣；以至牧野熊羆之士，驅馳于商郊，此則大兵之發也，雖前徒可使倒戈攻于後，則其服也爲如何？是三者惟極其大，此聖人之德所以爲大也，故曰「大哉！聖人之德」。惟極其大，故獨聞獨見，不與衆同，而其樂可知也。所以爲樂者，以其謀出於己，可以成天下之功，而濟天下之大事，故樂也。○劉寅云：大明，日也。大明發，而萬物皆得其照；大義發，而萬物皆得其利；大兵發，而萬物皆服其心。大哉，聖人之德有人所不及聞見而已，獨聞獨見，自得其樂哉。○黄獻臣云：此言聖德同天，若日月之照臨，雖起義興師，本光明正大之心，事爲萬物所共聞、共見，然總根獨聞、獨見之聖德，是故能樂天下之所共樂者，而後能憂天下之所共憂。○朱墉云：大明，指君心而言，除暴救民，兵以義起也。大全：天下之民情物理，無一不冀照於君心。惟君心之明，日有所蝕，不免就有照、有不照，而大明之體遂失，一發便萬物皆照，故大明不可使之有所障蔽也。正義：聖人起義興師，本光明正大之心，爲萬物所共見、共聞，兹何以言獨見、獨聞？蓋獨聞、獨見者，聖人之德也。惟其德有人不及知，爲己所獨聞、獨見者，可以遂吾憂民之心矣，豈不樂哉？

〔震案〕大，至高至偉，猶言偉大也。明，光明也。發，發端、發啓、發出之謂。大義發而萬物皆利者，言仁義施，則萬物皆得其宜，而和同也。易傳文言「利者，義之和也」，「利物足以和義」，孔穎達疏：「天能利益庶物，使物各得其宜，而和同也。」「君子利益萬物，使物各得其宜，足以和合於義，法天之利也。」服，順從也。獨聞獨見，獨特之見聞也。

文啓

【集解】劉寅云：文啓，以文德啓迪其民也。蓋取書中之義以名篇。

文王問太公曰：「聖人何守？」太公曰：「何憂何嗇①，萬物皆得；何嗇何憂，萬物皆遒②。

【考異】

①上「文王問」至此十七字，銀雀山簡此處作「……□乎何愛何穡」，下「何嗇何憂」亦作「何穡何愛」。穡，讀爲嗇。左傳僖公二十一年「務穡勸分」，杜預注：「穡，儉也。」孔穎達疏：「穡是愛惜之義，故爲儉也。」論衡明雩篇引作「務嗇勸分」。説文嗇部段玉裁注：「古嗇、穡互相假借。」

②「遒」，銀雀山簡作「費」。整理小組疑費讀爲肥，肥即盛也。

【集解】

施子美云：聖人待天下以無心，故其所守者，本無常心也，而文王未明其所守之術，故有「聖人何守」之問，太公乃言聖人所以守之之道。憂者，憂慮也。嗇者，吝嗇也。自何憂而至於何嗇，此聖人未得天下之時，而無心於致治也。果何所憂慮邪？惟無所思慮，不有所吝嗇，任天下自至矣，聖人惟無心於致治，故萬物各得其所。自何嗇而至於何憂，此聖人既得天下之時，而無心於保治也。果何所吝嗇邪？惟無所吝嗇，故無所思慮，任天下以自安，聖人惟無心於保治，故萬物皆有所聚。遒之爲言聚也。昔者大舜之有天下也，初非有心於得之也，垂衣拱手，果何所思慮邪？惟無所慮，故無所嗇，是以萬邦之民，各於變以成風，含哺之俗，共擊壤而興歌，其皆得也可知。及其既得天下也，復以無心守之，故視棄天下如棄弊屣，果何所吝嗇邪？惟無所吝嗇，是以始於成都，中於成邑，而終於成天下，則其萬物之遒也爲如何？○劉寅云：文王問太公曰：聖人何所守？太公對曰：何用憂而何用嗇乎，萬物皆可得也；何用嗇而何用憂乎，萬物皆可遒也。嗇，吝也。遒，聚也。詩曰「百禄是遒」，集傳訓聚。○朱墉云：守，執持也。何守，操何道以自守也。憂，思慮也。得，得其所也。嗇，吝惜也。遒，生聚也。憂、嗇，皆欲累之也。欲之未遂，爲欲所牽引，故多憂；欲之既遂，爲欲所係吝，故多嗇。未得所欲，則惟恐不得，故憂；既得所欲，則私之於己，而不公之於人，故嗇。皆得者，順適之意；皆遒者，優游之意。

〔震案〕何憂何嗇、何嗇何憂，何，反詰之辭，猶言何憂之有，何嗇之有。

「政之所施①，莫知其化；時之所在②，莫知其移。聖人守此而萬物化，何窮之有③？終而復始。

【考異】

①「政」，銀雀山簡作「正」。正，即政教之政。詩小雅雨無正陳奂毛氏傳疏：「古正、政通用。」

②「時」，銀雀山簡作「旹」。楚辭九章思美人「聊假日以須旹」，洪興祖補注：「旹，古時字。」「所在」，直解作「可王」。

③「窮」，銀雀山簡作「穿」。穿，同穿，此處爲窮省形字。

【集解】施子美云：聖人惟以無心待天下，故政之所施，莫知其化；時之所在，莫知其移。政之所施，此以道化之也，惟以道化之，故其化之也以無迹，是以莫知其所化之由。時之所在，此機之所動也，機不可常，故其爲可取之時，莫知其所移。聖人果何心哉？不過守此而任物自然，使之自化，又孰得而窮其所以然哉？無它，終而復始，機之運動不可得而知也。機之運也，終而必始，則其移轉必有時也，故聖人乘機而動，必任之以自然，而聽其自至。○劉寅云：政之所施，而人莫知其化；時之所在，而人莫知其移。所謂聖人無爲而成治，天道無爲而成事也。聖人守此無爲之政，而萬物自化而爲善，何有窮盡？亦如天道之終而復始，循環無極也。○黄獻臣云：此言聖人之化與天地同運。從來憂疑吝嗇，物之所去，故聖人無爲成治，與時轉移，所以變化無端，與天地相終始。○朱墉云：化，變惡從善也。移，遷改也。終而復始，循環無端也。正義：不增機智，不益紛更，順民之則，使各遂其生，各復其性，而萬物自渾化於不識不知之中矣。合參：守此，謂守此無爲之治也。萬物化，即「萬物皆得」、「萬物皆遒」之謂。

〔震案〕時，寒來暑往之時也。

「優之游之①，展轉求之②；求而得之，不可不藏③；既以藏之④，不可不行⑤；

既以行之⑥，勿復明之。

【考異】

①「之」，直解、開宗、武備志、彙解、孫校本俱作「而」。

②「轉」，銀雀山簡作「槫」，且下有「而」字。槫，讀爲轉。

③「藏」，銀雀山簡作「𦣞」。𦣞，臧之古體，讀爲藏。

④「既以藏之」，銀雀山簡作「曁已𦣞之」。下「既以行之」，「既以」同此。曁，讀爲既。已，古與以同。荀子非相：「人之所以爲人者，何已也？」楊倞注：「已與以同。」說文無已字，有巳字，「巳，巳也」，段注云「辰巳之巳既久用爲巳然、巳止之巳，故即以巳然之巳釋之」，「漢人巳午與巳然無二音，其義則異而用也」。此「巳然之巳」即已字也。古讀巳爲已，或以爲假借，或以爲引申。朱駿聲說文通訓定聲頤部云：「巳，似也，象子在包中形」（震按即胎兒也），「轉注引申爲止，猶息也，定也，靜也」，「經傳止息之義，皆當作此巳字」。巳（已）與以，義本相反，而亦可通也。以，說文作目，「目，用也」，段注云：「與巳篆形勢略相反也。巳主乎止，目主乎行，故形相反，二字古有通用者。羊止切，一部。按今字皆作以，由隸變加人於右也。」詩小雅斯干「似續妣祖」，箋云「似讀如巳午之巳，巳續妣祖者，謂已成其宮廟也」，馬瑞辰通釋云：「巳與以同字，漢書以皆作目，廣雅『已，目也』，是古者目用之目亦通作巳然之

已。故已與似亦通用，詩譜云『子思論詩「於穆不已」，孟仲子曰「於穆不似」』是也。鄭讀似如巳午之巳者，正訓似爲已然之已，故申之曰『謂已成其宫廟』。」是以正可用爲已也。

⑤「行」下，銀雀山簡有「也」字。

⑥講義、慶長本並無「之」字。

【集解】

施子美云：故優之游之，欲得於自得之間；展轉求之，以思其所得之道。若是者，乃機之始萌，而籌其將至也。機既萌矣，則求而有得，亦不可不深其謀，故不可不藏之於心。既藏之於心，亦必運之以謀，其謀之也，所以行之也。既行之矣，而復慮乎人之或乘之也，必有以神之，而使人莫之測，故勿復明之。若是者，於機之既發，而所以謀之者，必欲其密也。昔者文王之興，大有得於太公之言也，觀其道化之行，漢上無犯禮之女，林中有好德之夫，彼天下安知其所自邪？此文王無迹之化及乎人也。虞、芮入境，而自釋其訟，二老即歸，而天下亦以往，是則天時之可爲，而民機以自動，亦不可得而知也。文王於此，豈敢以力取之哉？亦不過守此，而使天下自化，至於萬邦作孚，下土是式。孰知其所以然哉？若是者，豈非天時盛衰，終而復始，商室既微，周道當興，數所必然歟？文王惟知其機之所在，故其與太公答問之間，必詢之以盈虚治亂之由，尊王安人之道，與夫助予憂民之心，皆所以求之於優游展轉之際也。太公既告之以商人所亡，與夫時之所移，則是已得機矣，故雖三分有二，而以服事商，其所以事之者，所以藏之心也。既藏之，必行之，故發政施仁，以濟斯民。既行之，而不可明之，故其修德也，必本於陰謀，則其爲機也，又豈不神乎？太公之言，文王其盡之矣。○劉寅云：優游，自如之貌，承上文而言。聖人之所以無爲者，優游自如耳，故當展轉求之。展者，轉之半；轉者，展之周。欲其反覆而求之也。求而能得之，不可不藏之於密；既以藏之於密，又不可不行之於人；既以行之於人，勿復自彰明之。○朱墉云：優游，自如之貌，不欲速也，萬物未化，俟其自成也。若萬物未化，不可過急也，當優游自如，以俟其成就；又不可遺忘也，當展轉反復，以求其感化。藏，存之於心也。行，見於行事也。勿，禁止之辭。明，表著其功也。

〔震案〕優游自如，自然無爲也。蓋其道深遠，故當求之、得之、藏之、行之，方得無爲而治；惟獨不能明之，若彰而明之，則非自然清静之所宜也。

「**夫天地不自明，故能長生；聖人不自明，故能名彰**①。

【考異】

①「名」，直解作「明」。上「夫天」至此十九字，銀雀山簡作「□地不自明故能【□□□□】弗復明故名聲章」。

【集解】

施子美云：此言功不可以爲己有也。以功爲功者，其功小；不以功爲功者，其功大。天地之於萬物，所以爲資始而資生也，天地之功亦大矣，而天地未嘗指是以爲己功。天地惟不以是爲功，此其功所以大而無窮也。故萬物雖生而有終，至於天地，則長生而無或終極也。傳曰：「天不言而四時行，地不産而萬物化。」是則天地豈自明其功乎？天地長久，其以此矣。聖人擬天地，而參諸身，故凡所爲，亦天地若也。聖人出而應世，使天下萬物各得其所，各遂其生，其功亦大矣，聖人豈肯指是以爲己功邪？故不自明其功。惟不自明其功，此所以其名益彰也。當堯之世，含哺鼓腹之民，熙熙陶陶，而於堯之爲君，莫之能名，則堯不自以爲功矣，此堯之所以能爲五帝之盛帝也。文王之世，發政施仁，惠鮮鰥寡，而文王之爲君，方且不識不知，則文王亦豈認以爲己功邪？文王不以爲己功，此文王之所以爲三王之顯王也。○劉寅云：夫天地惟其不自明也，故能長生萬物；聖人惟其不自明也，故能名譽彰顯。醫書有云：「天明則日月不明。」言天不自明，故日月得而明也；若天之精氣呈露而自明，日月亦不能明矣。謂天地隱德弗曜，而萬物得以長生；聖人隱德弗曜，而名譽得以彰顯也。○黄獻臣云：此言聖人之行與天地同光。從來驟獵表著，德薄其藏，故聖人隱藏隨行，隨行隨藏，是以體闇名彰，與天地同貞明。○朱墉云：彰，顯揚也。大全：不自明者，謂隱德弗耀也。醒宗：勿復明之一語，正是聖人善藏其用處。惟其不自明，則我之所爲，皆人所不知，故能名彰。

〔震案〕長生，繁育也。長，上聲，讀爲生長之長。

「古之聖人聚人而爲家①，聚家而爲國，聚國而爲天下；分封賢人以爲萬國②，命之曰大紀③。

【考異】

①「古之聖人聚人而爲家」，銀雀山簡作「古者聚人爲家」，且下「聚家」、「聚國」下並無「而」字。

②「分封賢人以爲萬國」，銀雀山簡作「分而封賢以爲萬」。

③「命之曰大紀」，銀雀山簡唯作「名曰大」三字。

【集解】

施子美云：此言聖人以漸得天下，而人之歸之有不得而止者，而聖人亦豈以是爲己利哉？必欲與天下有德者同其利。方其始也，歸之者雖寡，及其終也，其勢必大矣。故始則聚人爲家，中則聚家爲國，終則聚國爲天下，由家而國，由國而天下，其所得豈不以漸而盛乎？天下之歸聖人也如此，而聖人不敢自利之，故分封賢人以爲萬國。易曰「聖人建萬國以親諸侯」，此分封賢人，而與之共治也。若是者，謂之何哉？曰大紀。紀者，以其制之有要，而其治可以有常而不易也。昔者少康興夏，成湯之興商，皆以漸得而不有其利者也。太康之有衆一旅者，此太康之得民也；湯以七十里而興，此湯之得民也；及其終也，皆能一天下、朝諸侯，則其所以聚國爲天下而分封賢人也爲如何？文武之君，以至蕞爾之民，推而至於三分天下有其二，又推而至於天下一定，則其所聚可知也；天下既定，乃建千八百國，則其分封萬國可知矣。成周之書，所以言其分國之制也，而有所謂以經邦國、以紀萬民者，非以其大紀之所寓在是歟？○劉寅云：上古聖人聚人而爲之家，聚家而爲之國，聚國而爲之天下，分封賢德之人，以爲萬國諸侯，命之曰大紀。大紀者，國家之大綱紀也。○朱墉云：紀，綱領也。

「陳其政教，順其民俗；群曲化直，變於形容①；萬國不通，各樂其所；人愛其上②，命之曰大定③。

【考異】

①上「陳其」至此十六字，銀雀山簡作「別其正正教稍變法俗不同群曲曲化變於刑容」。刑，讀爲形。墨子經上「生，刑與知處也」，「刑」下畢沅注：「同形。」

②「人愛其上」，銀雀山簡作「民憂下止」。

③「命」，銀雀山簡作「名」。名與命同用。左傳桓公二年「命之曰仇」，阮元校勘記：「漢書五行志中引作『名之曰仇』。案名即命也。」

【集解】施子美云：此言聖人順俗而教，而天下化之，各安其俗、樂其化也。陳其政教，蓋聖人不欲匿法以愚民也，故陳而示之，使知其所可爲與其所不可爲者焉。順其民俗，蓋聖人欲因民而成俗也。古之聖人修其教，不易其俗，齊其政，不易其民，蓋五方之民，各有性也，順俗而教，治所當然也。惟順而教之，故可以使之習與性成，而風俗以同矣。惟能順而教之，故奸民不容，暴民不作，而群曲化而爲直矣。變於形容，以其咸與惟新，而形容之間爲之一易，則其所聞所見皆王道之正直也，謂之變於正直者，以其能爲直所揉而化之，可變其形容也。人既爲上所化，則皆知守分，而不至於紛爭矣，故萬國不通，各樂其所。夫所謂不通者，非不交通也，自守其地，而不通兵也，言天下無戰爭之事，故兵革不通焉。人惟安其所，故必知所自樂，是以愛戴其上，若是者，謂之何哉？曰大定。大定者，以天下之舉安也。昔者周王既成功之後，至于成王之時，正月之吉，則有象魏之垂，所以陳其政教也。因此五物者，民之常，而施十有二教焉，此則順其民俗也。既歷三紀，世變風移，此則群化之變也。掌交巡邦國，及萬民之所聚，而和其好、達其説，此則方國各樂其所，而人愛其上也。成周之際，太平歌於既醉，盈成詠於鳧鷖，其大定爲如何？○劉寅云：敷陳其政事教化，順從其民之風俗，使群曲皆化爲直，而變於形容。萬國風俗雖不通，各得樂其所，人皆愛其上，命之曰大定。大定者，天下之大平定也。○朱墉云：陳，設也。順，因五方之成俗也。形容，舊所習染也。不通，俗各殊尚也。大定，天下之平定也。

〔震案〕群，諸也。曲，邪曲不正也。直，正直也。形容，猶今之云風貌也。各樂其所，各樂居其地也。

「嗚呼①！聖人務靜之，賢人務正之②，愚人不能正③，故與人爭④。上勞則刑繁⑤，刑繁則民憂，民憂則流亡⑥。上下不安其生，累世不休，命之曰大失。

【考異】

①「嗚呼」，銀雀山簡作「於乎」，詳發啓篇「嗚呼」。

②「賢」，銀雀山簡作「愚」。

③「人不」，銀雀山簡作「弗」。

④「人爭」，銀雀山簡作「民爭生」。

⑤「繁」，武備志、孫校本並作「煩」，下「刑繁」同此。煩與繁音同，廣韻元韻「附袁切」，義亦相通，釋名釋言語：「煩，繁也。」

⑥上「上勞」至此十五字，銀雀山簡作「上勞刑蘩民憂尚流」。蘩，讀爲繁。

【集解】

施子美云：治之所尚者異，則治之所成者亦異。聖賢之心，均於求治也，而治之所尚，則有道有義焉。聖人者，道之管也，聖人惟以道化人，故其爲化，一本於無爲，此所以務有以靜之也。若夫賢人，則禮義之所自出也，賢人惟以義爲治，故其爲化，必欲正天下之不正者，此所以務有以正之也。其在荀子有曰：靜而聖，動而王。聖、王本一也，而所以異者，以其所尚者異。靜則無爲，故聖；動則有爲，故王。荀子之意，亦太公之意也。靜之則聖，正之則賢，其所尚異，故所成亦異也。聖非不能正也，湯武正于夏商，正也，湯武豈可獨以賢名？賢非不能靜也，文帝亦七制之賢君矣，恭儉清淨，非靜乎？此無他，聖、賢一也。可靜則靜，可正則正，治之所尚當然也。道與義異化也，何聖賢之拘？昔者堯舜之君，聖者也。恭己岩廊，非心黄屋，康衢之謡，莫之爲而自然，朝野之間，雖屢詢而不知，其靜也爲如何？武宣之君，賢君也，雪累年之恥，而從事遠征，因單于之爭，而受其來朝，是又所以正之也。既不自靜，又不能正，而乃欲與之角力以爭，是亦愚者也，此六國之所以見敗於秦，而息侯之所以取衄於鄭也。是不能正而欲與人爭，愚之甚也。上勞則刑繁，此又言上好生事則易以殘民，故繁其刑以威民，欲民之必從，民見其刑罰之濫，故憂其無所措手足，既憂則不安其居，故流亡，若是，則上下不安其生，至於累世不休，兹其爲失，不已大乎？故命之曰大失。此秦相商鞅欲爲富强之術，恐民不從，乃嚴其刑以威之，雖太子之師傅亦有所不免，況於民乎？秦之亡也可立而待矣。○劉寅云：嗚呼，嘆辭，嗟嘆而言。聖人務靜以待之，賢人務正以率之，愚人不能正以率下，故與人必爭。上之人勞則刑罰繁多，刑罰繁多則民心生憂，民心生憂則思流離逃亡，上下皆不能安其生，而累世不能休息，命之曰大失。大失者，國家之政令大失也。○黄獻臣云：此言聖人封建安民之事。聖賢靜正以化之，最下者與之爭。集賢人以爲萬國，乃名大紀；陳政教以順民俗，乃名大定。因性而化，立表率物，聖賢所以無擾也。彼勞力繁刑，令上下不安其生，只見其大失而已，烏能與人爭哉？靖康之禍（青苗手實，榷税括財，開邊擾亂）足鑒矣。○朱墉云：嗚呼，嘆辭。靜之，不多事以擾民也。正之，正己以率人也。愚人，後世人君也。與人爭，用權勢制人也。繁，多也。流亡，流移死亡也。不休，不得休息也。

〔震案〕勞，煩勞多事也。不安其生，不能安於生計也。累世，歷代也。

「天下之人如流水①，障之則止②，啓之則行③，靜之則清。

【考異】

①「天」上，治要有「夫上好貨，群臣好得，而賢者逃伏，其乱至矣。太公曰」二十字，屬發啓篇「此亡國之時也」下。

②「障」，銀雀山簡作「章」。章，同障。禮記王制「名山大澤不以封」，鄭玄注：「其民同財不得

障管。」阮元校勘記：「釋文出『章管』，云『本亦作障』。」

③「行」下，銀雀山簡、治要並有「動之則濁」四字。

【集解】

施子美云：物有自然之勢，民有自然之性。民心無常，其已久矣，而其性則有自然者，譬之流水焉，或行或止或清，皆其勢之必然也。止非自止也，不之決也，障而後止；行非自行也，不之遏也，啓之而後行也；至於靜而不之擾，則必還其清矣。此其勢也。至於民之爲性，亦固靜也。古之論治國者，謂若烹小鮮，慎勿擾之，則天下之人必貴於安靜也，安靜則治，亦猶水之靜而清也，此性之自然也。苟或拒之，則必止，導之，則必行，亦猶水也。昔之論以民爲鑒者，嘗謂人無於水鑒，當於民鑒，則民性所存，尤過於水也，可不欲使之清乎？○劉寅云：天下之人情，譬如流水，遮障之則停止，開啓之則通行，靜澄之則潔清。○朱墉云：如流水，喻向背之民情也。障，壅阻也。啓，開也。

「嗚呼，神哉！聖人見其所始①，則知其所終②。」

【考異】

①直解、開宗、武備志、彙解、孫校本皆無「所」字，下「知其所終」同此。

②「終」下，治要有「矣」字。

【集解】施子美云：人性之欲靜也如此，斯民也豈不神乎？故以「神哉」稱之。聖人之於民也，可不究其始終哉？見其始而知其終，則必知其性之所極，而不之擾，聖人必當究其終始，而不可或擾，則其所以靜之之道，不可不之求也。○劉寅云：又嗟嘆而言，嗚呼，神妙哉！聖人既見其物之始，則知其物之終，謂見其民之所以始，則知其民之所以終也。○朱墉云：神，嘆民心向背不可測度也。見始，初見民心之或向或背也。知終，即知民身之或歸或叛也。

文王曰：「靜之奈何？」太公曰：「天有常形①，民有常生，與天下共其生②，而天下靜矣③。」

【考異】

①「天」上，治要有「夫」字。「常形」，銀雀山簡作「恒刑」，治要作「常刑」。「常」本當作「恒」，漢文帝名劉恒、宋真宗名趙恒，避諱改作「常」。刑，讀爲形，詳上「變於形容」。

②「下」，治要作「人」。「共其」，銀雀山簡作「同」。

③治要本篇止於此。

【集解】

施子美云：故文王復以「静之奈何」爲問，蓋欲求其所以静之之道也。太公乃言天人之理以答之，謂天有常形者，蓋輕清而以員爲體者，此天之常形也；好静而以安爲樂者，此民之常生也。民之不可擾也若此，故必有以與之共其生，使之安俗樂業，而天下自爾静矣。○劉寅云：文王曰：聖人務静之道奈何？太公對曰：天有恒常之形體，民有恒常之生意。天之常形，謂春而生，夏而長，秋而成，冬而藏也；民之常生，謂春而畊，夏而耘，秋而斂，冬而息也。能與天下共其生生之理，而天下自静矣。○朱墉云：注疏：其生民之生也，苟上不能體民之生而共之，天下即從此多故矣，亦安能得其静乎？惟上自思其生，即思下之所以生，必不使己飽而民飢，己煖而民寒也，己逸而民勞也，則天下之人必各安其居，各樂其業，而相親相愛，不期静而自静矣。醒宗：衣食財物，天下所恃，以有生者也，惟人主獨斂之，以自生而不與天下共生，則天下且起而叛之矣。

〔震案〕形，形態也。天有常形，言天行有常態也。民有常生，言民有常業以爲生計也。

「太上因之①，其次化之。夫民化而從政，是以天無爲而成事，民無與而自富②，此聖人之德也。」

文王曰：「公言乃協予懷③，夙夜念之不忘，以用爲常④。」

【考異】

①「太」，銀雀山簡、武備志並作「大」，詳文韜國務篇「願聞爲國之大務」。

②上「而從政」至此十七字，銀雀山簡作「……□无以予之而自富」，且「富」下有「是胃順生」四字。胃，讀爲謂。

③「恊」，武備志、彙解、孫校本俱作「協」。説文劦部：「劦，同力也，从三力」，「凡劦之屬皆从劦」；「恊，同心之和，从劦从心」；「協，衆之同和也，从劦从十（徐鉉曰「十，衆也」）」。是恊、協同訓爲和，皆劦之孳乳。又馬叙倫説文解字六書疏證卷二六引孔廣居，謂恊、協皆劦之重文，又引李枝青亦謂其不過古籀并文，則恊與協是同字異形耳。

④上「此聖人之德也」至此二十五字，銀雀山簡作「以此角聖人之□□□……」。

【集解】

施子美云：是以古之化民者，時有異時，治有異治。上古之世，耕田鑿井，含哺鼓腹，不知帝力於我何有，其所以然者，以其有以因之也。因之者，謂因其所欲，而使自爲之。上之人，初不勞餘力，而彼自爾充足也，及中古之世，則不可以因之矣。何不可也？以其俗澆民詐，必有以化之，而後可以使之從。是以成周之世，教稼穡則有官，趍耕耨則有官，若是者，皆所以化之也。化而後從政，是未免有所待而然也，孰若上古之世，因之而使之自然歟？民惟欲得其自然，故天則以無爲而成事，民則以無與而自富，蓋天之生斯物也，本以無心也。天而有心，則勞而不徧矣，孰若任以無爲，而化以無迹，使事自以成耶？孔子曰「四時行焉，百物生焉」，此天以無爲而成事也。民無與而自富，是又至治無功也。老子曰「我無欲而民自富」，則欲民之富殖者，不可或求其功也，求所以富之，則反以勞之矣，此所以無與其事，而使彼自富也。昔者堯之爲君，法天而治也。大哉，堯之爲君，惟天爲大，惟堯則之！則堯之於民，一如天也，天惟以無爲而成事，故堯之於民亦然。當堯之世，百姓皆曰：帝力何有於我？問之在朝，在朝不知；問之在野，在野不知。若是，則堯之所以無心於民者，一如天之於物也。故曰：堯仁如天，聖人之德不過乎此。故曰：此聖人之德也。蓋惟盡其無爲之德，斯可以見其莫大之德。聖人惟能無爲，而使民自富，此所以爲至德也。文王曰：公言乃叶朕懷。文王之心，亦以安靜斯民，而非有以擾之也。蓋當商之末世，天下擾亂，幸文王有一怒之安，則天下幸甚矣，而太公乃以靜之之説告之，宜其與文王合也。古之欲造大事者，其君臣之謀，未始有不合者，羊祜平吴，其意適與武帝合，裴度平淮，其意適與憲宗合，蓋惟有以叶其謀，斯可以成其事。然所慮者，在於能聽而不能行，能行而不能久，必夙夜念之不忘，而用此以爲常行之道，則其所行也爲甚久矣，斯民何其幸耶！○劉寅云：太上者，因民而成治；其次者，用化以成俗。夫民化於下，而從人君之政，是以天道無爲而成事。事，猶物也。民無所與而自致富，謂不奪其時，薄其賦斂，使民安其田野，家給人足，是無與而自富。此乃聖人之德也。文王曰：公言乃恊予之所懷，當早夜念之而不忘，用以爲治國之常道也。○黄獻臣云：此言民心向背無常，惟與天下共其生，而後天下可静。聖人見始知終，不過還民之所應有，農在耕耨，婦在機杼，故民無與而自富，聖人惟是因之化之，静之謂也。此真治國之常經，安得不恊文之懷，而夙夜念之哉？○朱墉云：因之，如因地制産、因民殖利，皆是化之用，教化以成俗也。無與，不必施與也。協，合也。爲常，爲治國之常道也。

〔震案〕太上，至上也。墨子親士「太上無敗」，孫詒讓閒詁：「『太上』對『其次』爲文，謂等之最居上者。」因之，順其自然之謂，是亦無爲之道也。化，教化也。從政，遵從於政令也。成事，成就萬物也。無與，不受干預也。與，當讀去聲。懷，心意也。夙，晨旦也。

文伐

【集解】劉寅云：文伐者，以文事伐人，不用交兵接刃，而伐之也。以文王問文伐之法，故取以名篇。○黄獻臣云：此言以文事伐人之法，不用戰鬭。

文王問太公曰：「文伐之法奈何？」太公曰：「凡文伐有十二節。

【集解】施子美云：天下不可以力爭也，我以力鬬，彼以力拒，成敗若何而決？必也伐之以文，然後足以成其事。兵雖以武爲用，而必以文爲本。文者，謀之所寓也。謀之爲用，不一而足，凡十有二節。十二節，言有十二度也。其節度若是其多者，蓋未戰而勝者，得筭多也。是以大夫種之教越圖吴，則有七術，陳平之爲漢圖楚，則有六奇，以至荀彧以十敗料袁，李靖以十策圖銑，皆欲以多爲貴也，多則無所不備，此文伐之法所以有十二焉。○劉寅云：文王問太公曰：以文伐人之法奈何？太公對曰：凡文伐有一十二節。○朱墉云：文伐者，是以謀伐人也，蓋我用謀，而人之國因以傾城，因以墮兵，因以敗，此即如用兵去攻他一般，所以言伐。節，條目也。

「一曰，因其所喜，以順其志，彼將生驕，必有好事①，苟能因之，必能去之。

【考異】

①「好」，開宗、彙解並作「奸」。觀文意，似以作「奸」爲長，然諸本多作「好」不作「奸」，故未敢輕改，且仍其舊。

【集解】施子美云：其一，則因其所喜而順之，不可或之逆也。若是，則可以奉其志而逢其惡，故驕心由是生，好事由是見，吾於此必有以因之，乃可以肆其志而成其事，故因之則可以去之。蓋欲順以成事也，湯之於葛也，爲其無以爲犧牲，則遺之牛羊，無以爲粢盛，則使亳衆爲之耕，若是者，皆欲因而去之也。○劉寅云：一曰，因其彼國之所喜好，以順從其志意，彼將生驕慢之心，亦必有好事自起，吾誠能因之，彼必能去之，如智伯喜地，韓、魏因而與之，東胡喜馬，冒頓因而獻之是也。○黄獻臣云：此首揭文伐之事，在因敵國所喜，驕其志而去之。○朱墉云：順，從也。驕，傲慢也。奸事，奸邪之事也。去之，除去其惡，不與我爲敵也。

〔震案〕好事，謂所喜好之事。此「好事」可與上「所喜」相合。蓋上有所喜，下必甚焉，則舉國皆有所好之事，沈湎忘患，可乘其弊而去之。

「二曰，親其所愛，以分其威，一人兩心，其中必衰，廷無忠臣，社稷必危。

【集解】

施子美云：其二，則親其所愛，以分其威。彼之所親幸之臣，既爲我所親，則必背其君而罔其民，故君之威勢，以是而分，一人兩心，則一心爲我所役，故兩心。若是，則國中必衰，而忠臣亦爲之陷，所以社稷危亡也。此越人之遺吴太宰嚭，而終於殺伍員，以亡其國也。○劉寅云：次二曰，親其彼國之所愛者，以分其國威，一人而懷兩心，其中必然衰弱，若廷無忠臣以諍之，社稷必至於危亡矣，如張儀入楚，楚欲殺之，儀賂靳尚、説鄭袖而免之，因勸楚與諸侯連衡以事秦之類是也。○黃獻臣云：此言親其所愛之臣，以分其忠。○朱墉云：親，交好也。所愛，敵君寵幸之臣也。一人兩心，所愛之一人懷二心也。其中必衰，尊君之念，因而衰薄也。

〔震案〕威，德也。王念孫讀書雜志漢書第十五敘傳「嬴取威於百儀」條云：「廣雅曰『威，德也』。周頌有客篇『既有淫威，降福孔夷』，正義曰：『言有德，故易福。』風俗通義十反篇曰：『書曰「天威棐諶」，言天德輔誠也。』呂氏春秋應同篇曰：『黃帝曰「因天之威，與元同氣」。』是威與德同義。」中，忠誠也。荀子成相「中不上達」，王先謙集解引俞樾曰：「中，讀爲忠。」

「三曰，陰賂左右，得情甚深，身内情外，國將生害。」

【集解】

施子美云：其三，則結其左右，以探其情。彼之左右所親信者，既陰以賂而遺之，則彼必告以其情，故得情甚深。彼爲我所誘，則其身雖在彼國，而其情則惟我之戀，故身内而情外。若是，則其君爲所鬻，故國將生害。此亦越范蠡使人遺吴太宰嚭，而終以克吴也。○劉寅云：次三曰，陰賂彼國之左右近臣，得其情與我甚深，彼身雖在内，而情却在外，其國必將生害矣，如秦人賂趙之郭開、越人賂吴之伯嚭是也。○黃獻臣云：此言賂其左右，以奪其情。○朱墉云：陰，不顯明也。賂，遺饋貨財也。身内，身在國之内也。情外，情通於敵國也。

〔震案〕情，情分、人情也。

「四曰，輔其淫樂，以廣其志，厚賂珠玉，娛以美人，卑辭委聽，順命而合，彼將不爭①，姦節乃定②。

【考異】

①「爭」，講義作「角」。戰國策趙策三「以與秦角逐」，鮑彪注：「角，有鬬爭意。」

②「姦」，講義、直解、開宗、武備志、彙解、慶長本俱作「奸」。詳文韜上賢篇「姦臣乃作」。

【集解】

施子美云：其四，則因其所好，而以逢之。彼惟志在於淫樂，吾則輔之，而使貪於樂；彼惟好貨，吾則賂之以珠玉；彼惟好色，吾則娛之以美人。彼之心既爲我所役，而吾又能卑辭以下之，委身以聽之，順其命而迎合其意。若是，則彼必自以爲得計，而不與吾爭耳。彼惟不爭，則彼之姦事可得而預知之矣，故姦節乃定。此如散宜生、閎夭之徒遺紂以美女，以出文王，太王遺狄人以珠玉皮幣，皆所以成其姦節也。○劉寅云：次四曰，輔其淫樂，以廣其荒大之志，厚賂以珠玉，娛之以美人，卑其辭而委聽於彼，順其命而求合於君，彼將不與我爭，而奸節乃定矣，如越以西施獻吴，列士以上皆有賂是也。○黄獻臣云：此言輔其淫樂，以定其奸。○朱墉云：輔，助也。淫樂，女色、聲音、田獵之類。廣者，充滿其怠荒之志也。卑辭，卑遜我之言詞也。委聽，委曲聽從彼之役使也。而合，以求合於彼也。奸節，奸雄之事節也。

〔震案〕志，志欲也。鬼谷子本經陰符七篇養志法靈龜：「志者，欲之使也。」左傳昭公二十五年「以制六志」，杜預注：「爲禮以制好、惡、喜、怒、哀、樂六志，使不過節。」孔穎達疏：「此六志，禮記謂之六情。在己爲情，情動爲志，情志一也，所從言異耳。」姦節乃定，姦事將發確定無疑矣。

「五曰，嚴其忠臣，而薄其賂，稽留其使，勿聽其事，亟爲置代①，遺以誠事，親而信之，其君將復合之，苟能嚴之，國乃可謀。

【考異】

①「代」，武備志作「伐」，疑形近而致訛。

【集解】

施子美云：其五，則離其君臣之情。彼之忠臣，彼之所取信也。忠臣不可以財誘，故嚴之而以間其君，使其君不之信。賂有所不愛，故薄其賂。彼有使至，諭吾以事，吾則背其事，而不從其命，則彼之計無所施，而其君必不之信矣。既有以間之，必有以代之，故亟爲置代，以奪其位，而使其使以爲反間，待之以誠事告之，則彼之君必我信而離彼矣。若不能置代，而其君復親而使之，則必復與之合，若是，則其情雖離，而親猶未離也。苟能嚴而間之，則君臣異志，故其國可謀。此正如漢之間亞父，因其使至於易其所以待之者，果使項王疑之，而亞父去矣。○劉寅云：次五曰，嚴敬其忠臣，而薄其賄賂，稽留其來使，勿聽信其事，亟爲置代，而遺以誠事，求與親而信之，其君將復來合之，誠能嚴之，國乃可得而謀也。○黄獻臣云：此言謀去其忠臣，在疑其所信，親其所疎，令君合之而後可圖。○朱墉云：嚴，敬也。嚴忠臣，與之交好也。聽，信從也。使臣彼所親信者，留而勿聽，以令彼疑也。置代，彼既疑所使之臣，則必亟數棄置之，代换之。遺以誠事，我則佯遺之以誠信之事，令彼與我親厚，而信任之。將復合，俟其君復來求合也。

〔震案〕薄其賂，以輕薄賂之也。莊子山木篇云「君子之交淡若水」，殆即此義。稽留其使，彼忠臣來使，滯留之也。聽，商議也。勿聽其事，言勿與議使交之事也。亟，速也。亟爲置代，致敵速遣他使以代之也。遺，給予也，普通話讀如衛，詳文韜文師篇「天遺汝師」。遺以誠事，親而信之者，言敵後來之使至，而我又以誠待其前使，以示親密信任，令後使知之而報其君。其君將復合之者，懼其前使私與我謀和議也。彼前使雖爲忠臣，而我嚴之若此，則必見疑於君，君臣相疑，國乃可謀。

「六曰，收其内，間其外，才臣外相①，敵國内侵，國鮮不亡。

【考異】

①「臣」，武備志作「人」。

【集解】施子美云：其六，則内收其大臣之心，而外致其間。彼大臣既心向於我，則必外而相助於我，而不爲其君謀國，此國所以少有不亡者。此亦越賂吴太宰嚭也。○劉寅云：次六曰，收其内臣，而離間其外臣，使才臣在外陰相與我，而敵國侵之於内，其國鮮有不亡者。一本作「收其外，間其内，才臣内相，敵國外侵，國鮮不亡」，謂收其外臣，而間其内臣，使才臣在内相之，而敵國在外侵之，其國鮮有不亡者，如秦使張儀相魏，而以兵伐之，魏終以亡是也。○黄獻臣云：此言離其在外之才臣，而使敵國内侵。○朱墉云：内，近侍之臣也。收，收拾其心也。外，邊遠大臣也。間，離間也。外相，陰助於我也。

〔震案〕内侵，自相侵奪也。鮮，少也，讀上聲。

「七曰，欲錮其心，必厚賂之，收其左右忠愛，陰示以利，令之輕業，而蓄積空虛。

【集解】施子美云：其七，則必有以惑其上下，誘之以利，以錮其心，使其君惟利是慕，而無遠慮，此則晉遺虞以璧，乘而反以圖虞也。收其左右忠愛之心，陰示以利，使其臣貪於利，而不恤其國，此亦越遺太宰而以圖吴也。其君既交征利，則必忽於農事，而國無蓄積空虛。○劉寅云：次七曰，欲禁錮其心，必厚賂之以利，收其左右忠愛之人，謂結其心，使爲我謀也。結其心，而因示之以利，使彼輕其業而蓄積空虚耳。○黄獻臣云：此言賂其左右忠愛之人，以錮蔽其君心，令棄四民之業，而空其儲。○朱墉云：錮，蔽塞也。厚賂之，恐左右忠愛之臣導之使悟也。輕業，輕忽四民之業也。空虚，米粟財用不足也。張江陵曰：賂左右親愛之人，以錮蔽君心，使彼輕棄四民之本業，而空其蓄積，如裴矩説隋煬帝造船伐高麗是也。

「八曰，賂以重寶，因與之謀，謀而利之，利之必信，是謂重親①。重親之積，必爲我用，有國而外，其地大敗②。

【考異】

①「親」，孫校本作「輕」。下「重親」亦如此。

②「大」，講義作「大必」，直解、開宗、武備志、彙解、孫校本俱作「必」，慶長本「大」、「必」兩存之。

【集解】

施子美云：其八，則賂其將而圖其國。將者，國之輔也，今而賂以重利，以誘其心，資之以謀，以役其心，則彼必我信，是謂重親。重親者，吾能重彼之所親，使反彼而親我也。既重其所親，積之以久，則彼之心其信我也堅，故必反爲我間。若是，則彼之國雖彼之所有，而已外附於我矣，故其地必大敗。昔漢入嶢關，謂秦將者賈豎，乃遺以重寶，秦將乃與連和，而高祖始得以入關矣。○劉寅云：次八曰，賂其臣以重寶，因與之通謀，謀而又利之，彼貪利而必信於我，是謂重親。重親之積，必能爲我之用，有國而外如此，其地必至於敗矣。○黄獻臣云：此言賂謀以結敵國，使聽於我，而爲我用。○朱墉云：重寶，連城之璧、夜光之珠也。重親，重結彼此之親好也。有國而外，外聽於我也。

〔震案〕積，積久也。有國而外，言外有國結其重親也。敗，毁覆也。

「九曰，尊之以名，無難其身，示以大勢，從之必信，致其大尊，先爲之榮，微飾聖人，國乃大偷。

【集解】施子美云：其九，則尊而驕之，以侈其志。尊之以名，示以大勢，致其大尊，榮飾聖人，皆所以驕之。尊之以名，則予之以高名；無難其身，則使之安其樂。彼既貪其名而安其樂，則其志必驕矣。示以大勢，亦所以尊之也；從之必信，又所以順之也。彼既喜其勢之尊，而信吾之信已，則其志必驕矣。致其大尊，亦所以歸之以至尊也；先爲之榮名，而微以聖人飾而歸之，則彼必自負矣。既尊之以名，而復示之以勢者，蓋名則如稱王、稱帝也，勢則以其形勢之大也；而致其大尊者，又以其爲尊之極也；微飾聖人，使之言其德可以當是崇高富貴也。以是驕之，則彼必恃其尊崇，而不加意於其國，宜其國之偷而弊也，謂之大偷之甚也。此正六國帝秦因以亡，唐高祖奉書李密，而李密因以敗，其國豈不偷乎？○劉寅云：次九曰，尊之以重名，無艱危其身，示以大勢，從之以必信，致彼自大自尊，先爲之榮顯，而微飾以聖人，其國乃大偷矣。○黄獻臣云：此言尊以名勢，而使妄自尊大，以隳其國。○朱墉云：尊名，尊崇之以名稱也。無難其身，無以艱難之事遺其身也。大勢，尊顯之大勢也。大尊，妄自尊大也。微飾，稱贊粉飾彼爲聖人之德也。偷，廢弛偷安也。

〔震案〕難，苦困也，讀去聲。大勢，位勢之尊大也。從，順從也。必信，信我而不疑也。榮，美譽也。微，有幽微精妙之義。微飾，猶巧飾也。

「十曰，下之必信，以得其情，承意應事，如與同生，既以得之，乃微收之，時及將至，若天喪之。

【集解】

施子美云：其十，則欲得其情，而以漸取之。下之以信，則彼必惟我之聽，其情可得矣。既得其情，則不可逆之，故承意應事，以致其從，如與同生，示無害彼之心。若是，則彼之情既爲我得矣。既得而驟以去之，則彼必暴至，故當微而收之以漸，使不自覺悟，及其危亡將至之時，如天喪之而已，亦不之知。此正高祖之於項羽，當項王欲王關中，則假項梁語以無他意，王漢中則燒棧道，以示無還心，其所以下之得其情，承意以應其事，非欲與之俱生乎？而漢王於此，亦不以驟取之，方且養其姦而滋其惡，至於垓下之役，乃追而取之，且使羽有天亡之悔，非得其情而以漸取之，使之不自覺乎？○劉寅云：次十曰，下之必信，以得彼國之情，承順其意，以應彼國之事，如與之同生，言其情好之密也，既以得彼之情，乃微收之，時及將至，其國必敗，若天喪之也。或曰：下之必信，下字乃示字之誤也，未知是否。○黄獻臣云：此言與之相信相好，而後乃密收之。○朱墉云：下之，卑下也。同生，示情好之密也。得之，得彼之情也。時及，天時之至也。

〔震案〕下之，卑事之也。必信，令彼信我而無疑也。情，情實也。應，受也，讀去聲。應事，受彼所使也。微，密也。收，收其計之效也。

「十一曰①，塞之以道，人臣無不重貴與富，惡死與咎②，陰示大尊，而微輸重寶，收其豪傑，内積甚厚，而外爲乏③，陰納智士④，使圖其計，納勇士，使高其氣，富貴甚足，而常有繁滋，徒黨已具，是謂塞之。有國而塞，安能有國？

【考異】

①「十」下，講義、慶長本俱有「有」字。下「十二曰」亦如此。

②「死」，講義、直解、開宗、武備志、彙解、孫校本俱作「危」，慶長本兩存之。

③「乏」，講義、直解、慶長本俱作「之」。

④「納」，講義、直解、開宗、武備志、彙解、慶長本、孫校本俱作「内」。開宗、武備志、彙解、孫校本下「納勇士」亦皆如此。古字納、内通用。呂氏春秋季春紀「不可以内」，許維遹集釋引王念孫云：「内即納字。」説文入部桂馥義證云：「凡自外入爲内，所入之處亦爲内。今人分去、入二聲，而入聲之内以『納』爲之。」

【集解】

施子美云：其十有一，則驕其心而誘其臣，以爲閉塞之道。蓋人情無不欲富貴、惡死咎，吾則因其所欲而收之，以至於納勇智之士，皆所以誘其臣也。陰示大尊，又所以驕之而使不疑也。乃微輸重寶，收其豪傑，則彼之爲臣者慕吾之利，必歸於我，而吾又當厚其所積，以爲養士之資，而外則陰收其士。心有智謀者，吾則納之，而使圖其計，有勇力者，吾則納之，而使高其氣，使彼各足於所欲，極其富貴，而至於繁滋，則彼之臣皆樂爲吾用。吾得其人，則吾之徒黨已備，而可以圖彼之國，是彼爲我所塞矣。塞者，以其閉塞之，而使不知其臣之爲己用、國之爲己圖也。有國而塞，則必壞矣，安能復有其國？此亦高祖之於項羽，遣隋何以召黥布，築將壇以拜韓信，陳平、張良之徒皆樂爲之謀，陳豨、樊噲之徒皆力爲之用，高祖惟有以收楚之臣而用之，則高祖之徒黨已具矣，宜其可以拒項羽而取天下也。○劉寅云：次十一曰，塞之以其道，爲人臣者，無不重貴與富而惡危與咎，陰示以大而且尊，微輸以重寶而賂之，收其豪傑之心，内之所積者甚厚，而吾自外爲之，陰内有智之士，使圖其計，納勇力之士，使高其氣，使彼富貴甚足，而常有繁滋，吾之徒黨以具，是謂塞之之道，有國而爲人塞之，安能有其國也？○黄獻臣云：此言收彼豪傑智勇，以益吾徒黨，使彼有國而無人，終於無國。○朱墉云：塞之，蔽塞彼國自有至道也。内積，我之積儲也。爲乏，外示空乏之形也。納，收也。高其氣，勿屈抑之也。繁滋，充溢之意也。徒黨，吾之徒衆黨與也。塞之，蔽塞彼不使其昌大也。

〔震案〕惡，憎惡，普通話讀如物，詳文韜文師篇「君其惡之乎」。咎，災也。陰、微，皆密也。輸，獻納也。收，聚也。使圖其計，令智士得以施展計謀也。使高其氣，令勇士得以舒張傲氣也。富貴甚足，言智勇之士皆得富貴，意甚滿足也。繁滋，吾所收智勇之士增多也。

「十二曰，養其亂臣以迷之，進美女淫聲以惑之，遺良犬馬以勞之①，時與大勢以誘之，上察而與天下圖之。

【考異】

①「犬」，慶長本作「大」。

【集解】

施子美云：其十有二，則養其亂臣者，彼之所親信而委用者也，養以迷之，則彼必爲之惑；進美女淫聲以惑之，蓋美女易以蠱人之心，淫聲易聾人之耳，其進以惑之，則彼必爲之變；遺良犬馬以勞之，蓋馳騁田獵易使人心狂，故遺之以是，所以勞之。彼之心既爲衆感所亂，而吾復將以大勢誘之，則彼必自安其樂，而不慮其他。機既若是，而天時未可知，又上察天時，而下與天下圖之，蓋欲卜之天人之心，而以取之也。在紂之時，有惡來、飛廉以爲之臣，而散宜生之徒又求美女以進之，而太公方且告文王以惠民以觀天道，則應天順人之舉，其在是歟？○劉寅云：次十二曰，養其亂臣以迷其心，進美女淫聲以惑其志，遺良犬馬以勞其形，時與大勢以引誘之，上察其勢，而與天下共圖之。「上察」以下，疑有闕文誤字。○黄獻臣云：此言以亂臣美女犬馬而侈其心，而後其國可圖。○朱墉云：迷、惑，昏亂其心志也。勞之，煩勞其形也。時與大勢，時時與之以高大之勢也，使自肆也。上察，觀天時也。

〔震案〕遺，此亦讀如衛，詳文韜文師篇「天遺汝師」。

「十二節備，乃成武事①。所謂上察天，下察地，徵已見②，乃伐之。」

【考異】

①「成武」，武備志作「武成」。

②「已」,彙解作「乃」。

【集解】

施子美云:十二節備,乃成武事,此蓋言伐之以文,既盡其術,則用之以武,斯可以成功。伐人本以武也,而必先之以十二節者,蓋剛不足以制剛,制剛者柔,强不足以勝强,勝强者弱,用之以文,而可以成武事,此以柔弱制剛强之道也。脩是而用之,是能察天地、料敵國,而後舉也。孫子曰:「校之以計,而索其情,曰:主孰有道?天地孰得?」則所謂上察天、下察地者,乃所以校其天地之孰得也。徵已見,則危亡之證可見,正「主孰有道」之説也。若是,則成敗決矣,故乃伐之。○劉寅云:已上十二節全備,乃成武事,所謂上察天時,下察地理,徵驗已見,乃伐之,此文伐之法也。愚謂文王之所以爲文者,純亦不已而已,緝熙敬止而已,雖興兵而伐密伐崇,亦順帝之則而已,故詩稱之曰「無然畔援,無然歆羨,誕先登於岸」,又曰「不聞亦式,不諫亦入」,「不顯亦臨,無射亦保」,所謂詐謀詭道,豈文王之所用心哉?古之聖人行一不義,殺一不辜,而得天下,皆不爲也。文王三分天下有其二,以服事殷,孔子稱其至德,顧不義之事,文王肯爲之乎?文王以太公爲師,而問文伐之法,太公喋喋以謀詐告之,亦獨何心哉?不惟文王厭聽,而太公亦難以啓齒矣。以文王之世,周召方興,二南之化,而太公以此詐謀啓之,春秋戰國之時,又將如之何哉?嗚呼,此書之所以難盡信也!先儒亦曰:尚父本有道者,謀、言、兵二百三十一篇,豈近世有爲太公術者所增加歟？今以此篇文辭考之，的非三代聖君賢相授受之言，恐是周史依倣而爲之耳，學者宜詳辯之。○黄獻臣云：按此十二節似出於陰謀取勝，想文王所以師太公，太公所以爲文王師，何遂區區至此？然而聖人不行奸，而未始不知奸，纚纚言之，以令闇主悟此，不爲人所圖耳。或曰：養其亂臣，因崇侯虎是也；進美女淫聲，有莘氏女是也；遺良犬馬，驪戎之文馬是也。即此一節，太公不已身行之乎？恐屬史臣之筆，未可盡據。孟子曰「盡信書不如無書」，愚於是篇亦云。○朱墉云：備者，節節皆全也。武事，武功也。天，即日月星辰之異；地，即山崩川竭之變。徵，兆驗也。

〔震案〕見，即現，顯露也。作「現」，其俗也。

順啓

【集解】劉寅云：順啓者，順天下人心，而啓導之也。此亦取書義以名篇。○黄獻臣云：此言順人心以啓治天下之事。

文王問太公曰①：「何如而可爲天下②？」太公曰③：「大蓋天下，然後能容天下；信蓋天下，然後能約天下④；仁蓋天下，然後能懷天下⑤；恩蓋天下，然後能保

天下⑥；權蓋天下⑦，然後能不失天下⑧；事而不疑，則天運不能移，時變不能遷⑨。此六者備，然後可以爲天下政。

【考異】

①治要無「問太公」三字。

②「何如」，慶長本作「如何」。「可」下，治要、開宗、武備志、彙解、孫校本俱有「以」字。

③「公」下，治要有「對」字。

④「能」，治要作「可」。

⑤「能懷」，治要作「可以求」。

⑥「能保」，治要作「王」。

⑦「權」，治要作「接」。

⑧「能」，治要作「可以」。

⑨「則天運不能移，時變不能遷」，治要作「然後天下時」。

【集解】

施子美云：聖人之於天下也，惟有無所不覆之道，則天下之於聖人也，亦有無所不服之心。聖人所以覆天下者不一而足，有大焉，有信焉，有仁焉，有恩焉，有權焉，皆所以覆天下也。大蓋天下者，以其德之大，而無所不及也。聖人惟以是德而蓋之，故能徧覆包含而無所殊，是以能容天下也。此無他，有容德乃大也。惟有容，乃足以見其德之大，則以大蓋之，豈不足以容天下乎？信蓋天下者，以其誠之至，而可以結之也。聖人惟以是誠而結之，故能使之附麗係屬而不散，是以能約天下也。此無他，信見信也。惟信乃足以見信，則以信蓋之，豈不足以約天下乎？仁蓋天下，此聖人之仁政可以及之也。聖人惟以是仁政而蓋之，故能使之歸往趍附之不暇，是以能懷天下也。蓋民罔常懷，懷于有仁，民惟懷于有仁，則以仁蓋之者，豈不足以懷之乎？恩蓋天下，此聖人之恩惠足以及之也。聖人惟推是恩以蓋之，故能使之親附固結而不忍去，所以能保天下也。蓋推恩足以保四海，惟推恩足以保四海，則以恩蓋之，豈不足以保之乎？權蓋天下者，此聖人之勢足以制之也。聖人惟以是勢而制之，故可以維持天下，而使之奔走服從，所以能不失天下也。蓋國柄不可以借人，借人國柄則失其權，權足以蓋之，豈不能不失天下乎？凡此皆其道足以覆之，故天下無不服也。道既足以覆之，則其舉之也必可以成功，故事可以往而不疑，雖天之運不能移易，時之變不能遷徙，蓋以其事可以決往，功可以必成，天時不能易也。此無他，天官時日不若人事，人事既至，天必從之，雖有運變，何足怪邪？惟備是六者，則天下必爲己有矣，故可以爲天下政。爲天下政者，蓋若是則可以爲政於天下，以天下之權歸於己也。昔者武王之興也，承文之丕謨，揚己之丕烈，則其大足以蓋天下矣；盟津之會，不期者八百國，則其信足以蓋天下也；不忘遠，不泄邇，則其仁足以蓋天下也；發財散粟，列爵分土，則其恩足以蓋天下也；箕子告之以「惟辟作福，惟辟作威」，則其權足以蓋天下也。天下安得而不歸乎周？則其所以容之、約之、懷之、保之、不失之也明矣。至於牧野之役，三千一心，雖雷雨晦明，群公盡恐，而太公乃折蓍焚龜，示以必往，誠以事不可疑，雖天運時變，不能遷移也。武王惟備是六者，所以能爲天下王，而制天下政也。周家八百載之業，其基於此矣。○劉寅云：文王問太公曰：何如而可以治天下？太公對曰：量之大覆蓋天下，然後能包容天下。一本作「天蓋天下」，非也。信之至覆蓋天下，然後能約束天下。仁之極覆蓋天下，然後能懷服天下。恩之盛覆蓋天下，然後能保守天下。權之道覆蓋天下，然後能不失天下。舉事而不疑惑，則天運亦不能移，時變亦不能遷。此六者全備，然後可以爲天下政。○朱墉云：蓋，覆冒人之上也。大，弘廣也。容，含納也。信，誠慤也。約，聯束也。仁，惻隱也。懷，懷保也。恩，惠澤也。保，保守也。權，權謀也。事，有所舉動也。備，無欠闕也。政，正己以正人也。

〔震案〕權者，權勢、權力之謂，朱訓權謀失之。天運，日月星辰運行也。時變，四時更替也。爲天下政者，治天下之政也。

「故利天下者，天下啓之；害天下者，天下閉之；生天下者，天下德之；殺天下者①，天下賊之；徹天下者，天下通之②；窮天下者，天下仇之；安天下者③，天下恃之；危天下者，天下災之。天下者，非一人之天下，唯有道者處之④。」

【考異】

①「殺」，治要作「然」。

②「徹天下者，天下通之」，治要無此八字。

③「天下仇之，安天下者」，治要無此八字。

④「唯」，開宗、武備志、彙解、孫校本俱作「惟」。「處之」，治要作「得天下也」。

【集解】

施子美云：天下之道，施報而已。利之、生之、徹之、安之，皆所以施之也；啓之、德之、通之、恃之，皆所以報之也。施報之者，亦以其道，苟非其道，則害而不利。殺而不生，窮而不徹，危而不安，而天下亦由是而閉之、賊之、仇之、災之，亦其施報之理也。利天下者，天下啓之，此言上有以適天下之欲，則天下皆欲其王己，故啓之以取天下之路。利者，人之所欲也，因所利而利之，彼豈不吾啓邪？若夫不有以利之，而反害之，則彼必失其所欲，豈欲其王己邪？故必閉之，而使不得有爲於天下。生天下者，天下德之，此言上有以遂天下之性，則天下悦之，故以是而爲德。生者，民之性命之所存也，俾天下各正其性命，彼豈不原其所歸而德己邪？若夫殺之，則不有以生之，而民不獲保其性命矣，故必賊之，而亦使之不共存於天下。徹天下者，天下通之，此言上以情示乎下，則天下必以其情而達之。徹者，徹其情而示之以無所隱也。彼見上以情示之，則亦必以情應之，此所以天下通之也。若夫不徹以示之，而困窮之，使不得言，則天下亦不以情告，而反尤怨之矣。安天下者，天下恃之，言有以因其俗，則彼必資是以樂其業。安者，使之安止其所，生水安水，生陵安陵，彼既獲其安，則必歸所恃，此天下所以恃之也。若夫不有以安之，而反有以危之，則彼不安於其所，而思禍變之作，此所以災之也。大抵天下者，天下之天下，非一人之天下。惟非一人之天下，故天下不能私一人，而一人亦不能求天下必其有以施之，而後天下以是報之，苟非其道，必不能之矣，故惟有道者乃能處之。昔者文武之興，仁政之施，所以利天下也；救民水火，所以生天下也；明誓之告，所以徹天下也；一怒之威，所以安天下也。文武之君惟以是施之，宜天下啓之、德之、通之、恃之，而咸與歸之也。文武之君非有道之主，則亦何以能處此也？此書稱武王曰「有道曾孫」，宜其可以處此也，天下安得不周？○劉寅云：故利益天下者，天下開啓之；虐害天下者，天下閉塞之；生養天下者，天下皆德之；殺戮天下者，天下皆賊之；能徹天下者，天下皆通之；窮困天下者，天下皆仇之；安定天下者，天下皆恃之；危殆天下者，天下共災之。天下者，非一人之天下，唯有道者能處之。○黄獻臣云：此言王者之道必有包括天下氣象，而後天下可以惟我所爲，可以惟我所處。蓋字非有籠罩一世之術，有自然旁洽一世意。曰大、曰信、曰仁、曰恩、曰權、曰事，皆道也。惟有道，則利而不害，生而不殺，徹而不窮，安而不危，天下不能去乎我，我乃可以處天下。○朱墉云：啓，開導也。閉，阻背也。生字包得廣，凡衣食居處皆是也。德，感戴也。賊，仇讎也。徹，識見明朗也。通，向順也。窮，困扼也。災之以爲害，我而遠避之也。有道者，利而不害、生而不殺、徹而不窮、安而不危者是也。

〔震案〕賊，亦殺也，朱訓仇讎失之。徹謂通達，與窮相對；窮者，困厄也。孟子曰：「窮則獨善其身，達則兼善天下。」徹天下者，天下通之，言使下民生計順通，安居樂業，上乃得民擁戴，故能政通人和。窮天下者，天下仇之，言使民生計困頓，則招致讎怨沸騰。或从施説，謂上下之情得以通達，無所隱瞞欺蔽，則人心和順，反之，以上壓下，使屈抑困厄不得告以實情，則必生讎怨。恃，依恃也。災，使受災禍也。處，據有也。

三 疑

【集解】劉寅云：三疑者，欲攻强、離親、散衆，恐力不能而疑之也。以武王問三疑，故以名篇。

武王問太公曰①：「予欲立功，有三疑，恐力不能攻强、離親、散衆，爲之奈何②？」

【考異】

①「武王問太公」，銀雀山簡作「文王問大公望」。

②上「予欲」至此二十一字，銀雀山簡作「余欲功三疑恐力不能……」。

【集解】

施子美云：古之伐人之國者，必有隙可投，有釁可乘，而後可以取之。今以其勢求之，則其勢强而不弱；以其情求之，則其情親而不離；以其兵而求之，則其兵衆而不寡，若是，則敵未有隙也，未有釁也，其何以能決勝而立功邪？此武王所以疑其不能攻之、離之、散之也。○劉寅云：武王問太公曰：予欲建立大功，有三疑焉，恐力不能攻彼之强，離彼之親，散彼之衆，將爲之奈何？○朱墉云：立功，建立安世之功也。

〔震案〕離親，使彼親離叛。散衆，使彼衆涣散。

太公曰：「因之，慎謀，用財。夫攻强必養之使强，益之使張①，太强必折，太張必缺②，攻强以强，離親以親，散衆以衆③。

【考異】

①「益之」，銀雀山簡作「哀盈」。

②「張」，講義、慶長本並作「剛」。

③「以」，銀雀山簡作「因」。

【集解】

施子美云：强固難攻也，然有攻之道。項楚之勢，始非不强，及張良之計行，而楚强不足恃矣；楚之君臣始非不親，及陳平之計行，而楚親不自信矣；楚之子弟始非不衆，及楚歌之聲一聞，而楚衆無復爲楚矣。是則武王之所疑者，皆不足疑矣。大抵欲伐人之國者，必因之而後可以成功，法有所謂「踐墨隨敵」、「因形用權」者，皆所以因之也。少師侈，則請羸師以張之；絞人貪，則縱採樵以誘之：所謂因者，此也。因敵固可以制敵，然所以料敵則有謀，所以役人則有財。謀不可泄，馬邑之役，匈奴覺之而去，此不能謹其謀也；財不可悋，衛國之民，愛甲者皆不欲戰，此不能用其財也。能因敵而制之，加以謹謀、用財，則敵國可取矣。夫攻强之道，非强固可攻也，以有術也。尪羸者壽考，盛壯者暴亡，人既有所恃，而吾復養而益之，則彼之有所恃者，必將驕矣。驕則怠，怠則敗，此所以可攻也。彼强矣，吾從而養之使强盛，此乃將欲取之，必因予之也；益之而使張大，此乃將欲翕之，必因張之也。彼既恃其强、樂其張，則必輕於自用，而忘其所戒，此所以必折、必缺也。太强而折者，以其過於强則必折也；太剛而缺者，以其過於剛而則必缺也。虢以驕而復有爲田之勝，則晉之所以養之益之者極矣；亡下陽不懼，而又有功，天奪之鑒：此則强而必折、剛而必缺也。虢之亡也，可卜於此。故攻强以强，離親以親，散衆以衆，此因之之説也。夫敵必有可見之形，而後有可取之理，而不在於他求也，即彼之形，因而制之耳。彼强矣，吾因其强而以攻之；彼親矣，吾因其親而以離之；彼衆矣，吾因其衆而以散之。以强攻强，則必有奇計以益之，而後其强可攻也；卑辭厚幣，奉書推尊，皆所以益其强而攻之也。以親離親，則必有貨賂以誘之，而後其親可離矣；收其左右，賂以重寶，皆所以離其親也。以衆散衆，則必有恩惠以及之，而後其衆可散也；發政施仁，散財發粟，皆所以離其衆也。太公養之使强、益之使張，此則以强攻强也；畀其所愛與其寵人，此則以親離親也；惠施於民，必無愛財，此則以衆散衆也。○劉寅云：太公對曰：因之，慎其謀，用其財耳。夫攻强者，必養之使盛强，益之使奮張。彼太强者必然摧折，太張者必然缺壞，故攻强者必以强，離親者必以親，散衆者必以衆，此皆因其勢而利導之耳。○黄獻臣云：此概言處三疑之道，攻强以强，離親以親，散衆以衆，故曰因，而慎謀、用財，又所以運其因利制權之妙。以强攻强，晏嬰巧試之，而斃三士（公孫捷、田開疆、古冶子勇而無禮，晏子言於公，饋之二桃，令計功而食，捷、疆各言其功，不及古冶子而食桃，乃自刎，古冶子亦刎死）；以親離親，嬴秦陰間之，而困信陵（秦患無忌，乃縱間於惠王，王疑之）；以衆散衆，吕蒙陽結之，而襲荆州（吕蒙賞賚荆州軍士，有取民間一笠者斬之，凡諸將之家供給不缺，故衆無鬭志）。後世能深於其術者，亦謀敵之微權也。○朱墉云：因之，因其勢而不逆也。養，驕養也。益，加增也。以强、以親、以衆，皆因其勢而利導之也。〔震案〕因，就也，順借也。養，猶助長。張，張開、張大也。詩大雅韓奕「孔脩且張」，毛傳訓「大」。太張必缺，言大之過甚則必缺損。

「凡謀之道，周密爲寶①，設之以事②，玩之以利③，爭心必起④。

【考異】

①「周密爲寶」，銀雀山簡作「周微爲主」。

②「設」，銀雀山簡作「摯」，且下無「之」字。整理小組謂摯讀爲設。

③「玩之以利」，銀雀山簡作「啗以利餌」。整理小組謂「餌」與上「事」字及下「起」、「止」（簡文本章末有「其親乃止」四字）爲韻，宋本此句有誤。

④「必」，銀雀山簡作「乃」，且下有「其親乃止」四字。

【集解】

施子美云：「凡謀之道，周密爲寶」，自此以下，是以謹謀、因財也。謀以周密爲貴。周，備也。密，秘也。陰其謀，密其機，此兵家之要法也。馬邑有伏，平地有奇，非所謂周密也。周密者，必若李光弼之擒二將，二將已擒，而諸將且有何易之問，然後足以盡之也。蓋計者，兵之所用，而神者，計之所貴，法曰「將謀欲密」，其以此歟？善爲謀者，必設之以事，玩之以利，而以激其爭心。設之以事者，謂本無此事而僞設之，所以誤敵也；玩之以利者，謂彼本有貪心，而吾復以利樂之。彼既爲吾所役，則必與吾爭，此爭心之所以起也。夫善爲兵者，初不可激而怒也，今彼爲我所役，而欲與我爭，則彼非善者也，斯可得而利之也。漢王以梁王反書示項羽，設之以事也；封秦府庫，以遺項羽，玩之以利也。漢王惟以是設之，此項王所以必欲與之爭而後已，非爭心由是而起乎？○劉寅云：凡謀之道，以周密爲實（寶）。設之以事機，玩之以貨利，彼爭心必起矣。○黄獻臣云：此概言慎謀之道在寶我周密，挑彼爭心。大抵深謀不可顯洩，固知水亭籌畫（徐知誥每引宋齊丘於水亭，凡有所謀，暑則以筆書几，寒則擁爐畫灰，左右莫得與聞），不得訾爲詭秘也。○朱墉云：周，周詳也。密，秘密也。寶，貴重也。設，顯設也。玩，誘也。爭心，敵欲爭機爭利也。

「欲離其親，因其所愛與其寵人，與之所欲①，示之所利②，因以疏之，無使得志③，彼貪利甚喜，遺疑乃止。

【考異】

①「與」，銀雀山簡作「予」，且下有「其」字。予同與，詳文韜國務篇「與而勿奪」。

②「所」，銀雀山簡作「以」。

③「無」，銀雀山簡作「毋」。

【集解】

施子美云：欲離其親，則必因其所愛與其寵人，此乃敵之所取信之人也。吾必有以誘之，與其所欲，示其所利，乃所以啗之也。既有以啗其所寵愛之人，則其君之所親者，固可得而疎間之矣。無使得以伸其志之所欲，彼所寵愛者，既爲利所啗而喜於利，則必無疑於我矣，故遺疑乃止而無少疑也。太宰嚭爲越所遺，而吴王之志不獲伸矣，豈非其心爲利所惑，故輕於君，而不復致疑於我哉？○劉寅云：欲離其親信，必因其所愛之臣與其寵幸之人，與之以所欲，示之以所利，因以疎而遠之，無使其人得志於國，彼國之人貪利甚喜，則其疑乃止矣，如秦人賂郭開以間廉頗、李牧於趙，賂晉鄙之客以間信陵君於魏是也。○黄獻臣云：此慎離親之謀。○朱墉云：疏之，使彼君疎遠其親也。無使得志，不令有爲於其國也。遺疑，令彼君生疑忌也。乃止，吾謀即止而不用也。

〔震案〕示之所利，利謂貪愛。廣雅卷一上釋詁「利，貪也」。荀子正名篇「不利傳辟者之辭」，楊倞注：「利，謂説愛之也。」遺，留餘也。史記陳涉世家「不如少遺兵」，司馬貞索隱：「遺謂留餘也。」遺疑乃止，言彼之疑我不復存留，蕩然無餘矣。

「凡攻之道，必先塞其明，而後攻其强，毁其大，除民之害。

【集解】施子美云：凡攻之道，此又伸言攻强之道也，必塞其明，而後攻其强、毁其大者，蓋人惟明於機，則不可得而傾，必先塞其明，使彼不知其或亡，而欲恣其所爲，則彼雖强，可得而攻，雖大，可得而毁。越人於吴，必去其直諫之臣，而卜以貸粟之事，所以塞其明也，夫然後因其伐齊之舉，與夫黄池之會，而吴之强大爲可謀矣。○劉寅云：凡攻人之道，必閉塞其彼之所明，而後可以攻彼之强，毁其大殘大賊，以除民之患害。「大」字下疑有闕文。○朱墉云：塞其明，閉塞其聰明也。大，大國也，大殘、大賊之人也。

〔震案〕明，明審也。

「淫之以色，啗之以利，養之以味，娛之以樂①。

【考異】①「娛之」，銀雀山簡作「虞」，無「之」字，且「樂」下有「□之以□」。虞，朱駿聲説文通訓定聲豫部：叚借爲娛。

【集解】施子美云：除民之害，則必有術，養成其惡，然後可得而共之。不有以養成，則其惡不彰，而民心不離。淫以色、啗以利、養以味、娱以樂，皆所以養成之也。太公於文伐十二節有所謂「輔其淫樂，以廣其志，厚賂珠玉，娱以美人」，是亦將以逢其欲而去之也。○劉寅云：淫之以美色，啗之以厚利，養之以滋味，娱之以聲樂。○黄獻臣云：此慎攻强之謀。凡强皆生於明，欲攻其强，必先豢之色利味樂，以塞其明，而後强可攻。○朱墉云：味，樂口耳之嗜欲也。

〔震案〕淫，俾沈溺也。啗，讀如淡，説文口部「食也，从口臽聲，讀與含同」，此處謂引誘也。資治通鑑漢紀八「漢使人以利啗東越」，胡三省注：「啗，徒覽翻，餌之也。」養，助長也。養之以味，助長其貪縱口舌之欲也。娱，令歡悦也。樂，讀爲歡樂之樂，聲色也。國語越語下「今吴王淫於樂而忘其百姓」，韋昭注：「樂，聲色也。」

「既離其親，必使遠民，勿使知謀，扶而納之①，莫覺其意，然後可成②。

【考異】

①「納」，銀雀山簡作「入」。古入、内、納通用。尚書禹貢「九江納錫大龜」，孫星衍今古文注疏「史遷『納錫』作『入錫』，馬融曰『納，入也』」，「納、入經典通字」，劉逢禄今古文集解：「納，當爲内。」

②「後可成」，銀雀山簡作「后可試」。后，讀爲後。

【集解】施子美云：彼既得以遂其所欲，則其親者離矣。既離其親，豈復有意於民？故必使遠民，言使之不親民事也。是謀也，乃陰謀也，不可使人知。是謀一行，則可以擠之於危亡之地，故扶而納之，莫覺其所以擠之之意，則吾之志始可得而有成矣。此正太公以陰謀之説告武王，而與之傾商政也。○劉寅云：既離間其親，必使又遠其民，勿使彼知其謀，扶而納之，莫使彼覺其意，然後事可得而成。○黄獻臣云：此慎散衆之謀。凡衆之聚，皆以其親，既離其親，衆將自遠，令彼不知不覺納於吾謀之中。凡謀如是，又何功之不成哉？○朱墉云：遠，民遠棄其人民也。知謀，不令知我離間之謀也。

〔震案〕扶，佐助也。扶而納之，言助其墜入我謀而中我計也。

「惠施於民，必無愛財①，民如牛馬，數餧食之，從而愛之。

【考異】①「惠施於民，必無愛財」，銀雀山簡作「敬之才施惠……」。

【集解】施子美云：彼既不意吾民，而民始懷吾之惠矣。欲施惠於民，必不可以愛財，蓋財可以聚民也，無財不可以爲悦，易曰「何以聚民？曰財」，則惠民者不可以愛財也。蓋民如牛馬，必有以飼之，而後可以用之。數餧食之，所以愛也。飼而不愛之，則彼必悖而不馴，故必當愛之。○劉寅云：惠施於民，必無愛惜其財，民如牛馬，當頻數餧食之，然後從而愛之。○黄獻臣云：此言用財以結民。民以財爲命，從無不愛財者，我不私其所愛，則民必轉而愛我，而又何强不攻，何親不離，何衆不散哉？○朱墉云：餧食，秣飼也。愛，護惜也。

〔震案〕數，屢也。廣韻入聲覺韻「數，頻數」，「所角切」，讀如朔。餧，廣雅釋詁三「食也」，王念孫疏證「字本作飤」。玉篇食部：「餧，飼也。」廣韻去聲寘韻：「餧，餧飯也。於僞切。」其俗作餵，今則作喂。食，集韻去聲七志韻「祥吏切」，讀如寺，飼本字。

「心以啓智，智以啓財，財以啓衆，衆以啓賢，賢之有啓，以王天下①。」

【考異】

①上「心以啓智」以下二十四字，銀雀山簡作「……以𠬛衆衆以𠬛賢……𠬛則有𠬛……𠬛則有𠬛以王天下」。

【集解】

施子美云：財固可以得民也，而所以理財，則出於聖人之心術。聖人推是心，以開啓其智；

用是智，以開啓其財，則所以理是財者，本於聖人之心術也。聖人惟以是心術而理財，故用財而可以得人心。因財以致衆，因衆以致賢，皆財之所由啓也，人心莫有不歸之乎？人心既歸，則因之而可以成王業。蓋賢人之心蓋爲我所致，則必與吾共興王於天下矣。蓋得賢則可以立邦家之基，宜其可以王天下也。太公之於文武，其所以告之者，皆此意也。觀其告文王也，則有所謂「以餌取魚，魚可殺」，「以祿取士，士可竭」，推而至於「以國取天下，天下可畢」，是亦以財啓衆，以衆啓賢，以賢王天下之意也，而其終篇有所謂「樂哉，聖人之慮」，玆非心以啓智之意乎？太公既以是意而告文王，復以是意而告武王，豈非欲使之成其志於天下，周家社稷之立，太公之力歟？〇劉寅云：心以開啓其智，智以開啓其財，財以開啓其衆，衆以開啓其賢。賢者有人開啓，是以能王天下。愚按此篇之旨，大抵言欲攻强、離親、散衆，在慎謀、用財而已，故下文喋喋言謀、言財，與文伐篇十二節意味頗相似，然此篇簡編又多錯亂，恐亦後人依倣而爲之者歟？〇黄獻臣云：此推財之所繇生及財之所爲用。非智無以開財之原，故心開智而智開財；衆庶需財最急，故財開衆焉；賢人愛衆甚殷，故衆開賢焉；王非賢無以爲輔，故賢開王焉。凡此，皆繇得財爲用。欲立功者，可不知所以用財哉？〇朱墉云：啓，猶生也。啓智，心無所蔽，智慮自生也。啓財，有智自然處置必周，財源必廣也。啓衆，有財可以得衆也。既得衆心，賢人必至，所謂養民致賢是也。賢人既從我，自然啓心沃心，可以興王也。是以吾心而生智，以智而生財，以財而致衆，以衆而致賢，以賢而致王也。

六韜集解卷第三

龍韜

【集解】黄獻臣云：龍以變化不測言，行軍事而多心計，善藏奇，故曰龍韜。

王翼

【集解】劉寅云：王翼者，王之羽翼也，所謂腹心、謀士、天文、地理、兵法、通糧、奮威、伏金鼓、股肱、通才、權士、耳目、爪牙、羽翼、遊士、術士、方士、法筭，凡一十八等，共用七十二人。此但言其行師之際，在將之左右者七十二人。名雖不同，其所以羽翼王者則一，故總以王翼名篇。○

黄獻臣云：此論王者行師，必用人以爲羽翼之意。○朱墉云：王翼者，王者行師，必用人以成威神，賢才固王者之羽翼也。

武王問太公曰：「王者帥師，必有股肱羽翼，以成威神，爲之奈何？」

【集解】

施子美云：大厦之成，非一木之技；良裘之製，非一狐之腋。堯、舜至治之世，上行下効，若無賴於其臣也，而舜之都俞之際，且有汝爲、汝翼之言，有喜哉、良哉之歌，以王有帥師以立大功，其可無輔助之人乎？股肱所以運也，羽翼所以奮也，既得是人，則可以張吾之威神，而使人之畏慕也。蓋虎之所以能使百獸畏者，以有牙距也；鷹之所以能使百禽畏者，以有爪掌也。虎而去其牙距，則虎之威無所伸矣；鷹而去其爪掌，則鷹之威無所奮矣。君之所以能使天下畏者，以其有股肱、羽翼之臣也，君而不得其臣，則何以成其威神耶？是以大漢之興，股肱則蕭曹，爪牙則信布者，蓋欲借是而以伸其威神也。武王未得若人而用之，此武王所以有「爲之奈何」之問也。○劉寅云：武王問太公曰：王者帥師而出，必有股肱羽翼之人，以成王之威神，爲之奈何？

太公曰：「凡舉兵帥師①，以將爲命，命在通達，不守一術，因能受職②，各取所長，隨時變化，以爲綱紀③。故將有股肱羽翼七十二人，以應天道。備數如法，審知命理，殊能異技，萬事畢矣。」

【考異】

①直解、開宗、武備志、彙解、孫校本皆無「帥」字。

②「受」，講義、直解、開宗、武備志、彙解、慶長本、孫校本皆作「授」。説文𠬪部「受，相付也」，手部「授，予也」。周禮地官大司徒「五比爲閭，使之相受」，鄭玄注：「故書受爲授。」孫詒讓正義引徐養原云：「古者授、受通用。」

③「綱紀」，開宗、武備志、彙解、孫校本皆作「紀綱」。

【集解】

施子美云：夫舉兵帥師，以將爲命，蓋將者民之司命，死生之所係也，故舉兵帥師之際，必以將爲命。命在通達，不守一術，此言爲將者貴知變也。命在通達，則以其能變通也。通其變，乃可以使民不倦，故爲軍之命者必通變，而不可執一也。法曰「權出於戰，不出於中人」，不出於中人，執一無權，必不可與言戰也，將其可執一，而不通達乎？術者，奇正之術也。法曰「奇正皆得國之輔也」，爲將者必欲兩盡其術，寧可執一乎？至於用人之際，則不可或拘其才，故因能授職，各取所長，使得以盡其能而任其事。才之大者則大用之，小則小用之，長於智者爲謀主，長於騎者爲騎將，長於步者爲步將，凡此，皆因能而授以職也。至於驅之以應敵，則又因宜而定其制。時可用漢，則示之以漢，以爲之制；時可用蕃，則示之以蕃，以爲之制。凡此，又因時所宜，變化而應之，以爲之制也。紀綱者，法度之謂也。昔光弼之爲將也，自牙將以下，如廷玉、惟正之徒，各以能稱職者，以光弼能因所長也。至於應敵之際，擒日越則留希德以野次，克周摯則與廷玉、惟正以鐵騎，是又因時變化而以爲之綱紀也。將之貴乎得人也如此，故將之所資以爲股肱、羽翼者，凡七十二人。自腹心一人、謀士五人，至於方士五人、法筭二人，凡十八職，共七十二人。官不徒設，必取之天數，而以爲建官之制。天有七十二候，而將置股肱、羽翼七十二人，所以應天道也。昔者周之世，建官三百六十員，人惟見其三百六十也，而不知成周之制取之周天三百六十度也；東漢之世，雲臺之像二十有八，人惟見其二十有八也，而不知東漢之制取之二十八宿之數。蓋建官之法，非有所私也，必有所取象也。其術如此，亦必欲得其人以充其職，使其人以治其事，所以謂之備數如法也。用人之道固在所盡，而爲將之道不可不明，故又盡其在己者，而審知爲將之理。命理者，將理也，以將爲命，故謂之命理。殊能異技，此則人各得盡其所長而善於其職。若是，則舉無遺事，故萬事畢。畢，盡也，言可以盡行軍之事也。○劉寅云：太公曰：凡舉兵動師，以將爲司命，司命者，在乎通達，不只守一術，因其人之所能而授之以職，各取其所長，隨時變化，以爲之大綱小紀。故爲將者有股肱羽翼凡七十二人，以上應天道。天有七十二候，故將有羽翼七十二人。備數如法，使審知命理。命賦之於天，理散之於事，理即一物各具一太極者也，命即萬物體統一太極者也，其實一理而已。古人行師之際，亦要審知命理，其不苟也如此，至於殊能異技，亦要悉備，而萬事可畢矣。○朱墉云：爲命，司三軍之命也。天道，天有七十二候也。命，賦之于天者也。理，散之於事者也。

武王曰①：「請問其目？」太公曰：「腹心一人，主潛謀應卒②，揆天消變③，揔攬計謀④，保全民命；

【考異】

①「王」，武備志作「天」。

②「潛」，直解、開宗、武備志、彙解、慶長本、孫校本俱作「贊」。

③「天」，原訛作「夫」，講義、直解、開宗、武備志、彙解、孫校本皆作「天」，今據正。

④「攬」，直解、開宗並作「覽」。覽，説文見部：「觀也，从見監，監亦聲。」攬，説文作「擥」，在手部，「撮持也，从手監聲」。覽與攬通。鹽鐵論褒賢「於求覽無所孑遺耳」，張之象注：「覽通作攬，撮持也。」「計」，武備志、孫校本並作「群」。

【集解】

施子美云：太公雖言七十二人之應，而武王未知其所用之人，故復問其目，所以求其職之所分也。自腹心一人以下，至於法筭二人，此七十二人之數也。蓋其職有詳略，故其人有多寡，此所以或一人、或二人、或三人，至於或八、或九，皆因其職而分之也。腹心一人，此則將之所賴以定大計者也。漢王之良、平，蕭王之寇、鄧，皆腹心之臣也。主潛畫計謀，以應倉卒，揆度天心，消去時變，以其司大計之所定，故計謀在所總攬，而民命以之保全。○劉寅云：武王曰：請問其目如何？太公對曰：爲腹心者一人，主贊襄籌策，應答倉卒，揆度天象，消弭變異，總覽籌謀，以保全生民之命。○朱墉云：贊，襄也。謀，籌策也。應，答也。卒，廣韻入聲没韻「倉没切」，讀爲猝，急也，倉猝也。揆，度也。天，天象也。消，弭也。變，災異也。

〔震案〕目，要目，條目。論語顔淵「請問其目」，劉寶楠正義：「目者，如人目有所識別也。凡行事撮舉總要謂之目。」主，掌管也。

「謀士五人，主啚安危①，慮未萌，論行能，明賞罰，授官位②，決嫌疑，定可否；

【考異】

①「啚」，講義、直解、開宗、武備志、彙解、慶長本、孫校本俱作「圖」。啚，鄙初文，説文㐭部：「嗇」也。亦同圖，釋玄應一切經音義卷八維摩經下卷「所圖」條：「詔定古文官書，圖、啚二形同，達胡反。」

②「授」，孫校本作「受」。受、授通用，詳上「因能受職」。

【集解】施子美云：謀士五人，此則謀主也，有智者皆可爲之，此田忌之孫臏、韓信之左車，皆謀士也。主圖安危，慮未萌，此則論成敗之所在也；論行能，此則較人才之長短也；明賞罰，此則公馭人之權也；授官位，此則原用人之法也；決嫌疑，定可否，又所以爲勝敗之政，而收其成功也。○劉寅云：有智謀之士五人，圖謀安危之道，思慮未萌之事，議論人之德行才能，明白功罪之可賞可罰，授官位，使當其職，決事之嫌疑，定事之可否。○朱墉云：未萌，事之未發見者。行，德行也。能，才能也。

天文三人，主司星曆①，候風氣，推時日，考符驗，校灾異②，知人心去就之機③；

【考異】

①「曆」，彙解、孫校本作「歷」。歷，用爲曆象義則與曆同，朱駿聲說文通訓定聲解部：「字亦作从日厤聲。」

②「校」，開宗作「較」。校訓量核之義亦作較。史記田敬仲完世家「大車不較，不能載其常任；琴瑟不較，不能成其五音」，司馬貞索隱：「較者，校量也，言有常制。」

③「人」，講義、直解、開宗、武備志、彙解、孫校本皆作「天」。

【集解】施子美云：天文三人，此則觀天象以察時變也。成周之際，有太史之官，大師抱天時與大師同車，此則天文之職也。主司星歷，則以觀星辰之變動；候風氣，則以察時風之逆順；推時日，以觀其數；考符驗，以觀其證；校災異，以從其變；即是數者，則天心之去就可知矣，故以此知天心去就之機。天之所與，吾則取之，所以應天也。○劉寅云：通天文者三人，主司星象曆數，審候風氣之逆順，推測時日之吉凶，稽考符驗，校量災異，以審知天心去就之機。○朱墉云：候風氣，伺候其順逆也。推時日，推究其吉凶也。符，合也。校，量也。

〔震案〕符驗，如符之驗。上既審候風氣之逆順，推測時日之吉凶，此又考符驗者，察其符合應驗之情也，而又校災異者，言又量度異象災變以核其實也，如此而能知人心去就向背之迹象也。

「地利三人，主三軍行止形勢①，利害消息，遠近險易，水涸山阻，不失地利；

【考異】

①直解、開宗、武備志、彙解、孫校本皆無「三」字。

【集解】施子美云：地利三人，則擇地利以處軍，如衛青之張騫，知地利者也。主行軍營壘之事，故三軍行止形勢，利害消息，可與不可，皆聽從之，遠近險易之形，與夫水涸山阻不利之地，亦皆知之。惟知地利，故不失其利以至。○劉寅云：識地利者三人，職主三軍行止之形勢，及利害之消息、地利之遠近、地形之險易、水之乾涸、山之阻艱，而不失地之便利。

〔震案〕利害消息，謂軍隊行動利弊之消長更替也。

「兵法九人，主講論異同，行事成敗，簡練兵器，刺舉非法①；

【考異】

①「刺」，武備志作「敕」，彙解作「敕」。

【集解】

施子美云：兵法九人，此則韜鈐之士，曉兵法者也。彼惟能曉兵法，故可使講論異同。行事成敗，此則論勝負也；簡練兵器，則欲便於用也；刺舉非法，則刑罰不用命者也。凡此者，兵法之所該，故使之主之。○劉寅云：曉兵法者九人，主講論形勢之異同，行事之成敗，簡選練習所用之兵器，刺舉軍中之非法。○朱墉云：刺舉，指摘也。

〔震案〕講，習練也。國語周語上「三時務農，而一時講武」，韋昭注：「講，習也。」論，論議也。講論，有研習切磋之義。講論異同，行事成敗，言習治兵法，研判形勢異同，論析用兵成敗之理也。刺舉，刺謂偵伺，舉謂檢舉。

「**通糧四人，主度飲食蓄積①，通糧道，致五穀②，令三軍不困乏③；**

【考異】

①「食」下，直解、開宗、武備志、彙解、慶長本、孫校本俱有「備」字。

②「穀」，原同直解訛作「榖」，講義、開宗、武備志、慶長本俱訛作「榖」，據彙解、孫校本正。詳文韜六守篇「農一其鄉則穀足」。

③「令」，直解作「命」，慶長本兩存之。

【集解】

施子美云：通粮四人，此則運粮食之職也，故主度飲食蓄積，通粮道，致五穀以足其用，使三軍不至於困乏，以其能足粮食也。○劉寅云：通糧者四人，主計度飲食，備預蓄積，通糧餉轉輸之路，致五穀之至，命三軍不至於困乏。○朱墉云：度，衡量多少也。

〔震案〕致，送達。說文夂部：「致，送詣也。」

「**奮威四人，主擇材力①，論兵革，風馳電擊②，不知所由；**

【考異】

①「材」，直解、開宗、武備志、彙解、孫校本皆作「才」。此處材、才通用，或謂其古今字也。説文木部「材，木梃也」，徐鍇繫傳「木之勁直堪入於用者」，「人之有材義出於此」，段玉裁注「材，謂可用也」，「引申之義，凡可用之具皆曰材」。説文才部「才，艸木之初也」，徐灝注箋引李陽冰「凡木陰陽、剛柔、長短、小大、曲直，其才不同，而用各有宜，謂之才。其不中用者，謂之不才。引之，則凡人物之才質，皆謂之才」，灝按：「才、材古今字，因才爲才能所專，故又加木作材也。」

②「擊」，直解、開宗、武備志、彙解、孫校本皆作「掣」。掣字説文所無，「電掣」一語亦當晚出。文苑英華卷七一收梁簡文帝金錞賦并序有「星流電掣」云云，電掣，蓋言其迅疾而過也。李太白全集卷二八收崇明寺佛頂尊勝陀羅尼幢頌并序「拖鴻縻而電掣」，王琦注：「電掣，謂疾如電之掣也。」又釋玄應一切經音義卷六妙法蓮華經第八卷有「掣電」條，釋曰：「陰陽激燿也，關中名覢電，今吴人名礥磹，音息念、大念二反，釋名云『掣，引也』，『電，殄也，謂乍見即殄滅』。」「電掣」、「掣電」皆不見於先秦舊籍，此處疑當以作「擊」爲是，作「掣」爲後世傳寫而妄改。

【集解】

施子美云：奮威四人，此則選鋒之士也。故材力之士在所擇，兵革之士在所論，其奔擊之速，如風馳電擊，人不知其所出。○劉寅云：奮揚威武者四人，主簡擇才力之士，評論兵革，如風之馳，如電之掣，使之不知其所由。

〔震案〕論，讀如輪，擇也。朱駿聲説文通訓定聲屯部：「〔叚借〕又爲掄，齊語『論比協材』，注：『擇也。』」論兵革者，爲材力之士選配攻防武器裝備也。

「伏鼓旗三人①，主伏鼓旗②，明耳目，詭符節③，謬號令，闇忽往來，出入若神④；

【考異】

①「鼓旗」，講義、直解、開宗、武備志、彙解、孫校本皆作「旗鼓」，下「鼓旗」同此。

②「伏」，武備志作「服」。服、伏古字相通。朱駿聲説文通訓定聲頤部：「服，叚借爲伏。」

③「節」，直解、武備志、彙解、孫校本俱作「印」，慶長本兩存之。

④「若」，開宗、武備志、孫校本俱作「如」。

【集解】

施子美云：伏旗鼓三人，此則勇力之士也，故使之伏旗鼓，明耳目。蓋旗鼓，軍之耳目也。惟伏旗鼓，故可以明耳目，詭符節，謬號令，所以惑敵也。惟能惑敵，故闇忽往來，出入若神，敵不得而制之。○劉寅云：攝伏旗鼓者三人，主攝伏旗鼓，明三軍之耳目。鼓所以明耳，旗所以明目，言三軍之衆，視不相見，故明之以旗；言不相聞，故明之以鼓。或詭符印，使之不可知，或謬號令，使之不可測，闇忽往來，出入如神，使敵莫能窺我之形也。○朱墉云：旗鼓，三軍之耳目也。明者，視不相見，旗明其目；言不相聞，鼓明其耳也。詭者，使人不可知也。謬者，使人不可測也。闇，不顯明也。忽，無常處也。

〔震案〕伏，説文人部「司也」，徐鉉云：「司，今人作伺。」伏鼓旗者，伺候於鼓旗之旁也。謬，欺詐也。謬號令，所以誤敵。闇，廣韻去聲勘韻「烏紺切」，讀曰暗，又玉篇門部「於紺切」，「與暗同」。文韜賞罰篇「莫不陰化」，陰讀爲闇，普通話讀陰平聲，與此闇忽之闇異。

「股肱四人，主任重持難，修溝塹①，治壁壘，以備守禦；

【考異】

①「修」，武備志、孫本並作「脩」。詳武韜發啓「王其修德以下賢」。

【集解】

施子美云：股肱四人，此則代舉復者也，必其能力於治事也，故主任重持難，言代將任重難之事，修溝塹，治壁壘，所以爲守禦之備。○劉寅云：攝伏旗鼓者三人，主攝伏旗鼓，明三軍之耳目。鼓所以明耳，旗所以明目，言三軍之衆，視不相見，故明之以旗；言不相聞，故明之以鼓。

或詭符印，使之不可知，或謬號令，使之不可測，闇忽往來，出入如神，使敵莫能窺我之形也。○朱墉云：劉寅云：爲股肱者四人，主任重職，持難事，修理溝塹，整治壁壘，以備守禦之具。○朱墉云：任重，負荷重職也。持難，持掌難事也。

「通材三人①，主拾遺補過，應偶賓客②，論議談語③，消患解結；

【考異】

①「材」，講義、直解、開宗、武備志、彙解、慶長本、孫校本俱作「才」。材與才通，詳上「主擇材力」。「三」，直解、開宗、孫校本俱作「二」，慶長本兩存之。

②「偶」，武備志、彙解、孫校本皆作「對」。偶即對也。史記秦始皇本紀「有敢偶語詩書者弃市」，張守節正義：「偶，對也。」

③「論議」，開宗、武備志、孫校本皆作「議論」。

【集解】

施子美云：通才三人，此則智略之士也，故主拾遺補過以輔助之。應偶賓客，論議談語，以代應對之職；消患解結，以除危難之事。○劉寅云：通才者二人，主拾上之遺，補上之過，應偶鄰國之賓客，使與之論議談語，以消災患，解結聚。○朱墉云：賓客，隣國使者。

「權士三人，主行奇譎，設殊異，非人所識，行無窮之變；

【集解】施子美云：權士三人，此則通變之士也。行奇譎，設殊異，則主爲奇謀以誤敵也。奇謀所出，人不可知，故非人所識而獨運之於無窮之中，故能行無窮之變。○劉寅云：知權變之士三人，主行奇謀譎計，施設殊異之事，而非人所能識，行無窮之變法。○朱墉云：奇譎，以謀言；殊異，以事言也。

「耳目七人，主往來聽言視變①，覽四方之事②、軍中之情；

【考異】①「視」，彙解作「覩」。

②「事」，直解作「士」。朱駿聲說文通訓定聲頤部：「士，叚借爲事。」

【集解】施子美云：耳目七人，所以廣聞見也，故主往來聽言視變。四方之事、軍中之情，皆所當察，故在所覽。○劉寅云：爲耳目者七人，主往來聽人之言，視其變動，觀覽四方之事與軍中之情。

「爪牙五人，主揚威武，激勵三軍，使冒難攻鋭①，無所疑慮；

【考異】

①「攻」，武備志、孫校本並作「犯」。

【集解】

施子美云：爪牙五人，所以敵愾也，故主揚威武以激勵三軍，使敢於進戰，可以冒難攻鋭，無所疑慮，言可使之必往戰也。○劉寅云：爲爪牙者五人，主奮揚威武，激勵三軍，使冒險難、攻鋭兵，而無所疑慮。○朱墉云：冒難，觸犯患難也。攻鋭，攻擊强鋭也。

「羽翼四人，主揚名譽，震遠方，摇動四境①，以弱敵心；

【考異】

①直解、開宗、武備志、彙解、慶長本、孫校本皆無「摇」字。

【集解】

施子美云：羽翼四人，所以張聲勢也，故主揚名譽，震遠方，摇動四境，以警攝之，故敵可弱。○劉寅云：爲羽翼者四人，主播揚名譽，震懼遠方，動摇四境，以弱敵人之心。

「遊士八人①，主伺姦候變，開闔人情，觀敵之意，以爲間諜②；

【考異】

①「遊」，孫校本作「游」。遊者遨遊，古作逕，與旗游之游通用。説文㫃部「游，旌旗之流也，从㫃汓聲。逕，古文游」，段玉裁注：「从辵者，流行之義也；从学者，汓省聲也。俗作遊者，合二篆爲一字。」玉篇辵部：「遊，遨遊也，與游同。」

②「諜」，武備志作「謀」。

【集解】

施子美云：遊士八人，此説士也，故主伺奸候變，以開闔人情，使人心不疑，觀敵之意，以爲間諜。是又因敵之情而惑之也。○劉寅云：爲遊士者八人，主伺敵之姦，候彼之變，開闔人情之向背，觀視敵人之意，以爲間諜。○朱墉云：開闔人情，或向或背也。

〔震案〕開闔人情，開闔猶操控也，人情即人心向背。

「術士二人①，主爲譎詐，依託鬼神，以惑衆心；

【考異】

①「二」，講義作「三」，慶長本兩存之。

【集解】施子美云：術士二人，此巫卜之職也。欲假是以成其事，故主爲譎詐，依托鬼神以惑衆心。○劉寅云：爲術士者二人，專主爲譎詐之術，依託鬼神，以惑亂敵國衆人之心。

「方士二人①，主百藥，以治金瘡②，以痊萬病；

【考異】①「二」，直解、開宗、武備志、彙解、孫校本俱作「三」，慶長本兩存之。

②「瘡」，開宗作「鎗」。

【集解】施子美云：方士二人，此醫療之職也，故主百藥，以治金瘡，痊萬病。○劉寅云：爲方士者三人，專主百藥，以治療金瘡，以痊萬病。○朱墉云：金瘡，刃刀所傷者也。

「法筭二人，主計會三軍營壁①、糧食、財用出入②。」

【考異】①「計會」，開宗、武備志、彙解、孫校本俱作「會計」。「壁」，直解、開宗、武備志、彙解、孫校本皆作「壘」，慶長本兩存之。説文土部：「壘，軍壁也。」又戰國策燕三「使左右司馬各營壁地」，鮑彪注：「壁，軍壘。」是營壘與營壁同。

②開宗「入」下又有「其目一十八等，計七十二人」十一字，武備志、孫校本並有「其目一十八等」六字小注，則開宗十一字亦當爲注文竄入耳。

【集解】

施子美云：法筭二人，此善會計者也，故主會計營壁，所以度地也；計會粮食財用出入，所以理財也。○劉寅云：能法筭者二人，專主計會三軍營壘之廣狹、糧食之多寡及財用出入之數。○黄獻臣云：此言王者欲得股肱羽翼以成威神，當法大道，隨時變化，以爲紀綱，不可徒守一術。因詳其實，蓋腹心有主，而後可以定謀，謀立而天時、地利、兵法備焉，兵備不可無粮，粮足而後威奮，威奮而將主旗鼓，士備股肱，通才、權士充其選，耳目、爪牙、羽翼呈其用，遊士、術士間其外，方士、筭士理其内，因能授職，七十二人應天道七十二候，通達變化，威神莫測，斯真王者之師哉？彼托神以安衆志，若李拒之禱子産（劉暢圍李拒，拒詐降，欲襲暢，兵士以賊衆，有懼心，拒令郭誦禱於子産祠曰：「君昔相鄭，惡鳥不鳴，凶胡臭羯，何得過庭？」陰使巫揚言曰：「東里有教，當遣神兵相助。」衆聞踴躍，夜襲之，大勝），巧於術者也，宋欲以天書之愚愚虜（真宗得書於承天門，詞類老子道德經，陳堯叟等附和，欲假以跨服契丹），迷亦甚矣。○朱墉云：營壘，度其廣狹也；糧食，量其多寡也。

〔震案〕會，廣韻去聲泰韻「黄外切」，普通話讀如快，計算也。出入，支出與收入也。

論將

【集解】劉寅云：論將者，評論將帥之賢否也。以武王問論將，故以名篇。

武王問太公曰：「論將之道奈何？」太公曰：「將有五材十過①。」

【考異】①「材」，治要作「才」，本篇凡「材」字皆同此。

【集解】施子美云：任官惟賢才，爲國之要也。官之所任，必欲得人，況將之爲職，社稷安危之所係，萬民死生之所托，詎可妄愛之耶？必得其人，而後可以專其任。人不能皆賢，而有不肖者焉，此所以在所論也。其孫子之論將，有所謂智、信、仁、勇、嚴，孫子之智、信、仁、勇、嚴，即太公之五材也；又有所謂將有五危，孫子之五危，即太公之十過也。材則必勝，過則必敗，可不論之乎？是以晉謀元帥，則必曰郤縠可，此以材論之，而知其可也；趙將趙括，其母力言其不可，此以非其材論之，而知其不可也。○劉寅云：武王問太公曰：評論將帥之道奈何？太公對曰：爲將者有五材，有十過。○朱墉云：材，美質也。過，性情之偏也。

武王曰：「敢問其目？」太公曰①：「所謂五材者，勇、智、仁、信、忠也。勇則不可犯，智則不可亂，仁則愛人，信則不欺②，忠則無二心。

【考異】

①治要無上「武王曰」至此十字。

②「不」下，孫校本有「可」字。「欺」下，治要有「人」字。

【集解】

施子美云：將之材有五，所謂智、信、仁、勇、忠，皆材也。勇則敢於進戰，故不可犯。漢之李廣可謂勇矣，故虜不敢犯之。智則明於應事，故不可亂。張良運籌帷幄，決勝千里，其孰得而亂之？仁則有惻隱之心，故能愛人。李忠嗣亦仁者矣，不以萬人命易一官，非愛人乎？信則以誠相待，故不欺人。羊祜亦信矣，當時吴將且有「安有鴆人羊叔子」之言，則其不欺也可知。忠者必一心事君，而無疑貳，故無二心。裴晉公討賊，誓不與俱存，非無二心乎？必備是才，而後可以居是職，五材既備，斯可以將矣。五者，其與孫子之五者亦一律矣。而孫子易忠以嚴者，蓋人誰不忠，而嚴者，又治軍之所先也。先之以智者，蓋孫子言之始計，非智不可也。○劉寅云：武王曰：敢問其目如何？太公對曰：所謂將之五材者，勇、智、仁、信、忠也。勇者果敢，故不可犯；智者多謀，故不可亂；仁者惻隱，故能愛人；信者以實，故不可欺；忠者盡己，故無二心。愚按太公論將以勇爲首，孫子論將以智爲先，太公終之以忠，孫子終之以嚴，何也？夫爲將之道，雖有五，而其要則在智、勇二者而已。勇而無智則輕死，是鬭將也；智而無勇則心怯，特謀將也。孫子論計，故以智爲先，謀定而與人戰，則勇有所施；太公論材，故以勇爲首，勇決而謀於成，則智有所用。故勇必以智而後成，智必以勇而後行。然無仁則失之殘忍，而士衆之心離；無信則失之欺蔽，而上下之情隱，故智、勇必以仁、信輔之也。中庸論三達德，曰智、曰仁、曰勇，而行之以誠。誠者，信之極也。太公終之以忠，恐爲將者不能盡乎己，而有二心也。二其心，則事不成矣。孫子終之以嚴，恐爲將者失於姑息，而愛克厥威也。愛克厥威，則允罔功矣。太公、孫武之言各有攸當，宜參互考之，不可執一論也。○黄獻臣云：此因論將而詳五材之目。太公論將，以勇爲首，而終之以忠，孫子論將，以智爲先，而終之以嚴，何也？蓋太公論材，故以勇爲首，孫子論計，故以智爲先。勇非智無以成，智非勇無以行，然不仁則失之殘忍，不信則失之欺蔽，故繼之以仁信焉。太公終之以忠，恐爲將者不能盡己，而二其心也；孫子終之以嚴，恐爲將者失之姑息，而愛克厥威也。輗近取材將略，如擴宏度而沈於勇（羊侃飲張孺才於舟中，才失火，焚七十餘艘，金帛無數，侃不動聲色，復追飲他日，帝謂侃「羊質虎皮」，侃作虎狀，手扶殿柱，直没指，史稱其宏度沈勇），遠熒惑而朗於智（熒惑，星名，陶回語王導曰：「公爲相，當親忠良，廣得意，日與桓景造膝，熒惑何繇以退？」導媿謝），有虔州而全其仁（高宗以隆祐太后震驚之故，密諭岳飛屠虔，飛誅首惡，而赦脅從），歷歲寒而貞其信（張建封還鎮，帝以雪玉珥鞭送之，曰「卿貞信，歷歲寒而不渝，故以爲況」），懷慷慨以效其忠（馬援曰「下潦上霧，毒氣薰蒸，仰觀飛鳶，沾沾欲墜，懷慷慨以效忠，何如乘欵馬耶」），如數子者，固取材者所必需也。○朱墉云：勇，膂力過人也。智，謀畫萬全也。仁，心存惻隱也。信，號令誠實也。忠，盡己報國也。犯，觸犯也。亂，淆惑也。不欺，無詐僞也。無二心，專于一也。

「所謂十過者，有勇而輕死者①，有急而心速者，有貪而好利者②，有仁而不忍人者③，有智而心怯者，有信而喜信人者④，有廉潔而不愛人者⑤，有智而心緩者，有剛毅而自用者，有懦而喜任人者⑥。

【考異】

①「有」上，治要有「將」字。

②「好」，治要作「喜」，下「貪而好利者」亦如此。

③「忍」下，治要有「於」字，下「仁而不忍人者」亦如此。

④下「信」下，治要有「於」字，下「喜信人者」亦如此。

⑤「人」，治要作「民」。

⑥「懦而喜任」，治要作「壞心而喜用」。壞，懊字形訛。下「懦而喜任」，治要作「懊心而喜用」。

【集解】

劉寅云：所謂將之十過者，有勇敢而輕於死者，有性急而欲速者，有貪婪而性好利者，有仁而不忍於傷人害物者，有智而心怯懦者，有信而喜於信人者，有性廉潔而不肯愛人者，有智而心緩慢者，有性剛而自用其能者，有懦弱而性喜用人者。○黄獻臣云：此詳十過之目。大抵有材而不善用之，而過即伏於材之中，有材而善用之，而過即矯於材之内，爲將者不可不知。○朱墉云：輕死者，暴虎憑河之勇也。欲速者，躁妄輕舉也。好利者，重財苟得也。不忍人者，牽于私愛姑息之人也。心怯者，顧前慮後，不敢有爲也。喜信人者，誠實自悮，尾生之信也。心緩慢者，牽于利害，無决斷也。自用者，愎諫不聽人言也。喜任人者，輕信無主裁也。

「勇而輕死者，可暴也；急而心速者，可久也；貪而好利者，可遺也①；仁而不忍人者②，可勞也；智而心怯者，可窘也；信而喜信人者，可誑也；廉潔而不愛人者，可侮也；智而心緩者，可襲也；剛毅而自用者，可事也；懦而喜任人者，可欺也。

【考異】

①「遺」，直解作「貴」，開宗、武備志、彙解、孫校本俱作「賂」。

②「仁」，彙解作「人」，涉下而誤。

【集解】

施子美云：其爲過也有十焉，勇而輕死，至於懦而喜任人，凡十焉。勇而輕死，則必無持重之心，故可暴以激之；如楚子玉剛而無禮，是勇而輕死者也，故可暴。急而心速者，必不能持久，故可久以縻之；若趙括之出鋭搏戰，可謂急而心速者也，故可久。貪而好利，此則好貨者也，故可遺之以賂；若秦之嶢關之將，可謂貪而好利者也，故可遺。仁而不忍人，則不欲勞其民，故可得而勞之；若夫忍於人，而如張巡之殺人而食，則不可勞矣。智而心怯，則必不能斷，故可窘；孔明雖知天下大計，然謀多決少，亦可窘也。信而喜任人，則内無所主，而輕信人者也，故可誑；騎劫信齊人之言，喜信人者也。廉潔而愛人，則其心懦，故可侮；苟貪而愛人，若吴起，則不可侮矣。智而心緩，則必不能速戰，故可襲；荀攸謂陳宫有智而遲，此智而心緩者也。剛毅而好自用，則必無謀，故可事之；若項羽之剽悍，則剛毅而好自用者也。懦而喜任人，則必不明於事，故可欺；雖任人而不懦，如趙奢輩則不可欺矣。將有十過，用之必敗，其可不詳論，而謹擇之乎？此十者，其與孫子之五危，亦大率相若也。○劉寅云：勇而輕死者，可暴而殺之也。急而心速者，可久而待之也。「貴」字一本作「賂」，言貪而好利，可賂而誘之也。仁而不忍人者，可勞而擾之也。智而心怯者，可窘而辱之也。信而喜信人者，可用言誑之也。廉潔而不愛人者，可侮而慢之也。智而心緩者，可襲而取之也。剛毅而自用者，可以事之也。懦而喜任人者，可以詐欺之也。○黄獻臣云：此申言十過之弊。蓋過而知矯，即獲其用；過而自用，未有不爲人所乘者矣。○朱墉云：暴，激而殺之也。久，持久而困之也。賂，以貴重之物遺之也。勞，煩擾之也。窘，逼迫之也。誑，以所無之事欺誑之也。侮，輕慢之也。襲，出其不意而掩取之也。事，以多事擾亂之也。欺，以愚弄之也。

〔震案〕事，奉也。孟子盡心上「所以事天也」，朱熹集注：「事，則奉承而不違也。」言彼剛愎自用，則可奉承而不違，以驕其心。

「故兵者，國之大事①，存亡之道②，命在於將③。將者，國之輔④，先王之所重也⑤。故置將不可不察也⑥。

【考異】

①「事」，治要作「器」。

②「道」，治要作「事」。

③「於」，彙解作「于」。「將」下，治要有「也」字。

④治要無「將者，國之輔」五字。

⑤治要無「也」字。

⑥「察」上，治要有「審」字。治要本篇止於此。

【集解】

施子美云：將之爲任，難乎其人也若是，故太公復言所以置將之道不可輕。蓋兵者，國之大事，兵之所爲大事者，以其存亡之所係也；存亡之道，命在於將，實統是兵也。兵有成敗，則國有存亡，故其命屬之於將。將者，國之輔也，以其可以助國之威勢也，先王得不重之乎？惟將爲可重，此置將之際所以不可不察也，其察之者，欲其得人也。其在孫子亦云：兵者，國之大事，存亡之道，不可不察也。而太公亦云者，孫子之意爲舉兵者言也，太公之意爲擇將者設也。此太公所以「置將不可不察」爲言。○劉寅云：故兵者，國家之大事，存亡之道，與三軍之命，皆在於將。將者，國家之輔佐，先世聖王之所重也。故人君置將，不可不審察也。○朱墉云：兵者，國家之大事，宗社軍民所係，故曰存亡之道也。三軍之將，兵之勝負皆係在于將，故曰將者，國家之輔佐。察，即察其五材十過之有無也。

「故曰：兵不兩勝①，亦不兩敗。兵出踰境，期不十日②，不有亡國，必有破軍殺將。」武王曰：「善哉！」

【考異】

①「兵」，彙解作「將」。

②「期不」，直解、彙解並作「不出」，慶長本兩存之。

【集解】

施子美云：惟兵在於將，故勝負係焉。兵不兩勝，亦不兩敗，蓋天下之勢不兩立也久矣，此盛則彼衰，彼强則此弱，不勝則敗，二者必有一於此。不勝不敗者，必若河曲之戰，秦晉交綏，而後可也；若泜水之役，陽處父退舍，子尚亦退舍，而後可也。不然，必有勝敗。有奇兵出踰境，無十日之期，必有勝負。此言一舉之間，成敗係焉，奚待於久耶？十日之間，不能亡彼之國，則必破軍殺將，蓋以勝負成敗可以一見決也。武王曰「善哉」，蓋以其言之盡理，故不得不稱善也。○劉寅云：故曰：兵不得兩軍皆勝，亦不能兩軍皆敗。兵出吾之國，踰人之境，不出十日之外，不有喪亡其國者，必有破軍殺將者。武王曰：公言善哉！○黄獻臣云：此言國係命於兵，兵係命於將，亡國破軍，兵家之常，論將者何可不嚴？○朱墉云：兩國非一亡，則必破軍殺將，誠不可不察也。

〔震案〕期，期限也。

選將

【集解】劉寅云：選將者，簡選士之能者，而任之爲將。蓋取書中之義以名篇。○朱墉云：選將者，節選士之能者，而任之爲將也。國之安危存亡係于一將，必選而後可任，不輕授也。

武王問太公曰：「王者舉兵，欲簡練英雄①，知士之高下，爲之奈何②？」

【考異】①直解、開宗、武備志、彙解、孫校本俱無「欲」字。②治要此句下屬「太公曰『知之有八徵』」。

【集解】劉寅云：武王問太公曰：王者舉兵，簡練英權之人，欲知士之高下，則爲之奈何？○朱墉云：簡，拔取也。練，成就也。

〔震案〕練通柬，音義並與簡同，謂選擇也。通典卷一五九引孫武語「簡兵練卒」，此簡與練亦並爲選擇之義。朱駿聲通訓定聲乾部：練，叚借爲柬。爾雅釋詁下「柬，擇也」，邢昺疏：「簡、柬音義同。」

太公曰：「夫士外貌不與中情相應者十五①：有嚴而不肖者②，

【考異】

①「中」，直解、開宗、武備志、彙解俱作「衆」。朱墉云：「衆」，當作「中」。

②「嚴」，直解、開宗、武備志、彙解、孫校本俱作「賢」。劉寅云：舊本「衆情」作「中情」，下同；「有賢而不肖者」作「有似賢而實不肖者」，當從之。

【集解】

施子美云：人固不易知，知人亦未易。以山濤之賢，三十年而不知其子簡；以王濟之賢，三十年而不知其叔湛。夫親莫親於父子、叔姪，而有三十年而不知者，況其他乎？此武王所以欲簡練英雄，知其才之高下，而太公所以質外貌與中情而論之。夫世固有碔中而玉表、羊質而虎皮者，烏可以其外而信其中耶？有大辯而若訥、大巧而若詘者，又烏可以其外而弃其内耶？聖人亦智於知人者也，而門弟子又皆其平日所相與周旋而講究者也，其知之若無甚難者，而聖人且謂以貌取人，失之子羽，以言取人，失之宰我，是則中情外貌爲難究也久矣。況於素不相遇者，一朝欲擇而用之，不亦難乎？○劉寅云：太公對曰：夫士之外貌不與中情相應者十五事。有外似賢而内實不肖者。○朱墉云：賢，外似賢德也。不肖，内實不肖也。〔震案〕嚴者，威嚴、莊嚴。孫子計篇「將者，智、信、仁、勇、嚴也」，王晳注：「嚴者，以威嚴肅衆心也。」

「有温良而爲盜者，有貌恭敬而心慢者，有外廉謹而内無至誠者①，有精精而無情者②，有湛湛而無誠者，

【考異】

①「廉」，彙解作「謙」。朱墉云：「廉謹」，坊本作「謙謹」。「至誠」，直解、開宗、武備志、彙解、孫校本俱作「恭敬」，慶長本兩存之。

②劉寅云：舊本作「精精而無情者」，當從之。

【集解】

劉寅云：有性温和良善而反爲盜者，有外貌恭敬而心怠慢者，有外若廉謹而内無恭敬者，有精精然詳細而無情實者，有湛湛然澄清而内無誠信者。○朱墉云：温，和也。良，善也。謙謹，虚謙不侈肆也。精精，太精明也，詳細也。情，實也。湛湛，太矯激也。

〔震案〕廉謹者，敬篤之謂。謹猶敬也，廉亦謹也。文選卷一七王褒洞簫賦「廉察其賦歌」，吕向注：「廉，謹也。」精精者，精之精也。上精字，細緻嚴密之謂。下精字，猶甚也。精精而無情，謂外表周密嚴謹之極而内中虚浮不實也。湛湛，二字並當讀爲精湛之湛。楚辭屈原九章涉江「忠湛湛而願進兮」，王逸注：「湛湛，重厚貌。」

有好謀而不決者①，有如果敢而不能者，有悾悾而不信者，有怳怳惚惚而反忠實者②，

【考異】

①「不」，直解、開宗、武備志、彙解、孫校本俱作「無」，慶長本兩存之。

②「怳」，講義、開宗、武備志、彙解、孫校本俱作「恍」，慶長本兩存之。廣韻上聲養韻「怳，許昉切」，集韻上聲蕩韻「怳、恍，虎晃切」，二字音同，今普通话亦皆读如謊。老子二十一章「恍忽中有物」，河上本作「怳兮忽兮，其中有物」。朱駿聲通訓定聲壯部：「怳，字亦作恍。」是怳與恍同。「惚」，孫校本作「忽」。

【集解】

施子美云：嚴而不肖，温良而爲盜，貌恭而心慢，外廉謹而内無至誠，與夫精而無情，湛而無誠，好謀而不決，果敢而不能，悾悾而不信，外勇而内怯，秉秉而易人，若是者，皆其外可取，而内實失之者也，不可以其外而信其内。○劉寅云：有好謀慮而無決斷者，有外如果敢而内實不能者，有外貌悾悾然專慤而内不信者，有怳怳惚惚然多所遺忘而反内忠實者。○朱墉云：悾悾，專慤也。恍惚，多所遺忘也。

〔震案〕悾，廣韻去聲送韻「苦貢切」，又「苦紅切」，今普通話讀如空之陰平聲。悾悾，廣雅釋訓「誠也」。怳惚，知覺迷亂也。文選卷一九宋玉神女賦「精神怳忽」，李善注：「怳忽，不自覺知之意。」

「有詭激而有功効者，有外勇而内怯者，有肅肅而反易人者①，有嗃嗃而反静慤者，有勢虚形劣而外出無所不至②、無所不遂者③。天下所賤，聖人所貴，凡人莫知④，非有大明，不見其際⑤，此士之外貌不與中情相應者也⑥。」

【考異】

①「肅肅」，講義作「秉秉」；「人」，講義作「入」，疑皆以形近而致訛。

②「外出」，直解、開宗、武備志、彙解、孫校本皆作「出外」。

③「所」，直解、武備志、彙解、孫校本俱作「使」，慶長本兩存之。

④「莫」，直解、開宗、武備志、彙解、孫校本俱作「不」，慶長本兩存之。

⑤「不」下，武備志、孫校本皆有「能」字。

⑥「中」，開宗、武備志、彙解皆作「衆」。武備志、孫校本並無「情」字。

【集解】施子美云：有恍惚而反忠實，詭激而有功効，嗃嗃而反靜慤，勢虚形劣，而外出無所不至、無所不遂者，皆其外若無能，而其内反有可取者也，不可泥其外而弃其内。惟其人材之相去，内外或遠，是以世之去取、所見亦異。天下之所賤者，疑若可賤也，而聖人之所貴者，乃天下之所賤者也，何者？天下之所見者外，聖人之所見者内也。所見既殊，故其去取亦異。天下之所見，惟不及於聖人，此凡人所以莫知，惟至明者乃知其極，苟非有大明見者，則亦何以見其涯際哉？此無他，中情外貌不相應，所以難也。○劉寅云：有心好詭激，而作事反有功効者，班固叙事詭激，疑與此詭激之義同，謂激人之短，揚人之長也。有外勇敢而内怯弱者，有貌肅肅然恭敬而反輕易人者，有嗃嗃然威嚴而反沈靜專慤者，有勢虚形弱而出外無所不至、無使不成遂者。此等之人，天下衆人所賤，而聖人獨貴之也。聖人官人，因其材而任之，凡人所以不知也，非有知人之大明，不能見其際。此士之外貌不與中情相應，而爲人賤之耳。○朱墉云：詭激，是毁人之短，揚人之善也。肅肅，恭敬也。易，慢也。嗃嗃，嚴勵貌。無所不遂，克稱任使也。際，岸際，言未易測也。

〔震案〕詭，玉篇言部「恑也」。詭激，古怪偏激也。嗃嗃，嚴酷也。易家人「家人嗃嗃」，孔穎達正義：「嗃嗃，嚴酷之意也。」陸德明釋文：「嗃嗃，呼落反，又呼學反。」今普通話讀如賀賀。釋文又曰：「鄭云『苦熱之意』，荀作『確確』，劉作『熇熇』。」鄭珍説文新附考卷一曰：「依鄭君義，則熇是本字，説文『熇，火熱也』，疑鄭易亦本是熇字。毛詩『多將熇熇』，箋云『多行熇熇慘毒之惡』，此熱義之引申，與易『熇熇』訓嚴酷者同。」靜慤，猶今之謂善良真誠也。靜，善也。藝文類聚卷八七引韓詩「有靜家室」注：「靜，善也。」慤，善而誠也。吕氏春秋去宥「不以善爲之慤」，高誘注：「慤，誠也。」又鹽鐵論本議「本修則民慤」，張之象注：「慤，音卻，善也，誠也。」今普通話亦讀如卻。勢虚形劣，謂勢態卑弱，而狀貌拙劣也。際，事物彼此之分界也。文選王儉褚淵碑文「喜愠莫見其際」，劉良注：「際，涯畔也。」不見其際，謂不能分辨外貌之形與中情之實也。

武王曰：「何以知之？」太公曰①：「知之有八徵②：一曰問之以言③，以觀其辭④；二曰窮之以辭，以觀其變；三曰與之閒謀⑤，以觀其誠；四曰明白顯問，以觀其德；五曰使之以財⑥，以觀其廉⑦；六曰試之以色，以觀其貞；七曰告之以難，以

觀其勇⑧；八曰醉之以酒，以觀其態。八徵皆備⑨，則賢不肖别矣。」

【考異】

①治要此句屬上「爲之奈何」。
②「徵」，開宗、武備志、孫校本俱作「證」。
③「問之以言」，治要有「微察問之」。
④治要無「以」字。「辭」，直解、開宗、武備志、彙解、孫校本皆作「詳」，慶長本兩存之。
⑤「諜」，講義、直解、開宗、武備志、彙解、慶長本俱作「諜」。
⑥「使之」，治要作「遠使」。
⑦「廉」，治要作「貪」。
⑧治要無「以」字。
⑨「徵」，開宗、武備志、孫校本俱作「證」。

【集解】

施子美云：人雖有難知之情，而有可知之理，所謂可知之理，果何在哉？昔翼奉嘗上封事於元帝時，謂知人之術在於六情十二律，而執十二律而御六情，以參虛實，萬不失一。所謂知人之理，其在是乎？非也。夫子有言：「視其所以，觀其所由，察其所安，人焉廋哉？」此正知人之術也。此太公所以以徵明之。問之以言以視其辭，蓋未知其所藴，則求之於言。言，心聲也，情動於中，而後形之於言。問之以言，則彼必有所應之辭，吉人辭寡，躁人辭多，即是以觀，則其中之所藴者可知矣。昔高祖於韓信設拜之際，則有所謂「將軍何以教寡人」之言，此欲問以言，而以觀其辭也。窮之以辭以觀其變，則究其所以盡是變者，而以知其所得也。辭而或窮，則變亦有所窮矣，故窮之以辭，可以觀其變。昔孫武之見吴王，吴王即觀其書，而復欲試以勒兵，此欲窮之以辭以觀其變也。與之間諜以觀其誠，此又觀其所藴之忠否。彼其果忠誠耶？雖間不入，此武涉、蒯通之説，所以不能變韓信之心也。或以爲使爲間諜，此食其、唐儉之徒所以身死於敵，而不變也。明白顯問以觀其德，此其究其所操守，而明白顯問之，以觀其内之所存者如何，此光武所以以「何願」而問鄧禹也。使之以財以觀其廉者，蓋人惟無貪心，則貨賂不可移，使之以財，彼既不貪，則廉矣。以是求之，則有如張奂之廉潔者，必可得矣。試之以色以觀其貞，蓋人惟所守者正，則必不爲色所感，故以色試之，可以觀其貞否。以是求之，則有如吴起之貪而好色者，必可得而知矣。告之以難以觀其勇，蓋人惟敢於有爲，則必不擇事而安，告之以難，而彼無所避，則其勇可知也。以是求之，則有如馬援之矍爍者，可得而知矣。醉之以酒以觀其態，夫人内有所養者，則必不爲酒所惑，故醉之以酒，可以觀其態，彼不困於酒，則賢矣。以是求之，則有如季布之使酒任氣者，可得而知矣。大抵觀其外可以知其内，八徵既備，則人之内外無所藴矣，故賢不肖皆得而知之。○劉寅云：武王問曰：人之賢否何以能知之？太公對曰：欲知其賢否，有八事徵驗之：初一曰問之以言，以觀其詳細；次二曰窮究之以辭，以觀其權變；次三曰與之以間諜之言，以觀其誠實；次四曰明白顯問，無有隱情，以觀其德行；次五曰使之以財貨，以觀其廉潔；次六曰試之以女色，以觀其貞正；次七曰告之以患難，以觀其勇敢；次八曰醉之以醇酒，以觀其態度。八徵皆全備，則賢不肖可分別矣。○黄獻臣云：此言士之情貌多不相應，王者簡練英雄，當具八證，以得其情。蓋世眼多濁，非有大明，不能相諸牝牡驪黄之外（穆公使九方皐求馬，曰「得之矣，牝而黄」。使人視之，牡而驪。伯樂曰「皐之所觀，天機也，得其精而忘其粗」。馬至，果稱絶塵），否則得外遺内，此良驥所繇伏櫪與（伯樂過長坂，見馬服塩車，一顧而長嘶）？○朱墉云：詳，細也。辭，言語也。間諜，遊説離間也。貞，操守也。

立將

【集解】劉寅云：立將者，建立大將也。武王問立將，故以名篇。○黄獻臣云：拔之衆人之中，立之衆人之上，如漢高之拜淮陰是也。

武王問太公曰①：「立將之道奈何？」太公曰：「凡國有難，君避正殿②，召將而詔之曰③：『社稷安危，一在將軍④，今某國不臣，願將軍帥師應之⑤。』

【考異】

①治要自此以下至「以下至於泉，將軍制之」，在龍韜。

②「避」，治要作「居」。

③「召」，治要作「名」。

④「一在」，武備志作「在一」。

⑤治要無上「今某」至此十二字。「之」下，彙解有「也」字。

【集解】

施子美云：非禮無以得賢，非賢無以制難。昔高祖欲召韓信拜爲大將，蕭何曰：「王素嫚無禮，今呼大將如召小兒，此乃信所以去也。」乃設壇場，具禮拜之。大抵不盡其禮，不足以示其誠，不推以誠，不足以感其心，太公之所以告武王立將之道，誠欲武王盡禮以感激之也。當國家多難之際，避正殿而召將，所以示其不自居其尊也；詔之以社稷安危之寄，所以重其責也；遂告之以所伐之國，彼有不臣之心，將軍其往應之，所以示其師出之有名而非已也，故曰應之而已。○劉寅云：武王問太公曰：建立大將之道奈何？太公對曰：凡國家有患難，君避去正殿，召將而詔告之曰：社稷之安與危，一在將軍，今某國不守臣職，願將軍帥師以應之。○朱墉云：避正殿，示不敢當尊也。之，往也。

〔震案〕一在將軍，猶言皆在將軍。王引之經傳釋詞卷三：「一，猶皆也。」

「將既受命①，乃命太史卜，齋三日②，之太廟，鑽靈龜，卜吉日，以授斧鉞③。

【考異】

①「既」，治要作「軍」。

②「齋」，講義作「齊」，詳文韜文師篇。

③上「乃命」至此二十一字，治要唯作「乃齊於太廟，擇日授斧鉞」二句。「授」，武備志、孫校本並作「受」。受、授通用，詳龍韜王翼篇「因能受職」。「鉞」，直解作「越」，慶長本兩存之。越即鉞也。爾雅釋言「越，揚也」，詩大雅公劉「干戈戚揚」傳「揚，鉞也」，郝懿行義疏云：「揚鉞即揚越，本爾雅爲訓也。越、鉞聲同，越、揚聲轉，鉞字古止作戉，與越通用。」

【集解】

施子美云：將既受命，乃命太史卜齊，所以示其敬；齊三日而之太廟，鑽龜卜日而授斧鉞，所以告之神。○劉寅云：將既受君命，乃命太史卜之，王乃齋三日，往太廟鑽靈龜，卜問吉日，以授其斧越。越與鉞同。

〔震案〕太史卜，大史寮之大卜是也。毛公鼎銘文「巳曰『及兹卿事寮、大史寮』」，周制，天子以卿事、大史二寮執掌天下之政。詩小雅節南山「赫赫師尹」，師即卿事寮之官長大師也，尹則大史寮之官長大史也。王國維書作册詩尹氏説曰：「百官之長皆曰尹，而内史尹、作册尹獨單稱尹氏者，以其位尊而地要也。尹氏之職，掌書王命及制禄命官，與太師同秉國政。」禮記曲禮下「天子建天官，先六大，曰大宰、大宗、大史、大祝，大士、大卜」，此「六大」皆大史寮之官也，而以大卜執卜筮之事。周禮春官宗伯叙官鄭玄注「大卜，卜筮官之長」，又大卜云「掌三兆之灋」，「掌三易之灋」，「掌三夢之灋」，皆其證。

「君入廟門①，西面而立②；將入廟門③，北面而立④。君親操鉞持首⑤，授將其柄⑥，曰：『從此上至天者⑦，將軍制之。』

【考異】

①治要無「門」字。

②「面」，治要作「南」。

③「入廟門」，治要作「軍入」。

④治要無「而」字。

⑤「鉞」，直解作「越」，慶長本兩存之，詳上；武備志、孫校本並作「斧」。「持」下，治要有「其」字。

⑥「授將」，治要作「受」。

⑦「上至天者」，治要作「以往上至於天」。

【集解】

劉寅云：人君入廟門内，西面而立，就主位也。大將入廟門内，北面而立，就臣位也。君親操鉞，持其首，授將以其柄曰：從此上至於天者，將軍制之。鉞，揚也，有向上之義，故以天言。授鉞而以柄者，欲致果決於人也。

「復操斧持柄①，授將其刃②，曰：『從此下至淵者③，將軍制之④。

【考異】

①「復操斧持」，治要作「乃復操」。「復」，彙解作「後」。「斧」，武備志、孫校本並作「鉞」。

②「將」，治要作「与」。

③「下至淵者」，治要作「以下至於泉」。

④治要此句下屬「既受命曰」，亦在龍韜。

【集解】

施子美云：君入廟門，西面而立，立於阼階也；將入廟門，北面而立，所以存答君之義也。君操鉞持首，授之以柄曰：從此上至天，將軍制之。復操斧持柄，授之以刃曰：從此下至淵，將軍制之。其所以然者，所以專其任也。操鉞授柄者，取其有所執也；操斧授刃者，取其有所斷也。○劉寅云：君復操斧，持其柄，授將以其刃，曰：從此下至於淵者，將軍制之。斧，戚也，有俯下之義，故以淵言。授斧而以刃者，欲致果決於己也。

「『見其虛則進①，見其實則止②，勿以三軍爲衆而輕敵③，勿以受命爲重而必死④，勿以身貴而賤人，勿以獨見而違衆，勿以辯説爲必然⑤。

【考異】

①治要自此以下至「寒暑必同，敵可勝也」，在犬韜。

②「止」，治要作「避」。

③「衆」，治要作「貴」。

④「受」、「必死」，治要分别作「授」、「苟進」。受、授通用，詳龍韜王翼篇「因能受職」。

⑤「説」，治要作「士」。「爲」，武備志、孫校本並作「而」。「然」下，彙解有「也」字。

【集解】施子美云：其任之既專，又恐其失之自用，故告之以利害之所寓。夫見可而進，知難而退，軍之善政也。故見其虚則進，是見可而進也；見其實則止，是知難而退也。勿以三軍爲衆而輕敵，此兵法所謂「惟無武進」也。恃其衆而不審其謀，非武進乎？勿以受命爲重而必死者，兵法有「必死，可殺」之戒，以受命爲重，而必死於敵，此危道也，故勿以是而爲重而必死。勿以身貴而賤人，懼其驕以失衆也。勿以獨見而違衆，懼其剛愎而自用也。勿以辯説爲必然，懼其爲敵所誑也。○劉寅云：見其敵之虚則前進，見其敵之實則且止。勿，禁止之辭。勿以三軍爲衆盛而輕易敵人，勿以受人君之命爲重而期以必死，勿以自己之身尊貴而卑賤他人，勿以一己之獨見而違衆心，勿以辯捷之説爲必然而偏聽。○朱墉云：虚實，皆指敵言。必死，輕生也。必然，偏聽其説爲是也。

「『士未坐勿坐①，士未食勿食，寒暑必同。如此，則士衆必盡死力②。』

【考異】

①「勿」上，武備志、彙解、孫校本皆有「而」字。下「勿食」之「勿」上亦如此。

②「如此，則士衆必盡死力」，治要唯作「敵可勝也」四字，其在犬韜之篇止於此。直解、開宗、武備志、彙解、孫校本皆無「則」字。

【集解】

施子美云：以至勞佚必以身同之，故士未坐勿坐，士未食勿食，寒暑必與之同，士卒感之，豈不爲之盡力致死？○劉寅云：士衆未坐，將勿先坐；士衆未食，將勿先食。大寒大暑，勿重裘張蓋，必與衆同之。若能如此，士衆必爲之盡死力以前進。按此篇不言推輪捧轂，恐脱簡耳。○黄獻臣云：此言人君命將之事。委任嚴重，責望宏深，社稷以之，不可不慎也。

〔震案〕推輪捧轂，君王命將之隆禮。轂者，車輪輻所湊也。謂將帥受命，乘車而行，君王乃爲其擡舉車轂，推行車輪也。秦漢之時尚有推轂之説，史記魏其武安侯列傳「推轂趙綰爲御史大夫」，司馬貞索隱：「推轂謂自卑下之，如爲之推車轂也。」惟推輪捧轂一辭，舊籍所未見，蓋晚出耳。

「將已受命①，拜而報君曰②：『臣聞國不可從外治③，軍不可從中御。二心不可以事君，疑志不可以應敵。臣既受命專斧鉞之威，臣不敢生還④。願君亦垂一言之命於臣⑤。君不許臣，臣不敢將⑥。』

【考異】

①「將」，彙解作「既」。

②「將已受命，拜而報君曰」，治要作「既受命曰」，上屬「將軍制之」，在龍韜。

③「臣聞」，治要作「民聞治」。

④「生還」，治要作「還請」。

⑤「亦」，治要作「赤」。

⑥治要無下「二」「臣」字。

【集解】施子美云：責之既重，任之既專，戒之既至，則受命而出者，得無所報乎？是以將拜而報，則必分内外之任，别軍國之治，謂國不可從外治，軍不可從中御，此所以别軍國之異政也。古者立將之際，推轂之間，告之以自閫以外，將軍主之，自閫以内，寡人治之，是則軍國之治，未嘗不分也，而將復爾云者，懼其掣肘也。二心不可以事君，言以忠報國，無有二心也；疑志不可以應敵，言以智決之也。既受命而往，專斧鉞之威以爲權，則必以滅敵爲期，故不敢生還。古之人固有誓不與賊俱存，如裴晉公者，則不敢生還之説可驗矣。於是將又欲有以堅其君之心，故又求君一言之諾。○劉寅云：大將已受命，拜而報君曰：臣聞國家之事，不可從外治之；軍旅之事，不可從中御之；有二心，不可以事奉人君；有疑志，不可以往應敵國。臣既受君之命，專主斧鉞之威，臣不敢生還于國，願君亦垂一言之命於臣，君若不許臣，臣不敢爲將。○朱墉云：國事不可從外治，言當獨斷也。軍旅之事，不可從中制之，言當委任也。既爲君，又愛身，是二心也。疑志，君將相疑也。

〔震案〕一言之命，如將在外君命有所不受云爾。

「君許之，乃辭而行。軍中之事，不聞君命①，皆由將出②，臨敵決戰，無有二心。若此，則無天於上③，無地於下④，無敵於前，無君於後⑤。

【考異】

①「不」下，治要有「可」字。

②「由」，開宗作「繇」。朱駿聲説文通訓定聲孚部：「繇，爲䌛之重文。」「繇，叚借又爲由。」「將」下，治要有「軍」字。

③「則無天」，治要作「无夫」。

④「於下」，及下「於前」、「於後」，三「於」字彙解皆作「于」。

⑤「君」，治要作「主」。

【集解】

施子美云：君既許之，乃辭而行，此甘茂所以指息壤以告昭王也。君既任之專，則將亦不可不專，故軍中之命，皆由將軍，而君命有所不受，此細柳之營吏所以有「軍中聞將軍令，不聞天子詔」之言也。將權既專，則其志必一，故臨敵決勝，無有二心，此魯山之所以願爲斷頭將軍也。任專而性誠，宜其無天於上，無地於下，無敵於前，無君於後，莫之或制也，其説見於尉繚子將權。○劉寅云：君已許之，乃辭而行。軍中之事，不聽聞於君命，皆從大將而出；臨敵決戰，無有疑二之心。如此，則無天於上，謂上不制於天也；無地於下，謂下不制於地也；無敵於前，無君於後，謂中不制於人也。○朱墉云：無有二心，無有疑懼退怯之心也。

「是故智者爲之謀①，勇者爲之鬬，氣厲青雲，疾若馳騖②，兵不接刃，而敵降服③。

【考異】

①「謀」，治要作「慮」。

②「騖」，治要作「驚」，武備志作「鶩」。朱駿聲説文通訓定聲孚部：「騖，叚借爲鶩。」

③治要本篇止於此。

【集解】施子美云：惟若是其專，故人亦樂爲之用。智者則獻其明，故爲之謀；勇者則致其力，故爲之鬭」；其氣之奮，可以麾厲青雲」；其勢之疾，若馳鶩焉。鶩，疾鶩也。兵不接刃，而可以服人。○劉寅云：是故智者爲之盡謀，勇者爲之赴鬭，氣凌厲乎青雲，動於九天也，疾若馳鶩，勢盛聲烈也，故兵不用接刃，而敵自降服。○朱墉云：氣厲青雲，動于九天也。疾，速也。馳鶩，勢盛聲烈也。

〔震案〕厲，高揚飛起也。吕氏春秋季冬紀「征鳥厲疾」，高誘注：「厲，高也。」又文選宋玉高唐賦「沫潼潼而高厲」，李善注：「厲，起也。」鶩，説文馬部「亂馳也」，廣韻去聲遇韻「亡遇切」，「馳也，奔也，驅也」，讀如務。

「戰勝於外①，功立於内，吏遷士賞②，百姓懽説③，將無咎殃，是故風雨時節，五穀豐熟④，社稷安寧。」

武王曰：「善哉！」

【考異】

①「於」，彙解作「于」，下「於内」之「於」同此。

②「士」，直解、開宗、武備志、彙解、孫校本俱作「上」，慶長本兩存之。

③「懽」，直解、武備志、彙解皆作「歡」。懽，説文心部「喜歀也」，段玉裁注云：「懽、歀疊韻。

款者，意有所欲也。欠部曰：『歡者，喜樂也。』懽與歡音義皆略同。」又云：「懽，讀如歡。」「説」，講義、直解、開宗、武備志、彙解、慶長本、孫校本皆作「悦」。説，説文言部「説釋也」，段注：「説釋即悦懌。説悦、釋懌皆古今字。許書無悦懌二字也。説釋者，開解之意，故爲喜悦。」

④「穀」，原同慶長本訛作「穀」，講義、直解、武備志俱訛作「穀」，據彙解及孫校本改正。詳文韜六守篇。「熟」，直解、開宗、武備志、彙解、孫校本俱作「登」，慶長本兩存之。登亦熟也。孟子滕文公上「五穀不登」，朱熹集注：「登，成熟也。」

【集解】

施子美云：戰勝於外，收功於内，吏遷其官，士獲其賞，百姓歡悦，以其可以慰其心；將無咎殃，以其行罰之當。夫若是則人和，而天地之和應之，故風雨時節，五穀豐熟，社稷以之安寧。武王一聞太公之言，其効若此，烏得而不稱善？其在制旨兵法，於論大將篇有「卜齋，之太廟，鑽龜卜日，以受旗鼓」之説，有「操鉞授柄，操斧授柄」之説，又有「國不可以從外治，軍不可從中御」之説，以至「無天於上，無地於下，無敵於前，無君於後」，其言大抵與此同。張昭之法，必本於此也。不然，何以古者人君命將爲言，其終又曰「兵之所加者，必無道之國也」？故能戰勝而不報，取地而不還，民不疾疫，將不夭死，五穀豐昌，風雨時節，戰勝於外，福生于内，是故名必成，而後無餘害矣。兹非爲天下去愁嘆之苦而人和，故能然矣。昔者文侯之將吴起，嘗與夫人醮之於廟矣，此則得太公告廟之禮也。衛伐邢，師興而雨，此則得周人伐商而年豐之意也，故衛人亦以伐商之説證之。○劉寅云：戰既勝於外，功又立於内，爲吏者超遷上賞，百姓皆歡悦，將帥無咎殃，是故風雨應時節，五穀皆豐登，社稷得安寧。武王曰：公言善哉。○黄獻臣云：此言將軍受命制勝之事，軍不内御，有死無二，故能上不制於天，下不制於地，中不制於人，敵國服而社稷寧，如裴度誓不與賊俱生（裴度討淮西將行，曰「臣若滅賊，朝天有期。賊在，歸闕無日」），王濬之不拘常法（張弘殺益州刺史皇甫晏，王濬欲奏而討之，李毅曰「大夫出疆，專之可也，此事不當拘常法」，遂討誅之），誠將之事也。倘人二其心，尚期於濟事，符離之潰（李顯忠率所部與金戰，邵宏淵按兵不動，曰「當此盛暑，摇扇且猶不堪」，顯忠知孤立退師，至符離大潰）足鑒矣。

〔震案〕時節，合於時而有節制也。

將威

【集解】

劉寅云：將威者，論將之不可無威也。有威而可畏謂之威。人畏將之威，以守則固，以戰則勝矣。以武王問將何以爲威，故以名篇。○黄獻臣云：此言主將之威嚴。

武王問太公曰①：「將何以爲威？何以爲明②？何以爲禁止而令行③？」

【考異】

①直解無「太公」二字。

②「明」下，治要有「何以爲審」四字。

③直解無此二「爲」字。

【集解】

施子美云：將必有權，欲知其權之所盡，則必求其所以爲權者。威也，明也，禁止而令行也，皆將之所以爲權也。武王欲求其所以爲權者，故以何以爲問。○劉寅云：武王問曰：大將何以爲之威？何以爲之明？何以能禁止而令行？○朱墉云：明，當其功罪也。

太公曰：「將以誅大爲威①，以賞小爲明，以罰審爲禁止而令行。

【考異】

①治要無「將」字。

【集解】

施子美云：太公則具言其所以盡之者。夫刑必欲人畏，不威則何以使人畏？賞必欲人勸，不明則何以使人勸？禁令必欲使人遵，罰不審則何以使人遵？誅之所以爲威者，非在數誅也，能誅大則可以爲威；賞之所以爲明者，非在數賞也，能賞小則可以爲明。蓋人莫不憚尊貴而忽微賤，故於尊貴刑有所不加，而於微賤者賞有所不及，非所以爲威明也。惟不憚權貴，而大者有罪則必誅，乃所以爲威也；不遺微賤，而小者有功則必賞，乃可以爲明也，是皆權極其所用，故人服其威與明也。至於用罰，則尤不可妄加於人，必審其可而後行，則其爲罰也當矣。故禁之必止，令之必行，是又權當其用，而人必唯上之從故也。○劉寅云：太公對曰：將以能誅其大者爲威，以能賞其小者爲明，以用罰詳審爲禁者止而令者行也。○朱墉云：誅大，誅戮尊貴也。賞小，賜賚卑賤也。禁止令行，令法詳審，則三軍順從也。

故殺一人而三軍震者①，殺之；賞一人而萬人説者②，賞之③。殺貴大④，賞貴小。殺及當路貴重之臣⑤，是刑上極也；賞及牛豎、馬洗、廄養之徒⑥，是賞下通也。刑上極，賞下通，是將威之所行也⑦。」

【考異】

①凡「殺」字，治要、敦煌唐寫本皆作「煞」。煞與殺同。「震」，治要作「振」。振，振形訛，振讀爲震。荀子正論「通達之屬莫不振動從服以化順之」，楊倞注：「振與震同，恐也。」

②「萬」下「人」字，開宗、武備志、孫校本皆作「民」。「説」，講義、開宗、武備志、慶長本、孫校本皆作「悦」。詳立將篇「百姓懽説」。

③「賞一人」以下十字，治要作「煞一人而萬人慄者，煞之；煞一人而千萬人恐者，煞之」。

④「殺」上，治要有「故」字。

⑤「及」，直解、彙解並作「其」，慶長本兩存之。「當路貴重」，治要作「貴重當路」。「臣」，直解、開宗、武備志、彙解、孫校本皆作「人」，慶長本兩存之。

⑥「牛豎馬洗廄養之徒」，治要作「牛馬廝養」。

⑦「將威」，治要作「威將」。此句下治要又有八十二字：「夫煞一人而三軍不聞，煞一人而萬民不知，煞一人而千万人不恐，雖多煞之，其將不重；封一人而三軍不悦，爵一人而萬人不勸，賞一人万人不欣，是爲賞无功、貴无能也。若此，則三軍不爲使，是失衆之紀也。」

【集解】

施子美云：故殺一人而三軍震者殺之，此言刑之當而可以使人懲，故殺一人而三軍震慄，其所誅者寡，而所懲者衆也，烏得不殺？賞一人而萬人悦者賞之，此言賞之當而可以使人勸，故賞一人而三軍喜悦，其所賞者寡而所勸者衆也，烏得不賞？李光弼北城之戰所以能使三軍爭奮、死生以之者，以其殺之足以震三軍，而賞足以悦萬人也。刺賊者立賜之絹，不刺者立置之斬，兹其爲權，豈不足以震三軍而悦萬人乎？殺則貴大，以其誅大，則可以爲威也；賞則貴小，以其及小，則可以爲明也。殺何以見其貴大？以其雖當路貴重之臣，有罪必誅，是能殺大也，其爲刑可以極乎上矣。賞何以見其貴小？以其雖牛豎、馬洗、廏養之職，有功必賞，是能賞小也，其爲賞可以通乎下矣。刑能上極，則可以使之畏；賞能下通，則可以使之勸。既畏且勸，將威行矣，此將威之所以行也。昔穰苴之斬莊賈，是能使刑上極也；趙奢之以許歷爲國尉，是能賞下通也。其在尉繚子亦曰「殺之貴大，賞之貴小」，繼之以「夫能刑上究、賞下流，此將之威也」，亦此意也。○劉寅云：故殺戮一人而三軍震懼者，殺之；賞賚一人而萬人喜説者，賞之。殺之貴其大者，賞之貴其小者。殺其當要路權貴尊重之人，是刑極其上也；賞及牧牛之豎、馬洗之夫及廏養之徒，是賞通其下也。刑能極其上，賞能通其下，此將威之所以能行也。○黄獻臣云：此言刑賞當通其極，而後威明至而令行。若韋仁壽之録及圉馬（仁壽守南寧，豪夷歸欵，一日臨戰馬蹶，圉人前冒矢石奮勒，重賞而授之軍功職秩），李晟之法行涇州（大將田希鑒附朱泚，晟至涇州，與希鑒並轡，道故舊懽，晟伏甲宴諸將畢，引下堂，令各自言姓名，得爲亂者三十餘人斬之，顧希鑒曰「田郎不得無過」，并立斬，隣鎮凛栗），孔明能令賢愚僉忘其身（張裔稱孔明曰「賞不遺遠，罰不阿近，爵不可以無功取，刑不可以貴勢免，賢愚所以僉忘其身」），則勸戒明而威無不行矣。○朱墉云：震，駭懼也。法每撓于大，故殺之貴大；恩每忽于小，故賞之貴小。當路，執政樞要也。牛豎，牧廝也。馬洗，馬夫也。

〔震案〕馬洗，謂引馬之人。顧炎武日知録卷二四：「洗馬者，馬前引導之人也，亦有稱馬洗者。」洗，廣韻上聲銑韻「先典切」，今普通話讀如顯。廄養，養馬者，廄讀如救。

勵軍①

【考異】

①「勵」，彙解作「厲」。説文厂部：「厲，旱石也。」徐灝説文解字注箋：「石之粗悍者，可以錯磨，故又爲厲厎、段厲，别作礪。因磨厲之義，又爲勉厲、激厲之義，别作勵。」

【集解】

劉寅云：勵軍者，激勵軍士，使前進也。武王欲三軍攻城爭先登，野戰爭先赴，非激勵其軍，安能使之如此？故以勵軍名篇。

武王問太公曰：「吾欲令三軍之衆①，攻城爭先登，野戰爭先赴，聞金聲而怒，聞鼓聲而喜②，爲之奈何？」

【考異】

①直解、開宗、武備志、彙解、孫校本皆無「令」字。「衆」下，治要有「親其將如父母」六字。

②「聲」，治要作「音」。下「鼓聲」亦如此。

【集解】

施子美云：人必有所感，而後有所勉。吴子嘗謂：「民知君之愛其命、惜其死，若此之至，而與之臨難，則士以進死爲榮、退生爲辱矣。」是則上必有以感乎下，而後可以使之勉也。如欲三軍之衆，攻城爭先登，野戰爭先赴，聞金聲怒，而聞鼓聲喜，其可無術以激之乎？聞金而怒，聞鼓而喜者，蓋金所以止也，鼓所以進也，士卒欲進而惡止，故聞金而怒，怒其止之也，聞鼓而喜，喜其進也，是皆有以感之，故能然也。○劉寅云：武王問太公曰：吾欲三軍之衆，攻人之城爭先登，戰於野爭先赴，聞金聲而止則軍怒，聞鼓聲而進則軍喜，爲之奈何？○朱墉云：赴，往也。金所以止軍，怒者惡其退；鼓所以作軍，喜者樂其進也。

太公曰：「將有三①。」武王曰：「敢問其目？」

【考異】①「三」下，治要有「礼」字，下屬「冬日不服裘」，直解、開宗、武備志、彙解、孫校本俱有「勝」字。

【集解】劉寅云：太公對曰：爲將有三勝。武王曰：敢問三勝之目？

太公曰：「將冬不服裘①，夏不操扇②，雨不張蓋③，名曰禮將④。將不身服禮⑤，無以知士卒之寒暑。

【考異】①「將冬」，治要作「冬日」，上屬「將有三禮」。②「夏」下，治要有「日」字。③「雨不張蓋」，治要作「天雨不張蓋幕」。④「禮將」，治要作「三礼也」。⑤「不身」，治要作「身不」，下「將不身服力」亦如此。

【集解】施子美云：大抵將之統軍，必以身同之，而後可以得其用。太公所謂「三將」，皆以身同之也。將冬不服裘，非無裘也，思士卒之有號寒者也；夏不操扇，非無扇也，思士卒之有冒暑者也；雨不張蓋，非無蓋也，思士卒之有暴露者也。若是之將，名曰禮將。將不身服禮，則何以知人之寒暑？蓋人惟有禮，而後知所以待下，所以謂之禮將也。○劉寅云：太公對曰：爲將者，隆冬不服重裘，與士卒同其寒也；盛夏不操紈扇，與士卒共其熱也；大雨不張傘蓋，與士卒均其濕也：此名曰有禮之將。爲將而身不服禮，則無以知士卒之寒暑。○朱墉云：服禮，身體而力行也。

〔震案〕裘，皮衣也。

「出隘塞，犯泥塗①，將必先下步②，名曰力將。將不身服力，無以知士卒之勞苦。

【考異】

①「泥」，治要作「涅」。涅，同泥。「塗」，武備志作「途」。途，集韻平聲二模韻「通作塗」。「泥塗」，孫校本作「塗泥」。

②「先下」，治要作「不」。

【集解】

施子美云：若出隘塞之地，冒犯塗泥，將不憚其艱難，而必先下步，所以示其不自安，而與之同勞苦也。若是者，謂之力將。惟以力自用，故知人之勞苦。○劉寅云：出隘塞之險，犯泥塗之艱，將必先爲之下步，名曰効力之將。爲將而身不服力，則無以知士卒之勞苦。○朱墉云：隘塞，險隘阻塞也。犯，觸遇也。泥塗，沾體塗足也。

〔震案〕隘、塞，皆謂險要之處，隘塞猶險阻也。

「軍皆定次①，將乃就舍，炊者皆熟②，將乃就食③，軍不舉火，將亦不舉④，名曰止欲將⑤。將不身服止欲，無以知士卒之飢飽⑥。

【考異】

①「軍」，治要作「士卒車」。

②「熟」，開宗作「成」。

③「乃」，開宗、武備志、孫校本皆作「方」。「就」，治要作「敢」。

④「舉」，治要作「火食」。

⑤治要無「將」字。

⑥「飢」，直解、開宗、武備志、彙解皆作「饑」，詳文韜盈虚篇。

【集解】

施子美云：勞則欲息，飢則欲食，暗則欲明，人情均也。故軍次定而後將就舍，以人皆得所息也；炊皆熟而後將就食，以人皆得其食也；軍舉火而後將舉火，以人皆得其明也：凡此皆所以同其欲，故謂之止欲將。止欲者，言不自肆其欲，而能止之以與衆同也。不能自止其欲，則何以知人飢飽之所欲？○劉寅云：軍皆安定幕次，將乃方就舍；士卒炊者皆熟，將乃方就食；軍不舉火以炊，將亦不先舉，名曰能止私欲之將。爲將不身服止欲則無以知士卒之饑飽。○朱墉云：次，營次也。舍，旅館也。止欲，禁止其嗜欲也。

〔震案〕次，止宿也。舉火有多解。莊子讓王「三日不舉火」，此舉火所以爲炊爨也；又墨子號令「夜則舉火」，謂夜見敵舉燧以相告也。「軍不舉火，將亦不舉」者，既謂「止欲」而言，則此舉火自當與起居食宿有關，而上已云「炊者皆熟，將乃就食」，故此處必不能復言炊爨之事，蓋舉火所以取暖、照明也。

「將與士卒共寒暑、勞苦、飢飽①，故三軍之衆，聞鼓聲則喜②，聞金聲則怒③。高城深池，矢石繁下，士爭先登④；白刃始合，士爭先赴。

【考異】

①「飢」，直解、武備志、彙解皆作「饑」，詳文韜盈虚篇。治要此句作「故上將与士卒共寒暑，共飢飽、勤苦」。

②「則」，治要作「而」。

③「則怒」，治要作「而怒矣」。

④治要無「士」字，觀下文，知是脱之耳。

【集解】

施子美云：將惟與之共寒暑、勞苦、飢飽，故三軍必有所感而勉，雖罹患難，有所不辭，故樂進惡退，所以喜於聞鼓而惡於聞金。雖堅城之下、矢石之間，必爭先登之；雖堅陣之前、鋒刃之下，必爭先赴之。○劉寅云：將與士卒能共其寒暑、勞苦、饑飽，三軍之衆所以聞鼓聲則喜其進，聞金聲則怒其退，攻人之高城深池，而矢石繁下，士卒相率而爭先登，若遇野戰，白刃始合，士卒踴躍而爭先赴。○朱墉云：繁，多也。

「士非好死而樂傷也①，爲其將知寒暑、飢飽之審②，而見勞苦之明也③。」

【考異】

①治要無「士」字、「也」字。

②「知寒暑」，治要作「念其寒苦之極，知其」。「飢」，直解、開宗、武備志、彙解皆作「饑」，詳文韜盈虚篇。

③「見」下，治要有「其」字。「勞苦」，直解、武備志、彙解、孫校本皆作「寒暑」。

【集解】施子美云：非好死樂傷故爭先也，以其心有所感，故思有以報上也。向非爲將者審知士卒寒暑飢飽，明見士卒之勞，則亦何以致其然？昔楚子巡城，而三軍之士皆如挾纊；越王投醪，而三軍之士喜滋味之及己；至於穰苴之同勞苦，吴起之舍不平隴畝，田單之身操板插，不無得於太公「三將」之説也。其在尉繚子，亦言「勤勞之師將必先己，暑不張蓋，寒不重裘，險必下步」，「軍食熟而後飯，軍壘成而後舍，勞佚必以身同之」，亦此意也。○劉寅云：士卒非好愛其死而歡樂其傷也，爲其爲將者能知士卒寒暑、饑飽之詳審，而見士卒寒暑之昭明也。○黄獻臣云：此言激勵三軍在通士卒甘苦之情，冒矢石，赴鋒刃，豈人之情？然如此則喜，不如此則怒者，有與共之者也。甚矣，身先之率之感人深也！

〔震案〕審，詳知也。

陰　符

【集解】劉寅云：陰符者，暗爲符節，以通主將之意，不使人知之也。○黄獻臣云：符，符節也，或以銅，或以竹，中分爲二，右留於君，左在將所，有事則陰通而合之。

武王問太公曰：「引兵深入諸侯之地，三軍卒有緩急，或利或害，吾將以近通遠，從中應外，以給三軍之用①，爲之奈何？」

【考異】

①講義無「之」字。

【集解】

施子美云：天下所恃以爲至信者，莫如符節。符與節皆可以示信，而太公論緩急利害之所用，獨以符言者，蓋符以合驗，尤其至密故也。門關用符節，蓋以門關之禁爲嚴，故其合驗也必以符，陰符之説，亦取其可以合驗也。○劉寅云：武王問太公曰：引兵深入諸侯之地，三軍倉卒之間，有緩急之事，或得利，或遇害，吾將以近通其遠，從中以應外，以給三軍之所用，則爲之奈何？○朱墉云：近，朝廷也。遠，邊陲也。中，國中也。外，境外也。

〔震案〕引兵，帶領兵衆。卒，讀爲猝，詳王翼篇「主潛謀應卒」。緩急，謂緊急之事，緩字無實義。給，廣韻入聲緝韻「供給」，「居立切」，今普通話讀如擠。

太公曰：「主與將有陰符，凡八等：有大勝克敵之符，長一尺；破軍擒將之符①，長九寸；降城得邑之符，長八寸；却敵報遠之符②，長七寸；警衆堅守之符，長六寸；請糧益兵之符，長五寸；敗軍亡將之符，長四寸；失利亡士之符，長三寸。

【考異】

①「擒」，直解、彙解並作「殺」，慶長本兩存之。

②「却」，直解、開宗並作「郄」。郄，卻之訛也。玉篇卩部：「卻，俗作却。」

【集解】

施子美云：主與將通而用之，其爲制也凡八等，其最長者一尺，其最短者三寸，長短之所以若是者，必有以也。其勝捷之符則長，以其長於筭也；不利之符則短，以其短於筭也；至於常用之符則中制焉。是以大勝之符一尺，擒將之符九寸，得邑之符八寸，却敵之符七寸，皆勝捷之符長也；敗軍失利，皆爲不利，故以四寸、三寸；至於警衆堅守、請粮益兵，則其所常用，故以六寸、五寸。○劉寅云：太公對曰：主與將有陰符往來相通，凡八等。有大勝克敵之符，其長一尺；破人之軍、殺人之將，其符長九寸；降人之城、得人之邑，其符長八寸；卻退敵人而報遠，其符長七寸；警吾士衆，使之堅守，其符長六寸；請糧益兵，其符長五寸；吾軍敗北，將帥亡没，其符長四寸；吾軍失利，亡殁士卒，其符長三寸。符，與符節之符同，或以銅，或以竹爲之，中分爲二，右留於君，左在將所，有事則陰通而合之。○朱墉云：卻，退也。警，戒嚴也。益，增加也。〔震案〕降，廣韻上平聲江韻「下江切」，今普通話讀如祥。報遠，自遠方傳遞而來，報告於君也。

「諸奉使行符稽留①，若符事聞泄②，告者皆誅之③。

【考異】

①「留」下，直解、開宗、武備志、彙解、孫校本皆有「者」字。

②「聞泄」，直解、彙解並作「泄聞」，且「聞」下有「者」字；慶長本「聞泄」、「泄聞」兩存，下無「者」字。「泄聞」義不可通，「聞」字當屬下，謂聞者與告者皆在誅殺之列，日本櫻田本孫子閒篇「閒事未發而先聞，聞者與所告者皆死」，是其證。開宗、武備志、孫校本皆無「聞」字。

③「告者」下，開宗、武備志、孫校本皆有「聞者」二字。

【集解】

施子美云：符之用也欲其速，不速而稽留，則爲失期；亦欲其密，不密而泄，則爲失機：凡此二者，皆行符之使不謹其職，皆在所誅。○劉寅云：諸奉使行符稽留者，若符中事漏泄，聞者與告者皆誅殺之。○朱墉云：稽，遲滯也。泄，漏也。

〔震案〕奉使，奉命受遣也。行符，傳遞符信也。稽留，滯留也。

「八符者，主將祕聞①，所以陰通言語不泄，中外相知之術。敵雖聖智，莫之能識。」

武王曰：「善哉！」

【考異】

①「祕」，講義、直解、開宗、武備志、彙解皆作「秘」。秘，祕俗字。廣韻去聲至韻「祕，密也」，「俗作秘」。

【集解】

施子美云：八符之用，主將陰謀之所寓，故爲秘聞，而以陰通言語不泄，中外相知之術，莫善於此，又豈敵人所可測哉？故雖聖智，亦莫之識。昔者魏公子無忌欲帥兵救韓，魏侯不許，乃奪晉鄙兵符，而以發其兵。符之所用，不可不謹如此，況陰符之用，其可不密乎？○劉寅云：已上八符者主與將秘聞之，所以陰通言語不漏泄，中外相知之術，敵雖有聖智之人，莫之能識也。

武王曰：公言善哉。○黄獻臣云：此言通中外緩急利害之情者，當密陰符之用，令中外相知，敵國莫測。若乃王稽三亭之約(王稽使符交范睢曰「先生俟我於三亭之岡，有詰者，示符以徵信」，於夜半潛載之，匿於家)，魏妃卧内之竊(無忌欲救趙，侯生曰「公子無他端而赴趙，如肉投餒虎。吾聞晉鄙兵符在王卧内，而魏妃能竊之，且公子爲其父報仇，誠一開口，得虎符，奪鄙兵，就趙却秦，五伯之功也」，無忌任其計)，門庭衽席，得陰行其謀，人主當周其計。○朱墉云：秘密也。莫之能識，三軍倉卒之閒，緩急利害，皆以八符陰通，誰能知之？

陰書

【集解】劉寅云：陰書者，暗通主將之言，不使人知之也。○朱墉云：陰書者，陰爲書信以相通主將之言，不使人知也。

武王問太公曰：「引兵深入諸侯之地，主將欲合兵①，行無窮之變，圖不測之利②，其事煩多③，符不能明，相去遼遠，言語不通，爲之奈何？」

【考異】①「主」，慶長本作「生」。

②「測」，孫校本作「用」。

③「煩」，直解、開宗、彙解俱作「繁」，慶長本兩存之。詳武韜文啓篇。

【集解】

施子美云：引兵，帶領兵衆。有陰符，又有陰書者，符雖可以合驗，然不若陰書之所載，其參用之法爲尤密也。蓋用兵之道，事不可使人窺，功不可使人知，事而可窺，其事窮矣，功而可知，其功微矣。武王於主將合兵之際，欲行無窮之變，則其事必欲人之不可窺；欲圖不測之利，則其功必欲人之不可知也。然其事爲多，非符所能盡，況主將相去遼遠，言語不能相通，爲之必有其道。○劉寅云：武王問太公曰：若引兵深入諸侯之地，主與將欲合兵行無窮之變化，謀不測之利便，其事繁而且多，陰符不能明之，相去道路遼遠，言語不得相通，將爲之奈何？○朱墉云：無窮之變，因敵變化無方，體無窮盡也。不測之利，出人意料之外也。

〔震案〕引兵，帶領兵衆。主將，主與將也。合兵，集合各部，相策應也。遼遠，猶遥遠。遼亦遠也。

太公曰：「諸有陰事大慮，當用書，不用符。主以書遺將，將以書問主。書皆一合而再離①，三發而一知。再離者，分書爲三部；三發而一知者，言三人，人操一分②，相參而不相知情也③。此謂陰書，敵雖聖智，莫之能識。」武王曰：「善哉！」

【考異】

①講義無「書」字。

②武備志無下「人」字。

③直解無下「相」字，武備志、彙解、孫校本「相」皆作「使」。

【集解】

施子美云：太公謂陰事大慮，非符所能盡，必書而後可。爲主者欲通於將，則必以書遺將；將欲通於主，則必以書問主。其爲書，皆一合而再離者，言分一幅而爲三部也。惟分一而三，故三發而可以一知。三發而一知者，言人持一分，合三人之所持，參而用之，故三發而一知。三人所操各不相知情，知情，懼其知之則因以爲奸也。陰書之用，若此其密，敵雖聖智，又安能識之？昔者仲連嘗飛矢遺書，以與齊將，使之出降，是亦得陰書之遺意也。○劉寅云：太公對曰：諸有陰密之事與大謀慮，當用陰書，不用陰符。主用書遺將，將用書問主，書皆一合而再離，三發而一知。再離者，謂分其書爲三部。三部，上、中、下分爲三分也。三發而一知者，言用三人，使一人各操一分，相參而不知情也。此謂之陰書，敵雖有聖智之人，莫之能識。武王曰：公言善哉。○黄獻臣云：此言君將又有陰書以通，陰符所不能盡，再離三發，神於秘密矣。乃機勾轉入，秦以信使繫邃室，而嬖懷王（楚懷王入秦，每遺信使通問，秦繫之邃室，紅粧欵燕，陰竊其書，易辭往返皆不得面），姜維以私易期會，而困鄧艾（維得王瓘約鄧艾書，改作「八月十五，將軍可提精兵會壜山」，艾如約，大敗），誤信書則不如無書。矧後之連篇累牘，敵莫不聞，且得制勝乎哉！○朱墉云：陰事，陰密之事。大慮，遠大之慮也。

〔震案〕遺，廣韻去聲至韻「以醉切」，普通話讀如衛，廣雅卷四上釋詁：「送也。」一合，合併爲一也。再離，再剖分也。書成，分其一部，再分其一部，餘者又一部，故下文云「分書爲三部」。三發而一知，遺信使三人，各送其一部，而終至一人閲知也。相參，三者相匹配也。

軍勢

【集解】劉寅云：軍勢者，行軍破敵之勢也。孫子論兵勢，以「轉圓石於千仞之山」，喻其險而不可遏；太公論軍勢，以「疾雷不及掩耳，迅電不及瞑目」，喻其速而不可禦，其義同也。○黄獻臣云：此篇在「士半而功倍」句截，前言兵機貴隱，後言兵勢貴雄。

武王問太公曰：「攻伐之道奈何①？」太公曰：「資因敵家之動②，變生於兩陳之間③，奇正發於無窮之源④。故至事不語，用兵不言。

【考異】

①治要「曰攻」二字誤乙。「奈」，開宗作「如」。

②「資」，直解、開宗、武備志、彙解、孫校本俱作「勢」，慶長本兩存之。劉寅云：今本「勢」誤作「資」，依舊本正之。據下文，當以作「勢因於敵家之動」爲是。「因」下，開宗、武備志、孫校本皆有「於」字，彙解有「于」字。本篇凡「於」字，彙解皆作「于」。

③「陳」，治要、講義、開宗、武備志、彙解皆作「陣」。作「陳」其本字，陣者，其俗耳。顔氏家訓書證篇曰：「太公六韜，有天陳、地陳、人陳、雲鳥之陳。論語曰：『衛靈公問陳於孔子。』左傳：『爲魚麗之陳。』俗本多作阜傍車乘之車。案諸陳隊，並作陳、鄭之陳。夫行陳之義，取於陳列耳，此六書爲假借也。蒼、雅及近世字書，皆無別字，唯王羲之小學章獨阜傍作車，縱復俗行，不宜追改六韜、論語、左傳也。」

④「發」、「源」，治要分別作「傳」、「原」。

【集解】

施子美云：恃力以伐人，不若得其所以伐之之道，則不勞而功舉矣。夫用兵之道，不爲事先，動而輒隨，其起兵之資，必因敵家之動，示其不由己起也。交和而舍，莫難於軍爭。兩陣之間，必有變動之機，此變所以生於兩陣也。既有變動之機，則必有制敵之術。奇正者，制之之術也。發於無窮之源，言術出於心，不可得而窮也。昔漢之伐齊、伐魏、伐趙，非漢强起兵也，彼不歸漢，故漢得以伐之。信之伐齊也，敗兵一佯，龍且既渡，而後囊沙可決；其伐魏也，臨晉既陣，魏豹謹守，而後木罌可渡；其伐趙也，旗鼓一弃，趙兵悉逐，而伏騎乃可得而入。若是者，皆因其變，而用以奇正也。故至事不語，用兵不言，蓋事欲豫定，兵欲神妙。事至而後語，是不能豫謀也；兵用而必言，是不能密機也。故語之則在於未事之前，事至則不語矣；用兵則必斷於方寸之間，豈復多言耶？昔韓信之告漢王以北擊燕、趙，東擊齊，南絶楚之粮道，而西會於滎陽，是皆於未事之前而語之也，及事至則不語矣。木罌之渡，豈言夏陽之不守？背水之陣，豈言死地之是置？此用兵之不言也。○劉寅云：武王問太公曰：攻伐敵人之道奈何？太公對曰：軍之勢，因敵家之動而爲之；權變之道，則生於兩陣之間；奇與正，則發於無窮之源。故至事不先語，用兵不預言。○朱墉云：勢，行軍之勢也。因敵，不可執一也。變，權謀之變。生于陣，不可預設也。源，指心内言。不語，不先語人也。不言，不可言傳也。

〔震案〕至，周密也。奇正者，正面與側翼之用兵機變也。對陣交鋒曰正，邀截襲擊曰奇。孫子勢篇「以正合，以奇勝」，曹操注：「正者當敵，奇兵從傍擊不備也。」奇字，今人多讀陽平聲，作奇異之奇，愚意當讀如普通話之機字者爲勝，即奇數、偶數之奇也。奇者，數之零餘。古之軍陣，各以部曲什伍相分别，然兵卒亦或有未編於當敵之陣，而在分數之外者，是爲零餘，主帥躬自將之，居中調度，視各部之情勢以應猝，從旁擊敵不備。故兵之零餘謂之奇兵，猶今之謂戰略預備隊也。左傳宣公十二年：晉、楚戰於邲，楚莊王「使潘黨率游闕四十乘，從唐侯以爲左拒，以從上軍」。游闕，杜預集解「游車補闕者」，楊伯峻注：「蓋此種車本可以在戰場巡游，何處需要，即投入補充。」又哀公十一年：吴王夫差會魯伐齊，吴以「中軍從王，胥門巢將上軍，王子姑曹將下軍，展如將右軍」，兩軍戰於艾陵，「國子敗胥門巢，王卒助之，大敗齊師」。楊伯峻注：「王卒，中軍及王自率之卒，助胥門巢。」此游闕、王卒，皆不在當敵之陣，伺機而旁出，往救敗退之部，而擊敵所不備，殆即奇兵之由始也。

「且事之至者①，其言不足聽也②；兵之用者，其狀不足見也③。倏而往④，忽而來，能獨專而不制者⑤，兵也⑥。

【考異】

①「且」、「至」，治要分別作「其」、「成」。

②治要無「也」字，下「其狀不足見也」亦如此。

③「足」，直解、開宗、武備志、彙解、孫校本俱作「定」。

④「倏」下，治要有「然」字，下「忽而來」，「忽」下亦如此。

⑤「專」，治要作「轉」。

⑥治要無「兵」字，則「也」字屬上爲句。治要此句下屬「善戰者，不待張軍」。

【集解】

劉寅云：且事之至者，其言不足聽信也；兵之用者，其形狀不定見也。倏然而往，忽然而來，能獨自專擅而不制於人者，兵也。○朱墉云：言不足聽，不可徒聽人言也。狀不定見，不可執定情狀也。不制，不制于人也。

〔震案〕足，能够也。不足聽者，不能使人聽取也。不足見者，不能使人視見也。忽，疾速也。倏，亦忽也，音叔。

「夫兵聞則議①，見則圖，知則困，辨則危②。

【考異】

①直解、開宗、武備志、彙解、孫校本皆無「夫兵」二字。

②「辨」，開宗、武備志、孫校本皆作「辯」。朱駿聲説文通訓定聲坤部：「辯，叚借又爲辨。」

【集解】

施子美云：事既至矣，而後議之，則必出於倉卒，故不足聽也。兵之爲用，千變萬化，臨敵制宜，非有一定之形，故其狀不足見也。惟其無定形，所以倏往忽來，獨專而不爲人所制，乃可以盡其權也。況夫兵事貴密，機事不密，則害成，故聞則議之，見則圖之，知則必有以困之，辨則必有以危之，凡此皆言不密其機，而爲人所制也。光弼度思明之恨不得野戰，乃爲野次以取之；仲達料文懿之必堅壁遼水，乃走襄平以邀之。是皆知其謀，則必有以制之也。○劉寅云：使人得聞我之情，則必議我之動静；使人得見我之形，則必謀我之虛實。我之動静彼得知之，則必爲所困；我之虛實彼得辨之，則必爲所危。○朱墉云：聞則議，人得聞我情，必議我動静。見則圖，人得見我形，必圖我虛實。知則困，知我動静，必爲所困。辨則危，辨我虛實，必爲所危。

〔震案〕議、圖，皆謀慮之謂也。知，知悉也。辨，明察也。

「故善戰者①，不待張軍；善除患者，理於未生②；善勝敵者③，勝於無形，上戰無與戰④。

【考異】

①治要無「故」字，此句上屬「能獨轉而不制者也」。

②「於」，治要作「其」。

③直解、開宗、武備志、彙解、孫校本皆無「善」字。

④「戰」下，治要有「矣」字。

【集解】

施子美云：善戰者不待張軍，此以不戰而服人也。必有以服人之心，故雖不張軍，而可以收戰勝之功。善除患者理於未生，此言用智當在於未奔沈之前，其見機明，而慮預者也，故於患之未生，而有以除。善勝敵者勝於無形，此言應敵制勝於其易勝之際，必其得筭多，而用機密者也，故雖無形，而可以勝之。韓信奉尺書以下燕城，此善戰不待張軍也；張良借箸以籌六國之害，此除患於未生也；食其啗秦將，而嶢關可入，以勝敵於無形也。故上戰無與戰，此以不戰爲戰也。孫子曰：「百戰百勝，非善之善者也；不戰而屈人之兵，善兵善之善者也。」此上戰所以無得而與戰也。○劉寅云：故善戰者，不待張吾之軍而與之戰，謂潛謀密運而取勝也；善除患者，理於患未生之初也；勝敵者，見微察隱，而取勝於無形也；上戰無與人戰，而自能取勝於彼也。○朱墉云：不待張軍，潛謀而取勝也。無與戰，無能敵之者。

〔震案〕張，施設也。史記高祖本紀：「益張疑兵旗幟。」上戰無與戰，言戰之至高境界，是未嘗開戰，而已獲戰勝之利，勝於未萌也。孫子形篇云：「故善戰者之勝也，無智名，無勇功。故其戰勝不忒。不忒者，其所措必勝，勝已敗者也。」張預注：「力戰而求勝，雖善者亦有敗時；既見於未形，察於未成，則百戰百勝，而無一差忒矣。」

「故爭勝於白刃之前者①，非良將也；設備於已失之後者②，非上聖也；智與衆同，非國師也③；技與衆同④，非國工也⑤。

【考異】

①治要無「勝」字。

②「設備於」，治要作「備」。

③「國」，治要作「人」。

④「技」，治要作「伎」，詳文韜上賢「僞方異伎」。

⑤「工」，開宗作「士」。

【集解】

施子美云：爭勝於白刃之前非良將，此言無謀而欲以力爭也。上兵伐謀，其次伐兵，戰以求勝，豈良將哉？趙括出鋭搏戰，所以敗也。設備於已失之後非上聖，此言失機而後爲備也。焦頭爛額之功，不如曲突徙薪之謀，失而後脩，豈上聖耶？二憾既往，郤獻子乃使之備，是烏得爲上聖耶？智與衆同非國師，技與衆同非國工，此言謀慮材能，必欲出衆也。古有國士，有國手，有國軜。國士者，言名擅於一國也；國手者，言藝擅於一國也；國軜者，言器擅於一國。謂之國師，必其智之出於一國，今智與衆同，烏得謂之國師？謂之國工，必其能之出於一國，今能與衆同，烏得謂之國工？太公此言，蓋謂善制勝者，不與衆知也。孫子曰：「戰勝不過衆人之所知，非善之善者也。」勝出於人所共知，亦豈足以爲大將哉？○劉寅云：故與人爭勝於白刃之前者，非謂之良將也；設備於已失亡之後者，非謂之上聖也；智謀與衆人同，非謂之國師也；技藝與衆人同，非謂之國工也。

〔震案〕國師、國工，皆有所善長也。文選卷五左思吴都賦「篙工楫師」，吕向注：「工謂所善，師謂所長，皆使其篙行舟者。」

「事莫大於必克①，用莫大於玄默②，動莫神於不意③，謀莫善於不識④。

【考異】

①「克」，治要作「成」。

②「玄默」，治要作「必成」，且下又有「用莫貴於玄眇」六字。

③「神」，直解、開宗、武備志、彙解、孫校本俱作「大」，慶長本兩存之。

④「謀」，治要作「勝」。「善」，治要、直解、開宗、武備志、彙解、孫校本皆作「大」，慶長本兩存之。

【集解】

施子美云：事莫大於必克者，蓋攻不必取，不足以言攻，故以必克爲大；謂之莫大者，以無大於此也。此言用兵欲其決取也。韓信戰必勝，攻必取，得諸此也。用莫大於玄默者，蓋奇正發於無窮之源，守出於不言，視出於不見，玄默之所以爲莫大也。此言用兵出於無形也。張良運籌帷幄，決勝千里，得諸此也。動莫神於不意者，蓋出不意，兵家之妙用也，其進也速，故人不及慮，則其動也豈不爲神耶？司馬懿八日而至孟達城下，此以不意爲神也。謀莫善於不識者，蓋陰其謀，密其機，豈欲使人之知也？其機既巧，人不可得而知其謀也，豈不爲善耶？司馬懿伐文懿，文懿阻遼，懿弃遼而向襄平，文懿豈知之耶？此以不識爲善也。○劉寅云：事無有大於必克，必克者，必勝於人也；用無有大於玄默，玄默者，玄妙而秘默也；動無有大於不意，不意者，出敵人之不意也；謀無有大於不識，不識者，謀之深，而使敵人不能知也。

〔震案〕事，説文史部「職也」。事莫大於必克，言兵之要務，首在克敵制勝。用，謂因敵變動之形以制勝也。玄默，精深玄奥不可言喻也。孫子虚實篇「人皆知我所以勝之形，而莫知吾所以制勝之形」，李筌注：「制勝之法幽密，人莫知。」動，行動也。説文力部：「動，作也。」神，神妙莫測也。易繫辭上「陰陽不測之謂神」，韓康伯注：「神也者，變化之極，妙萬物而爲言，不可以形詰者也。」

「夫先勝者①，先見弱於敵②，而後戰者也，故事半而功倍焉③。

【考異】

①「先」，治要作「必」。

②治要無「見」、「於」二字。

③「事」，直解、開宗、武備志、彙解、孫校本俱作「士」，慶長本兩存之。士與事通，詳王翼篇「覽四方之事」。「倍焉」，治要作「自倍」。治要此句下屬「兵之害」。

【集解】

施子美云：先勝者先見弱於敵，而後戰者，蓋將以怠敵，必有以誤敵，先見弱者，非本弱也，示以弱也，彼以吾爲弱，則必輕進，所以可勝也。鬭伯比請羸師以張隨，孫臏減軍竈以致龐涓，此皆先見以弱也。惟其有以誤而待之，故用力寡而收功多，所以事半而功倍。○劉寅云：夫先勝者，先示怯弱之形於敵，而後與之戰者也。示弱於敵，而設奇伏，故士止用其半，而功則倍焉。○黄獻臣云：此言攻伐者圖機貴密，制勝貴預，奇正錯出，變化無窮。故衆以爲先，而吾獨後，劉誠意之目無守虜也（衆俱欲先伐吴，獨基曰「士誠雖盛，自守虜耳，宜先陳友諒」）；衆不敢前，而吾獨邀，盛彦師之不懼威名也（史萬寶懼密威名，不敢戰，彦師曰「請以數千衆邀之，必梟其首」，萬寶問計安出，對曰「兵法尚詐，不可爲公説之」，授以兵，果敗密）。是故可獨制，而不可見聞，不待張軍爭勝，上戰無戰，乃稱上聖。桓温拜表輒行，事知必克也（温伐蜀，劉惔以爲必克，人問故，曰「以博知之。温博，不必得則不爲也」）；簡夫御枚夜薄，用在玄默也（儂智高入滇，蜀人大懼，雷簡夫默不爲動，忽一夕戒精鋭，御枚夜襲，賊呼霹靂，不敢近）；李嗣源陰雨渡河，動出不意也（源聽高行周計，陰雨道黑夜渡，拔鄆州）；賀若弼列幟沿江，謀不可識也（弼謀陳，令沿江防人交代之際，大列旗幟，營幕被野，後以爲常，陳人不復設備，取金陵）；任圜以儒生圖驍將，見弱而後戰也（康延孝叛據漢州，張礪曰「公儒生也，延孝驍將也，示以羸弱，益不介意，戰酣出以精鋭，孝可擒矣」，圜從之）。是皆沈於機，而善用奇正者。○朱墉云：見弱者，見怯弱之形于敵，而後設奇伏以勝之也。士半，士卒半于敵也。

〔震案〕士半，即事半也。士與事通。

「聖人徵於天地之動，孰知其紀？循陰陽之道，而從其候；當天地盈縮，因以爲常；物有死生①，因天地之形。

【考異】

①「物」，武備志作「萬」。

【集解】

劉寅云：聖人徵驗於天地之動，誰能知其紀極？順陰陽之道，而從其候；當天地之盈縮，而因以爲恒常之道；萬物有死有生，皆因天地之形也。天地之動，即陰陽之道也；陰陽之道，即天地之盈縮也。夏至一陰生，至十月則純陰矣；冬至一陽生，至四月則純陽矣。陰而陽，陽而陰，此天地之動也。氣升而盈，氣降而縮，天地盈縮，此常道也。春夏物生，陽之形也；秋冬物死，陰之形也。陰陽往來，成天地之化也，聖人於是乎因之。○黄獻臣云：此言聖人因造化之消息，以爲動静之常，足上節兵貴隱之意。○朱墉云：徵，驗也。紀，極也。循，順也。陰陽、盈縮自有常候，聖人順而從之，因以爲常，因盈爲動，因縮爲静也。物有死生，天地盈縮見于物之死生也。

〔震案〕天地，猶今之謂宇宙自然也。動，變動也。孰，當訓何。淮南子人間「孰衛君之仁義而遭此難也」，王念孫讀書雜志九之十八：「孰，何也，言何衛君之仁義而遭此難也。」晉語『孰是人斯，而有是臭也』，越語『孰是君也，而可無死乎』，昭二十五年公羊傳『孰君而無稱』，孰字竝與何同義。」紀，法則也。國語越語下「四時以爲紀」，韋昭注：「紀，猶法也。」候，證候，萬物之徵迹也。當，劉淇助字辨略卷二：「應也，合也。」盈縮，陰陽寒暑之消長變化也。因，隨之以爲法也。管子心術上「因也者，舍己而以物爲法者也」，尹知章注：「舍己而隨物，故曰因。」形，狀也。天地之形，謂宇宙間陰陽變化之狀態也。

「故曰：未見形而戰，雖衆必敗。善戰者，居之不撓，見勝則起，不勝則止。

【集解】施子美云：聖人徵於天地之動，孰知其紀？此言國之盛衰，天地必有變動，惟聖人乃能知之，故徵其變，孰能知其紀極耶？循陰陽之道，而從其候者，此言事必有數，循陰陽之道，推之則可以從其候而爲之。當天地盈縮，因以爲常，蓋消息盈虚，大數當然，聖人視是以爲常。物有死生，因天地之形。天地之所形，以春夏而舒，以秋冬而慘，物因是而有死生，氣一舒而物生，一慘而物死，此因形也。兵之進止，亦猶是也，必見敵之形，而後可戰；未見形而戰，是强戰也，雖衆必敗矣。善戰者居之不撓，此又言將能定其心，而不爲敵所惑也，惟不爲敵所惑，故其見勝負也明。見可以勝則起，不可以勝則止，非明於所見者乎？巾幗遺而懿怒，陽遂餌而亮不動，其所處之定否爲可知也。○劉寅云：故古人有曰：未見虚實之形，而與人戰，兵雖衆，必敗。善爲戰者，處之不撓曲，見有可勝之形則起，見有不可勝之形則止。○朱墉云：居，即心也。不撓，不撓亂于事機也。

「故曰：無恐懼，無猶豫。用兵之害①，猶豫最大；三軍之災②，莫過狐疑③。

【考異】

①治要無「用」字，此句上屬「故事半而功自倍」。

②「三軍」，治要作「兵」。

③「過」，治要作「大於」。

【集解】

施子美云：人惟見勝明，故其爲事必決，是以無恐懼，無猶豫，恐懼則不敢爲，猶豫則不能斷，二者皆兵之患，惟明於所見者乃能無之。用兵之害，猶豫爲大，此言用兵者不可以無所斷也；三軍之災，莫過狐疑，此言用兵者不可以有所惑也。猶，楚國之獸，一行一退，以其不斷也；狐之爲物，一步一止，此則有所惑也。不斷者，其爲害大，故用兵之害，猶豫爲大。傳曰「當斷不斷，反受其亂」，其害可知也。若夫疑惑，則未甚爲害，故爲三軍之災。法曰「衆疑無定國」，疑雖無定，疑去則可定，故特可以爲災，而未若不斷者爲大害也。傳曰：「持不斷之志者，開群枉之門；執狐疑之心者，來讒賊之口。」以狐疑對不斷，則猶豫之爲不斷也明矣。○劉寅云：故曰：無恐懼之色，無猶豫之心。用兵之害，惟猶豫不決最大；三軍之災，不過生於狐疑而已。○朱墉云：猶、狐，二獸名。豫、疑，皆不決之意。

〔震案〕猶豫爲雙聲連綿字，與獸名無涉。黄生義府卷下：「猶豫，猶容與也。容與者，閒適之貌。猶豫者，遲疑之情。字本無義，以聲取之爾。俗人妄生解説，爲獸性多疑，此何異蹲鴟爲怪鳥哉？考諸傳記，惟文帝紀作『猶豫未定』，楊敞傳『猶與無決』，陳湯傳『將卒猶與』，後漢來歙、伏隆傳皆作『冘（整理者案：即尤字）與未決』，蓋以聲狀意，初無一定之字。妄解獸名者，是眼縫未開爾。」」

「善者見利不失①，遇時不疑，失利後時，反受其殃②。故智者從之而不釋③，巧者一決而不猶豫。

【考異】

①「善」下，開宗、武備志、彙解、孫校本皆有「戰」字。

②「反」、「殃」，治要分別作「及」、「灾」。

③「故智者從之而不釋」，治要作「善者從而不擇」。「釋」，直解、開宗、武備志、彙解、孫校本俱作「失」，慶長本兩存之。

【集解】

施子美云：惟善於應事者，則見利而動，不至於或失；因時而舉，不至於自疑；失利後時，則無以制人，而反爲人所制，故受其殃。昔吴之伐越，惟不能取之，乃使越王得以圖吴，至於吴王自斃，非失利後時而反受其殃乎？故智者從之而不釋，巧者一決不猶豫，蓋天下唯智者爲能知之，惟巧者爲能應之；能知之，故從之而不釋，能應之，故一決而不猶豫。昔范蠡之相越圖吴，可謂智巧兩盡者矣。自吴王會黄池之後，凡再舉兵以伐之，是能從之也；及姑蘇之役，吴王遣使求救，范蠡以爲不可，及鼓進兵，非能決之乎？○劉寅云：善用兵者，見利而不失，遇時而不疑，若失利後時而動，反受其殃禍。故有智者順其時，而不失其利；巧者一決，而無猶豫之心。○朱墉云：從之，順時勢也。

〔震案〕釋，放棄也。廣韻入聲昔韻：「釋，捨也。」巧，亦智也。

「是以疾雷不及掩耳①，迅電不及瞑目②，赴之若驚③，用之若狂，當之者破，近之者亡，孰能禦之④？

【考異】

①「是以」，治要作「故」。

②「迅」、「瞑」，治要分别作「卒」、「瞬」。「電」，講義作「雷」。

③「赴」，治要作「起」。

④「孰」、「禦」，治要分别作「熟」、「待」，此句下屬「武王曰『善』」。

【集解】

施子美云：惟其能決意而爲之，是以其兵之速，如震雷迅電，倏然而至。不及掩耳瞑目，言其兵勢之疾，不容禦也。赴之若驚，言其出於臨時，若有所驚諤也。用之若狂，言其勢之無常，不容測知也。當之者破，近之者亡，言其必可以勝之，而人莫之禦也。○劉寅云：是以急疾之雷，人不及掩其耳；迅速之電，人不及瞑其目。赴之也如驚，用之也如狂，當之者破散，近之者滅亡，其誰能禦之？○黄獻臣云：此言用兵當審形觀變，乘時決起，而後能具莫禦之勢。大凡制勝無形者，其謀素定。若未見形而戰，躁動必敗；既灼見可勝之形，而尚猶豫狐疑，必見災害。將志曰「疑志不可以應敵」，又曰「猛虎之猶豫，不如蜂蠆之迅速」。故重發無功，弊等輕進覆敗，此明兵勢貴雄之意。○朱墉云：疾雷、迅電，喻兵勢也。

〔震案〕瞑目，閉目也。赴之，急奔趨前也。用之，用武致戰也。當，玉篇田部「敵也」。

「夫將有所不言而守者，神也；有所不見而視者，明也。故知神明之道者①，野無衡敵②，對無立國。」

武王曰③：「善哉④！」

【考異】

①直解無「者」字。

②「衡」，直解、開宗、武備志、彙解、孫校本皆作「横」。説文木部段玉裁注：「古多以衡爲横。」

③治要此句上屬「孰能待之」。

④治要無「哉」字。

【集解】

施子美云：夫將有所不言而守者，神也，言將能守之以心，故嘿然而靜，雖不言所守，而所守自固。有所不見，而視者明也，此言將能視之以心，故眇乎有得，雖不見所視，而視自爾徧。昔者曹之拒袁，令解鞍縱馬，勿復白紹兵之至，其勿白者，將守之以不言也。後世稱曹公之用兵，謂其若神，非不言而守乃所以爲神乎？李衛公之伐蕭銑，於其始集，知其無備必敗，是未有所見，而能視也。後世稱李靖以爲料敵明，非不見而視乃所以爲明乎？神明之道，至爲難盡，惟知其道，乃能無敵，故野無衡敵，對無立國，所當之必敗也。兹非天下之將，亦未易至此，此荀子所以曰天下之將通神明。○劉寅云：夫將人有所不能言，而我先能守之者，神也，惟神是以守於未言耳；人有所不及見，而我先能視之者，明也，惟明是以視於未見耳。故能知神明之道者，守於未形，視於未萌，則野無暴横之敵，對無建立之國。武王曰：公言善哉。○黄獻臣云：此言爲將者當妙神明之用，總結上文之意。蓋神明之用，存乎其心，凝定不摇，何俟人言而守？精微畢晰，自超衆見而矚；知明守固，不待兩軍相接，而虜在吾目中矣（馬援説隗囂有土崩之勢，聚米爲山谷，帝曰「虜在吾目中矣」）。○朱墉云：横，强暴也。立國，對無能立之國，必勝可知。神者，心之變通。明者，心之朗徹。道，指不言不見而言。

〔震案〕守者，守口如瓶也。將有所不言，人皆不知其謀，故能神機莫測。此蓋與上「用莫大於玄默，動莫神於不意，謀莫善於不識」之旨略同耳。有所不見而視者，言爲將者善視於無形，發於未萌也。此亦與上「故善戰者，不待張軍；善除患者，理於未生；善勝敵者，勝於無形」之旨略同。野，說文里部「郊外也」，周禮天官叙官「體國經野」，孫詒讓正義：「此野爲國城外至五百里疆之通稱。」國城之外，野戰之地也。是當戰國中期，多步騎野戰，故云「野無衡敵」。衡敵，暴逆之敵。衡，通横，去聲，横逆也。荀子致士「不官而衡至」，楊倞注：「衡，讀爲横。横至，横逆而至也。」孟子離婁下「其待我以横逆」，朱熹集注：「横逆，謂强暴不順理也。」對，敵對也。立，猶存也。

奇兵

【集解】劉寅云：奇兵者，出奇取勝，應變無窮。太公因武王之問而言，其法如此，故以名篇。○黄獻臣云：兵原無奇，以每事皆從權變，便爲奇也。

〔震案〕奇正之義，詳軍勢篇「奇正發於無窮之源」。

武王問太公曰：「凡用兵之道①，大要何如②？」太公曰：「古之善戰者，非能戰於天上③，非能戰於地下，其成與敗，皆由神勢，得之者昌，失之者亡。

【考異】

①「道」，直解、開宗、武備志、彙解、孫校本俱作「法」，慶長本兩存之。

②「何如」，講義、慶長本並作「如何」。

③「於」，彙解作「于」。下「戰於地下」亦如此。

【集解】

施子美云：兵有本有末：其所以制敵者，本也；無以制之，而必欲與之角力，抑亦末耳。武王問太公以用兵之大要，非欲求其本乎？夫善戰者，大抵有妙用，非戰於天之上、地之下也，其成與敗，皆由神勢之得失也。神勢者，妙用也。古之人或以減竈而勝魏，或以增竈而勝羌，或以下馬解鞍而疑虜，或以開門却洒而退敵，白衣摇櫓，而可以囚關羽，瓠火渡淮，而可以戮康祚，與夫火牛、燧象，鐵當、灰囊，皆昔人之用以爲神勢者也。得是則可以昌盛，一或失之，是無以制敵也，豈不危亡？○劉寅云：武王問太公曰：凡用兵之法度，其大要何如？太公對曰：古人之善戰者，非能戰於九天之上，非能戰於九地之下，其成與敗皆由用兵之神勢如何耳。神勢者，用兵之勢神妙莫測也。故得兵勢之神妙者，其國昌盛；失兵勢之神妙者，其國亡滅。○朱墉云：

天上，九天之上也。地下，九地之下也。神勢，神妙莫測之勢也。〔震案〕孫子有形、勢二篇。其形篇云「一曰度，二曰量，三曰數，四曰稱，五曰勝」，五者皆以形言。其勢篇云：「凡治衆如治寡，分數是也；鬬衆如鬬寡，形名是也；三軍之衆，可使必受敵而無敗者，奇正是也；兵之所加，如以碫投卵者，虚實是也。」分數謂部曲，所以統隸行伍；形名謂旗鼓，所以號令三軍；奇正謂軍陣之當敵與傍出也。梅堯臣曰：「部伍、奇正之分數，各有所統。」是分數、形名、奇正，皆形也，猶今之所謂規模結構與力量編成也。虚實，則勢之謂也；勢由形生，兵形臨戰致用，隨機變化乃成勢，故又云「戰勢不過奇正，奇正之變，不可勝窮也」。是故形有分數、有形名、有奇正，而奇正之變，乃成虚實，則爲勢矣。

「夫兩陳之間①，出甲陳兵，縱卒亂行者，所以爲變也。

【考異】

①「陳」，講義、彙解、慶長本俱作「陣」，詳軍勢篇「變生於兩陳之間」。

【集解】

施子美云：兩陣之間，出甲陳兵，縱卒亂行者，此所以誘敵也，故可以爲變，法有所謂「半進者，誘也」。縱卒亂行，是乃示之無統，而以誘之也。越以刑人三千，進退以誘吴，非所以爲變乎？〇劉寅云：夫彼此兩陳之間，出甲陳兵，或縱其士卒，或亂其行列者，所以爲變詐之道也。〇朱墉云：縱卒，寬縱士卒也。亂行，紛亂行列也。爲變，動變不測也。

〔震案〕出甲，猶出兵。出甲陳兵，謂列陣出兵也。爲變者，爲奇正之變也。

「深草蓊蘙者，所以逃遁也①。

【考異】

①「逃遁」，講義、直解、開宗、武備志、彙解、慶長本、孫校本俱作「遁逃」。

【集解】

施子美云：深草蓊蘙，此言盛草可以遮蔽，故可以遁逃，法有所謂「衆草多障者，疑也」。惟可以疑人，故可得而遁逃。宇文憲伐柏爲庵，以示齊人，齊人翼日乃知其退，非以遁逃乎？〇劉寅云：處軍必依深草蓊蘙之地者，所以爲遁逃之計也。〇朱墉云：蓊，木茂也。蘙，蒙蔽也。遁逃，藏隱之備也。

〔震案〕蓊，廣韻上聲董韻「烏孔切」，讀如翁之上聲。蘙，廣韻去聲霽韻「於計切」，今普通話讀作翼。蓊蘙，草木豐茂也。

「谿谷險阻者①，所以止車禦騎也。

【考異】

①「谿」，武備志、孫校本並作「深」。

【集解】

施子美云：溪谷險阻，此深澗隙陷之地也，不利於車騎，故可以止車禦騎。井陘之地，車不得方軌，騎不得成列，此韓信之所以不敢進也。○劉寅云：據溪水山谷之險阻者，所以止敵之車、禦敵之騎也。○朱墉云：險阻，據恃山水也。止、禦，止敵之車，禦敵之騎也。

〔震案〕車即戰車，騎則騎兵。彼時騎兵雖方興，而常見與車步戰並行之例。吴子勵士：「車騎與徒，若車不得車，騎不得騎，徒不得徒，雖破軍，皆無易。」孫臏兵法八陣：「車騎與戰者，分以爲三，一在於右，一在於左，一在於後。易則多其車，險則多其騎，厄則多其弩。」皆其證。騎字廣韻在去聲，今普通話則統讀如騎馬之騎。

「隘塞山林者，所以少擊衆也。

【集解】

施子美云：隘塞山林，則其形之險可以據守，故雖少可以擊衆，此光弼所以傅山陣，而擊思明之數十萬也。○劉寅云：險隘關塞、山阪林木之處，所以少能擊人之衆也。○朱墉云：以少擊衆，用少者務隘也。

「坳澤窈冥者，所以匿其形也。

【集解】施子美云：坳澤窈冥，此蒹葭蘙薈，晦冥而不可見之地，故可以匿形而伏。宋武帝至覆舟山，言「此山下必有伏兵」，今劉鍾模之，果得伏兵數萬，此則其地之窈冥，必可以伏也。○劉寅云：水澤低坳，窈冥幽暗者，所以藏匿其形也。○朱墉云：坳澤，低下之地也。窈冥，幽深之所也。匿形，隱匿兵形也。

〔震案〕坳，廣韻下平聲肴韻「於交切」，今普通話讀如傲。

「清明無隱者，所以戰勇力也。

【集解】施子美云：清明無隱者，此言平原曠野之戰，非設伏之所，故清明可見，而無或隱匿。若是，則必以勇力而相角，故以戰勇力爲言。三晉之兵，素號驍勇，蓋以三晉之地，古號戰場清明無隱之地也，故其民惟知力戰，而以驍勇爲尚。○劉寅云：清明無所隱蔽者，所以鬬勇力也。○朱墉云：清明無隱，曠野平原也。戰勇力，可以勇力決戰也。

〔震案〕清明，言視野開闊也。

「疾如流矢，如發機者①，所以破精微也。

【考異】

①「如」上，講義、直解、開宗、武備志、彙解、慶長本、孫校本俱有「擊」字，當是。

【集解】

施子美云：疾如流矢，此言兵之爲勢，必欲其速，天下之至速者，莫如流矢，故其疾也有取於流矢；擊如發機，此言兵之制勝，必欲其中，天下之必中者，惟發機爲然，故其擊也有取於發機。流矢發機之用，所以破精微也。精微者，言用兵之妙也。彼雖妙於用兵，而吾有以勝之，故精微爲所破。孫子論「善戰者，其勢險，其節短，勢如彍弩，節如發機」者，亦此也。○劉寅云：疾如箭鏃之急流，擊如弩牙之發動者，所以破人之精微也。精微，言其謀之精詳微妙，非疾戰不能破之也。○朱墉云：疾、擊，如流矢之不可禦，發機之不可遏也。精微，敵謀之精微也。

〔震案〕精微，精細隱微，言敵謀劃精審，而作戰隱秘也。

「詭伏設奇，遠張誑誘者，所以破軍擒將也。

【集解】施子美云：詭伏設奇，遠張誑誘，此無形之兵也，所以誤敵也。有以誤之，則敵必墮其術中，故可以破軍擒將。田單令老弱乘城約降，所以設奇誑誘也，燕師安得不爲所破？○劉寅云：詭詐隱伏，施設奇兵，遠張誑誘之計者，所以破人之軍、擒人之將也。〔震案〕遠，謂致達於敵也。張，設計謀也。資治通鑑漢紀三十七明帝永平七年「勞勤張捕」，胡三省注：「張，設也，設爲機穽以伺鳥獸曰張。」誑誘，欺騙誘惑也。

「四分五裂者，所以擊圓破方也①。

【考異】①「圓」，講義作「員」。員者，圓之本字。孟子離婁上：「不以規矩，不能成方員。」

【集解】施子美云：四分五裂者，分兵以擊之也。可以擊圓破方，言無陣不破也。鄭公子突爲三覆以禦戎，前後衷之，盡殪，非可以擊破之乎？○劉寅云：使吾軍四分五裂，若無統紀者，所以擊人之圓，破人之方也。方、圓，皆以陳言。○朱墉云：四分五裂，若無統紀也。方、圓，以敵陣言。

「困其驚駭者①，所以一擊十也；因其勞倦暮舍者，所以十擊百也。

【考異】

①「困」，講義、直解、開宗、武備志、彙解、慶長本、孫校本俱作「因」。

【集解】

施子美云：驚駭則無鬬心，故因其驚駭而擊之則易，故雖一可以擊十。符堅之軍，八千之所破，勞倦暮至馬陵，其勞倦可知也，故以全魏之師反敗於孫臏之萬弩，其易取可知也。○劉寅云：因彼軍之驚駭者，所以一擊人之十也；因彼軍之勞倦暮舍者，所以十擊人之百也。○朱墉云：暮舍，夜宿于營舍也。以治待亂，以佚待勞，故能以少擊衆也。

「奇伎者①，所以越深水，渡江河也。

【考異】

①「伎」，講義、直解、開宗、武備志、彙解、慶長本、孫校本俱作「技」，詳文韜上賢「僞方異伎」。

【集解】

施子美云：奇技所以越深水、渡江河者，此在軍用有所謂飛橋、飛江、天浮之制，可以渡溝塹、大水，而太公於武王拒險之問，亦言以天潢濟三軍，此則奇技之作也。○劉寅云：用奇巧之技，爲天潢、飛江者，所以越絶深水，濟渡江河也。○朱墉云：奇技，如天潢、飛江之類。

〔震案〕奇伎，奇工巧技，今之謂軍事技術是也。

「彊弩長兵者①，所以踰水戰也。

【考異】

①「彊」，講義、直解、開宗、武備志、彙解、慶長本、孫校本俱作「强」。强弩意本當作彊，古文多作强，是假借也。說文弓部「彊，弓有力也」，虫部「强，蚚也」，段玉裁注：「叚借爲彊弱之彊。」

【集解】

施子美云：强弩長兵，可以及遠，故可以踰水戰。法曰「長兵以禦」，又曰「弓矢禦」，此則强弩長兵之用也。○劉寅云：用强弩與長兵者，所以欲踰水而與人戰也。○朱墉云：踰，越也。防有踰水而與我戰也。

〔震案〕踰水戰者，必致刃於對岸之敵，此殳矛戈戟之屬所不能及，故此長兵非謂諸長柄之兵，當謂及遠之兵，亦即弓弩之屬，史記匈奴列傳「長兵則弓矢」是也。彊弩長兵，猶云諸長兵如彊弩者，非謂彊弩與長兵也。

「長關遠候，暴疾謬遁者①，所以降城服邑也。

【考異】

①「謬」，直解作「繆」。朱駿聲説文通訓定聲孚部：「繆，叚借又爲謬。」

【集解】

施子美云：長關遠候者，權斥候也。暴疾謬遁者，疾至而急退也。若是，則可以謹守，可以克敵，故降城服邑者以之。充國嘗以遠斥候待羌，韓信嘗以佯北克齊，此其效也。○劉寅云：長關遠候，暴疾往來，詐繆遁逃者，所以降人之城，服人之邑也。○朱墉云：關，關限也。候，斥候也。暴，急暴也。疾，迅疾也。謬，詐謬也。遁，逃也。降城，降人之城。服邑，服人之邑也。談敷公曰：長關遠候二句，遠偵以伺敵，詐作主將暴疾逃去，令不備而襲之也。〔震案〕長、遠，皆謂邊遠之地也。關，要塞關口也。候，伺望敵情之所也。降城服邑，降服敵之城邑也。

「鼓行喧囂者①，所以行奇謀也。

【考異】

①「喧」，講義、直解、開宗、武備志、彙解、慶長本、孫校本俱作「讙」。讙，義與喧同。説文言

部：「讙，譁也。」荀子儒效「則天下應之如讙」，楊倞注：「讙，喧也。」廣韻上平聲桓韻「呼官切」，讀如歡。

【集解】

施子美云：鼓行讙囂，則鼓噪以奪敵也，其奪之也必有奇謀。田單令城中鼓噪，老弱擊銅器爲聲，乃所以助火牛之奇謀也。○劉寅云：擊鼓前行，使士卒讙譁混囂者，所以行我之奇謀也。○朱墉云：讙囂，惑人之耳也。

〔震案〕囂，玉篇㗊部：「喧譁也。」

「大風甚雨者，所以搏前擒後也①。

【考異】

①「摶」，講義、直解、開宗、武備志、慶長本俱作「搏」，當以作「搏」爲是，作「摶」形訛也。

【集解】

施子美云：大風甚雨，則天地晦冥之際，敵人必不能相及，故可以摶（搏）前而擒後。魏太武因風雨以征赫連，太宗因天雨甚以克突厥，此因風雨以伐人也。○劉寅云：因其大風甚雨者，所以擊人之前，擒人之後也。○朱墉云：風雨，則敵人前後不救也。

〔震案〕甚，即淫也，爾雅釋天「久雨謂之淫」。莊子天下「沐甚雨」，郭慶藩集釋：「崔本甚作湛，是也。湛與淫同。論衡明雩篇『久雨爲湛』，湛即淫也。太史公自序『帝辛湛湎』，揚雄光禄勳箴『桀紂淫雨』。淫、湛義同，字亦相通。攷工記『㡛氏淫之以蜃』，杜子春云：『淫當爲湛。』淮南脩務篇正作『禹沐淫雨』。」搏，擊也，鬭也。

「僞稱敵使者，所以絶糧道也；謬號令與敵同服者①，所以備走北也。

【考異】

①「令」下，孫校本有「以」字。

【集解】

施子美云：僞稱敵使，所以絶粮道，此蓋示之以不疑，而後可以絶之也。李孚着平冠，持問事杖，自稱曹公都督巡歷圍壘，所過呵責，徑入其營，是豈不足以絶其粮道乎？謬號令與敵同服，此蓋欲以雜之，而備其走北也。馮異變服，與赤眉同服，而終以克之，得之此也。○劉寅云：僞稱敵人之使者，所以斷彼之糧道也；詐謬號令，與敵同其衣服者，所以防備彼軍之走北也。○朱墉云：同服，同其服色也。備走北，防敵敗走也。

〔震案〕諸説甚爲費解，殊可疑也。愚意此二事皆謂我處不利之境，所以應對之策也。言敵若絶我糧道，則可僞稱敵使，以此誤敵，所以尋機籌糧也；我若兵敗，則詐謬號令與敵同服，所以伺機逃生也。

「**戰必以義者，所以勵衆勝敵也**①。

【考異】

①「勵」，彙解作「厲」，詳勵軍篇。

【集解】

施子美云：戰必以義者，所以勵衆勝敵也，蓋師出有名，事乃可成，故直者爲壯，曲者爲老，戰必以義，則其名之正，其師之直，宜其衆有所持，而可以勵之以勝敵也。高祖之衆，本不項敵也，及縞素一舉，而項王無死所矣，此義可以勵人也。○劉寅云：戰必以義激之者，所以勵士衆，欲以勝敵也。○朱墉云：勵衆，激勵士衆也。

「**尊爵重賞者，所以勸用命也；嚴刑罰者**①，**所以進罷怠也**。

【考異】

①「刑」下，直解、開宗、彙解、慶長本、孫校本俱有「重」字。據直解注文「嚴以刑罰者」云，「重」字當衍。「罰」，開宗作「賞」，疑涉上「尊爵重賞」致訛。

【集解】施子美云：尊爵重禄，以勸用命者，蓋人必有所慕，而後有所勉，爵尊禄重，以是而誘之，則人必勉於用命矣。嚴刑罰以進罷怠者，蓋人有所畏，而後有所奮，刑罰既嚴，則彼必畏而思奮矣。湯之誓師，則「予其大賚汝」、「予則孥戮汝」；武之誓師，則以「功多有厚賞，不迪有顯戮」爲言，皆所以勸用命而進罷怠也。○劉寅云：尊以爵，重以賞者，所以勸吾用命之士也；嚴以刑罰者，所以進吾罷怠之兵也。○黄獻臣云：振作罷怠之兵。

〔震案〕尊，尊貴也。重，貴重也。勸，勉勵也。用命，效命也。進，使進取也。罷，讀爲疲。

「一喜一怒，一與一奪①，一文一武，一徐一疾者，所以調和三軍，制一臣下也。

【考異】

①「與」，開宗、武備志、彙解、孫校本並作「予」，詳文韜國務篇「與而勿奪」。

【集解】施子美云：一喜一怒、一予一奪者，惟喜故予，惟怒故奪，馭下之術，主將之所同，公其情之好惡而用之，則下必歸所馭矣。一文一武、一徐一疾者，文德也，武威也。以德服人者深，然必馴致而後可；以威服人者暫，可得而立見之。惟以馴致，故其効遲而徐；惟可立見，故其効速而疾。威德之用得其宜，則臣下必歸所馭矣，故可以是而調和三軍，制一臣下，使之咸聽于上也。○劉寅云：一喜一怒，以情言也。喜則人説，怒則人畏，因其可喜者喜之，因其可怒者怒之，不妄喜，亦不妄怒也。一與一奪，以爵言也。有功者與之，有罪者奪之，不妄與，亦不妄奪也。一文一武，以政言也。文以附之，武以威之，弛張、寬猛之相濟也。一徐一疾，以令言也。徐則人力舒，徐久則怠矣；疾則人力詘，疾久則害矣。徐以縱之，疾以收之，禁舍開塞之得宜也。凡此四者，皆所以調和三軍，而使之心同，制一臣下，而使之力齊也。○朱墉云：喜怒，以情言。予奪，以爵言。文武，以政言。徐疾，以令言。制一臣下，制其情、一其心也。

〔震案〕喜、怒，平易可親與威嚴可畏之謂也。與、奪，陟罰臧否之謂也。文、武，寬仁厚德與嚴刑峻法之謂也。徐、疾，一張一弛之謂也。調和三軍，使三軍和諧、萬衆一心也。制一臣下，統制集中也。

「處高敞者，所以警守也；保險阻者①，所以爲固也；山林茂穢者，所以默往來也；深溝高壘粮多者②，所以持久也。

【考異】

①「險阻」原作「阻險」，講義、直解、開宗、武備志、彙解、慶長本、孫校本俱作「險阻」，孫子軍爭篇「不知山林、險阻、沮澤之形者」，行軍篇「軍行有險阻、潢井、葭葦、山林、蘙薈者」，九地篇

「行山林、險阻、沮澤」，亦皆作「險阻」，故「阻險」誤乙，今正之。

②「粮」上，講義、直解、開宗、武備志、彙解、慶長本、孫校本俱有「積」字。

【集解】

施子美云：處高敞者，所以警守也，此據得其地，則可以堅守。兵法言：「凡兵，好高而惡下，貴陽而賤陰，養生處寔，軍無百疾。」是則處高敞者，可以警其所守也。保險阻，所以爲固，此守得其地，故可保之以爲固。尉繚子謂「守者不失險也」，是則保險阻者，必可以爲固。山林茂穢，所以默往來，此言草木茂盛，則可以藏形，故可以默往來。孫子言，林木蘙穢，爲伏奸之所，以默其往來也可知矣。深溝高壘，則城池之固也，粮積多，則粮食之足也，若是，則可以久處，故可以持久。尉子言，攻之不能取者，城高池深，財穀多積也，此則可以持久也明矣。○劉寅云：處高敞之地者，所以爲我警守也；保險阻之地者，所以爲固守之備也；山林茂盛而幽穢者，所以默吾之往來也；深吾之溝塹，高吾之壁壘，積糧又多者，所以欲爲持久之計也。○黄獻臣云：此揭二十六事，以明神勢之所在。大要辨險塞，料敵情，設伏擊衆，尊爵重賞，嚴刑飭罰，從此神而明之，便可上至九天，下至九地，亦安能舍常法，而求之天上地下，以爲奇哉？○朱墉云：處高敞，便于眺望也。爲固，望守也。默往來，使人不知也。

〔震案〕高敞，高而闊也。地勢高而視野開闊，便於望遠，故云所以警守也。保，據守也。

穢，雜草也。默，潛形也。溝，池也，今謂護城河。壘，説文土部「軍壁也」，段注云：「行軍所駐爲垣曰軍壁。」

「故曰：不知戰攻之策，不可以語敵；不能分移，不可以語奇；不通治亂，不可以語變。

【集解】施子美云：不知戰攻之策者，不可以語敵，夫人必明禦敵之機，而後可以待敵，不知其機，則何以待人乎？故不可與語敵。宋襄公不從子魚之言，此不知戰攻之策也，烏足與語敵哉？宜其敗於泓也。不能分移，不可與語奇，夫人必明於勢，而後可以用其術，苟一於合聚，而不知分移，是當分不分，反爲縻軍，何奇之有？此符堅百萬之師，所以一麾而莫止者，以其不能分移也，何足與語奇？宜其敗於淮淝也。不通治亂，不可以語變，蓋人惟明於數，而後可以盡權變之道，苟一於正，而不知以治爲亂，則亦何足與言權變之道？吴人屬目於越。○劉寅云：故曰：不知戰攻之計策，不可以與之言敵；不能分而移之，不可以與之言奇；不通治亂之道，不可以與之言變。○朱墉云：分移，分爲二、分爲四也。移，遷徙也。

〔震案〕戰攻之策，攻戰策略也。語敵，談論敵情也。分移，部曲卒伍之分合遷移也。奇，奇兵也。治亂，言其陣形變化也。孫子勢篇云「紛紛紜紜，鬬亂而不可亂」，又云「亂生於治」，又云「治亂，數也」，曹操注曰：「旌旗亂也，示敵若亂，以金鼓齊之。」杜牧注曰：「此言陳法也。」又曰：「言欲僞爲亂形以誘敵人，先須至治，然後能爲僞亂也。」又曰：「言行伍各有分畫，部曲皆有名數，故能爲治，然後能爲僞亂也。」

「故曰：將不仁，則三軍不親；將不勇，則三軍不鋭；將不智，則三軍大疑；將不明，則三軍大傾；將不精微，則三軍失其機；將不常戒，則三軍失其備；將不彊力①，則三軍失其職。

【考異】

①「彊」，講義、直解、開宗、武備志、彙解、慶長本、孫校本俱作「强」。下「兵彊國昌」亦如此，詳上「彊弩長兵者」。

【集解】

施子美云：將不仁，則三軍不親。自此以下，言將任之至重，而其材之難盡也。法曰「仁見親」，不仁則無以感人之心，其何以使之親乎？將不勇，則三軍不鋭，法曰「勇見方」，不勇則人無所視効，故軍不鋭。將不智，則三軍大疑。將不明，則三軍傾，法曰「有所不見而視者，明也」，則可以見於未然。將而不明，則昧於事機，所以三軍傾危也。將不精微，則三軍失其機，法曰「密其機」，欲密其機，不可不極其妙，將不能極乎精微之理，則何以能密其機？將不常戒，則三軍失其備，法曰「先戒爲寶」，能戒則知謹所備，將不常戒，則三軍必無備，故失其備。將不强力，則三軍失其職，法曰「勤勞之師，將必先己」，將能强力，則能以身先人，而三軍亦各盡其職。苟不强力，則人必怠矣，得無失職乎？將之所任，若是其重，而其材必不可不備也。○劉寅云：故曰：將不寬仁，則三軍不相親；將不勇敢，則三軍不精鋭；將不智略，則三軍大疑而無所恃；將不通明，則三軍大傾而所無依；將不精詳微妙，則三軍失其發動之機；將不時常戒慎，則三軍失其備禦之具；將不能强力，則三軍皆失其職而不守。○朱墉云：親，愛附也。鋭，鋒利勇往也。疑，疑懼無可恃也。大傾，不統攝也。機，機會也。備，防禦也。職，各有職守也。

〔震案〕明，賢明也。傾，傾危也。不彊力，軟弱也。爲將軟弱，軍紀廢弛，下必玩忽職守矣，故云「三軍失其職」。

「故將者，人之司命，三軍與之俱治，與之俱亂。得賢將者，兵彊國昌；不得賢將者，兵弱國亡。」

武王曰：「善哉！」

【集解】施子美云：蓋將者，人之司命，謂之司命者，以人之死生係於將也。將之用兵而當則民生，不當則民死，故爲人之司命。惟爲司命，故三軍之治亂，亦與之俱。蓋統軍者將也，得人則治，非人則亂，豈不與之俱乎？賢與不賢在於將，而安危强弱及於軍國。將而賢，則可以昌其國，强其兵；苟爲不賢，則兵弱國亡矣。吴起守西河，秦兵不敢東向，李牧守雁門，匈奴不敢近邊，此得賢將則兵强國昌也；趙括用而趙軍坑，騎劫用而燕師敗，此不賢則兵弱國亡也。大抵兵不可以無將，將莫先於得人。法曰「得士者昌」，又曰「輔周則國必强」，亦此意也。○劉寅云：故將者人之司命，三軍與之同其治，同其亂。得賢將者，兵强而國昌。不得賢將者，兵弱而國亡。武王曰：公言善哉。○黄獻臣云：此言奇變之當知，而責備於大將之一身。蓋三軍非親，誰與爲死？非鋭，誰與克敵？非不疑，誰與必往？非不傾，誰與決勝？非知機，誰與權變？非有備，誰與應卒？非盡職，誰與摧鋒？而皆自將之仁、勇、智、明、精微、戒謹、强力風之，則將者，誠三軍之司命，廊廟之堅城也，而神勢在握矣。近代賢將如戚定遠，可稱窮精微之藴矣。嘗讀其言曰：「技藝行陣，特練中之一事。然精微極於無聲無臭，而小不能破；放之格天地、動鬼神，而大莫能踰。乃躬行心得之學，至誠無僞之道。」「根之於性，發之以誠，令民與上同意，終日乾乾，時無滿假，功愈盛，而心愈下，道愈行，而守愈密，固之不以城郭，居之不以宅室，藏之胸臆，而三軍服者，古之賢將也。」

〔震案〕孫子作戰篇「故知兵之將，生民之司命，國家安危之主也」，曹操注曰：「將賢則國安也。」李筌注曰：「將有殺伐之權，威欲却敵，人命所繫，國家安危在於此矣。」

五音

【集解】劉寅云：五音者，宫、商、角、徵、羽，各有所應也，隨其所應而制之，亦可以佐吾之勝耳。○黄獻臣云：此言兵家察五音以佐勝之理。

武王問太公曰：「律音之聲，可以知三軍之消息、勝負之決乎？」

【集解】劉寅云：武王問太公曰：律十二管、五音之聲，亦可以知三軍之消息，及勝負之決乎？〔震案〕消息，謂消長，蓋以士氣、形勢、戰力而言，猶云强弱盛衰也。決，斷決也。

太公曰：「深哉，王之問也！夫律管十二，其要有五音，宫、商、角、徵、羽，此其正聲也①，萬代不易，五行之神，道之常也，可以知敵②，金、木、水、火、土，各以其勝攻之③。

【考異】

①「其」，直解、開宗、武備志、彙解、孫校本俱作「真」，慶長本兩存之。

②「可以知敵」，直解、開宗、武備志、彙解、孫校本俱無此四字。

③「攻」，彙解無此字。「之」，直解、開宗、武備志、彙解、孫校本俱作「也」。

【集解】

施子美云：按周禮大師之職「大師執律以聽軍聲」，大司馬之職「若師有功，則左執律，右秉鉞，以先凱樂獻于社」，是則律音之用，古人之所先也。晉伐楚，師曠以一歌之間而知其勝負之所在，觀其言曰：「吾驟歌南風，又歌北風，南風不競，多死聲」，是則律管之用，必有其効也。三軍之勝負，律音之聲，必可以知之，宜武王以是爲問也。然律音之用，其事爲甚妙，其事既妙，則以是爲問者，其意豈不深乎？太公因其問之所及，而求其意之所存，故以「深哉」爲辭。夫律管十二，陽管六，陰管六也。黄鐘、太簇、姑洗、蕤賓、夷則、無射，此陽六律也；大吕、應鐘、南吕、林鐘、中吕、夾鐘，此陰六律也。律管雖十有二，其音不過乎五。五者，宫、商、角、徵、羽也。五聲屬乎五方，而十二管分配四時，故不過乎是五者也。此正聲也，萬代不易，言時世雖變，而此音常存，故萬代不易。五行之神，道之常也，可以知敵。金、木、水、火、土，此五行之神也，而五音實配焉，角音木，商音金，羽音水，徵音火，宫音土，即是五行，則可以知敵。何以知之？即管聲之應而知之也。既知之，必有以制之，其制之道，亦不外是也。金、木、水、火、土，必有相尅之義，而吾之制敵，則因所以勝之者而用之。金尅木，木尅土，土尅水，水尅火，火尅金，此五行之相勝也，而吾之制敵，亦以是用之。○劉寅云：太公對曰：深妙哉，王之問也。夫律管有十二，謂六律六吕也。六律屬陽，六吕屬陰，陽律謂黄鍾、太簇、姑洗、蕤賓、夷則、無射也，陰吕謂太吕、夾鍾、仲吕、林鍾、南吕、應鍾也。其要有五音，謂宫、商、角、徵、羽，此真正聲也，萬代不改易，五行之神，亦道之經常也。金、木、水、火、土，各以勝攻不勝也。○黄獻臣云：此言欲知三軍消息者，當以十二律之五音，分屬五行，即其相克者，以爲勝負之決。律有五音，萬代不易。宫屬中方之土神，商屬西方之金神，角屬東方之木神，徵屬南方之火神，羽屬北方之水神，道之經常者也。然金克木，木克土，土克水，水克火，火克金，各以其勝者而攻不勝。以此考之，而消息可知矣。○朱墉云：不易，不改易也。

〔震案〕律管以竹或金製之，所以定音。十二律吕，要在五音。五音以宫爲首，其餘乃以三分損益之法得之。史記律書云：「九九八十一以爲宫。三分去一，五十四以爲徵。三分益一，七十二以爲商。三分去一，四十八以爲羽。三分益一，六十四以爲角。」又云：「以下生者，倍其實，三其法。以上生者，四其實，三其法。」是律管之長八十一者爲宫，去其三分之一，倍其實，三其法，爲五十四，是爲徵；增徵三分之一，四其實，三其法，爲七十二，是爲商；復損之益之，乃得四十八爲羽，得六十四爲角。其數愈增，其管愈長，其音愈沈。五音自卑及高，爲宫、商、角、徵、羽，其於十二律，則爲黄鍾、太簇、姑洗、林鍾、南吕，猶今西洋樂音階之哆（C）、來（D）、咪（E）、唆（G）、拉（A）是也。五音既得，仍以三分損益之法繼之：以角聲姑洗六十四之長，倍其實，三其法，乃得四十二又三分之二，律書謂「應鍾長四寸二分三分二」是也；以應鍾之長，四其實，三其法，乃得五十六又九分之八，律書謂「蕤賓長五寸六分三分一」，其數蓋有差誤；以蕤賓之長，又如是益損之，乃得太吕、夷則、夾鍾、無射、中吕也。詳見下表。角，廣韻入聲覺韻「古岳切」，今普通話讀如訣。徵，廣韻上聲止韻「陟里切」，今普通話讀如止。洗，廣韻上聲銑韻「先典切」，今普通話讀如顯。蕤，廣韻上平聲脂韻「儒佳切」，今普通話讀作鋭之陽平聲。無射之射，讀如亦。應鐘之應、中吕之中，皆讀作去聲。正聲，猶主音、基準音。神，精魂也。常，恒也。道之常，恒常不變之法也。知敵，審知敵情也。勝，克也，制也。

十二律	五音	西樂音階		管長
黄鍾	宫	C	哆	81
大吕		#C	升哆	75.9
太族	商	D	來	72
夾鍾		#D	升來	67.4
姑洗	角	E	咪	64
中吕		F	發	59.9
蕤賓	變徵	#F	升發	56.9
林鍾	徵	G	唆	54
夷則		#G	升唆	50.6
南吕	羽	A	拉	48
無射		#A	升拉	44.9
應鍾	變宫	B	西	42.9

「古者三皇之世，虚無之情以制剛彊①。無有文字②，皆由五行③。五行之道，天地自然，六甲之分，微妙之神。其法：以天清淨、無陰雲風雨，夜半，遣輕騎，往至敵人之壘，去九百步外，偏持律管當耳④，大呼驚之。

【考異】

①「彊」，講義、直解、開宗、武備志、彙解、慶長本、孫校本俱作「强」，詳奇兵篇「彊弩長兵者」。

②「字」，彙解作「章」。

③「由」，開宗作「繇」，詳立將篇「皆由將出」。

④「偏」，直解、開宗、武備志、彙解、孫校本俱作「徧」，詳文韜盈虚篇「茅茨徧庭不剪」。

【集解】

施子美云：是法之用，非後世也，上古三皇之世嘗用之矣。虚無之情以制剛强，言其事無可據，故其情虚無，即是情而可以制人，故敵雖剛强，有不能自恃者矣。其爲用也非迹可拘，故無有文字，然大槩本之五行，即五行而推之，此巧曆之所心計也，何文字之有？五行之道，天地自然，此天地之常道，不過是五者也。自開闢以來，是道已明，由是自然之道，則可以知敵矣。若夫盡所以制之之術，則必極其變焉。六甲之分，微妙之神，此其變也。以五行而分爲六甲，乃可以制之，其事爲甚妙，故謂之微妙之神，占軍之勝負者，必本諸此。其爲法：以天清淨、無陰雲風雨之夜，遣輕騎往近敵壘九百步外，持管當耳，大呼以驚震之。○劉寅云：古者伏羲、神農、軒轅王天下之時，是謂三皇之世，用虛無之情以制人之剛强。此時無有文字，皆由金、木、水、火、土五行之道，乃天地自然之理，六甲之分，微妙之神也。六甲之分，謂甲乙屬木，丙丁屬火，戊己屬土，庚辛屬金，壬癸屬水是也。微妙之神，謂木之神曰青龍，火之神曰朱雀，土之神曰勾陳，金之神曰白虎，水之神曰玄武是也。其法：以天氣清淨、無陰雲風雨之日，夜半，遣輕騎往至敵人之壘，約去九百步外，徧持十二律管當耳，大呼驚之。○朱墉云：三皇，伏羲、神農、軒轅也。虛無，無爲而治也。皆由五行，法五行之相尅以制剛强也。六甲之分，五行與六甲各有分屬，甲乙屬木，丙丁屬火，戊己屬土，庚辛屬金，壬癸屬水是也。微妙之神，木神青龍，火神朱雀，土神勾陳，金神白虎，水神玄武是也。清淨天氣，清明之時。當耳，當敵人之耳也。

〔震案〕虛無之情，言虛靜無爲，萬物之情性也。莊子天道篇：「夫虛靜恬淡，寂寞无爲者，萬物之本也。」又刻意篇：「夫恬惔寂寞，虛无无爲，此天地之平而道德之質也。」陸德明釋文：「質，正也。」宣穎云：「本也。」剛彊，强硬不屈從也。無有文字，言無繁文苛政也。六甲，干支也，六十甲子之中，有甲子、甲戌、甲申、甲午、甲辰、甲寅者，故稱。六甲之分，謂干支與五行相配，而劃其分屬也。微妙，精微玄妙也。神，變化莫測也。易繫辭上「陰陽不測之謂神」，韓康伯注：「神也者，變化之極，妙萬物而爲言，不可以形詰者也。」清淨，晴朗潔淨也。騎，騎兵也，詳奇兵篇「所以止車禦騎也」。輕騎即輕裝之騎兵。偏當作徧，周徧，猶云皆也。當耳，非謂當敵人之耳，當我之耳，所以聽應管之回聲也。驚之，驚動敵人也。

「有聲應管，其來甚微。角聲應管，當以白虎；徵聲應管，當以玄武；商聲應管，當以朱雀；羽聲應管，當以勾陳；五管聲盡，不應者，宮也，當以青龍。此五行之符，佐勝之徵，成敗之機。」

武王曰：「善哉！」

【集解】

施子美云：必有聲應管，其來甚微妙，因是聲而推之，則可以知而制之矣。角聲，木聲也。角聲應管，當以白虎之軍。白虎，金也，金可以尅木也。徵音，火聲也。徵聲應管，當以玄武之軍。玄武，水也，水可以尅火也。商音應管，商，金聲也，當以朱雀之軍。朱雀，火也，火可以尅金也。羽音應管，羽，水聲也，當以勾陳。勾陳，土也，土可以尅水也。五管聲絶，而莫之應，是爲宫聲。宫，土者也，故靜。應宫以青龍。青龍，木也，木可以尅土也。此五行之符，可以爲佐勝之徵，成敗之機亦可即是而知，是固可以制之也。○劉寅云：有聲應管，其來也甚微。角聲應管，當用白虎勝之，角聲屬木，白虎屬金，金能克木故也；徵聲應管，當以玄武勝之，徵聲屬火，玄武屬水，水能克火故也；商聲應管，當以朱雀勝之，商聲屬金，朱雀屬火，火能克金故也；羽聲應管，當以勾陳勝之，羽聲屬水，勾陳屬土，土能克水故也；五管聲盡，不應者宫也，當以青龍勝之，宫屬土，土性重静，故聲不應，青龍屬木，木克土，故能勝宫。此五行之符，佐勝之徵兆，而成敗之機也。武王曰：公言善哉。○黄獻臣云：此言上古效五行之相尅以制剛强，法當徵察聲音之所應，以運尅制，而後可爲佐勝之徵。蓋天地間萬籟吹嘘，寔有是玄微合應之理，如周禮太師「執同律以聽軍聲，而詔其吉凶」，師曠審音而知南風之不競，季札觀樂而識世代之盛衰。學者精察乎此，當有以得和聲之妙，毋徒謂陰陽、術數之學，則幾矣。○朱墉云：應管，敵必有聲應我，入于管中。甚微，聲之來甚爲微妙也。角聲，是敵陣木神用事也，當以白虎金神尅之；徵聲，是敵陣火神用事，當以北方玄武水神尅之；商屬金，當以火尅之；羽屬水，當以土尅之；宫屬土，當以木尅之。土性重静，故聲不應。宫爲四音之主，屬上。符，驗也。徵，兆也。

〔震案〕白虎、玄武、朱雀、勾陳、青龍，皆神獸也。玄武，龜蛇之屬。朱雀，紅鶴鶉也。勾陳，麒麟也。此蓋以各部旌旗圖案相識别也。佐，輔助也。機，至要、關鍵之謂。戰國策秦二「存亡之機」，高誘注：「機，要也。」鮑彪注：「機主發矢，喻事之要也、先也。」此五行之符、佐勝之徵、成敗之機者，言五行之道俱可驗證於此，勝兵之徵迹亦可藉此輔助而觀之，故其關乎成敗，實爲至要之事也。

太公曰：「微妙之音，皆有外候①。」武王曰：「何以知之？」太公曰：「敵人驚動則聽之，聞枹鼓之音者②，角也；見火光者，徵也；聞金鐵矛戟之音者③，商也；聞人嘯呼之音者④，羽也；寂寞無聞者⑤，宫也。此五者⑥，聲色之符也⑦。」

【考異】

①「有」，武備志、孫校本並作「在」。

②「枹」，講義、慶長本俱作「抱」，非，疑形近而致訛。

③「戟」，開宗作「戈」。説文戈部：「戈，平頭戟也。」然戟亦或謂戈。尚書牧誓「稱爾戈」，孔安國傳：「戈，戟。」國語周語上引詩周頌時邁「載戢干戈」，韋昭注：「戈，戟也。」蓋戈、戟同類，渾言不别也。淮南子時則「執干、戚、戈、羽」，高誘注：「戈，戟屬也。」文選陳琳爲袁紹檄豫州「長戟百萬」，吕延濟注：「戟，戈屬也。」亦或爲同物異名、方言别語也。庾子山集卷九擬連珠「徒聞枕戈」，倪璠注引方言曰：「戟，吴、揚之間謂之戈。」

④「呼」，開宗作「聚」。嘯聚，後漢書西羌傳有「招引山豪，轉相嘯聚」一語，謂召集兵衆也。

⑤「聞」，武備志、孫校本並作「聲」。

⑥「五」下，開宗、武備志、彙解、孫校本皆有「音」字。

⑦劉寅云：「色」字恐誤。

【集解】

施子美云：然其事微妙，若何而知之？太公復言其所以爲外候者，蓋是音雖微妙，而有聲色之符，可以爲外候。外候爲顯，五音爲隱，即其顯可以知其隱，然是候亦何以知之？即夫敵人驚動之際，可得而知之。角，木也，故聞桴鼓之音，則知其爲角之外候；徵，火也，故見火光，則知其爲徵之外候；商，金也，故聞金鐵矛戟之音，則爲商；羽，水也，言語之所屬，故聞嘯呼之聲，則爲羽；至於宫，居中央，静而不動，故寂寞無音之可聞，是爲宫也。凡此五者，皆聲色之符驗，可以爲外候之證，言即是可以知其音之所應，故云外候。向非神明之將，亦未易推是而制敵也。○劉寅云：太公曰：微妙之音，皆在外候而得。武王問曰：何以能知之？太公對曰：因敵人驚動則聽之。聞枹鼓之音者，爲角枹，以木爲之，故屬角；見火光者，爲徵；聞金鐵矛戟之音者，爲商；聞人嘯呼之音者，爲羽；寂寞無聞者，爲宫。此五音亦應五行，乃聲色之符也。○黄獻臣云：此言五音之應又有外候，而得者粗細皆通，微顯相符，其相尅制勝之理尤爲著明。兵家察此，誠當運籌而決勝矣。○朱墉云：外候，又有候于外，而得顯微相符者。聽之，聽敵人之聲，以占五音也。枹鼓，以木爲之，故聞敵人枹鼓之音，則知爲角聲之應；見敵人火光，則知爲徵聲之應；金鐵矛戟皆金，故聞其聲，則知爲商；嘯呼屬口，口屬水，水聲清亮，嘯聚之聲似之，故爲羽聲之應；上靜，故寂寞無聞，爲宫聲之應。

〔震案〕外候，外顯之徵迹也。枹，説文木部「擊鼓杖也」，此處用爲動詞，枹鼓即擊鼓也。廣韻下平聲尤韻「縛謀切」，讀如浮。金、鐵，皆兵器之謂。文選揚雄長楊賦「金革之患」，吕延濟注：「金，兵刃也。」文選李陵答蘇武書「人無尺鐵」，劉良注：「尺鐵，兵器。」嘯，大聲呼喝也，同叱，集韻入聲九質韻：「叱（嘯），尺栗切，説文『訶也』，或作嘯。」今普通話讀如赤。寂寞，猶寂靜。色，類也。聲色，即宫、商、角、徵、羽五音之類别也。

兵徵

【集解】劉寅云：兵徵者，兵家勝負之徵兆也。或凶或吉，皆先見焉，爲將者不可不知，故武王以爲問，而太公答之也。

武王問太公曰：「吾欲未戰先知敵人之强弱，豫見勝負之徵，爲之奈何？」

【集解】劉寅云：武王問太公曰：吾欲於未戰之前，先知敵人之强弱，豫見勝負之徵兆，則爲之奈何？○朱墉云：豫，先也。

太公曰：「勝負之徵，精神先見，明將察之，其敗在人①。謹候敵人出入進退，察其動靜，言語祆祥，士卒所告。

【考異】①「敗」，講義、直解、開宗、武備志、彙解、慶長本、孫校本俱作「效」，當是。

【集解】施子美云：吴子嘗論「有不卜而與之戰」，「有不占而避之者」，是則敵之强弱勝負之證，不可不知也。然何以知之？夫勝負之徵，精神先見，此其證也。明將能因是而察之，則可以知其勝負矣。其證候求之於人而可知，曷爲効之在人？自「謹候敵人出入」以下，皆其候也。秦使者目動而言肆，史駢知其必退；晉師聽而無上，伍參知其必敗；建德度險而嚻，太宗知其可破；周摯方陣而嚻，光弼知其可擊；若夫鬭士倍我，則韓簡不敢敵秦；政成事時，則士會必欲避楚。察敵人之出入、進退、動静、言語妖祥，與士卒之所告，則其强弱勝負可以知矣。○劉寅云：太公對曰：勝負之徵兆，精神先見於外，惟明將能察之，其效驗在人。謹候伺敵人之出入進退，審察其動靜，言語之妖祥，士卒之所相告言者。○朱墉云：出，離于營壘也。入，編于行伍也。或出于境外，入于城郭也。進，前來也。退，歸返也。動，興作舉行也。靜，持守不譁也。妖祥，如盃酒化爲血之事。士卒，敵之士卒也。告，私相戒勉也。

〔震案〕精神，心神、神志也。見，現本字，詳武韜文伐篇。敗當作效，效驗也。上既云精神先見，此又謂其效在人，言勝負之徵兆，效驗於敵人之精神狀態也。謹候，謹慎偵察也。祅祥，怪異反常之事，爲吉凶之兆也。祅亦作妖。周禮春官眡祲「以觀妖祥」，鄭玄注：「妖祥，善惡之徵。」孔穎達疏：「祥是善之徵，妖是惡之徵，故言善惡之徵。此妖祥相對，若散文，祥亦是惡徵，『亳有祥桑』之類是也。」言語祅祥者，所傳言之吉凶善惡之徵兆也。士卒所告，士卒相與談論之事也。

「凡三軍説懌①，士卒畏法，敬其將命，相喜以破敵，相陳以勇猛②，相賢以威武，此强徵也。

【考異】

①「説」，講義、開宗、武備志、慶長本、孫校本俱作「悦」，詳立將篇「百姓讙説」。

②武備志無「猛」字。

【集解】施子美云：三軍悦懌，則其氣舒；士卒畏法，則其令嚴；敬其將命，則其權重；相喜以破敵，則有必戰之心；相陳以勇猛，則有敢戰之心；相賢以威武，則有不伐之心。夫如是，則勢不可敵，故知其爲强證。○劉寅云：大凡三軍之衆，心志喜悦怡懌，士卒皆畏懼法令，敬其將命，相喜以破敵之期，相陳以勇猛之事，相賢以威武之勢，此盛强之徵兆也。○朱墉云：懌，和協也。陳，傳説也。賢，稱贊也。

〔震案〕懌，喜悦也，廣韻入聲昔韻「羊益切」，讀如亦。陳，顯示也。相陳以勇猛，謂以勇猛之行相與示範，彼此勉勵也。賢，以爲賢，或曰崇尚也。

「三軍數驚，士卒不齊，相恐以敵强①，相語以不利，耳目相屬，祆言不止，衆口相惑，不畏法令，不重其將，此弱徵也。

【考異】

①「敵强」，開宗、武備志、孫校本俱作「强敵」。

【集解】施子美云：若夫三軍數驚，則人心不足；士卒不齊，則人不從令；相恐以敵强，相語以不利，則人有畏心矣；耳目相屬，妖言不止，衆口相惑，則人心不一矣；不畏法令，不重其將，則人無所統矣。若是者，非弱而何？○劉寅云：三軍之衆頻數驚動，士卒之心不相齊一，相恐以敵人之盛强，相與以出師之不利，耳目相屬，妖言不止已，衆口交相扇惑，不畏懼法令，不重其主將，此怯弱之徵兆也。○黄獻臣云：此就衆心和懌驚疑爲强弱勝負之徵。○朱墉云：不齊，心志不一也。相恐，皆心怯而懼也。不利，敗亡也。

〔震案〕數，讀如朔，詳武韜三疑篇「數餧食之」。齊，齊一而同力也。相語以不利，相與論議我軍處不利之境也。

「三軍齊整，陳勢已固①，深溝高壘，又有大風甚雨之利，三軍無故，旌旗前指，金鐸之聲揚以清，鼙鼓之聲宛以鳴，此得神明之助，大勝之徵也。

【考異】

①「陳」，講義作「陣」，詳軍勢篇「變生於兩陳之間」。「已」，直解、開宗、武備志、彙解、孫校本俱作「以」，慶長本兩存之。古已、以同，詳武韜文啓「既以藏之」。

【集解】

施子美云：至於三軍齊整，陣勢之固，此則人和也；深溝高壘，此則地利也；又有大風甚雨之利，此則天時也；加以三軍無故，而旌旗前指，則有必勝之兆；金鼓之音清揚宛鳴，則有整治之象。若是者，非人力所至，必得神明之助，是爲大勝之證。○劉寅云：三軍出入進退，行伍齊整，陳勢堅固，守以深溝高壘，又有大風甚雨之利，三軍無故，旌旗前向而指，金鐸之聲或揚以清，鼙鼓之聲或宛以鳴，此得神明之佑助，大勝之徵兆也。○朱墉云：齊整，不參差怠倦也。固，如山如岳不可動摇也。旌旗前指，士氣振作也。金鐸，以止軍者。鼙鼓，以進軍者。揚、清、宛、鳴，金鼓宣暢也。神明二字，當天意字看。助，輔助也。

〔震案〕甚雨，即淫雨，詳見奇兵篇「大風甚雨者」。無故，無意外之變故也。周禮天官宮正「國有故」，鄭玄注引鄭司農云：「故謂禍災。」鐸，説文金部「大鈴也」，廣韻入聲鐸韻「大鈴也，軍法用之」，「徒落切」，今普通話讀如奪。又説文段注云：「鼓人『以金鐸通鼓』注『鐸，大鈴也』，謂鈴之大者。説者謂軍法所用金鈴金舌，謂之金鐸；施令時所用金鈴木舌，則謂之木鐸。」又顧炎武日知録木鐸云：「金鐸所以令軍中，木鐸所以令國中。」揚，高揚也。禮記曲禮上「將上堂，聲必揚」，鄭玄注：「警内人也。」清，清越也。以，猶且、而，表前後並列之義。王引之經傳釋詞卷一：「以，猶而也。」即此。鼙，廣韻上平聲齊韻「部迷切」，今普通話讀如皮。鼙鼓，即小鼓也，軍中所用。宛，宛轉圓潤也。鳴，響亮也。神明，神祇也。

「行陳不固，旌旗亂而相繞，逆大風甚雨之利，士卒恐懼，氣絶而不屬，戎馬驚

奔，兵車折軸，金鐸之聲下以濁，鼙鼓之聲濕如沐①，此大敗之徵也。

【考異】

①「濕」，孫校本作「溫」。「如」，直解、開宗、武備志、彙解、孫校本俱作「以」，非，此疑涉上「下以濁」致訛。「沐」，直解作「沭」，形近而致訛。

【集解】

施子美云：若夫行陣不固，旌旗繞亂，逆風雨之利，惑士卒之心，氣絶而不屬，此則失天人之助也；戎馬驚奔，兵車折軸，此則兵器失其利也；金鐸之聲下以濁，鼙鼓之聲濕以沐，則其氣不振也，故知其爲大敗之證。凡此四證，雖可以察敵，而於占氣之法，亦有所不可廢。○劉寅云：行伍陳勢俱不堅固，旌旗亂而相連遶，動則逆大風甚雨之利，士卒驚恐畏懼，氣絶而不相屬，戎馬驚駭奔逸，兵車之軸或然斷折，金鐸之聲下以濁，振之不清也，鼙鼓之聲濕以沭，擊之不鳴也，此大敗之徵兆也。○黄獻臣云：此即行伍整亂、風雨順逆、士氣、器械，精明、阻泥，爲强弱勝負之徵。緣人事以知天，毫髪不爽，故大風折木，而楚圍解（楚圍漢高三匝，大風起，折木、發屋、揚沙，晝冥得脱），金鐵錚錚，而燕兵壯（燕兵駐營，其夜平地水深二尺，火光如毬，金鐵錚錚，識者謂必勝之兆），神明固已先告其際矣。○朱墉云：不屬，不聯屬也。濕以沐，擊之不鳴也。

〔震案〕行陳，軍隊行列也。行，廣韻下平聲唐韻「胡郎切」，讀如航。陳，廣韻去聲震韻「直刃切」，讀爲陣。陳之俗作陣，詳軍勢篇「變生於兩陳之間」。繞，纏繞也。氣，謂士氣也。屬，連續也，廣韻入聲燭韻「之欲切」，讀如囑。士氣萎靡不振，故謂其斷絶不連續也。下以濁，與上揚以清義正相反，低沈而渾濁也。沐，洗也。濕如沐者，潮濕如洗浴也，故其聲沈悶。

「凡攻城圍邑：城之氣色如死灰，城可屠；城之氣出而北，城可克；城之氣出而西，城必降①；城之氣出而南，城不可拔；城之氣出而東，城不可攻；

【考異】

①「必」，直解、開宗、武備志、彙解、孫校本俱作「可」，慶長本兩存之。

【集解】

劉寅云：大凡攻人之城，圍人之邑，城之氣色如死灰之狀，其城必可以屠；城之氣若出而北，其城必可以克；城之氣若出而西，其城必可以降。北與西屬陰，陰主殺，故其城可降而克也。城之氣出而南，其城必不可拔；城之氣出而東，其城必不可攻。南與東屬陽，陽主生，故不可攻而拔也。○朱墉云：北與西屬陰，陰主殺，故可克可降。南與東屬陽，主生，故不可攻，不可拔。

〔震案〕氣，雲氣也。色，色彩也。古人觀雲氣興衰之象及其色彩光澤，所以預知成敗吉凶，是爲望氣之術。墨子迎敵祠：「凡望氣，有大將氣，有小將氣，有往氣，有來氣，有敗氣，能得明此者，可知成敗吉凶。」史記高祖本紀「秦始皇帝常曰『東南有天子氣』」，「呂后曰『季所居上常有雲氣』」，張守節正義引京房易飛候云：「何以知賢人隱？師曰：『四方常有大雲，五色具而不雨，其下有賢人隱矣。』」皆其例也。凡攻城圍邑，必先候望敵城上之氣，太白陰經卷八雜占雲氣篇、通典卷一六二兵十五風雲氣候雜占言之甚詳於本篇，可爲參證。屠，屠城也。荀子議兵「不屠城」，楊倞注：「屠，謂毀其城，殺其民，若屠者然也。」拔，攻取也。

「城之氣出而復入，城主逃北；城之氣出而覆我軍之上，軍必病；

【集解】

劉寅云：城之氣出而復入者，守城之主必然逃北。出而復入，無主之象也。城之氣若出而覆我軍之上，我軍必病，以城之氣壓我也。○朱墉云：出而復入，無主之象。覆，壓也。

〔震案〕城主，守城主將也。北，敗走也。病，敗也。國語晉語三「以韓之病」，韋昭注：「病，敗也。」

「城之氣出高而無所止，用曰長久①。

【考異】

①「曰」，講義、開宗、武備志、彙解、慶長本、孫校本俱作「兵」。直解無此十三字，而有其注文，

蓋脱之耳。

【集解】

施子美云：按太白陰經城壘雲氣占篇：有白氣覆地者，不可攻；有黑氣如星者，急解圍；黄雲臨城，則有大慶；青雲南北出，不可攻；攻城過旬不拔，遇雷雨者，其城有輔，疾去勿攻。蓋占氣之法，有可攻，有不可攻，必審察而後舉。色如死灰，氣出而西北，出而復入，出而覆我軍，高而無所止，皆所可攻；若出而東南，爲有氣，故不可攻拔。○劉寅云：城之氣若出高而無所主，用兵長久。高而無止，長久之象也。

〔震案〕此言城之氣出而高升不止，必久攻不下。

「凡攻城圍邑，過旬不雷不雨，必亟去之，城必有大輔①。此所以知可攻而攻，不可攻而止。」

武王曰：「善哉！」

【考異】

①「大」，開宗作「太」，詳文韜國務篇「願聞爲國之大務」。「輔」下，武備志有「之人」二字。開宗「太輔」下有「大輔佐之人」五字雙行小注，疑武備志「之人」二字係別本注文竄入耳。

【集解】施子美云：凡攻城圍邑，過旬之久，不雷不雨，是無變也，此必有大輔，宜亟去之。若是者，有可不可存乎其間，故知之而後可以而進止也。○劉寅云：大凡攻城圍邑，過一旬而天不雷不雨，必當速去之，城中必有大輔佐之人，此所以知可攻則攻之，不可攻則止矣。武王曰：公言善哉。○黄獻臣云：此即城邑氣色、天時雷雨爲强弱勝負之徵。蓋精神先見，雖天地亦不能不露其朕矣。○朱墉云：大輔，賢才大佐也。

〔震案〕旬，十日也。亟，速也。大輔，觀全文之意，此大輔蓋通曉望氣星占之賢才也。

農器

【集解】劉寅云：農器者，以農器喻用兵之器也。天下安定，則武備不修。太公以農器即兵器，兵事即農事，此亦周家寓兵於農之意也。○黄獻臣云：此言農器即兵器也。

武王問太公曰：「天下安定，國家無事①，戰攻之具可無修乎②？守禦之備可無設乎？」

【考異】

①上「武王」至此十四字，八角廊簡作「……問大公曰天下大定國家毋……」。「事」，直解、開宗、武備志、孫校本俱作「爭」，慶長本兩存之。

②「修」，武備志作「脩」，下「修溝渠」同此。詳武韜發啓篇「王其修德以下賢」。

【集解】

施子美云：國雖大，好戰必亡；天下雖安，忘戰必危。宋向戌欲弭兵，君子以爲不可；唐蕭俛議銷兵，河北終以不復。當天下無事之際，戰攻之具、守禦之備，其可廢乎？兵不可廢，又不可好，然則如之何而可？有一於此，不好不忘，而可以寓其事者，取之人事足矣。古者井田法行，兵農一致：當其無事而居也，則以五家爲比，五比爲閭，四閭爲族，五族爲黨，五黨爲州，五州爲鄉；及其有用而戰也，則以五人爲伍，五伍爲兩，四兩爲卒，五卒爲師，五師爲軍。其編之卒伍軍旅者，即此閭族黨之民也；其在遂也，則爲鄰里酇鄙縣遂之民。故遂人則簡其兵器，教之稼穡；遂師則登其車輦，巡其稼穡；遂大夫則稽其功事，移其執事。此則寓兵於農之法也。井田之制，太公實營之，故以戰攻守禦之具，取必於人事。○劉寅云：武王問太公曰：天下既以安定，國家又無所爭，戰攻之器具亦可無修乎？守禦之備用亦可無設乎？此聖人安不忘危、治不忘亂之意。

〔震案〕具，器械也。備，武備也。戰攻之具、守禦之備，謂攻防武器裝備及軍事設施也。修、設，謂配備、設置也。

太公曰：「戰攻守禦之具，盡在於人事。耒耜者，其行馬、蒺藜也；

【集解】

施子美云：耒耜之用，則兵家之行馬、蒺蔾也。○劉寅云：太公對曰：戰攻守禦之器具，盡在於人事。農家之耒耜，其兵家之行馬、蒺藜也。耒耜，田器，神農所作，揉木爲耒，剡木爲耜，用以耕種也。行馬，以木爲螳螂劒刃扶胥。蒺藜、木蒺藜，二者皆拒守之器也。○黄獻臣云：耜，所以起土，耒，其柄也，神農所作。蒺藜，以木爲之，或以鐵爲之，皆拒守之物。

〔震案〕耒耜，翻土農具。耒，説文耒部「手耕曲木也」，廣韻上聲旨韻「力軌切」，讀如壘。耜，説文作枱，「臿也，从木目聲」，一作梩，徐鉉曰：「今俗作耜。」廣韻上聲止韻「詳里切」，讀如祀。禮記月令「脩耒耜」，鄭玄注：「耜者，耒之金也。」孔穎達疏：「耒者，以木爲之，長六尺六寸，底長尺有一寸，中央直者三尺有三寸，勾者二尺有二寸。底謂耒下嚮前曲接耜者，頭而著耜。耜，金鐵爲之，故云耜者，耒之金。」行馬，古又稱梐枑，施城門外或要路隘口，阻絶人馬通行。周禮天官掌舍「設梐枑再重」，鄭玄注：「梐枑謂行馬。」孫詒讓疏：「行馬，以木相連比，交互爲之，故謂之梐枑。」梐，廣韻上聲薺韻「傍禮切」，讀如陛。枑，廣韻去聲暮韻「胡誤切」，讀如護。又王三聘古今事物考卷七：「拒馬，始于三代，一曰行馬，植木也，植其木遮攔于門，以止人行。」是後世之拒馬，亦曰行馬，或謂拒馬鎗也。太白陰經卷四戰具守城具篇：「拒馬鎗，以木徑二尺，長短隨事，十字鑿孔，縱横安括，長一丈，鋭其端，可以塞城門要道，人馬不得奔前。」此其制。蒺藜，木製或鐵製，着四尖刺，狀如蒺藜草之果刺，故稱。太白陰經卷四戰具守城具篇：「鐵菱狀如蒺藜，要路水中着之，以刺人馬之足。」是蒺藜即鐵菱也，所以傷敵人馬，遲滯行軍也。

「馬、牛、車輿者，其營壘、蔽櫓也①；

【考異】

①「蔽」，武備志、彙解並作「菽」，此當爲蔽之訛字。

【集解】

施子美云：馬、牛、車輿，則兵家之營壘、蔽櫓也。○劉寅云：馬用之乘，牛用之畊，車輿用之載，其兵家之營壘、蔽櫓也。車，大車。輿，車底也。車有轅，有軾，有輪，有軸，有轂，有轄，有輻，有軫，車，其揔名也。營，屯營。壘，壁壘。軍舍止，所以爲固也。蔽，藩垣也，軍行，用車輿周匝圍之。櫓，大盾也。城上露屋，及戰陣高巢車，皆曰櫓。

〔震案〕馬、牛皆可以致戰，馬所以挽戰攻之車，牛所以挽輜重之車，即孫子作戰篇「丘牛大車」是也。輿即車廂，車輿，猶車也。此以車爲營壘、蔽櫓，以爲攻守，虎韜絶道篇「以武衝爲壘而前」即屬此類。又周禮天官掌舍「設車宮轅門」，鄭玄注：「謂王行止宿阻險之處，備非常，次車以爲藩，則仰車以其轅表門。」「次車以爲藩」，即有扎營駐壘之意。或以軘車爲壘。軘之爲言屯也。左傳宣公十二年「使軘車逆之」，孔穎達疏引服虔云：「軘車，屯守之車。」又或以爲革車，革者，言其外蒙牛皮，能遮矢石，故可用以守禦也。孫子作戰篇「革車千乘」，張預注：「革車，即守車也。」此車行軍時炊子、守裝、廐養及樵汲者乘之，又載器械、財貨、衣裝諸物，故或謂即輜重車也。漢書李廣蘇建傳云，浚稽山之役，李陵爲匈奴軍三萬騎所圍，乃「軍居兩山間，以大車爲營」；又衛青霍去病傳云，漠北之役，衛青軍出塞千餘里，而與匈奴遭遇，「於是青令武剛車自環爲營」。此皆以戰車爲營壘、蔽櫓之例也。

「鋤、耰之具，其矛、戟也；

【集解】

施子美云：鋤、耰之具，則矛、戟之類也。○劉寅云：農家鋤耰之具，其兵家之矛、戟也。鋤，除草器也。耰，摩田器也。矛，夷矛、酋矛也。戟，有枝兵也。

〔震案〕耰，謂碎土平地之農具也。説文作櫌，「摩田器」，唐張參五經文字卷上木部：「櫌，經典及釋文皆作耰。」論語微子「耰而不輟」，何晏集解引鄭玄曰「耰，覆種也」，似與説文「摩田器」不合，段玉裁云「許以物言，鄭以人用物言」，「當兼此二者」。廣韻下平聲尤韻「於求切」，讀如憂。

「蓑、薛、簦、笠者①，其甲冑、干楯也②；

【考異】

①「蓑」，直解作「簑」，開宗、武備志、彙解、慶長本、孫校本俱作「簑」。作「簑」蓋爲形訛，直解張居正增訂本亦作「簑」。簑與蓑同。儀禮既夕禮「稾車載蓑笠」，阮元校勘記云：「蓑，唐石經、徐本、釋文、聶氏、集釋、通解、要義、楊、敖俱从艸，注同，毛本從簑。」「薛」，直解作「簛」，亦訛字也，其張居正本則同開宗、武備志、彙解俱作「簛」。「簦」，武備志、彙解、慶長本俱作「蹬」。直解、開宗並無「者」字。

②「楯」，講義、開宗、武備志、彙解、慶長本、孫校本俱作「櫓」。直解無「干楯也」三字，觀注文當係脱漏所致。

【集解】

施子美云：簑、薛、簦、笠，則甲冑、干櫓之類也。○劉寅云：農家之簑薛簦笠，其兵家之甲冑干櫓也。簑、薛，皆雨衣也，以草爲之。簦、笠，皆雨具也，有柄曰簦，無柄曰笠。甲冑、干櫓，皆所以扞外而禦内者也。○朱墉云：甲，披於身。冑，戴於首。干，戴於車。櫓，列於營。

〔震案〕蓑，蓑衣也，蓑草所製，所以禦雨。蓑草亦稱龍鬚草、燈芯草，質韌，今用以造紙。薛，亦蓑也。玉篇艸部：「薛，莎也。」莎亦草名，其塊莖即香附子，蓋與蓑別，而二字音同，古或視同一物。爾雅釋草「薃侯，莎」，廣雅「其蒿青蓑也」，郝懿行義疏云：「莎可以爲蓑，故因名青蓑，蓑即莎矣。」詩小雅南山有臺毛傳「臺，夫須也」，陸璣毛詩草木鳥獸蟲魚疏卷上云：「舊説夫須，莎草也，可爲蓑笠。」故莎既與蓑混同不別，則薛即蓑也，蓑與薛，皆謂蓑衣。簦，説文竹部「笠蓋也」，段注云：「笠而有柄如蓋也，即今之雨繖。史記『躡屩擔簦』，按簦亦謂之笠，渾言不別也。」廣韻下平聲登韻「都滕切」，讀如登。笠，斗笠也。

「钁、鍤、斧、鋸、杵、臼，其攻城器也：

【集解】施子美云：攻城之具，即钁、鍤、斧、鋸而可知。○劉寅云：钁，大鋤也，用之劚土。鍤，鍬也，用之起土。斧，以之斫。鋸，以之斷。杵臼，以之舂。其兵家攻城之器也。

〔震案〕鍤，廣韻入聲葉韻「丑輒切」，又洽韻「楚洽切」，讀如插。杵，説文木部「舂杵也」，段玉裁注：「舂，擣粟也，其器曰杵。」臼，説文臼部「舂也，古者掘地爲臼，其後穿木石」。杵者，其擊擣椎打之鈍器也；臼者，承其碎物之容器也。

「牛馬，所以轉輸糧用也①；雞犬，其伺候也；婦人織紝，其旌旗也；丈夫平壤，其攻城也；

【考異】

①直解、開宗、武備志、彙解、孫校本俱無「用」字。

【集解】

施子美云：雞犬則伺候之意，織紝則旌旗之制，平壤亦如攻城。○劉寅云：牛馬乘載，所以轉輸糧餉也。雞之司晨，犬之警守，其兵家伺候之義也。婦人織紝絹帛纂組，其兵家旌旗之用也。丈夫平治土壤，其兵家攻城之象也。

〔震案〕轉，遷移也。輸，委輸也。轉輸，猶轉運。用，物資也。伺候，偵察也。伺，廣韻去聲志韻「相吏切」，今普通話讀如寺。織紝，泛言織製布帛之事也。紝，廣韻下平聲侵韻「如林切」，今普通話讀如認。壤，肥軟之地。釋名釋地：「壤，瀼也，肥濡意也。」是壤者，稼穡樹藝之土也。平壤，猶平治田地也。

「春鏺草棘，其戰車騎也；夏耨田疇①，其戰步兵也②；秋刈禾薪，其糧食儲備也；冬實倉廩，其堅守也；

【考異】

①「耨」，直解作「薅」。耨，訛字也。

②「步」，孫校本作「小」，非是。

【集解】

施子美云：钁草亦如戰車騎，耨田疇則如戰步，刈禾薪則如積粮食，寔倉廩則如堅守。○劉寅云：春月鏺去草棘，其戰車騎之法也。夏月耘薅田疇，其戰步兵之法也。秋月收刈禾薪，其糧食儲備之用也。冬月充實倉廩，其堅守之用也。○朱墉云：鏺，去也。草，莠草也。棘，荆棘也。耨，耘草也。刈，斬割也。

〔震案〕鏺，説文金部「兩刃木柄，可以刈艸」，即鐮之一種，用以斬割野草荆棘，故芟刈草棘之屬亦曰鏺。廣韻入聲末韻「普活切」，今普通話讀如坡。車騎，猶車馬，謂車兵與騎兵也。騎兵，詳奇兵篇「所以止車禦騎也」。耨，除草農具也。釋名釋用器「耨，似鋤，嫗薅禾也」，畢沅疏證：「蓋以耨去艸不容滅裂，懼其傷禾也，嫗有愛護苗根之誼。」又集韻入聲上沃韻：「耨、槈，田治艸也。」是除草之器曰耨，耘苗除草亦曰耨。廣韻去聲候韻「奴豆切」，又入聲沃韻「内沃切」，今普通話讀 nòu。田疇，謂已耕種之田也。春田未種，但有草棘，盡可斬割，芟刈務盡，其勢疾猛，故如戰車騎也。且車戰多用戈，便鉤啄，亦與芟草相似。夏耨田疇，唯恐傷及苗根，則須精耘細作，故如戰步兵也，言其緩而慎也。刈，本作乂。説文丿部：「乂，芟艸也。」一説乂象翦形，謂翦草之器，引申爲芟草義也。从刀作刈，其後起字也。玉篇刀部：「刈，魚廢切，穫也，取也，殺也。」秋刈之刈，則收割之謂也。廣韻去聲廢韻「魚肺切」，今普通話讀如亦。禾，糧食也。薪，柴草也。實，充實也。倉廩，糧倉也。廩，廣韻上聲寢韻「力稔切」，讀如凜。

「田里相伍，其約束符信也；里有吏，官有長，其將帥也；里有周垣，不得相過，其隊分也；輸粟收芻①，其廩庫也；春秋治城郭，修溝渠，其壍壘也。

【考異】

①「收」，直解、開宗、武備志、彙解、孫校本俱作「取」。

【集解】

施子美云：伍田里，則如行約束；吏官長，其所屬猶將帥也；垣里相限，其所分猶隊分也；輸粟取芻，則廩庫之屬；城郭溝渠，則壍壘之事。凡此，皆即人事之所用，而可以備用兵之具。○劉寅云：田里之間相聯爲伍，其兵家之約束符信也。里有吏主之，官有長統之，其軍中之將帥也。每里有周垣限隔之，不得相過越，其兵家隊伍之分也。輸運穀粟，收取芻草，其兵家倉廩府庫之備也。春秋二時，治城郭之缺壞，修溝渠之堙塞，其兵家塹壘之法也。○朱墉云：

相伍，聯爲什伍也。周，環繞也。垣，墻也。隊，隊伍也。分，部分也。塹，欲其深壘，欲其高也。

〔震案〕田里，編户之民也。田以田賦言，公羊傳哀公十二年「譏始用田賦也」，何休集解：「田，謂一井之田。」里以里籍言，周禮地官遂人：「五家爲鄰，五鄰爲里，四里爲酇，五酇爲鄙，五鄙爲縣，五縣爲遂，皆有地域溝樹之使，各掌其政令刑禁，以歲時稽其人民，而授之田野，簡其兵器，教之稼穡。」約束，約規管束也。符信，符傳印信也。此言編户之民聯爲什伍，猶立軍規，嚴明約束，如發兵符，悉聽調遣。周垣，圍牆也。垣，廣韻上平聲元韻「雨元切」，讀如袁。隊分，部伍之分別也。輸粟，運糧也。收，收藏也。芻，草料也。廪庫，猶倉廪也。治，整治修繕也。城郭，内外城牆也。修，修建也。溝渠，灌溉水渠也。塹，壕溝也。壘，營壘也。

「故用兵之具，盡在於人事也①。善爲國者，取於人事。故必使遂其六畜，闢其田野，安其處所②，丈夫治田有畝數，婦人織紝有尺度。是富國强兵之道也③。」

武王曰：「善哉！」

【考異】

①直解、開宗、武備志、彙解、孫校本俱無「在」字，講義無「於」字。

②「安」，直解、武備志並作「宄」，開宗、彙解、孫校本俱作「究」，慶長本「安」、「究」兩存之。究

者，究之訛也。

③「是」，直解作「其」。

【集解】

施子美云：故用兵之具，盡在於人事。善爲國者，取於人事，以其本在是也，不必家藏戈戟，日習行陣，而後可以爲其事也。故古者不急於軍旅，而惟人事之是修，遂六畜，闢田野，安處所，丈夫耕桑，婦人蠶織，以是而爲兵農之法。富强之術，殆不是過，何必他求哉？兹蓋萬乘農戰，而天下無敵，富强之術宜自是生也。○劉寅云：故用兵之具，盡在於人事也。善治國者，皆取於人事，故必使百姓遂其六畜，無使失時；闢其田野，無使荒蕪；究其處所，無使雜居；丈夫治田有畝數，不令廢農事；婦人織紝有尺度，不使廢女工。此乃富國强兵之道也。武王曰：公言善哉。○黄獻臣云：此言以富國爲强兵之道，即古者寓兵於農之意。無事則吾兵即吾農，有事則吾農即吾兵，不待别設備具，而國家長享太平之樂矣。如蕭憺冒雨爲民修堤，引王尊以身塞河之語，而江水勢平，墊没可念也；潘好禮因邠王農月出獵，而卧馬下進諫；蕭結因州守暮春取競渡，而云寸陰即農金，農時宜惜也；郭永不忍以豆觴之費窮民膏血，而帥臣燕不數篚，物力宜愛也；鄭俠憫飢民，繪圖以進，而新法蠲；梁嵩見潯州苦征賦，而出俸代完，流離堪悲也；王涣下車弘農，而持米過洛者，不苦司卒；龐籍用兵數載，鷄犬桑麻無儆，而民誦二天，騷驛宜歛也；鍾離牧躬墾二十畝，民認之，而送還不納；常景駿築堤數十里，值歲祲，而民不忍言去。是耕耨中之仁義也。徐吾借東壁之餘光，與隣婦織紝自若；如蘇峻母悉遣家丁從軍，盡鬻珮環給餉，戒峻盡忠報國，勿以母老爲累；朱序母韓氏閱城，謂西北必先受敵，率婢及女丁築城二十餘丈，衆守新築，而符堅賊退。是紡織内之干城也。然則將帥，田畯也；伍兩，比耦也；塹壘，溝塍也；干戈，鋤犂也；有車轔轔，杼軸展也；載輸繹繹，困廩盈也。兵農合一，有國家者，其知所本務乎？○朱墉云：人事，農事也。遂其六畜，無失其孕字之時也。闢田野，使無荒蕪也。究處所，無使雜居也。有畝數，不廢農事也。有尺度，計工程也。

〔震案〕取於人事者，言取法於下民耕稼織紝之事也。遂，長育也。六畜，皆家畜也。左傳昭公二十五年「爲六畜」，杜預注：「馬、牛、羊、雞、犬、豕。」闢，墾地也。廣韻入聲昔韻「房益切」，今普通話讀如譬。田野，猶田地也。處，居也。廣韻上聲語韻「昌與切」，今普通話讀如楚。丈夫治田有畝數，婦人織紝有尺度者，言丈夫耕種，婦人紡織，勞作之量皆須合規定之數，俾使人民不廢産業，乃得富國强兵矣。

新編諸子集成續編

六韜集解

下

王震 集解

中華書局

六韜集解卷第四

虎韜

【集解】黄獻臣云：言威武如虎也。○朱墉云：物之猛而威武者莫如虎，此篇多言耀武奮威之事，故曰虎韜。

軍用

【集解】劉寅云：軍用者，軍之器用也。器用有備，以之戰守則無患矣。○黄獻臣云：此槩言軍中器用之大數。

武王問太公曰：「王者舉兵，三軍器用，攻守之具，科品衆寡，豈有法乎？」

【集解】劉寅云：武王問太公曰：王者舉兵征伐，三軍之器用，其攻守之具，科品或衆或寡，豈有法度乎？○朱墉云：科，門類也。品，等級也。

太公曰：「大哉，王之問也！夫攻守之具，各有科品，此兵之大威也。」

【集解】施子美云：取用於國，欲其便於用也。成周之際，有車人以爲車，有廬人以爲廬器，蓋以攻守異器，車輪異制，不得不爲之辨也。成周太平之際，猶不忘武備，况周家肇造之初，武王得不以攻守之具爲問乎？科品衆寡，必有其法。科品者，其所制之度也。衆寡者，其所用之數也。器之所制，其長短大小必有度，而其所用，則視乎其人，而以爲之數。是器也，其爲用也大，則以是而爲者，其意亦大也。太公以是而爲大哉之問，蓋以其所資者大，故其所問者大也。其爲具也，各有科品：如所謂武衝大扶胥，如所謂絞車、衝車、電車、輕車，此則車之科品也；如所謂强弩，如所謂大黄參連弩，此則弩之科品也；如所謂蝗螂劒刃扶胥，如所謂虎落劒刃扶胥，此則行馬之科品也。科品既明，器用自便，夫如是，則可以張兵之威，所以謂之兵之大威也。○劉寅云：太公對曰：大哉，王之所問也。夫攻守之器具，各有科品，此兵家之大威也。

〔震案〕大哉，言其重要也。大威，謂威力强大也。

武王曰：「願聞之。」太公曰：「凡用兵之大數，將甲士萬人，法用武衝大扶胥①，三十六乘，材士强弩矛戟爲翼，一車二十四人推之，以八尺車輪，車上立旗鼓，兵法謂之震駭，陷堅陳②，敗强敵。

【考異】

①「衝」，直解、武備志、彙解、慶長本、孫校本俱作「衛」。當作「衝」，疾戰篇「四武衝陣」，絶道篇「以武衝爲壘而前」，皆取其衝擊之義也。一説武衛即兵衛也。

②「陳」，開宗此作「陣」，講義、武備志通篇皆作「陣」，詳龍韜軍勢篇「變生於兩陳之間」。

【集解】

劉寅云：武王曰：願聞科品之異。太公對曰：凡用兵之大數，將帶甲之士萬人，其法用武衝大扶胥三十六乘。扶胥，車之别名也。材勇之士持强弩矛戟爲羽翼，每一車用二十四人推之，用八尺車輪，車之上立旗與鼓，兵法又謂之震駭。用以陷堅陳，敗强敵也。○黄獻臣云：扶胥，車别名，乃戰車之大者。古者軍中有儲胥以爲藩籬，疑即此類。此言武衝大扶胥之用。○

朱墉云：大數，器具之數也。

〔震案〕大數，總體之數也。甲士，帶甲兵士，步卒之謂也。孫子作戰篇「帶甲十萬」，曹操注：「步卒也。」法用，謂攻守器具之科品衆寡也。上武王作「豈有法乎」之問，故太公以「法用」爲答對之辭。武衝大扶胥，衝車之類。淮南子覽冥「大衝車」，高誘注：「衝車，大鐵著其轅端，馬被甲，車被兵，所以衝于敵城也。」然而下云「一車二十四人推之」，既以人力推行，則必異於「馬被甲」挽引之大衝車也，惟其衝擊之勢略同，彼既衝於敵城，而此則衝於敵陣也。又尹灣漢墓武庫永始四年兵車器集簿載「武剛强弩車」，後漢書輿服志云「武剛車者，爲先驅」。此武剛車既配强弩，又爲先驅（即先鋒也），亦即重型衝擊戰車之屬，蓋爲武衝別稱，或其變制，大同小異耳。武衝、武剛，又稱武車，用爲衝擊，又爲營壘，下疾戰篇「以武車驍騎驚亂其軍」言之甚詳。一車四馬之謂乘，廣韻去聲證韻「實證切」，讀如剩。以兵車言，則有輕重之分。孫子作戰篇「革車千乘」，梅堯臣注：「凡輕車一乘，甲士、步卒二十五人；重車一乘，甲士、步卒七十五人。」而此云「三十六乘」者，蓋以武衝大扶胥一具並推行二十四人合爲一乘也。材士，勇武善戰之士也。翼，兩側佐攻助戰者也。震駭者，取其驚懾敵軍之義也。陷，攻破也。

「武翼大櫓矛戟扶胥七十二具①，材士强弩矛戟爲翼，以五尺車輪，絞車連弩自副，陷堅陳②，敗强敵。

【考異】

①上云「三十六乘」，而此云「七十二具」，孫詒讓札迻卷十謂「『具』當作『乘』」，當是。上武衝大扶胥以材士强弩矛戟爲翼，一車二十四人推之，此武翼大櫓矛戟扶胥亦以材士强弩矛戟爲翼，皆當以「乘」計。下凡云材士强弩爲翼、螳蜋武士共載之屬，亦皆作「乘」。愚意凡人與軍械合而一體計之者，則曰「乘」，而單以軍械計，則曰「具」。

②「陳」，開宗此作「陣」，直解、彙解自此以下皆作「陣」。詳龍韜軍勢篇「變生於兩陳之間」。

【集解】

劉寅云：武翼大櫓，車上之蔽也。置矛戟車上，備擊刺也。材勇之士持强弩矛戟爲羽翼，用五尺車輪，以絞車連弩自副，亦用以陷堅陣、敗强敵也。○黄獻臣云：武翼，與武衝同。大櫓，車上之蔽。扶胥差小，故其數倍之。此言武翼大櫓矛戟扶胥之用。○朱墉云：武翼，與武衛同，武衛即兵衛也。

〔震案〕武翼大櫓矛戟扶胥，戰車之名。釋名釋宫室：「櫓，露也，露上無屋覆也。」蓋此車上無覆蓋，而四面皆蔽櫓遮擋矢石，若移動之掩體。車上備置矛戟，又附絞車連弩，故能伺機擊刺及遠射殺敵也。絞車連弩，即墨子之連弩車，其制見備高臨篇：「備高臨以連弩之車，材大方一方一尺，長稱城之薄厚，兩軸三輪，輪居筐中，重下上筐。左右旁二植，左右有衡植，衡植左右皆圜内，内徑四寸。左右縛弩皆於植，以弦鉤弦，至於大弦。弩臂前後與筐齊，筐高八尺，弩軸去下筐三尺五寸。連弩機郭同銅一石三十斤，引弦鹿長奴。筐大三圍半，左右有鉤距，方三寸，輪厚尺二寸，銅距臂博尺四寸，厚七寸，長六尺。横臂齊筐外，蚤尺五寸，有距，博六寸，厚三寸，長如筐。有儀，有詘勝，可上下。爲武，重一石，以材大圍五寸。矢長十尺，以繩□□矢端，如如弋射，以磨鹿卷收。矢高弩臂三尺，用弩無數，出人六十枚，用小矢無留。」又太白陰經卷四戰具攻城具：「車弩，爲軸轉車，車上定十二石弩弓，以鐵鈎連軸，車行軸轉引弩，持滿弦挂牙上。弩爲七衢，中衢大箭一簇，長七寸，圍五寸，箭笴長三尺，圍五寸，以鐵葉爲羽，左右各三。箭次差小於中箭，其牙一發，諸箭皆起，及七百步，所中城壘無不崩潰，樓櫓亦顛墜。」可爲參閲。自副，自爲輔助也。

「提翼小櫓扶胥一百四十具①，絞車連弩自副，以鹿車輪②，陷堅陳，敗强敵。

【考異】

①「十」下，開宗、武備志、彙解、孫校本皆有「六」字。慶長本「具」與「九」兩存。孫詒讓札迻卷十云：「施本無『六』字，慶長本同。又載别本具作『九』，於數亦不合。以上下文校之，此當作『一百四十四乘』（「具」亦「乘」之誤），上文『武衛大扶胥三十六乘』，『武翼大櫓矛戟扶胥七十二乘』，倍武衛大扶胥之數也。此提翼小櫓扶胥又倍之，故一百四十四乘。諸本竝誤。」

孫說文獻無可徵，惟聊備一考耳。

②「鹿」，講義作「庶」。慶長本「鹿」與「庶」兩存。

【集解】

劉寅云：提翼小櫓，亦車上之蔽，但比大櫓差小耳。以絞車連弩自副，用鹿車輪，亦以陷堅陣、敗强敵也。○黄獻臣云：鹿車輪，即今小車獨輪也。此言提翼小櫓扶胥之用。

〔震案〕太平御覽卷七七五引風俗通云：「鹿車，窄小裁容一鹿也。」

「大黄參連弩大扶胥三十六乘，材士强弩矛戟爲翼，飛鳧電影自副。飛鳧赤莖白羽，以銅爲首；電影青莖赤羽，以鐵爲首。晝則以絳縞，長六尺，廣六寸，爲光耀；夜則以白縞，長六尺，廣六寸，爲流星。陷堅陳，敗步騎。

【集解】

劉寅云：大黄參連弩大扶胥三十六乘，以材勇之士持强弩矛戟爲羽翼，上用飛鳧、電影自副。飛鳧用赤莖白羽，以銅爲之首；電影用青莖赤羽，以鐵爲之首。白晝則以絳色之縞，長六尺，闊六寸，爲光耀；遇夜則以白色之縞，長六尺，闊六寸，爲流星，取其遠視之有光也。此用以陷堅陣、敗步騎也。○黄獻臣云：大黄，弩名，一發三矢。飛鳧、電影，矢之迅疾者，一云旗名。

此言大黄參連弩大扶胥之用。

〔震案〕大黄，黄間弩也，及漢世猶多見，居延漢簡及漢長安城未央宮出土骨籤屢有提及。史記李將軍列傳「而廣身自以大黄射其裨將」，裴駰集解引徐廣曰：「南都賦曰『黄閒機張』，善弩之名。」又案：「鄭德曰『黄肩弩，淵中黄朱之』，孟康曰『太公六韜曰「陷堅敗强敵，用大黄連弩」』，韋昭曰『角弩色黄而體大也』」。司馬貞索隱：「大黄，黄閒，弩名也。故韋昭曰『角弩也，色黄體大』是也。」參連，三連也。廣雅釋言：「參，三也。」飛鳧，喻其飛行之遠若鳧鳥也。鳧鳥，即野鴨。鳧，集韻平聲二虞韻「馮無切」，讀如符節之符。電影，喻其迅疾若閃電也。莖，箭杆也。羽，箭羽也。首，箭鏃也。絳，赤紅也。縞，絲繒未染練者，生帛也。此言白晝以絳縞爲旗，夜間以白縞爲旗，所以號令發弩箭也。其制「長六尺，廣六寸」者，蓋爲旒旛飄帶之屬。爲光耀者，言白晝赤紅反光尤烈，色彩奪目。爲流星者，言夜間皓白鮮明，易辨識也。步騎，步兵與騎兵也。彼時騎兵方興，常與步車戰並行，詳奇兵篇「所以止車禦騎也」。

「大扶胥衝車三十六乘，螳蜋武士共載，可以縱擊横①，可以敗敵②。

【考異】

①「縱擊」，直解、開宗、武備志、彙解、孫校本俱作「擊縱」，當是。

②「敗」上，直解、開宗、彙解皆無「可以」二字。「敗」下，直解、開宗、武備志、彙解、孫校本皆有

「强」字。

【集解】

劉寅云：衝車，從傍衝擊者也。螳螂，虫名，有奮擊之勢，故取以爲名。○黄獻臣云：此言大扶胥衝車之用。

「輜車騎寇①，一名電車②，兵法謂之電擊③，陷堅陳④，敗步騎寇夜來前。

【考異】

①「輜」，慶長本作「緇」。緇車本與輜車異，然其義亦或可通。漢書韓安國傳「王恢、李息别從代主擊輜重」，顔師古注：「輜，衣車也。重謂載物車也。故行者之資，總曰輜重。」吴箕常談曰：「緇重，緇，衣也，重，謂載重物車也，故行者之資，總曰緇重。然緇、重自是兩車名，今人多以緇重爲輜重，藏物之車，『孫子爲師，居輜車』是也。其義亦可兩通。」

②「車」，彙解作「光」。

③「電」，慶長本作「霆」。

④「陳」，開宗此以下皆作「陣」，詳龍韜軍勢篇「變生於兩陳之間」。

【集解】劉寅云：輜車騎寇，疑有誤字。電車，言其忽往忽來，如電之疾也，故兵法謂之電擊。○黄獻臣云：此言輜車之用。○朱墉云：輜車，輜重之車。騎寇，乘騎偷刼營寨者。電光，言其忽往忽來，如電之疾也，故名曰電光。

〔震案〕釋名釋車：「輜車，載輜重卧息其中之車也。」輜車騎寇者，所以禦敵夜襲營寨、毁掠輜重之車也。注家多以「寇夜來前」屬下章讀。惟日本山中倡庵七書義解宗評訂識曰：「『寇夜來前』之四字，疑可連上文『步騎』之句乎？蓋敗步騎之寇夜來前之謂也。」解宗所斷之句難信矣。講義亦如此，今從之。

「矛戟扶胥輕車一百六十乘，螳蜋武士三人共載，兵法謂之霆擊，陷堅陳，敗步騎。

【集解】劉寅云：寇遇夜來吾營前，矛戟扶胥輕車一百六十乘，每乘螳蜋武士三人共載，兵法謂之霆擊，言其輕疾往來，如雷霆之擊也。○黄獻臣云：此言矛戟扶胥輕車之用。此上俱論車，以下俱論器。

〔震案〕霆，疾雷也。

「方首鐵棓維肦，重十二斤，柄長五尺以上，千二百枚，一名天棓。

【集解】

劉寅云：維肦未詳。或曰：肦，大首也，重一十二斤。○黄獻臣云：天棓，星名。○朱墉云：棓，音棒。肦，音墳。

〔震案〕孫詒讓札迻卷十云：「『維肦』義難通，當作『矩胸』，後文有方胸鋋（孫本誤「鋋」，今從施本、慶長本）矛、方胸鐵杷、方胸鐵叉、方胸兩枝鐵叉。『矩胸』即『方胸』，義同。後文又云：『天浮鐵螳螂，矩内圓外。』此以矩爲方之證。」孫説未知何據，愚謂「維肦」義可通，不煩改字。維，語助也。肦，大首貌，讀如墳。此所以陳方首鐵棓之形狀也。

「大柯斧①，刃長八寸②，重八斤，柄長五尺以上，千二百枚，一名天鉞。方首鐵鎚③，重八斤，柄長五尺以上，千二百枚④，一名天鎚⑤，敗步騎群寇。

【考異】

①「柯」，彙解作「柄」。説文木部：「柯，斧柄也。」

②「寸」，彙解作「尺」，蓋爲訛誤。

③「鎚」，直解、開宗、彙解俱作「槌」。釋慧琳一切經音義卷一四：「鐵鎚，直追反，或作槌。」

④武備志脱「一名天鉞」至「千二百枚」二十一字。

⑤「鎚」，直解、開宗、武備志、彙解、孫校本俱作「槌」，詳上「方首鐵鎚」。

【集解】

劉寅云：言三者皆可用之，敗步騎群寇也。○黄獻臣云：天鉞，亦星名。此言鐵棓與大柯斧刃及鐵槌之用。

「飛鉤長八寸，鉤芒長四寸，柄長六尺以上①，千二百枚，以投其衆。

【考異】

①「尺」下，開宗有「五寸」二字。

【集解】

劉寅云：用飛鉤以投敵軍之衆也。○黄獻臣云：用飛鉤投敵陣之中，以鉤取人者。此言飛鉤之用。○朱墉云：飛鉤，鉤名。

〔震案〕芒，尖刺處，鋒芒也。投，抛擲也。衆，敵衆也。

「三軍拒守，木螳蜋劒刃扶胥，廣二丈，百二十具①，一名行馬，平易地，以步兵敗車騎。

【考異】

①「百」上，武備志、孫校本並有「一」字。

【集解】

劉寅云：三軍與敵拒守，用木螳螂劒刃扶胥，廣闊二丈，一百二十具，一名曰行馬。○黄獻臣云：此言木螳蜋劍刃扶胥之用。○朱墉引醒宗云：當平易之地，欲以步兵敗車騎者，須用木螳螂與劍刃廣二丈之扶胥車百二十具，其名曰行馬，方可無虞也。

〔震案〕木螳蜋即行馬之屬，其制見龍韜農器篇。木螳蜋之名，謂其置立之姿似螳蜋也。劍刃者，言其枝端錯雜斜出，皆似劍有鋒刃也。扶胥，蓋謂其下端或有轉輪，若戰車易於移動也。直解自「平易地」以下九字屬下。車騎，猶車馬，謂車兵與騎兵也。

「木蒺藜，去地二尺五寸，百二十具，敗步騎，要窮寇，遮走北。

【集解】

劉寅云：平易之地，以步兵敗敵之車騎，用木蒺藜，去地高二尺五寸，一百二十具。○黄獻臣云：此言木蒺藜之用。○朱墉云：木蒺藜，三角有刺。要，截斷也。窮寇，窮困之寇也。走北，敗逃向陰也。

〔震案〕木蒺藜，撒布道路，傷敵人馬。武經總要前集卷一二守城謂「以三角重木爲之」，其制詳參下「鐵蒺藜」。遮，阻遏也。走，逃奔也。北，敗北也。要，攔截也，讀陰平聲。直解自「敗步騎」以下九字屬下。

「軸旋短衝矛戟扶胥百二十具，黄帝所以敗蚩尤氏，敗步騎，要窮寇，遮走北。

【集解】

劉寅云：敗敵之步騎，要截窮寇，遮攔走北，旋軸短衝矛戟扶胥，用一百二十具，黄帝昔日所以敗蚩尤氏也。○黄獻臣云：此言軸旋短衝矛戟扶胥之用。

〔震案〕軸旋短衝，其制不詳，或亦衝車之類，其轅端衝擊之處短而可回旋，故云。黄帝敗蚩尤氏，戰於涿鹿也。史記五帝本紀云：「蚩尤作亂，不用帝命，於是黄帝乃徵師諸侯，與蚩尤戰於涿鹿之野，遂禽殺蚩尤。」蚩尤，九黎氏之君。裴駰集解引應劭曰：「蚩尤，古天子。」又引臣瓚曰：「孔子三朝紀曰『蚩尤，庶人之貪者』。」司馬貞索隱曰「蚩尤非爲天子也」，「明非庶人，蓋諸侯號也」。張守節正義引孔安國曰：「九黎君號蚩尤。」直解自「敗步騎」以下九字屬下。

「狹路微徑，張鐵蒺藜，芒高四寸，廣八寸①，長六尺以上，千二百具，敗步騎②。

【考異】

①「寸」，武備志、孫校本並作「尺」。依周制，八尺則合今一米八五之長矣，當以作「寸」爲是。

②「步」，直解、開宗、武備志、彙解、孫校本俱作「走」，慶長本兩存之。

【集解】

劉寅云：言狹路微徑，用銕蒺藜以敗步騎，要窮急之寇，遮走北之人也。○黄獻臣云：此言鐵蒺藜之用。○朱墉云：微徑，窄小之塗，旁通大道者也。

〔震案〕鐵蒺藜，其制見通典卷一五二守拒法：「以熟鐵闊徑尺長一尺二寸四條，縱横布如蒺藜形，鎔生鐵灌其中央，重五十斤，上安其鼻，連鏁擲下，敦訖，以轆轤拗上。」又翠微先生北征録卷五治安藥石破敵長技云：「蒺藜，礪之以鋒，萃之以毒，以鐵爲之。」今考黑龍江省博物館藏綏濱縣奥里米古城出土金代鐵蒺藜，其四鐵刺伸出，呈四脚釘狀，長數寸，互爲一百二十度夾角，着地則必有一刺芒尖向上。蒺藜之用，見武經總要前集卷一二守城「並以置賊來要路，使人馬不得騁」。上所云木蒺藜，其制當與此鐵蒺藜略同。翠微先生北征録卷一平戎十策陷騎云：「彼有爲鐵蒺藜之具，使馬足受刺，而連顛於道路矣，然鐵蒺藜之錐尖而且小，馬足上覆，則深没入土，而不足以透其蹏甲之堅也。彼有爲木蒺藜之具，使馬足中毒，而聯覆於隊伍矣，然木蒺藜之錐鈍而不利，馬足受淺，則鋒角摧折，而不足以破其蹏甲之厚也。」是二者殺傷之效各有優劣耳。直解「敗走騎」三字屬下。

「突暝來前促戰①，白刃接，張地羅，鋪兩鏃蒺藜②，參連織女，芒間相去二寸③，萬二千具。

【考異】

①「暝」，講義、直解、武備志、孫校本俱作「瞑」。本當作冥，夜也。暝亦冥也。禮記曲禮上「孝子不服闇」，鄭玄注：「闇，冥也。」陸德明釋文：「暝，本亦作冥。」冥又與暝通，説文目部「瞑」桂馥義證云：「通作冥。」暝、瞑可通，亦皆可訓夜。玉篇日部：「暝，夜也。」釋慧琳一切經音義卷九○：「暝，夜也。」故突暝即突暝也，有夜半突襲之義。

②此「藜」字原作「䔧」，而上「木蒺藜」、「鐵蒺藜」並作「藜」，講義、直解、開宗、武備志、彙解、孫校本亦皆作「藜」，當是據以正。

③「寸」，直解、開宗、武備志、彙解、孫校本俱作「尺」，慶長本兩存之。

【集解】

劉寅云：敗走騎，及衝突暝黑之時，而來前促戰，白刃相接，則張設地羅，鋪兩鏃蒺藜，并參連織女，芒刃之間相去二尺，一萬二千具。○朱墉云：突暝，衝突黑暗之處也。使人難於防禦。

促戰，逼近而求戰也。織女，亦蒺藜之類。

〔震案〕突暝，夜半突襲也。兩鏃蒺藜，武經總要前集卷一二守城附鐵蒺藜圖，爲八芒刺者，殆即此。今黑龍江省博物館所藏實物，但有四芒刺，擲地則一刺向上，而兩鏃蒺藜有八芒刺，擲地則必有兩芒刺向上矣。參連織女，言此種蒺藜三枚相連，若織女三星狀排布也。芒間相去二寸，言參連織女各枚向上之芒刺，彼此之距約二寸也（或爲二尺）。

「曠野草中①，方胸鋋矛②，千二百具，張鋋矛法高一尺五寸，敗步騎，要窮寇，遮走北。

【考異】

①「野」，彙解作「林」。

②「鋋」，直解、開宗、武備志、彙解、孫校本俱作「鋋」。下「鋋矛」同此。「鋋」字訛。墨子備城門篇「大鋋」，孫詒讓閒詁：「古兵器無名鋋者，『鋋』疑並『鋋』之誤。」説文金部：「鋋，小矛也。」

【集解】

劉寅云：曠野深草之中，用方胸鋋矛一千二百具，張鋋矛之法，高一尺五寸，用以敗敵人之步騎，要截窮寇，遮隔走北也。○黄獻臣云：此言兩鏃蒺藜、參連織女及方胸鋋矛之用。

〔震案〕方，齊等也。方胸，高與胸齊。鋋，小矛。急就篇卷三「矛鋋鑲盾刃刀鉤」，顔師古注：「鋋，鐵把小矛也，江淮吴越或謂之鍦。」廣韻下平聲仙韻「以然切」，「又市連切」，今普通話讀如蟬。

「狹路微徑，地陷鐵械鎖參連，百二十具，敗步騎，要窮寇，遮走北。

【集解】劉寅云：狹窄之路，微小之徑，地内陷以銕械鎖，參連者一百二十具，亦可以敗步騎，要窮寇，遮走北也。○黄獻臣云：此言鐵械鎖參連之用。○朱墉云：陷，坑也。

〔震案〕陷，埋入也。鐵械鎖，疑絆馬索之類。鎖，亦作鏁、鎖，鎖鍊也。墨子備穴篇「以車輪爲轀」，「鐵鎖縣，正當穴口，鐵鎖長三丈，端環，一端鈎」，備蛾傳篇「以鐵鏁敷縣二脾上衡」，岑仲勉簡注云：「車輪束以長三丈的鐵鎖，正對敵人來攻之穴口處懸之，端環者用鐵環相連扣而成，與今之鐵鎖（粵俗呼鎖鍊）無異。一端鉤者有鉤，然後可懸物也。」鐵械鎖蓋與彼懸物之鐵鎖形制略同，亦當爲鐵環連扣之屬，惟械、鎖皆繫囚之具，械即桎梏，鎖謂鋃鐺，蓋取其牽束繫絆之義耳。

「壘門拒守，矛戟小櫓十二具，絞車連弩自副。

【集解】

黄獻臣云：壘門，營門也。此言矛戟小櫓之用。

三軍拒守，天羅虎落鎖連①，一部廣一丈五尺②，高八尺，百二十具③。虎落劍刃扶胥，廣一丈五尺，高八尺，五百二十具④。

【考異】

①「鎖」，開宗作「參」。

②「尺」下，開宗有「丈」字，當衍。

③「百」上，講義、慶長本並有「五」字。

④「二」，直解、開宗、武備志、彙解、孫校本皆作「一」。

【集解】

劉寅云：此三者皆拒禦之器也。○黄獻臣云：此言天羅虎落參連及虎落劍刃扶胥之用。

〔震案〕天羅虎落鎖連，防禦掩蔽之具。天羅，羅即網也。孫子行軍篇「天羅」張預注：「林木縱横，葭葦隱蔽者爲天羅。」此地形之名，若謂戰具，則當與下虎落鎖連並稱爲一物。天羅者，喻其縱横羅織之貌也。虎落即籬落，在城牆或軍壘外。漢書鼂錯傳「爲中周虎落」，顔師古注引鄭氏曰：「虎落者，外蕃也，若今時竹虎也。」又曰：「虎落者，以竹篾相連遮落之也。」墨子謂柴摶，其備城門篇言其制甚詳：「疏束樹木，令足以爲柴摶，毋前面。樹長丈七尺一，以爲外面。以柴摶從（縱）横施之，外面以强塗，毋令土漏。令其廣厚能任三丈五尺之城以上，以柴、木、土稍杜之，以急爲故。前面之長短，豫蚤接之，令能任塗，足以爲堞，善塗其外，令毋可燒拔也。」岑仲勉簡注曰：「前面似指前頭，柴束長短不齊，故當齊其一端，以便塗土；毌即『貫』之古字，連貫也。積柴摶之先，須擇高丈七尺之樹一條施於外面，然後就其内堆積柴摶。堆叠之法，縱横相雜，外面塗上粘韌之土，毋使其落下，柴摶之廣厚，足爲城高（三丈五尺）之屏蔽而止。又再用柴、木、土等佐之（按杜是「佐」字之誤，畢以杜爲木名，非是），以急（堅也）爲好（故，巧也）。前面之長短，亦豫先（豫蚤即「豫早」）整齊之，使可塗土，足充城堞之用，勿令敵人得以燒毀或拔去。」又謂之薄。備蛾傅篇云：「置薄城外，去城十尺，薄厚十尺。伐薄之法，大小盡本斷之，以十尺爲斷，離而深貍堅築之，毋使可拔。」又備梯篇則作裾，裾亦薄也。備城門篇有「治裾」，孫詒讓閒詁曰：「『治裾』即作薄也。備蛾傅篇有置薄、伐薄之法。備梯篇『薄』並作『裾』。」又引黄紹箕云：「『裾』當爲『椐』之譌。」釋名釋宫室：「籬以柴竹作之，青徐之閒曰椐。椐，居也，居於中也。」廣雅釋宫：「㯫，杝也。」玉篇木部：「㯫，藩落籬。」廣韻九魚：「㯫，枯藩籬名。」説文無『欁』，即『梠』之後出字。」及至漢代又謂之彊落，言其堅固而有力也。甘肅省北部額濟納河流域出土居延漢簡二三九·二二「☐來，南渡臨莫隊彊落、天田」，破城子五九·一五「四百廿人代運薪，上轉薪，立彊落，上蒙塗輜車」，皆其證。簡牘之外，其地又尚有多處實迹，學者或仍舊説，以爲額濟納旗甲渠候官遺址塢外四周尖木刺樁即是，非也，其迹當在金塔縣肩水金關遺址塢堠西北及北部，柳枝所製籬落是也。詳參初師賓漢邊塞守禦器備考略。鎖連即鎖鍊。虎落劍刃扶胥，其制似近於後世塞門刀車也。武經總要前集卷十二守城云：「刀車以兩輪車，自後出鎗刃密布之。凡爲敵攻壞城門，則以車塞之。」

「渡溝塹飛橋，一間廣一丈五尺，長二丈以上，着轉關轆轤，八具，以環利通索張之。」

【集解】劉寅云：着以轉關轆轤，欲易動也。張以環利通索，欲堅固也。此踰坑之具也。○黄獻臣云：此言飛橋以渡溝塹之用。

〔震案〕武經總要前集卷十攻城法載壕橋及摺疊橋之制云：「右壕橋長短以壕爲準，下施兩巨輪，首貫兩小輪，推進入壕，輪陷則橋平可渡。若壕闊則用摺疊橋，其制以兩壕橋相接，中施轉軸，用法亦如之。」此摺疊橋蓋爲飛橋遺制。轉關轆轤，起重絞車也。環利通索，即連環鐵鎖，所以挽引牽移，張設於塹壕也。

「渡大水飛江，廣一丈五尺，長二丈以上，八具，以環利通索張之。天浮鐵螳蜋，矩内圓外①，徑四尺以上，環絡自副，三十二具。以天浮張飛江濟大海，謂之天潢，一名天舡。

【考異】

①「圓」，直解作「員」，詳龍韜奇兵篇。

【集解】

劉寅云：飛江、天潢，皆濟大水之具也。天浮銕螳螂，用以張飛江者也。○黄獻臣云：天浮鐵螳螂，用以張載飛江者。飛江、天潢，皆濟大川之具。此言飛江、天潢及天浮鐵螳蜋以濟大海之用。

〔震案〕天浮，浮筏之屬，濟水具。鐵螳蜋，猶錨錠。環絡，鐵鎖纏繞，爲錨錠附屬物件，所以連接飛江也。大海寬闊，飛江之長不足濟，故當以天浮張設，以鐵螳螂及環絡連接固定也，猶今之浮橋。

「山林野居，結虎落柴營。環利鐵鎖，長二丈以上，千二百枚①；環利大通索，大四寸，長四丈以上，六百枚；環利中通索，大二寸，長四丈以上，二百枚②；環利小徽纆③，長二丈以上，萬二千枚。

【考異】

①「枚」，彙解作「具」。

②「二」，武備志、彙解、孫校本皆作「三」。

③「徽」，直解作「微」，慶長本兩存之。微與徽通。後漢書班彪列傳引班固典引篇「微胡瑣而不頤」，王念孫讀書雜志餘編上「微讀曰徽」。

【集解】

劉寅云：環利鐵鎖、通索、徽纆，即今之連環銕索也，但有大小長短之異耳。天雨蓋，車上之板也。○黄獻臣云：此言環利鐵鎖與大通索、中通索、小徽纆以便山林結營之用。〔震案〕結，建造也。柴，集韻去聲七卦韻「仕懈切」，又夬韻「士邁切」，讀爲寨。柴營，即營寨也。徽、纆，二字皆有繩索之義。纆，集韻平聲一脂韻「倫追切」，今普通話讀如雷。

「天雨蓋，重車上板，結枲鉏鋙①，廣四尺，長四丈以上，車一具，以鐵杙張之。

【考異】

①「臬」，直解、開宗、武備志、彙解、孫校本皆作「泉」，疑形近而致訛。

【集解】

劉寅云：天雨蓋，車上之板也。結臬鉏鋙，刻板爲齒，不相值也。杙，橛也。銕杙，以銕爲橛也。○黄獻臣云：以鐵爲檠，用以張板，令不散也。此言臬鉏鋙以蓋重車之用。

〔震案〕天雨蓋，車上蔽雨之具。重當讀爲重複之重，車輿原有頂板，又覆以天雨蓋，故云重車上板。一説蓋字屬下，讀「蓋重車上板」爲句，重讀爲輕重之重。重車即輜重車，亦曰革車。孫子作戰篇「革車千乘」，杜牧注：「革車，輜車，重車也，載器械、財貨、衣裝也。」臬，漢麻也，廣韻上聲止韻「胥里切」，今普通話讀如喜。孫詒讓札迻卷十云：「結臬，謂結繫麻索也。」鉏鋙，亦作鉏鋤。説文金部「鋤，鉏鋤也」，段玉裁注：「鉏，音牀吕切；鋤，音魚巨切。疊韻字。齒部『齟齬，齒不相值也』。鉏鋤，蓋亦器之能相抵拒錯摩者。」結臬鉏鋙，蓋爲結繫麻索之輔助器械，其部件當有抵拒錯摩者，疑齒輪之屬。杙，廣韻入聲職韻「與職切」，讀如翼。以鐵杙張之者，所以加固也。

「伐木大斧①，重八斤，柄長三尺以上，三百枚。棨钁，刃廣六寸，柄長五尺以上，三百枚。銅築固爲垂，長五尺以上，三百枚。

【考異】

①「大」，直解、開宗、彙解、孫校本俱作「天」，慶長本兩存之。

【集解】

劉寅云：斧用以斫，钁用以斸，銅築固爲垂，未知何用。○黄獻臣云：棨钁，大鋤也，用以掘。○朱墉云：銅築固爲垂，亦伐木之器也。

〔震案〕棨，廣韻上聲薺韻「康禮切」，讀如啓。銅築固爲垂，即銅錘也。孫詒讓札迻卷十云：「此當作『銅爲垂』。『垂』『錘』字通。急就篇云：『鐵錘檛杖棁柲杸。』皇象碑本『錘』作『垂』。『銅爲垂』，言銅爲杵頭也。文選蕪城賦李注引三蒼云：『築，杵頭鐵沓也。』『銅』或省作『同』，又譌作『固』。」

鷹爪方胸鐵杷①，柄長七尺以上，三百枚。方胸鐵叉，柄長七尺以上，三百枚。方胸兩枝鐵叉，柄長七尺以上，三百枚。

【考異】

①「杷」，開宗作「把」。釋名釋用器「杷，撥也」，王先謙疏證補云：「把、杷同義。」

【集解】黄獻臣云：此言天斧與棨钁刃、銅垂、鷹爪方胸鐵把、方胸鐵叉、方胸兩枝鐵叉，以伐木之用。○朱墉引指南云：凡此皆用以伐木者也。

〔震案〕杷，即釘杷、草杷之屬。叉，説文又部段注：「凡岐頭皆曰叉。」

「芟草木大鎌①，柄長七尺以上，三百枚。大櫓刀②，重八斤，柄長六尺，三百枚。委環鐵杙，長三尺以上，三百枚。椓杙大鎚③，重五斤，柄長二尺以上，百二十具。

【考異】

①「芟」，講義作「艾」。艾，朱駿聲説文通訓定聲泰部「叚借又爲刈」，割草也。是作「艾」亦可通也。

②「刀」，講義、直解、開宗、武備志、彙解、孫校本皆作「刃」，慶長本兩存之。刃亦刀也。周禮冬官考工記輈人「桃氏爲刃」，鄭玄注：「刃，大刃，刀劍之屬。」

③「椓」，武備志、孫校本並作「椽」。字當爲「椓」，集韻入聲九覺韻「或作椓」。椽，與椓篆形相近。椓、椽皆訛字也。「鎚」，直解、彙解並作「槌」，詳上「一名天鎚」。

【集解】

劉寅云：委環銕杙者，以銕爲橛，上連以環也。椓，擊也。○黄獻臣云：此言大鎌與大櫓刃、委環鐵杙、椓杙大鎚，以芟草木之用。

〔震案〕大櫓刀，其制未詳。一説櫓者，其刀長大如舟櫓之謂。釋名釋船：「在旁曰櫓。櫓，膂也，用膂力然後舟行也。」又正字通木部云「行舟其長大曰櫓，短小曰槳」，櫓爲槳之長大者，大櫓刀柄長六尺，正與舟櫓相似。然而先秦櫓字本當訓楯，舟櫓之櫓爲後起之義；且今可見周漢長刀，如甘肅秦安上袁家村出土秦鐵長刀、江蘇徐州獅子山楚王陵出土環首鐵刀，皆不足一米之長，越南河内博物館藏安南漢墓出土鐵刀、瑞典遠東古物博物館所藏漢代長刀頗近周制，亦不過一米略長，皆不及船槳舟櫓遠甚，而況自東周及於西漢，作戰用長刀者極少，愚意此刀蓋爲除草具耳，必非戰場殺敵所用，且與舟櫓不相干也。委，隨附也。委環鐵杙，即帶環鐵橛也。椓當爲椓，捶擊也。集韻入聲九覺韻「竹角切」，讀如琢。椓杙，釘木橛也。

「甲士萬人，强弩六千，戟楯二千①，矛楯二千，修治攻具②，砥礪兵器，巧手三百人③，此舉兵軍用之大數也④。」

武王曰：「允哉！」

【考異】

①「楯」，講義、直解、開宗、武備志、彙解、孫校本俱作「櫓」，慶長本兩存之。下文言「楯」，此當作「櫓」。櫓即大楯也。

②「修」，開宗、武備志並作「脩」，詳武韜發啓篇「王其修德以下賢」。

③「巧」上，武備志、孫校本並有「爲」字。

④開宗、武備志、彙解、孫校本俱無「軍」字。直解無「軍用」二字。

【集解】

施子美云：蓋器惟足於用，則勢亦資以奮，此兵之大威，所以在於器用也。其爲用兵之大數，則以萬人爲率，其爲器用，各有其數。器非妄制也，名各有所取。曰震駭者，取其威之可以震動而驚駭人也；曰電擊者，以其可以駭之也；曰霆擊者，以其可以震之也：其名各有所取也。器非妄用也，各有所宜也。或可以陷堅陣，或可以敗强敵，或可以敗步騎，或可以要窮寇，遮走北，皆其所宜也。以至於昔人之所已用者，則見於黄帝之敗蚩尤。溝壍之所可渡者，則見於飛橋、天潢之制，大則有車，次則有弩，又次則有矛戟、楯櫓、柯斧，微而至於杷、鎌、杙、鎚，凡人之所資以爲用者，莫不悉具。而其所以爲用，則因乎其人之數，萬人所用，强弩六千，戟櫓二千，矛楯二千，通而計之，通足以充萬人之數。然是器也，欲其常新，則不可不加人工焉；欲其全備，則必修治之，使無或壞；欲其精利，則必砥礪之，使無或弊，是必得巧手三百人，然後可以善其事。舉兵之大數，以此爲率，故太公指是以爲大數，武王既聞其科品之利與其衆寡之數，豈不以是爲當？故曰「允哉」。允者，當也，言其所言之當也。○劉寅云：脩治，欲其常完也。砥礪，欲其常鋭。允者，信其言也。○黄獻臣云：此槩言兵中器用之大數。

〔震案〕修治，修理整治也。砥礪，打磨鋒利也。巧手，善製器者也。

三　陳①

【考異】

①「陳」，講義、彙解並作「陣」，本篇下「陳」字皆如此。詳龍韜軍勢篇「變生於兩陳之間」。

【集解】

劉寅云：三陳者，天、地、人三陳也。

〔震案〕三陳，實即三才。易傳繫辭下云：「易之爲書也，廣大悉備，有天道焉，有人道焉，有地道焉。兼三材而兩之，故六。六者非它也，三材之道也。」一本「材」作「才」。是以天、地、人爲三才，所謂天、地、人三陳者，言陣戰當應天時、占地利、有人和也。

武王問太公曰：「凡用兵，爲天陳、地陳、人陳，奈何？」太公曰：「日月星辰斗杓①，一左一右，一向一背，此謂天陳②；

【考異】

①「杓」，直解、開宗、武備志、彙解、孫校本俱作「柄」，慶長本兩存之。說文木部「杓，枓柄也」，段玉裁注「枓柄者，勺柄也，勺謂之枓，勺柄謂之杓」，沈濤說文古本攷卷六上云「北斗星柄之名爲杓者，以象羹枓之柄而言」，故斗杓猶斗柄也。

②「謂」，彙解、孫校本並作「爲」。下「謂地陳」、「謂人陳」之「謂」，惟彙解亦如此。

【集解】

施子美云：陣制不一，有八陣，有五陣，又有三陣。天、地、風、雲、龍、虎、鳥、蛇，此八陣之制也；方、圓、曲、直、鋭，此五陣之制也；而三陣之説又異，與天、地、人是爲三陣。○劉寅云：武王問太公曰：凡用兵之法，爲天陳、地陳、人陳，其説如何？太公對曰：取日月星辰斗柄，一左一右、一向一背之衆，此謂之天陳。○朱墉云：日，太陽。月，太陰。星，少陽。辰，無星之處也。

〔震案〕辰，日月所會之十二次也。書堯典「厤象日月星辰」，孔安國傳：「辰，日月所會。」蔡沈集傳：「以日月所會分周天之度爲十二次也。」杓，廣韻下平聲宵韻「撫招切」，今普通話讀如標。一左一右、一向一背，猶云時左時右、時向時背也。天陳者，應天時也。

「丘陵水泉，亦有前後左右之利，此謂地陳；

【集解】

劉寅云：右背山陵，前左水澤，取其便利，此謂之地陳。○朱墉云：右背山陵，前左水澤，取其便利也。

〔震案〕地陳者，占地利也。

「用車用馬，用文用武，此謂人陳。」

武王曰：「善哉！」

【集解】

施子美云：天陣果何取耶？陰陽向背也。地陣果何所取耶？土地之利也。至於人陣，則人與器用耳。太公指日月星辰斗杓，左右向背，以爲天陣，此則取之天時也明矣；以丘陵水泉前後左右之利爲地陣，此則取之地利也明矣。車馬、文武，是爲人陣，非人與器用耶？在張昭兵法論三陣之説，謂凡用兵有三陣，善用兵者，備詳三者形勢，然後可用兵。陰陽時日、風雲星氣，天陣也；山川險易、丘陵水泉，地陣也；將帥、士卒、器械，人陣也。此三者，將兵之急務，觀此則太公之三陣可知矣。不惟是也，唐人員半千亦常論是三陣矣。○劉寅云：車，革車也。馬，騎兵也。文以附衆，武以威敵，此謂之人陣。○黄獻臣云：此言天、地、人三陣之法，其實惟取衡於人。或云：人用文武，法天開闔，法地剛柔，不徒形象上論，是深於三陳之旨者。術家以黄帝戰蚩尤於空中爲天陣（黄帝訪風后於靈巖洞，授以八陣圖，與蚩尤空中戰，龍甲飛舞，羽翅墮地如掌），崔堯封得闢地法而掘牛山爲地陣（封與黄巢戰不勝，一日太白山人傳以闢地法，掘牛山，得一石桶，上書曰「壽夢之鼎失所，終南之寶可耻」，開至桶中，有一黄腰獸，吼躍哀鳴，撲劍死，巢遂敗），不經甚矣。○朱墉云：車，革車也。馬，騎兵也。文，以附衆；武，以威敵也。一云：文者，運籌之士；武者，披甲之士也。

〔震案〕人陳者，車騎並用，剛柔並濟，有人和也。彼時騎兵方興，亦常見與車步戰並行者，詳龍韜奇兵篇「所以止車禦騎也」。

疾　戰

【集解】劉寅云：疾戰者，在圍地，而戰欲疾也。○黄獻臣云：此言受圍疾戰之法。

武王問太公曰：「敵人圍我，斷我前後，絶我糧道，爲之奈何？」

【集解】

劉寅云：武王問太公曰：敵人圍我三軍，斷我之前後，絶我之糧道，將爲之奈何？○朱墉云：圍，四面環繞也。絶，阻截不通也。

太公曰：「此天下之困兵也，暴用之則勝，徐用之則敗。如此者，爲四武衝陳①，以武車驍騎驚亂其軍，而疾擊之，可以横行。」

【考異】

①「陳」，講義、開宗、彙解俱作「陣」，詳龍韜軍勢篇「變生於兩陳之間」。

【集解】

施子美云：孫子曰：「兵之情，圍則禦，不得已則鬭。」又曰：「疾戰則存，不疾戰則亡，爲死地。」是則危亡之地，宜在疾戰。武王之所問，前後斷，粮道絶，此則死地，不得已之時也，宜太公以爲天下之困兵，必以暴用之，則可以勝，不暴而徐，則人心恐矣，故敗。如此之兵，必爲四武衝陣，以武車驍騎亂其軍，而疾擊之，使之莫知所以禦之者，而後可以横行。○劉寅云：太公對曰：此乃天下之困兵也。暴疾而用之則致勝，徐緩而用之則致敗。如此者，爲四武衝陳，以武車驍騎驚亂其軍，而疾擊之，則可以横行矣。四武衝陣者，謂以武士結爲四陣，併力而衝擊之耳。○黄獻臣云：此言被圍而爲解圍之計。蓋見圍之兵，其勢已困，非疾擊無以取勝，不然，敵謀愈深，我氣愈憊，未有不坐困者。其或外援足恃而内圖宜緩，如賀惇設法以待援軍，而解湘州之困（賀惇渡江取湘州，被侯瑱斷路，併絶粮道，乃聚土以米覆之，召近地人，作有所訪問，使於營外遥見之，令瑱以爲粮不乏，又據險設法屢以疑瑱。援軍至，得脱），陳平出女子以悦閼氏，而散白登之圍（高祖被圍七日，陳平夜出女子三千，閼氏聞而説，冒頓乃解），又未可僥倖於一擲者。

〔震案〕困，窘迫也。暴，急驟也。徐，舒緩也。武車，即武衝也，衝車之屬，詳軍用篇「法用武衝大扶胥」。又稱武剛車，尹灣漢墓武庫永始四年兵車器集簿有「武剛强弩車」，後漢書輿服志云「武剛車者，爲先驅」，是陣前以爲先鋒也。既配强弩，又爲先鋒，故云「以武車驍騎驚亂其軍」也。又多用爲營壘，下必出篇「以武衝扶胥前後拒守」，軍略篇「武衝大櫓前後拒守」，絶道篇「則以武衝爲壘而前」，豹韜鳥雲山兵篇「絶以武車」，分險篇「以武衝爲前後」「以武衝絶之」，皆其證。考其制，後漢書輿服志上引吴孫兵法云「有巾有蓋，謂之武剛車」，周禮春官車僕「輕車之萃」孫詒讓正義：「武鋼車有巾蓋，疑即苹車也。」苹即屏蔽之屏，車上蓋施以韋革蔽櫓之屬，能避矢石，故能爲營壘，如漢書衛青霍去病傳「青軍出塞千餘里，見單于陳兵而待，青令武剛車自環爲營」是也。驍騎，勇捷之騎也。勇猛矯健曰驍，廣韻下平聲蕭韻「古堯切」，讀如梟。彼時騎兵方興，亦常見與車步戰並行者，詳龍韜奇兵篇「所以止車禦騎也」。驚，駭動也。横行，縱横無阻也。

武王曰：「若已出圍地，欲因以爲勝，爲之奈何？」太公曰：「左軍疾左，右軍疾右，無與敵人爭道，中軍迭前迭後①，敵人雖衆，其將可走。」

【考異】

①「後」下，武備志、孫校本並有「以武車驍騎亂其軍而與敵人攻其陣矣」十六字。且孫校本「陣」作「陳」，詳龍韜軍勢篇「變生於兩陳之間」。

【集解】

施子美云：武王又謂若已出圍，必求所以勝之。太公乃使之左右各疾，而敵戰無與敵人爭道，而中軍則迭前迭後，以舒其力而更出。夫如是，故可以走其將。疾戰之法，嘗於段紀明得之。昔高平之役，虜兵甚盛。段紀明令軍中張鏃利刃，長矛三重，狹以强弩，副輕騎爲左右翼，且激之曰：「今去家數千里，進則事成，走必盡死。」衆皆騰赴，紀明馳突而擊之，其虜衆大潰。兹不無得於太公疾戰之法也。○劉寅云：武王曰：若我已出圍地，欲因之以爲勝，將爲之奈何？太公對曰：左軍疾擊而左，右軍疾擊而右，無與敵人爭道，與敵爭道，則我之力分，亦恐彼有伏也。令吾中軍更迭而前，更迭而後，敵人雖衆，其將可得而走矣。○黄獻臣云：此言出圍而爲制勝之計。蓋既以四武衝陳，車騎亂軍，疾擊而出，則我之勢合，敵之勢分，若欲與敵爭道，則我之力又分，且恐彼有所伏，故必左右前後，疾擊迭更，而後敵將可走。○朱墉云：疾，速擊也。迭，更番也。

〔震案〕因有順藉之義，因以爲勝，藉突圍之勢而反致勝也。疾左、疾右，疾速衝擊左右之敵也。無與敵人爭道，我雖已出圍地，敵必設法阻我歸路，期冀復困於我，然我志意實不在逃歸，惟欲藉突圍之勢而反致勝，故不必與敵奪路，以免分我之力也。迭，更替也。迭前迭後，輪番衝擊前後之敵也。走，敗走也。

必出

【集解】劉寅云：必出者，言陷在圍地，而務於必出也。○黄獻臣云：此言受圍必出之法。自此一症一方、一局一變。

武王問太公曰：「引兵深入諸侯之地，敵人四合而圍我，斷我歸道，絶我糧食，敵人既衆，糧食甚多，險阻又固，我欲必出，爲之奈何？」

【集解】

施子美云：孫子曰「圍地則謀」，又曰「圍則禦」。是則爲敵所圍，歸路既斷，粮食既絶，而敵之粮食甚多，險阻又固，可不求所以爲必出之道乎？○劉寅云：武王問太公曰：若引兵深入諸侯之地，敵人四面合而圍我，斷我之歸路，絶我之糧食，敵人之兵既衆，糧食又多，險阻又固，我欲務在必出，將爲之奈何？

〔震案〕引兵，帶領兵衆。四合，四面合攏也。歸道，歸返之路途也。必出，必突圍也。

太公曰：「必出之道，器械爲寶，勇鬬爲首。審知敵人空虚之地、無人之處，可以必出①。

【考異】

①「出」上，彙解有「奮而」二字。

【集解】

施子美云：必出之道，在器與氣耳。器械者，人之所資以爲用；勇鬬者，氣之所資以振。

器械爲寶，則器爲可重也；勇鬬爲首，則勇爲可先也。昔李廣爲右賢王所圍，廣乃命士持滿，而身自以大黄射其裨將，此則欲出者，必以器械爲寶也；吴漢爲謝豐所圍，乃厲諸將，使人自爲戰以立大功，此則欲出者，必以勇鬬爲首也。其出也，必審知敵人空虚之地，無人之處，因其不備而出之。昔高祖爲項王所圍，得紀信詐降，而高皇乃間走，此則乘空虚無人之地也。○劉寅云：太公對曰：必出之道，以器械爲寶，以勇鬬爲首，審知敵人空虚之地、無人之處，可以必奮而出。○朱墉云：寶，貴重也。空虚之地，避實擊虚，可奮而出也。

〔震案〕器械爲寶，以堅甲利兵、巧機重械爲決勝之關要也。勇鬬爲首，以勇武戰鬬之士奮先示範、勉勵卒衆也。審，明察也。

「將士人持玄旗①，操器械，設銜枚，夜出。勇力、飛足②、冒將之士居前平壘，爲軍開道；材士强弩爲伏兵居後；弱卒車騎居中。陳畢徐行③，愼無驚駭。以武衝扶胥前後拒守，武翼大櫓以備左右④。

【考異】

①直解、開宗、武備志、彙解、孫校本俱無「人」字。

②「足」，直解、開宗、武備志、彙解、孫校本俱作「走」。

③「陳」，講義作「陣」，詳龍韜軍勢篇「變生於兩陳之間」。「行」，彙解作「出」。

④「備」，直解、開宗、武備志、彙解、孫校本俱作「蔽」，慶長本兩存之。

【集解】

施子美云：其出，將士持玄旗，欲夜則無所辨也；操器械，所以爲援也；設銜枚，欲其無聲也；然必以夜而出，慮其知之也。勇力、飛走、冒將之士居前，此皆勇鬬之士也，使之平壘，爲軍開道；後則以材士强弩爲伏；弱卒車騎則居中，以其不便於用也。既陣畢，乃徐行而出，無得驚駭，然必以武衝扶胥前後拒守，武翼大櫓左右以備，此則資器械以爲用也。○劉寅云：令將士人持玄色之旗，操持器械，設銜枚以止語，遇夜而出。有勇力、能飛走、冒將之士居前平治營壘，與軍開道，材勇之士持强弩爲伏兵居後，弱卒與車騎居中。陳畢，徐徐而行，愼無驚駭，以武衝扶胥前後拒守，武翼大櫓以蔽左右，防其衝突也。武衝扶胥，即大扶胥衝車。武翼大櫓，即矛戟扶胥，皆用之拒禦而已。○朱墉云：玄，黑色也。持玄旗，使難見也。操器械，備格鬬也。設銜枚，以筯銜於口，所以止語也。冒將，衝冒敵將者也。平壘，平治營壘也。開道，先鋒也。徐，緩也。驚駭，人心不定，氣力不齊也。蔽，左右防其衝突也。

〔震案〕設，施也，用也。銜，含於口中也。周禮秋官司寇「銜枚氏下士二人」，鄭玄注：「銜枚，止言語囂讙也。枚，狀如箸，横銜之，爲之繣結於項。」飛足，善奔也。冒，干犯也。冒將，直犯敵將也，言其驍勇善戰也。居前平壘，奮先拼殺，平滅敵營壘也。材士，勇武善戰之士。車騎，此車騎戰並行也，詳龍韜奇兵篇「所以止車禦騎也」。慎無驚駭，慎勿使敵驚覺也。武衝扶胥、武翼大櫓，皆重械，所以敗强敵、陷堅陣也，其制詳軍用篇「武衝大扶胥」、「武翼大櫓矛戟扶胥」。備，防禦也。

「敵人若驚，勇力冒將之士疾擊而前①，弱卒車騎以屬其後，材士强弩隱伏而處，審候敵人追我，伏兵疾擊其後。多其火鼓，若從地出，若從天下，三軍勇鬬，莫我能禦。」

【考異】

①「力」，講義作「敢」，慶長本兩存之。「而」，講義、慶長本並作「其」。

【集解】

施子美云：敵人若驚而覺之，不過使勇士前戰，弱卒居後，而伏兵則視利而動，彼追則疾擊其後。又且多其火鼓，蓋夜戰則欲火鼓之多，所以變人之耳目也。吾謀既定，吾戰既疾，則若從地出，若從天下，彼安禦我哉？○劉寅云：敵人若驚擾，吾勇力冒將之士疾擊而前，弱卒與車騎以屬其後，材士强弩隱伏而處，審候敵人前來追我，令伏兵材士强弩疾擊其後。多其火鼓，以亂其耳目，若從地而出，若從天而下，三軍勇鬭而前，則敵人不能禦我矣。○黄獻臣云：此言被圍而夜出，及出而防追之事。雖然，空虛之地，安知不如李孝恭遣人絶馮惠亮歸路，故開生道，令乘空虛之地，而還伏截擒之？故欲冒險而必出，莫若致慎於深入也。○朱墉云：驚，擾亂也。多其火鼓，亂敵之耳目也。地出、天下，言敵不能測也。

〔震案〕疾，迅猛也。屬，跟隨也，廣韻入聲燭韻「之欲切」，今普通話讀如主。處，居也，讀上聲。審，慎也。候，待也。多其火鼓，多用火把、戰鼓也。若從地出，若從地而穿也。若從天下，若從天而降也。此言伏兵多備火把、戰鼓，以張其勢。待敵一至，則遽然火光漫布，鼓聲震動，其勢迅疾猛烈，故若從地而出，若從天而降也。

武王曰：「前有大水、廣壍、深坑，我欲踰渡，無舟楫之備，敵人屯壘，限我軍前，塞我歸道，斥候常戒①，險塞盡中②，車騎要我前，勇士擊我後，爲之奈何？」

【考異】

①「候」，武備志、孫校本並作「堠」。斥候，一作斥堠。字彙土部：「又斥堠。斥，度也。堠，望也，以望烽火也。」今内蒙古額濟納旗甲渠候官遺址十六號房屋所出塞上烽火品約簡有「舉堠上離合苣火」（一六·一），「舉堠上二苣火」（一六·三），「堠上煙一」（一六·五），皆此例也。

②「中」，講義、直解、慶長本、開宗、武備志、彙解、孫校本俱作「守」，當是。作「中」於義難通，疑

訛字也。

【集解】施子美云：其慮患深者，其爲謀必悉。武王既慮爲敵所圍，以求必出，又慮坑塹大水，無舟可渡，前則爲敵所限，歸則其道已塞，斥候嚴險阻守，車騎要其前，勇士擊其後，其勢亦已危矣，必求所以爲之之道。○劉寅云：武王問曰：若吾營前有大水、廣塹、深坑，我欲踰渡，又無舟楫之備，敵人屯壘，限隔我軍前，塞我之歸道，斥度候望之人時常戒慎，險塞之處盡爲固守，車騎要截我軍前，勇士襲擊我軍後，將爲之奈何？斥候者，所以望烽燧，檢行險阻，伺候盜賊者也。○朱墉云：限，横隔也。塞，壅阻也。斥堠，敵軍斥望伺候之戒也。戒，嚴防也。盡守，皆爲敵人所守也。

〔震案〕楫，船槳也。廣韻入聲葉韻「即葉切」，今普通話讀如急。屯壘，築營壘而屯守也。

太公曰：「大水、廣塹、深坑，敵人所不守，或能守之，其卒必寡。若此者，以飛江轉關與天潢以濟吾軍①。勇力材士從我所指，衝敵絶陳②，皆致其死。

【考異】

①「吾」，武備志作「我」。

②「陳」，講義、彙解並作「陣」，詳龍韜軍勢篇「變生於兩陳之間」。

【集解】

施子美云：夫絶險者，必求越險，絶險而不求所以越之，是坐而待斃於敵也。其在軍用有飛橋、飛江、天浮、天潢，飛橋所以渡溝壍，飛江可以濟大海。行軍之際，茲用已先具，則遇大水、廣壍、深坑，必以飛江轉關、天潢而濟，況若是之地，敵所不守，縱守之，其人必寡，故可得而渡。昔楚之侵隨，除道梁溠，蓋得此法也。勇力材士從我所指，衝敵絶陣，皆致其死，蓋惟死戰則可以免也。○劉寅云：太公對曰：大水、廣塹、深坑，敵人所不守者，若或能守之，其卒必少。如此者，以飛江轆轤轉關與天潢，以濟吾軍，勇力材士從我所指，而前進衝敵絶陳，令皆致死以戰。○朱墉云：從我所指，力士遇險，必與我同心，從我指示而前。絶陣，遏絶敵陣也。

〔震案〕飛江轉關，詳軍用篇「着轉關轆轤」、「渡大水飛江」、「以天浮張飛江濟大海，謂之天潢」。濟，渡也。勇力材士，勇武有力善戰之士。從我所指，遵從我之指令行事也。死，赴死而戰也。

「先燔吾輜重，燒吾糧食，明告吏士，勇鬬則生，不勇則死。

【集解】

施子美云：欲人之致死，則必示之以必死，故燔輜重，焚粮食，告之以勇鬬則生，不勇則死，是示之以必死戰也。昔鎮惡之至渭橋也，棄舩登岸，諸艦悉逐流去，鎮惡撫士卒曰：「去家萬里，舫乘衣粮茲已逐流，唯宜死戰，可立大功。」誠有得於此也。○劉寅云：先燔吾輜重，燒吾糧食，使士卒無迴顧之心，乃明告吏士，若武勇而鬬則生，不武勇而鬬則死。○朱墉云：不勇則死，示以必死，使無迴顧之心也。

〔震案〕燔，焚燒也。廣韻上平聲元韻「附袁切」，讀如煩。

「已出者①，令我踵軍設雲火遠候，必依草木、丘墓、險阻，敵人車騎必不敢遠追長驅。因以火爲記，先出者令至火而止，爲四武衝陳②。如此，則吾三軍皆精鋭勇鬬，莫我能止。」

武王曰：「善哉！」

【考異】

①直解、慶長本、開宗、武備志、彙解、孫校本俱無「者」字。

②「陳」，講義、直解、彙解俱作「陣」，詳龍韜軍勢篇「變生於兩陳之間」。

【集解】

施子美云：踵軍則居前，而已出者令踵軍設雲火遠候，依草木、丘墓、險阻以爲援，敵人車騎不敢遠追長驅，懼吾之襲其後也。而吾則以後至者并力以戰，又爲四武衝陣，以爲禦敵之備。

其備既嚴，宜三軍皆精鋭勇鬭，而莫我能止矣，此武王之所以稱善。○劉寅云：已出者，令我踵後之軍張設雲火遠候，必依倚深草、林木、丘墓、險阻之處，敵人之車騎不知我情，必不敢遠追長驅。吾軍因以火爲號，先出者令至火而止，結爲四武衝陣。如此，則吾三軍皆精鋭勇鬭，莫我能止矣。武王曰：公言善哉。踵軍，解見尉繚子。○黄獻臣云：此言欲出阻險而當屯壘，在備濟軍之具，明必死之心。雖然，輜重燔，糧食燒矣，是夜敵人固未敢遠追長驅，嗣是而以車騎隨其後，糧運又未能猝至，吾恐三軍鋭氣越宿而盡，爲之奈何？甚矣，深入之不可不謹也。○朱墉云：已出，已過大水、廣塹、深坑也。踵軍，收後之軍也。記，約號也。

〔震案〕踵軍，猶後軍。尉繚子踵軍令篇劉寅直解云：「踵者，足後追迹繼踵也。踵軍，繼後之軍。」然而踵軍繼後，非謂繼大軍之後也。踵軍令篇言之甚詳：「所謂踵軍者，去大軍百里，期於會地，爲三日熟食，前軍而行，爲戰合之表，合表乃起。踵軍饗士，使爲之戰勢。是謂趨戰者也。興軍者，前踵軍而行，合表乃起。去大軍一倍其道，去踵軍百里，期於會地，爲六日熟食，使爲戰備，分卒據要害。戰勝則追北，按兵而趨之。踵軍遇有還者誅之。」黄獻臣開宗云：「踵軍與興軍俱先大軍而行，踵軍嚴於私逃，興軍利於逐北。」是踵軍在興軍後、大軍前。故踵軍先出，設雲火遠候，則大軍皆得至火而止也。下絶道篇「置兩踵軍於後」，則在大軍後也，與此異。雲火，置火於高處也。雲，言其高也，如雲車、雲梯，皆如是也。候，候望也。設雲火遠候者，謂高置火把，可遠望也。丘墓，即墳墓也。禮記檀弓上「古也墓而不墳」，鄭玄注：「土之高者曰墳。」是墳猶丘也，故曰丘墓。草木、丘墓多障蔽，可隱伏也。險阻，可據而固守也。故敵不敢遠追長驅。長，長途也。驅，奔馳也。四武衝陳，詳疾戰篇「爲四武衝陳」。

軍略①

【考異】

①講義篇題作「軍略鬬」。

【集解】

劉寅云：軍略者，行軍之謀略也。謀略不先定，不可以行軍矣。○黄獻臣云：此言行軍謀略之大端。

武王問太公曰：「引兵深入諸侯之地，遇深谿、大谷、險阻之水，吾三軍未得畢濟，而天暴雨，流水大至，後不得屬於前，無有舟梁之備①，又無水草之資，吾欲畢濟，使三軍不稽留②，爲之奈何？」

【考異】

①直解、開宗、彙解俱無「有」字。

②「不」下，開宗有「得」字。

【集解】

施子美云：用智於未奔沈之前，事至而後求所以脱之，不已晚乎？武王所以每事必問，蓋慮其事之或至此也。深谿、大谷、險阻之水，在地不能免，然舟梁未設，三軍未濟，水草無有，得無稽留乎？○劉寅云：武王問太公曰：若引兵深入諸侯之地，遇深溪、大谷、險阻之水，吾三軍未得畢濟，而天或暴雨，流潦之水大至，在後者不得屬於前，無有舟楫之備預，又無水草之資，吾欲畢濟吾三軍，使無稽留者，將爲之奈何？○朱墉云：屬，聯接也。

〔震案〕引兵，帶領兵衆。谷，水流於兩山間也。説文谷部「泉出通川爲谷」，段玉裁注：「川者，毌穿通流之水也，兩山之間必有川焉。」然谷與谿並舉，則析言有異。爾雅釋水「水注川曰谿，注谿曰谷」，郭璞注：「此皆道水轉相灌注所入之處名。」邢昺疏云：「水注川曰谿，是澗谿之水注入於川也。」「注谿曰谷，謂山谷中水注入澗谿也。」是谷者，谿支流也，谷匯入於谿，谿匯入於川。險，高峻危絶之地。阻，障隔也。畢，皆也，全也。濟，渡水也。雨，降雨也，讀去聲。屬，廣韻入聲燭韻「之欲切」，讀如囑。梁，橋也。資，取用也。稽留，滯留也。

太公曰：「凡帥師將衆，慮不先設，器械不備，教不素信①，士卒不習，若此，不可以爲王者之兵也。

【考異】

①「素」，直解、開宗、武備志、彙解、孫校本俱作「精」，慶長本兩存之。

【集解】

施子美云：此武王所以問也，而太公則以豫備之説告之。在法有曰：「人習陣利，極物以豫，是謂有善。」慮欲其先設，器欲其先備，此則極物以豫也。教欲素信，士卒欲習，此則人習陣利也。王者之兵，必先乎是。○劉寅云：太公對曰：凡帥師將衆，謀慮不先設，器械不預備，教道不精信，士卒不練習，如此，不可以爲王者之兵也。○朱墉云：慮，謀慮也。精信，精明而必信也。

〔震案〕慮，謀慮也。設，作也，爲也。素，平素也。信，明審也。玉篇言部：「信，明也。」習，熟練兵械，精於戰鬭也。

「凡三軍有大事，莫不習用器械。攻城圍邑①，則有轒轀、臨衝；視城中，則有雲梯、飛樓；三軍行止，則有武衝大櫓前後拒守；絶道遮街，則有材士强弩衛其兩旁②；設營壘，則有天羅、武落、行馬、蒺藜；

【考異】

①「攻」上，直解、開宗、武備志、彙解、孫校本俱有「若」字。

②「衝」，講義、直解、慶長本、開宗、武備志、彙解、孫校本俱作「衛」。

【集解】

施子美云：凡三軍有大事，此正用兵之際也，莫不習用器械，欲其人便於器也。其爲器也，不一而足。攻城圍邑，則有轒轀、臨衝之車，皆攻城之具也；孫子曰「修櫓轒轀」，則是器也，攻城之具也。視城中則有雲梯、飛樓，皆望敵之具也；孫子有「備器械」之說，楚子有「登巢車」之舉，則是器也，視城之具也。三軍行止，則有武衝大櫓，前後拒守；在分險法，則「以武衝爲前，大櫓爲衛」，在必出法，則以武衝拒前後，大櫓備左右，此則爲行止之用也明矣。絶道遮街，則有材士、强弩，衛其兩旁；在敵武之法，則選材士强弩伏於左右，在戰步之法，則以材士、强弩備其左右，此則爲蔽衛也明矣。設營壘，則有天羅、武落、行馬、蒺藜；在戰步之法，或均置蒺藜，或操行馬，進退闌車以爲壘，此則設營壘之具也。○劉寅云：凡三軍有大事，莫不習用器械。若攻人之城，圍人之邑，則有轒轀、臨衝。轒轀者，四輪車也，解見孫子。臨謂臨車，從上臨下者也。衝謂衝車，從傍衝突者也。窺視城中，則有雲梯、飛樓，可以平地起望也。三軍行止，則有武衝大櫓前後相拒相守。絶道遮街，則有材士、强弩護衛其兩旁。張設營壘，則有天羅、武落、行馬、蒺藜之具。○朱墉云：轒轀，四輪車也，排犬木爲之，上蒙以生牛皮，下可容十人，其中四輪推至城下，木石所不能傷。臨，從上臨下也。衝，從旁衝突也。雲梯、飛樓一器，可以平地起望者也。

〔震案〕臨衝，攻城具。詩大雅皇矣「與爾臨衝」，毛傳：「臨，臨車也。衝，衝車也。」孔穎達疏：「臨者，在上臨下之名；衝者，從旁衝突之稱，故知二車不同。兵書有作臨車、衝車之法，墨子有備衝之篇，知臨、衝俱是車也。」臨車爲候望之樓車，兼作攻城用。韓詩「臨衝」作「隆衝」，陳喬樅韓詩遺説考卷四引宋綿初謂「隆、臨一聲之轉」，又齊詩遺説考卷三曰：「淮南子云『隆衝以攻高』，蓋樓車高足以臨敵城而攻之，故亦名臨車。」後世望樓車是其遺制。武經總要前集卷十攻城法云：「望樓與城中望樓爲一（制具守城門），所以下望城中事。攻城，欲利推徙，故以車載。其制，以堅木爲車坐，并轅長一丈五尺。下施四輪，輪高三尺五寸。上建望竿（凡建竿，皆用鹿頰木），長四十五尺，上徑八寸，下徑一尺二寸（如乏長木，亦可接用），上安望樓，竿下施轉軸，兩傍施叉手木。繫麻繩三棚，上棚二條，各長七十尺；中棚二條，各長五十尺；下棚二條，各長四十尺。帶環、鐵橛十條，皆下鋭。凡立竿，如舟上建檣法，釘橛繫繩，六面維之，令固。餘制及候望法，皆約城中望樓也。」此望樓車當即臨車之屬，然墨子備高臨篇之臨非謂此也。備高臨篇「適人積土爲高，以臨吾城，薪、土俱上，以爲羊黔，蒙櫓俱前，遂屬之城，兵弩俱上」，岑仲勉簡注曰：「羊黔猶云基址，言敵人已築成土山基址，與城相連。」是高臨與孫子「距闉」之法略同，太白陰經卷四謂「土山於城外，堆土爲山，乘城而上」，殆即此類。衝車，詳武韜發啓篇「無衝機而攻」，虎韜軍用篇「法用武衝大扶胥」。後世又有臨衝呂公車，明史朱燮元傳載其制云：「數千人擁物如舟，高丈許，長五十丈，樓數重，牛革蔽左右，置板如平地。一人披髮仗劍，上載羽旗，中數百人挾機弩毒矢，旁翼兩雲樓，曳以牛，俯瞰城中。」其圖見武備志卷一〇九軍資乘攻二。若此，則臨衝爲一器，非二車也。未詳孰是。雲梯，傳爲公輸般所作，戰國策宋衛策「聞公爲雲梯」，高誘注：「梯上而高，上至於雲，故曰雲梯也。」雲梯之形，一端有鉤，所以架設城上；一端有輪，所以便推行也。墨子備梯篇云：「雲梯者，重器也，亓移動甚難。」故須置裝車輪，衆推行而前，仰其鉤端設於城上。近人郭寶鈞山彪鎮與琉璃閣考古報告載河南汲縣山彪鎮戰國墓地出土水陸攻戰紋鑑中層圖案所繪雲梯，與此正合。至唐季則有所謂飛雲梯者，其制頗有更進，爲摺疊狀，其形尤巨，太白陰經卷四攻城具云：「飛雲梯以大木爲床，下置六輪，上立雙牙，有栝，梯長一丈二尺，有四桄，相去三尺，勢微曲，遞互相栝，飛于雲間，以窺城中，其上城首冠雙轆轤，枕城而上。」而後遞相迭代，繁巨又甚，宋武經總要前集卷十攻城法所載：「雲梯以大木爲床，下施大輪，上立二梯，各長二丈，餘中施轉軸車，四面以生牛皮爲屏蔽，內以人推進及城，則起飛梯於雲梯之上，以窺城中，故曰雲梯。」是已兼轒轀能禦矢石之用也。飛樓，攻戰高車也。梁侯景反，攻建業曾用之。梁書侯景傳曰：「景造諸攻具及飛樓、橦車、登城車、鉤堞車、階道車、火車，並高數丈，一車至二十輪，陳於闕前，百道攻城並用焉。」「高數丈，一車至二十輪」，是其制也。一説飛樓即登城樓車。羊侃傳云：「賊又作登城樓車，高十餘丈，欲臨射城內。」蓋「臨射城內」，是其用也。然上侯景傳既以「飛樓」與「登城車」並舉，則二者必有異同。又或謂飛樓即板屋、巢車之屬。太白陰經卷四云：「板屋以八輪車，車上樹高竿，上安轆轤，以繩挽板屋上竿首，以窺城中。板屋高五尺，方四尺，有十二孔，四面列布。車可進退，圜城而行于營中遠望，謂之巢車，狀若鳥巢。」然板屋、巢車皆候望之車，非用於攻戰也。且巢車，春秋時原已有之。左傳成公十六年「楚子登巢車，以望晉軍」，楊伯峻注：「巢車，説文引作『轈車』，兵車之一種，高如鳥巢，用以瞭望敵人。」古代戰具，遞經演變，名制繁亂，舊籍所載難免參差齟齬，故其情狀種屬殊難確考。余意飛樓與雲梯相輔而用，其制當與巢車近似，載人升高，既用於候望敵情，亦得臨射城上，制敵守卒，以佐助我兵衆登梯上城蛾傅也。行止，行進與駐止也。武衝大櫓，重械也，軍用篇有「武衝大扶胥」、「武翼大櫓矛戟扶胥」，殆即此類。絶道，斷絶其道路也。遮，阻遏也。街，亦道也，説文行部「四通道也」。材士，勇武有力之士。衝，突擊也。設，建置也。武落即虎落，作「武」者，避唐太宗李世民曾祖李虎諱也。管子揆度「皆以雙武之皮」，洪頤煊義證云：「『武』當作『虎』，此唐人避諱字。」天羅、虎落、行馬、蒺藜，俱見於軍用篇。

「晝則登雲梯遠望，立五色旗旌①；夜則設雲火萬炬②，擊雷鼓，振鼙鐸，吹鳴笳；

【考異】

①「旗旌」，講義、開宗並作「旌旗」。

②「雲火」，孫校本作「火雲」，慶長本兩存之。

【集解】

施子美云：晝則登雲梯遠望，所以視城中也；立五色旌旗，所以變敵人之目也；夜則設雲火萬炬，擊雷鼓，振鼙鐸，吹鳴笳，所以變其耳目也。○劉寅云：白晝則登雲梯遠望，立五色旌旗，以變敵人之目；遇夜則設火雲萬炬，擊雷鼓，振鼙鐸，吹鳴笳，以變敵人之耳。即孫子「晝戰多旌旗，夜戰多火鼓」之意。孫子曰：「晝戰多旌旗，夜戰多火鼓，所以變人之耳目也。」太公所言，亦孫子意也。

〔震案〕旗、旌，此處皆旗通稱。五色者，黄、青、白、赤、黑也。周禮春官司常「日月爲常，交龍爲旂，通帛爲旜，雜帛爲物，熊虎爲旗，鳥隼爲旟，龜蛇爲旐，全羽爲旞，析羽爲旌」，孫詒讓正義云「蓋此經九旗之内，正旗實止有五，常、旂、旟、旗、旐，分象五方色」，又引初學記武部引河圖云：「風后曰：予告汝帝之五旗：東方法青龍曰旂，南方法赤鳥曰旟，西方法白虎曰旗，北方法玄蛇曰旐，中央法黄龍曰常。」雲火，詳必出篇「令我踵軍設雲火遠候」。炬，火炬也。雷鼓，大鼓，言其聲大如雷也。鼙鐸，鼙謂小鼓，鐸謂大鈴，詳龍韜兵徵篇「金鐸之聲揚以清，鼙鼓之聲宛以鳴」。鳴笳，胡笳也。後漢書竇融列傳贊「聽笳龍庭」，李賢注：「笳，胡樂也，老子作之。」玉篇竹部：「卷葭葉吹之。」故又作葭。庾信冬狩行四韻連句應詔「鳴笳河曲還」，倪璠注：「笳，説文作『葭』。」葭，葭葦也。葭葉，即蘆葦葉。集韻平聲三麻韻：「笳，胡人卷蘆葉吹之也。」

「越溝塹，則有飛橋、轉關轆轤、鉏鋙①；濟大水，則有天潢、飛江；逆波上流，則有浮海、絶江。三軍用備，主將何憂？」

【考異】

①「鋙」，講義作「鋸」。

【集解】

施子美云：以至飛橋、轉關轆轤、鉏鋸、天潢、飛江、浮海、絶江，此皆渡水之具也。其在軍用，有飛橋、轉關轆轤、飛江、天浮、天潢之制，皆其用也。三軍用備，則緩急有所資，故主將無憂。○劉寅云：越絶溝塹，則有飛橋、轉關轆轤、鉏鋙之具；濟渡大水，則有天潢、飛江之具；逆波之上流，則有浮海、絶江之具。三軍器用全備，爲主將者，又何憂乎？○黄獻臣云：此言行軍要器用各備，而後能無暴雨不濟之憂。書曰「有備無患」，未有器用不備而能克敵者。

〔震案〕飛橋、轉關轆轤、鉏鋙、天潢、飛江，俱見軍用篇。逆波上流，猶言逆流而上也。浮海、絶江皆濟水具，制未詳。後世有浮罌、槍栰、蒲栰、挾絙、浮囊之屬，蓋浮罌、槍栰、蒲栰、浮囊皆浮海變制，挾絙則絶江也。詳參太白陰經卷四戰具濟水具篇：「浮罌，以木縛甕爲栰，甕受二石，力勝一人，瓮闊五尺，以繩鉤聯編槍於其上，令形長而方，前置板，頭後置稍，左右置棹。槍栰，槍十根爲一束，力勝一人，四千一百六十六根四分槍爲一栰，皆去鋒刃，束爲魚鱗，以横栝而縛之，可渡四百一十六人半。爲三筏，計用槍一萬二千五百根，率渡一千二百五十人，十渡則一軍畢濟。蒲栰，以蒲九尺圍，顛倒爲束，以十道縛之，似束槍爲筏，量長短多少，隨蒲之豐儉載人。挾絙，以木繫小繩，先挾浮渡水，次引大絙於兩岸，立一大橛，急張定絙，使人挾絙浮渡，大軍可爲數十道，豫多備。浮囊以渾脱羊皮吹氣令滿，緊縛其孔，縛於脇下，可以渡也。」

臨境

【集解】黄獻臣云：此言與敵臨境相拒之法。自此至壘虚，共七篇，體意相似，皆因事立法，而又有法外之謀者。○朱墉云：臨境者，與敵人臨境相拒也。用謀而使不來，然後出奇以勝之。

武王問太公曰："吾與敵人臨境相拒，彼可以來，我可以往，陳皆堅固①，莫敢先舉，我欲往而襲之，彼亦可來②，爲之奈何？"

【考異】

①"陳"，講義、直解、彙解俱作"陣"，詳龍韜軍勢篇"變生於兩陳之間"。

②"可"下，直解、開宗、武備志、彙解、孫校本俱有"以"字。

【集解】

劉寅云：武王問太公曰：吾與敵人臨境而相拒守，彼軍可以來，我軍可以往，彼我之陣皆堅固，莫敢先舉動者，我欲往而襲取之，彼亦可以來襲我，將爲之奈何？○朱墉云：彼可以來，我可以往者，交地也。輕行而掩之曰襲。

〔震案〕臨境，營壘之界相臨近也。拒，捍禦也。舉，出兵也。襲，掩其不備也。彼亦可來，彼亦能擊我不備也。後軍，輜重之軍。

太公曰："分兵三處①：令我前軍深溝增壘而無出②，列旌旗，擊鼙鼓，完爲守備；令我後軍多積糧食，無使敵人知我意；發我鋭士，潛襲其中，擊其不意，攻其無

備。敵人不知我情，則止不來矣③。」

【考異】

①「分兵」，開宗、武備志、孫校本俱作「兵分」。

②「我」，原作「軍」，涉下「軍」字而訛，講義、直解、開宗、武備志、彙解、慶長本、孫校本俱作「我」，今據以正。

③「止」下，武備志、孫校本並有「而」字。

【集解】

施子美云：孫子曰：「我可以往，彼可以來，曰通。」是則與敵臨境，彼此可以往來之地，是乃通地也。兩陣皆固，未敢先舉，我欲往而襲之，而又慮彼之來。此武王所以憂也，而太公先告以自治之策，後告以攻襲之法。分兵三處，以三軍各分三處也。令前軍深溝增壘無出，列旌旗，擊鼙鼓，以爲守備；又令後軍多積粮食，不與之敵。此自治之策也。昔高祖塞成皋之險，取敖倉之粟，而堅壁滎陽，所以爲守備也。若夫發鋭士以襲其中，擊其不意，攻其無備，是又攻襲之法也。孫子有所謂「攻其不備，出其不意」，亦此意也。夫以力角人，不若以謀伐人。事有所當慮，敵不之意，則可擊矣；戒有所當修，敵不之備，則可攻矣。既擊其不意，攻其無備，則敵安得而知之？故敵不知我情，則止不來矣。○劉寅云：太公曰：如此者，分兵爲三處：令我前軍深

溝增壘，而無出列旌旗，擊鼙鼓，完爲守備之禦；令我後軍多積糧食，無使敵人知我進退之意；然後發我勇鋭之士，潛襲其中，擊敵人之不意，攻敵人之無備。敵人既不知我情，則止而不來矣。〇黄獻臣云：此言敵勢相當，而欲止之不來，當前固守，後貯糧，精鋭潛襲其中，令敵人不知我情而自阻。若嚴顏深溝高壘，不能絶翼德之過巴州，安亦能動之（顏欲困飛，數日無動靜，飛乘其諜者至，計言從小路過巴州，顏出絶其路，被擒）？周亞夫塞吴楚餉道，士卒多餓死叛散，飽亦能饑之，是在神明其用者。〇朱墉云：增壘，加高也。鼙，小鼓也。知我意，知我進退之意也。潛襲其中，直擣敵人之中軍也。

〔震案〕前軍，先鋒也。列，布也，陳也。鼙，小鼓，詳龍韜兵徵篇「鼙鼓之聲宛以鳴」。完，堅固也。荀子王制篇「尚完利」，楊倞注：「完，堅也。」完爲守備，猶堅守、固守也。意，意圖也。鋭士，精鋭之士也。潛，密也。意，預度也。情，情實也。止，按兵不動也。

武王曰：「敵人知我之情，通我之謀①，動而得我事②，其鋭士伏於深草，要我隘路③，擊我便處，爲之奈何？」

【考異】

①「謀」，直解、開宗、武備志、彙解、孫校本俱作「機」，慶長本兩存之。

②「而」，直解、開宗、武備志、彙解、孫校本俱作「則」。

③「我」字原無，講義、直解、開宗、武備志、彙解、慶長本、孫校本俱有之，當是，今據補。

【集解】

劉寅云：武王曰：若敵人知我之情狀，通我之機謀，發動則得我事情，其精鋭之士或伏於深草，或要我隘路，擊我便處，將爲之奈何？○朱墉云：知我情，知我虚實之情也。通我機，曉我微密之機也。

〔震案〕謀，計劃也。動而得我事，我兵有所動作，則敵必周知其事也。伏，埋伏也。要，攔擊也，詳軍用篇。隘，險隘也。便，利也。

太公曰：「令我前軍日出挑戰，以勞其意；令我老弱拽柴揚塵①，鼓呼而往來，或出其左，或出其右，去敵無過百步。其將必勞，其卒必駭，如此，則敵人不敢來，吾往者不止②，或襲其内，或擊其外，三軍疾戰，敵人必敗③。」

【考異】

①「拽」，講義、直解、開宗、武備志、彙解、慶長本、孫校本俱作「曳」。曳與拽同。拽，玉篇手部同「抴」，説文手部段玉裁注：「抴與曳音義皆同。」

②「者」，彙解作「來」。

③開宗無自「吾往者不止」以下二十一字。

【集解】

施子美云：武王又慮夫敵或之知，而有潛伏、要擊之舉，太公則告以挑戰以勞之，揚塵以示之，鼓噪以從之，所以撓而悮之也，況又出其左右，近而襲之。其將必勞，其卒必駭，如此，敵不敢來，吾可以往，敵人内外受敵，其敗也必矣。○劉寅云：太公對曰：如此者，令我前軍日出與彼挑戰，以勞其意；令我老弱者曳柴揚塵，擊鼓噪呼而往來，以張其勢，或出其敵之左，或出其敵之右，相去敵人無過一百步之遠。其將必疲勞，其卒必驚駭，如此，則敵人不敢來，吾往者不止，或襲其内，或擊其外，三軍疾戰，敵人必敗矣。○黄獻臣云：此言敵亦完守，而襲我便處在先，挑戰以勞駭之，待其不來而襲擊之，而後可以勝敵。晉伐齊，使人望之，晉使乘車者左實右僞，以輿曳柴而從之，欲揚塵也。日出挑戰，以敝敵之力，揚塵鼓譟，以張我之勢，如此，則可伺便而克之矣。○朱墉云：挑戰以勞，輕兵引敵，更番迭出，令其疲困也。挑戰非實與之戰也。彼去則挑之以致其來，彼來則佯北以致其追，而實不與之合戰也，不過勞擾其意，以使其力疲焉爾。曳柴揚塵，車重而塵起，寡而示之衆也。擊鼓呼譟，以助兵勢也。

〔震案〕日出，每日必出也。勞其意，疲敝其思慮也。拽，拖也。柴，散木也。鼓呼，擊鼓而喧呼也。百步，今制一百五十米。禮記王制：「古者以周尺八尺爲步，今以周尺六尺四寸爲步。」一尺約合今制二百三十一毫米，一步約一米半，百步則一百五十米也。駭，驚恐也。

動　靜

【集解】劉寅云：動靜者，覘視敵人動靜，設奇伏而勝之也。○黄獻臣云：此言觀敵動靜而應之之法。

武王問太公曰：「引兵深入諸侯之地，與敵之軍相當①，兩陳相望②，衆寡彊弱相等③，未敢先舉④，吾欲令敵人將帥恐懼，士卒心傷，行陳不固，後陳欲走⑤，前陳數顧，鼓譟而乘之⑥，敵人遂走，爲之奈何？」

【考異】

①「敵」下，慶長本有「人」字。

②「陳」，講義、直解、武備志、彙解、慶長本俱作「陣」，詳龍韜軍勢篇「變生於兩陳之間」。本篇以下「陳」字，講義、彙解皆如此；直解除卻「後陳欲走」而外，其餘皆如此；武備志惟「疏我

行陳」亦如此。

③「彊」，講義、直解、開宗、武備志、彙解、慶長本、孫校本俱作「强」，詳龍韜奇兵篇「彊弩長兵者」。

④「未」，直解作「不」，慶長本兩存之。

⑤「陳」，直解作「軍」。

⑥「譟」，講義、武備志、慶長本俱作「噪」。噪字晚出，本作喿。說文品部：「喿，鳥群鳴也。」譟爲喿之引申。說文言部「譟，擾也」，朱駿聲通訓定聲小部「按此字實即喿之轉注」，即引申也。一切經音義卷二二引說文「譟，擾耳孔也」，古本當如是，擾耳孔即喧嘩，是由鳥群鳴之喿引申而爲喧嘩之譟。噪爲後起俗字，桂馥說文義證「喿，俗作噪」。噪亦用爲喧嘩義，唐封演封氏見聞記卷六拔河「震鼓叫噪」，故可與譟同。先秦之書本當作「譟」，「噪」爲後世傳寫從俗而致。下「鼓譟而俱起」亦如此。

【集解】劉寅云：武王問太公曰：若引兵深入諸侯之地，與敵人之軍相當，彼此兩陣相望，衆寡强弱之勢相等，各不敢先舉，吾欲令敵人將帥之心恐懼，士卒之心悲傷，行陣不堅固，後陣聞之欲走，前陣令人數顧，吾鼓譟而乘之，敵人遂走，將爲之奈何？○朱墉云：恐懼，思退也。心傷，思散也。數顧，頻數顧盼也。乘之，乘其驚恐也。

〔震案〕引兵，帶領兵衆。當，抵敵也。望，對也，向也。傷，悲也。走，逃奔也。數，讀如朔，詳武韜三疑篇「數餧食之」。顧，回視也。鼓譟，鳴鼓吶喊也。

太公曰：「如此者，發我兵去寇十里，而伏其兩旁，車騎百里，而越其前後，多其旌旗，益其金鼓。戰合，鼓譟而俱起，敵將必恐，其軍驚駭，衆寡不相救，貴賤不相待，敵人必敗。」

【集解】

劉寅云：太公對曰：如此者，發我兵去寇十里而隱伏其兩旁，車騎百里而踰越其前後，多張其旌旗，增益其金鼓，戰合，鼓譟而俱起，敵將必恐懼，其軍亦驚駭，衆寡不相救援，貴賤不相等待，敵人必至於敗。百里疑其太遠，而與十里者難相救援，「百」字恐誤。○黄獻臣云：此言兩軍勢均力等，當離敵而張虚勢，繞其左右前後鼓噪合擊，以懼其心，而後敵可敗。○朱墉云：益，增也。貴，將帥也。賤，士卒也。

〔震案〕車騎百里，彼時騎兵方興，亦常見與車步戰並行者，詳龍韜奇兵篇「所以止車禦騎也」。越，即迂回包抄也。衆寡不相救，貴賤不相待，孫子九地篇作「衆寡不相恃，貴賤不相救」，通典卷一五三、太平御覽卷二九四引「恃」皆作「待」。待，猶恃也。吕氏春秋無義「不窮奚待」，高誘注：「待，恃也。」不相待，不得相與依恃也。此處與孫子九地篇文雖有異，而義略同耳，杜牧注云「使其意懾離散，上下驚擾」，故不得相與救扶依恃也。

武王曰：「敵之地勢，不可以伏其兩旁，車騎又無以越其前後，敵知我慮，先施其備，我士卒心傷①，將帥恐懼，戰則不勝，爲之奈何？」

【考異】

①「我」，直解、彙解並作「吾」。

【集解】

劉寅云：武王曰：假若敵之地勢不可以隱伏其兩旁，車騎又無以踰越其前後，敵人知我謀慮，先施其禦備，吾士卒反心傷，將帥反恐懼，與之戰則不能勝，將爲之奈何？○朱墉云：車騎，吾軍之車騎也。奈何，言何術可以致勝也。

〔震案〕慮，謀慮也。備，防備也。

太公曰：「微哉①，王之問也！如此者，先戰五日，發我遠候，往視其動靜，審候其來，設伏而待之。必於死地，與敵相避，遠我旌旗，疏我行陳，必奔其前，與敵相當，戰合而走，擊金無止②，三里而還，伏兵乃起，或陷其兩旁，或擊其前後③，三軍疾戰，敵人必走。」武王曰：「善哉！」

【考異】

①「微」，直解、開宗、武備志、彙解、孫校本俱作「誠」，慶長本兩存之。

②「無」，直解、開宗、武備志、彙解、孫校本俱作「而」，慶長本兩存之。

③「前」，直解作「先」，慶長本兩存之。

【集解】

劉寅云：太公對曰：誠哉，王之所問也！如此者，先戰五日，發我遠候之人，往視敵之動靜，審候其來，吾則設伏而待之，必於死地與敵相避。「避」字恐是「遇」字，言必於死絶之地與敵相遇，而求一戰。遠陳我旌旗，疏列我行陣，必賁其前，務與敵人相當。戰合而佯走，擊金而無止，將及三里而還軍，伏兵乃起，或陷敵之兩旁，或擊敵之前後，三軍併力疾戰，敵人必敗走矣。武王曰：公言善哉。○黄獻臣云：此言敵之左右前後無可設伏，當乘敵人未來，先設待之，避死地，佯北誘之，伏兵齊發，敵人必走。然預期設覘，法當嚴密，則戚定遠可師也（凡用兵臨敵，去戰期二三日前，先以重刑厚賞約遣塘報，使追隨賊之動静，圖報賊之地利，賊一舉動有報，踰一時辰有報。至舉戰一日前，所部親兵能卒一二百人，分遣布賊左右，或入賊腹心，凡賊分合、出入、多寡、向往、進兵路徑，舉皆洞然。所得情形，或以泥塑爲出谷巢穴，或以硃墨筆圖別分布，使各頭目了然，乃尅期分進。恐存偏聽之弊，則覘者用多；恐有奸僞之徒，則視者相間；恐愚昧之疏，則選能者）。○朱墉云：遠候，發我偵探之兵於遠道伺候也。必於死地，待敵兵必於死絶之地，使我兵有必死之心也。與敵相避，佯避敵人於此也。一説「避」字當作「遇」字，言必於死絶之地與敵相遇，而求一戰也。遠列旌旗，疏闊行陣，以示無紀律，皆佯敗之意也。戰合而走，佯走也。

〔震案〕微，精妙也。遠候，遠刺敵情者也。審候，慎伺望也。待，備禦也。必於死地，與敵相避，以上諸説皆未確，余意此言避敵之死戰也。必，猶若也，果也。死地，死戰之地也。孫子九地篇云「疾戰則存，不疾戰則亡者，爲死地」，又云「死地則戰」。果若敵陷於死地，則必殊死力戰，故當避其鋒芒也。遠我旌旗，疏我行陣者，使我旌旗離散，行陣疏闊也。孫子軍爭篇「圍師必闕」，曹操注引司馬法曰：「圍其三面，闕其一面，所以示生路也。」敵既陷死地，我當誤敵以離散疏闊之形，所以示其生路，使其不能死戰也。必奔其前，與敵相當者，言我趨前與敵相拒也。戰合而走者，接戰即走北也。擊金無止者，連續號令我三軍後退也。還，退返我營壘中也。

金鼓

【集解】劉寅云：金鼓者，鼓以進之，金以止之也。此以「金鼓」名篇，而篇内却不言金鼓者，未審何義。○黄獻臣云：此言隨時禦敵之道，重在號令，雖不言金鼓，而以之名篇，語進退也。

武王問太公曰：「引兵深入諸侯之地，與敵相當，而天大寒甚暑，日夜霖雨，旬日不止，溝壘悉壞①，隘塞不守，斥候懈怠②，士卒不戒，敵人夜來，三軍無備，上下惑亂，爲之奈何？」

【考異】

①武備志無此四字。

②「候」，武備志、彙解作「堠」，詳必出篇「斥候常戒」。

【集解】

劉寅云：武王問太公曰：若引兵深入諸侯之地，吾與敵相當，而天或大寒，或甚暑，日夜遇霖雨，旬日之間不能止矣。軍之溝壘盡壞，隘塞不能保守，斥候之人懈怠，士卒又不戒嚴，敵人遇夜而來，三軍皆無備禦，上下疑惑擾亂，則爲之奈何？○朱墉云：淫雨曰霖。十日曰旬。斥堠，守望之人也。

〔震案〕引兵，帶領兵衆。相當，相抵拒也。溝壘悉壞，壕溝、壁壘皆坍壞也。隘塞不守，無險可守也。斥候，猶今之崗哨也。戒，戒備，警戒。

太公曰：「凡三軍，以戒爲固，以怠爲敗①。令我壘上，誰何不絶，人執旌旗，外内相望，以號相命，勿令乏音，而皆外向。三千人爲一屯，誡而約之②，各慎其處。敵人若來，視我軍之警戒③，至而必還，力盡氣怠，發我鋭士，隨而擊之。」

【考異】

①「敗」，彙解作「改」。

②「誡」，武備志作「戒」。戒，廣雅釋詁二「備也」，王念孫疏證：「戒、誡古通用。」又資治通鑑周紀四赧王三十一年「王不知誡焉」，胡三省注：「誡，與戒同；戒，警敕也。」上「士卒不戒」，下「視我軍之警戒」，諸本皆作「戒」，惟此處多作「誡」。愚意二字義雖可通，而實略有異。此處誡當有申敕義，敕我士卒警戒防備也，故从言。作「戒」疑爲傳寫之訛。

③「視」，原訛作「親」，講義、直解、開宗、武備志、彙解、慶長本、孫校本俱作「視」，當是，今據以正。

【集解】

施子美云：用兵之道，上欲得其時，下欲得其利，中欲謹其守。以天時言之，則寒暑不宜，霖雨過節，非其時也；以地利言之，溝壘不固，隘塞不守，失其利矣；以人事言之，斥候懈怠，士卒不戒，三軍無備，上下惑亂，則守備不嚴矣。三者俱失而無一得，武王安得不以是而爲憂？然用兵之道，以戒爲寶。吴子之對武侯嘗謂先戒爲寶，而於將之五謹，其四亦曰戒。蕭銑恃秋潦，所以見敗於李靖；賀魯惟恃深雪，所以見擒於定方：彼惟不戒而怠，所以敗也。若夫知所戒，則敵不得而乘之，故令壘上誰何，以號相命，皆所以爲戒也。況又加以誡約，各致其謹，敵人雖至，見其不可襲，則必還矣。還則力必盡，氣必怠，故可發鋭士，隨而擊之，所以乘其怠軍然。○劉寅云：太公對曰：凡三軍，以戒嚴爲固，以怠惰爲敗，令我壘上，典誰何者不絶，人執旌旗，外與内相望，以號相命，勿令絶音，而皆外向。三千人爲一屯，誡告而期約之，各謹其所守之處。敵人若來，視我軍之警戒嚴備，至我屯所，必然還返，力已竭盡，氣已怠惰，發我精鋭之士，隨而擊之。○黄獻臣云：此言霖雨失守，防敵人夜襲，當先分屯戒備，伺敵覘還力盡，發精鋭擊之，如孔明防夜襲，令關公積棗上流，夜分聞鬨，決之，而操人馬俱溺是也。○朱墉云：誰何，巡警之具也。不絶者，典誰何者不絶其人也。内外相望，壘之内外旌旗相望。以號相命，以將吏之號令相傳命於下人。乏音，金鼓之聲勿令斷乏，皆外向示欲戰也。誡而約之，告誡期約也。慎其處，慎備其所守之處。至而必還，見我警備，必然引還。力盡氣怠，敵人持久，力必竭盡，氣亦怠散。

〔震案〕壘上，壁壘之上，守卒所立之處也。誰何，稽察詰問也。屯，兵營也。文選張衡西京賦「衛尉八屯」，呂延濟注：「屯，營也。八營謂長水、中壘、屯騎、武賁、越騎、步兵、射聲、胡騎言，此八營皆衛尉掌之，晝夜巡警。」約，嚴明約束也。隨，追逐也。廣雅釋詁三：「追、駟、末、隨，逐也。」

武王曰：「敵人知我隨之，而伏其鋭士，佯北不止，過伏而還①，或擊我前，或擊我後，或薄我壘，吾三軍大恐，擾亂失次，離其處所②，爲之奈何？」

【考異】

①「過」，講義、直解、開宗、武備志、彙解、孫校本俱作「遇」，慶長本兩存之。愚意作「遇」非是。過即經過，言敵佯北之兵（即餌兵）已經過其設伏之所，而我隨其後，則入其轂中，故敵餌兵待我入轂而返，是與伏兵前後夾擊我也。若餌兵遇伏而還，我尚在後，未遇其伏兵，又豈能受敵伏擊乎？下云「勿越其伏」，越即過也，與此正合。

②「處所」，直解作「所處」。

【集解】

劉寅云：武王曰：敵人知我隨之在後，而隱伏其鋭士，佯爲奔北不止，遇伏兵而還返，或擊我之前，或擊我之後，或薄我之壘，吾三軍大恐懼，擾亂失其次，舍離其處所，則爲之奈何？○朱墉云：伏其鋭士，敵隱伏勇鋭之士。佯北不止，以誘我也。遇伏而還，俟我軍既入彼之伏中，然後引兵而還。薄，逼近也。失次，迷失次舍也。所處，屯守之處也。

〔震案〕薄我壘，出奇也。失次，失其部曲次第也。處所，處讀上聲，處軍也，孫子行軍篇「凡處軍相敵」，處所即駐守之所。

太公曰：「分爲三隊，隨而追之①，勿越其伏②，三隊俱至，或擊其前後，或陷其兩旁，明號審令，疾擊而前，敵人必敗。」

【考異】

①「追」，武備志、孫校本並作「進」。

②「勿」，開宗作「忽」。

【集解】

施子美云：武王又慮夫敵知其計，而反蹈其伏，三軍爲之擾亂，太公則以分兵之説告之。吾兵既分，則彼心不可得，而皆備之。故分追之際，不可越其伏地，而進擊之際，三隊必欲俱至，前後、兩旁合而攻之，明號審令，使不紛亂，若是，則可以勝之矣。昔吴起以擊强告武侯，亦謂分爲五軍，五軍交至，必有其利。誠以多方以制之，故可以勝之。○劉寅云：太公對曰：令我軍分爲三隊，隨而追之，勿過越其伏兵之處，三隊俱至，或擊敵之前後，或陷敵之兩旁，明吾之號，審吾之令，疾擊而前，敵人必敗矣。○黄獻臣云：此言敵伏精鋭，佯北誘我，當分三隊，追及其伏，合而擊之，敵人必敗。○朱墉云：勿越其伏，遇其伏處也。

〔震案〕隨訓追逐，追亦隨也。楚辭離騷「背繩墨以追曲兮」，王逸注：「追，猶隨也。」洪興祖補注：「追，古隨字。」而太公云「隨而追之」者，非冗複之辭也。追亦謂追擊。周禮地官小司徒「以比追胥」，鄭玄注：「追，逐寇也。」必先及之，然後可擊也，故追多有追及義。文選卷二三劉楨贈五官中郎將「僶俛安能追」，吕向注：「追，猶及也。」是追逐曰隨，及而擊之曰追，故云「隨而追之」。勿越其伏，勿經過敵設伏地也。此言追敵餌兵當速及，務在彼尚未越過設伏地前而擊之也。明號審令，號令明審也。

絶道

【集解】

劉寅云：絶道者，敵人絶我糧道，吾欲守之固，而無所失也。○黄獻臣云：此言敵人絶我粮道而禦之之策。

武王問太公曰：「引兵深入諸侯之地，與敵相守，敵人絶我粮道，又越我前後，吾欲戰則不可勝，欲守則不可久，爲之奈何？」

【集解】

劉寅云：武王問太公曰：若引兵深入諸侯之地，與敵人兩陣相守，敵人斷絶我糧道，又踰越我前後，吾欲與之戰則不可勝，欲固守則不可久，將爲之奈何？○朱墉云：越，踰過也，或出吾之前，或出吾之後也。

〔震案〕引兵，帶領兵衆。相守，相持也。毛詩大雅鳧鷖序「能持盈守成」，孔穎達疏：「持、守之義亦相通也，故易注云『持一不惑曰守』，是守亦持也。」絶，切斷也。越，繞越包抄、前後夾擊也。

太公曰：「凡深入敵人之地①，必察地之形勢，務求便利，依山林、險阻、水泉、林木而爲之固，謹守關梁，又知城邑、丘墓地形之利②，如是，則我軍堅固，敵人不能絶我粮道，又不能越我前後。」

【考異】

①「地」，直解、開宗、武備志、彙解、孫校本俱作「境」，慶長本兩存之。

②「利」，武備志作「地」。

【集解】施子美云：兵貴爲主，不貴爲客。爲客之道，必先掠於饒野，以爲足食之道。今引兵深入，與敵相守，而粮道乃爲所絶，前後乃爲所越，戰守俱有不便，武王得不思所以爲之之道？此在法有曰：「不知山林、險阻、沮澤之形者，不能行軍；不用鄉導者，不能得地利。」知地之形而得其利，則可以依山林、險阻、水泉、林木而爲之，固可以知城邑、丘墓地利之所在，關梁可以謹守，我軍可以堅固，彼又安能絶吾粮道、越吾前後哉？其在尉繚子：集兵敵境，必栖其大城大邑，而絶其道，能使敵人有城無守，有人無人，有資無資。是則爲客之道，必貴乎得地利，而後可以戰守也。○劉寅云：太公對曰：凡引兵深入敵人之境，必審察地之形勢，務求取便利之處，依倚山林、險阻、水泉、林木，而爲之堅固，謹守關塞橋梁，又要知城邑、丘墓地形之利，如此，則我軍堅固，敵人不能斷絶我之糧道，又不能絶越我之前後。○黄獻臣云：此言深入敵人之地，當審地形而求其利，依險阻而固其守，而後敵不能制，如太宗勅李勣燒薙爇草，令野無所獲，馬無所食，以困薛延陀，則又當別論矣。○朱墉云：爲之固，依負山林以爲守固也。關，關塞也。梁，橋梁也。我軍堅固，地利既得，三軍形勢自固也。

〔震案〕地之形勢，廣狹、起伏、險易之形貌走勢也。丘墓即墳墓，詳必出篇「必依草木、丘墓、險阻」。

武王曰：「吾三軍過大陵①、廣澤、平易之地，吾盟誤失②，卒與敵人相薄，以戰則不勝，以守則不固，敵人翼我兩旁，越我前後，三軍大恐，爲之奈何？」

【考異】

①「陵」，直解、開宗、武備志、彙解、孫校本俱作「林」，慶長本兩存之。

②「盟」，講義、直解、開宗、武備志、彙解、慶長本、孫校本俱作「候望」，此疑後人所增改。盟讀爲明，詩小雅黄鳥「不可與明」，鄭玄箋：「明當爲盟。」馬瑞辰傳箋通釋：「盟、明古通用。」斥候所以知敵，如目之明，若有疏誤，猶失明也，故云吾盟誤失。是作「盟」義可通也。「誤」，講義、慶長本並作「悮」，廣韻去聲暮韻誤、悮音義同。武備志、彙解「誤失」二字並倒。

【集解】

劉寅云：武王問曰：吾三軍過大林、廣澤及平易之地，吾候望誤失，倉卒與敵人相迫，以之戰則不勝，以之守則不固，敵人來翼我兩旁，越我前後，吾三軍大恐，則爲之奈何？○朱墉云：薄，逼近也。翼我兩旁，或從兩翼衝我左右。

〔震案〕陵，山陵也。澤，沮澤也。卒，讀爲猝，倉猝也，詳龍韜王翼篇「主潛謀應卒」。以，假設之辭，如也，若也。翼，張左右翼擊之也。

太公曰：「凡帥師之法，當先發遠候①，去敵二百里，審知敵人所在，地勢不利②，則以武衝爲壘而前③，又置兩踵軍於後，遠者百里，近者五十里④，即有警急⑤，前後相救⑥。吾三軍常完堅，必無毀傷。」武王曰：「善哉！」

【考異】

①「當」，講義、直解、開宗、慶長本、孫校本俱作「常」。

②「不」，武備志作「地」。「利」，彙解作「便」。

③「衝」，原作「衛」，講義、直解、開宗、武備志、彙解、慶長本、孫校本俱作「衝」，當是。此與軍用篇「武衝大扶胥」、疾戰篇「四武衝陳」同，皆取衝擊之義也，今據以正。

④「者」，講義作「是」。

⑤「有」，講義作「其」，慶長本兩存之。「警」，開宗作「驚」。驚與警通。廣雅釋言「駭、驚，起也」，錢大昭疏義：「驚者，説文『驚，馬駭也』，通作警。」

⑥「救」，直解、開宗、武備志、彙解、孫校本俱作「知」，慶長本兩存之。

【集解】

施子美云：太公雖以地利爲告，而武王又慮夫候望者失誤，卒與敵遇，兩旁爲敵所翼，前後爲敵所越，不足以戰守，爲之奈何？且前茅慮無，楚人之所以勝，斥候必遠，充國之所以固，遠候不發，何以得敵之情？故太公所謂必先發遠候，審知敵人所在；又慮不得地利，則以武衛車爲壘，所以自衛也；置兩踵軍於後，所以爲應援也；其踵軍相去或百里，或五十里，凡以備有變，而前後救援也。環衛既謹，應援既嚴，敵人烏得而犯之？此三軍所以完堅，而無毁傷也。○劉寅云：太公對曰：凡帥師之法，常先發遠候之人，離去敵人二百里，審知敵人所在之處，若地勢不利，則以武衛扶胥爲壘而前，又置兩踵軍於後。踵軍，收後之軍也。遠者相去百里，近者相去五十里，即有警急之事，前後皆得相知。吾三軍常完堅，必無有毁傷也。武王曰：公言善哉。○黄獻臣云：此言行師當遠候敵勢，置武衛踵軍以通前後之警，既完且堅，敵不能傷。○朱墉云：武衛爲壘，以武衛車相連，如壘而前行。此兩踵軍與前踵軍不同，乃收後之軍，以防敵突至者也。

〔震案〕發，派遣也。遠候，斥候往近敵壘也。武衛，當作武衛。武衛爲壘而前，以武衛車相連如壘而前行也，龍韜農器篇「馬、牛、車輿者，其營壘、蔽櫓也」即此。踵軍，在大軍之後，必出篇「令我踵軍設雲火遠候」及尉繚子踵軍令篇皆與此異。常，玉篇巾部「恒也」。完堅，完即堅也，詳臨境篇「完爲守備」。常完堅者，言其永固也。

略地

【集解】劉寅云：略地者，戰勝深入，略人之地也。恐敵有謀，故武王以爲問，而太公答之也。○黄獻臣云：此言戰勝深入，收略敵地之法。

武王問太公曰：「戰勝深入，略其地，有大城不可下。其別軍守險①，與我相拒。我欲攻城圍邑，恐其別軍卒至而擊我②，中外相合，擊我表裏③，三軍大亂，上下恐駭，爲之奈何？」

【考異】

①「險」下，直解有「阻」字。

②「擊」，直解、開宗、武備志、彙解、孫校本俱作「薄」，慶長本兩存之。

③「擊」，直解作「拒」，慶長本兩存之。

【集解】劉寅云：武王問太公曰：戰勝深入，略其地，敵有大城不可下。其別軍固守險阻，與我相拒。我欲攻彼之城，圍彼之邑，恐其别軍卒至而迫我，彼中外相合，擊我表裏，吾三軍大亂，上下恐懼驚駭，爲之奈何？○朱墉云：略，收取也。下，攻拔也。别軍，敵之别軍也。卒至，倉卒而至也。薄，迫近也。守城之軍，别軍爲外，擊我表裏，因敵兩軍合兵拒我，則我軍表裏受敵也。

〔震案〕略，强取也。别軍，偏師也。卒，讀爲猝，急也，詳龍韜王翼篇「主潛謀應卒」。中外，中即城中，外者，城外别軍也。合，呼應也。

太公曰：「凡攻城圍邑，車騎必遠，屯衛警戒，阻其外内①，中人絶糧，外不得輸，城人恐怖，其將必降。」

【考異】

①「外内」，開宗、武備志、彙解、孫校本俱作「内外」。

【集解】

施子美云：守法：以救而誠，以食而久。攻城圍邑，必先明乎此。武王問太公以乘勝入敵境，欲攻城圍邑，恐爲敵人中外合擊，太公遂告以隔内外、絶粮道之法。其始則遠其車騎，警以屯衛，所以自固也；次則阻其内外，使應援不及，中人絶糧，使轉輸不通。既無所恃以爲援，又無所資以爲食，不敗何待？○劉寅云：太公對曰：凡攻人之城，圍人之邑，車騎必遠離城邑，屯衛警戒，隔阻其外內，使不得相通，中人斷絶糧食，在外不得輸送，城中之人恐懼畏怖，其將必來降矣。○黄獻臣云：此言收略大城之法。大城未下，别軍守險相拒，當使内外阻絶，粮不得輸，則將必降。○朱墉云：必遠者，車騎不逼近敵城也。阻其内外，阻絶敵人内外，使不得相通。中人，城中之人也。外不得輸，城外之人使不得輸送糧食於城中。

〔震案〕車騎，彼時騎兵方興，亦常見與車步戰並行者，詳龍韜奇兵篇「所以止車禦騎也」。屯衛，屯駐守衛也。警戒，警惕戒備也。

武王曰：「中人絶糧，外不得輸，陰爲約誓，相與密謀，夜出窮寇死戰，其車騎鋭士，或衝我内，或擊我外，士卒迷惑，三軍敗亂，爲之奈何？」

【集解】

劉寅云：武王問曰：中人斷絶糧食，在外者不得輸送，彼陰爲期約信誓，相與秘密而謀，遇夜出窮寇與我死戰，其車騎鋭士或衝我内，或擊我外，吾士卒迷失疑惑，三軍敗亂而走，則爲之奈何？○朱墉云：迷惑，我軍無備，因而迷失行伍，惑亂號令也。

〔震案〕陰，密也。約誓，猶約定。窮寇，困窮之敵寇。城困斷糧，故曰窮。鋭士，精鋭之士。衝，擊也。

太公曰：「如此者，當分軍爲三軍①，謹視地形而處，審知敵人別軍所在，及其大城別堡，爲之置遺缺之道，以利其心，謹備勿失。敵人恐懼，不入山林，即歸大邑，走其別軍，車騎遠要其前②，勿令遺脱。

【考異】

①直解、開宗、彙解俱無上「軍」字。

②「要」，開宗作「邀」。要與邀通，皆邀遮攔阻之義。資治通鑑漢紀二九王莽始建國三年「虜要遮前後」，胡三省注：「要，讀曰邀。」

【集解】

施子美云：内外絶，粮食隔，固可以擊之也，然事極則智生，彼既知其不免，則必有謀約，夜出窮寇以死戰，且又不可不慮也。然擊强之道，必分軍而用之：分爲三軍，所以多其備也；視地而處，所以求其利也。又知敵之别軍與其大城別堡，置遺缺之道以利之，此以利誘之也，而己則守禦愈嚴，勿令有失。如是，則敵不知其謀，故恐懼而栖保，不入山林，即歸大邑，以求其利，而别軍不知謀間走矣，然亦在遠車騎以要之，謹行陣以守之，與之相拒，而勿令遺脱。○劉寅云：太公對曰：如此者，當分軍爲三，謹視地形之便利而處之，審知敵人别軍所在之處，及其大城别堡，爲之置遺缺之道，以利誘其心，吾則謹備而勿失。敵人驚恐畏懼，不入於山林，即歸於大邑。既走其别軍，令車騎遠要其前，勿令有遺脱者。○朱墉云：謹視地形，視何處爲便利也。别軍所在，敵有别軍，恐或出我不意，故必先審知之。置遺缺者，佯爲置設遺缺不守之道路，令其可去。以利其心，是以便利誘敵人之心也。遺脱，勿令别軍有遺脱者，恐中人知其消息也。

〔震案〕謹，慎也。視，察看也。處，處軍，擇地而駐也。審，明確也。大城别堡，大城所附堡壘以爲拱衛，即塢候也。知大城别堡所在者，戒備敵反因我所置遺缺之道而歸之也。歸，往就也。走，趨至也。走其别軍者，言敵雖不得歸於大城别堡，然亦或入山林，或歸大邑，皆欲迂迴而趨至其别軍，相與會師也。遺脱，脱漏逃逸也。

「中人以爲先出者得其徑道，其練卒材士必出①，其老弱獨在。車騎深入長驅，敵人之軍必莫敢至②。慎勿與戰，絶其糧道③，圍而守之，必久其日。

【考異】

①「材」，慶長本作「林」，此疑形近而訛。

②「至」，開宗、武備志、彙解、孫校本俱作「出」。

③「其」，武備志作「具」。

【集解】

施子美云：中外既隔，中人必以先出者爲得道，其練卒材士必出繼之，而所留守者則獨老弱矣。吾於是始可以驅入，而據其地，然亦不必與戰，但絶其粮道，久圍而守之，使之自降。○劉寅云：城中之人以爲先出者，得其徑道而往，其練卒材士必從中出，其老弱者獨在。吾車騎然後深入長驅，敵人之軍必莫敢至。慎勿與之接戰，斷絶其糧道，環圍而守之，必能久其日矣。○朱墉云：得其徑道，中人既不知別軍消息，以爲先出者已得捷徑道路而往。必出者，出走也。老弱獨在者，老弱無能獨守城中。車騎深入，吾之車騎也。莫敢出者，敵軍不知吾虛實，故不敢出也。必久其日，使之自困也。

〔震案〕徑道，突圍小路也。練，素習練也。材士，勇武善戰之士。深入長驅，猶言長驅直入。至，及也。莫敢至，言敵無敢與我相及者，猶謂莫敢當也。

「無燔人積聚，無壞人宮室①，冢樹社叢勿伐，降者勿殺，得而勿戮，示之以仁義，施之以厚德。令其士民曰『罪在一人』②。如此，則天下和服。」

武王曰：「善哉！」

【考異】

①「壞」，直解、開宗、武備志、彙解、孫校本俱作「毀」，慶長本兩存之。毀、壞音近義同。玉篇土部：「毀，麾詭切，壞也。」「壞，胡怪切，毀也。」考其上古音，二字疊韻，同在微部，聲紐相近，是古音通轉之例。

②「罪」，直解、開宗、武備志、孫校本俱作「辜」。罪字古亦作辠，與辜形近，義亦相通。説文辛部「辜，辠也」，段玉裁注：「辜本非常重罪，引申之，凡有罪皆曰辜。」故二字或同。墨子明鬼下「周宣王殺其臣杜伯而不辜」，畢沅注：「史記索隱引作『不以罪』。」潛夫論遏利「匹夫無辜」，汪繼培箋：「桓十年左傳『辜』今作『罪』。」是罪或作辜，辜亦罪也。

【集解】

施子美云：彼既降矣，吾因而撫之，使之相率而歸。無燔其積聚，欲人足其用也；無壞其宮室，欲人安也。冢樹者，人之所護；社叢者，鄉民之所愛，故勿伐之。降者既明其罪，則勿殺之。其主可誅，其民無罪，故雖得其民，勿戮之，示以仁義，蓋欲以是道而感之也。感之以是，則彼必知吾兵之舉非爲己私也，本之仁義也。既有以感之，必有以懷之，施之以厚德，所以懷之也。懷之以是，則彼必知吾兵之舉非以傷之也，乃所以恤之也。如此，則彼國之民知其罪之所歸在於其主。一人者，其主也。宜其天下咸和服矣。湯武之師，吊民伐罪之師也，非有所害也。湯誓、泰誓之作，無非示之以仁義也。大德之所昭，財粟之所散，無非施之以厚德也。不惟湯武然也，高祖入關，秋毫無犯，則於人必無懷也。秦王子嬰既降，且以之屬吏，況有所殺戮乎？其語父老則以除害爲言，非示之以仁義乎？三章之約，田租之減，非施之以厚德乎？此漢之所以盛也。○劉寅云：無燔燒人積聚之物，無毁壞人宫室，冢上之樹、社中之叢勿得斬伐，來降者勿令殺之，得士卒勿伐戮之，示之以仁義，施之以厚德，如文王伐崇侯，緩攻徐戰，而示之以仁，慕容恪圍段龕，築室反耕，而施之以德是也。令彼之士民曰「辜在一人」，若能如此，則天下皆和服矣。武王曰：公言善哉。○黄獻臣云：此言處窮寇之法。敵人絶糧，夜出死戰，當分軍三處，爲置空缺，便其出脱。以一軍要擊之，以一軍禦其别軍，以一軍入城撫其老幼，如文王伐崇，緩攻徐戰，示之以仁，慕容恪圍段龕，築室反耕，施之以德。彼楚項燒秦宫室，屠咸陽，大掠而東，欲使天下和服，得乎？○朱墉云：冢樹，冢墓之樹木也。社叢，里社之叢林也。文訣：和服者，中心悦服也。指歸：不徒言服，而必加一和字，見人心喜悦，方可以言服。

〔震案〕燔，焚燒，讀如煩，詳必出篇。積聚，錢糧物也。宫室，房屋也。社，里社，二十五家爲社。左傳昭公二十五年「請致千社」，杜預注：「二十五家爲社。」孔穎達疏：「禮有里社，故特牲稱『唯爲社事，單出里』，以二十五家爲里，故知二十五家爲社也。」得，捕獲也。

火戰

【集解】劉寅云：火戰者，彼以火攻我，吾因火而與之戰也。○黄獻臣云：此言用火攻戰之法。

武王問太公曰：「引兵深入諸侯之地，遇深草蓊穢①，周吾軍前後左右，三軍行數百里，人馬疲倦休止②。敵人因天燥疾風之利燔吾上風③，車騎鋭士堅伏吾後，吾三軍恐怖④，散亂而走，爲之奈何？」

【考異】

①武備志無「穢」字。

②「休」，開宗作「行」。

③「吾」，武備志作「我」。

④直解、開宗、彙解俱無「吾」字。

【集解】劉寅云：武王問太公曰：若引兵深入諸侯之地，遇深草蓊穢，周匝吾軍前後左右，吾三軍已行數百里，人馬皆疲困勞倦，休息止舍。敵人因天時燥乾，有疾風之利，燔燒吾上風，令車騎鋭士堅伏吾軍之後，吾三軍恐懼驚怖，分散擾亂而走，將爲之奈何？○朱墉云：蓊穢，蕪穢也，草盛貌。周，匝也。疾風，迅烈之風也。

〔震案〕引兵，帶領兵衆。蓊，廣韻上聲董韻「烏孔切」，今普通話讀如翁之上聲。蓊穢，謂雜草叢生貌。周，環繞也。燔，焚燒，讀如煩，詳必出篇。上風，風所來也，順風嚮我處。車騎，彼時騎兵方興，亦常見與車步戰並行者，詳龍韜奇兵篇「所以止車禦騎也」。鋭士，精鋭之士。堅，固也。堅伏，固守而伏處，以待我也。走，逃奔也。

太公曰：「若此者，則以雲梯、飛樓，遠望左右，謹察前後。見火起，即燔吾前，而廣延之，又燔吾後。敵人若至①，則引軍而却②，按黑地而堅處。敵人之來，猶在吾後，見火起，必還走③。吾按黑地而處，强弩材士衛吾左右，又燔吾前後。若此，則敵不能害我④。」

【考異】

①「若」，直解、開宗、武備志、彙解、孫校本俱作「苟」，慶長本兩存之。經傳釋詞卷五：「苟，猶若也。」苟、若皆假設之辭。

②「則」，直解、開宗、武備志、彙解、孫校本俱作「即」。則與即通。

③「還」，直解、開宗、武備志、彙解、孫校本俱作「遠」，慶長本兩存之。

④「敵」下，直解、武備志、彙解、孫校本俱有「人」字。

【集解】

施子美云：按孫子火攻之法，「發火有時，起火有日」，當以數守之，火發而必以兵應之，發上風則無攻下風，皆其大要也。是以陸遜之克先主也，則人持一炬；劉毅之走亘元也，則烟塵漲天；因風縱火，高穎以是而平陳；縱火舉燎，皇甫以是而討角。知所以用火之時，亦足以破其軍也，此武王之所以深憂，而太公則告之以火應火之法。先之以望敵之具察敵，而知火起之候，則燔吾前後以應之。敵人苟至，其計必沮，而引軍却退矣，吾乃按黑地而堅處。此乃下風之地也，加以强弩材士以爲衛，如此則敵不能害吾矣。昔李陵之伐匈奴也，匈奴於上風縱火，以燒陵軍，陵亦放火燒斷葭草，用絶火勢。陵亦得所以應火之術也，惜其所將者少，而勢有所不敵，所以不能自全也。○劉寅云：太公對曰：如此者，則以雲梯、飛樓升高遠望左右兩旁，謹察吾軍前後，若見火起，即先燔吾前，而廣延之，又燔吾軍之後。敵人苟至，即引軍而卻退，按黑地之中而堅處，强弩材士防衛吾左右，又燔吾前後。如此，則敵人不能害我矣。愚謂深草蓊穢之地，必不得已而欲舍止，即先於營外斬除三二丈之廣，使之靜潔。若敵人四下焚我，我於斬除靜地之外亦以火焚之，彼火焚而入，我火焚而出，兩火相遇自滅。若不斬除，近營草焚，吾先焚之，恐風勢猛烈，反延入我營矣。如單于縱火，焚李陵於大澤，陵先於營外放火，燒其葭葦，奪其火勢是也。○黄獻臣云：此言以火禦火之法。深草蓊穢之地，必不得已而欲舍止，即先於營外斬除三五丈地，使之光潔。若敵以火焚我，我亦於斬除淨地之前，縱火焚之，彼焚而入，我焚而出，兩火相遇，必自止滅。又燔吾後，以燒敵人。如單于縱火李陵於大澤，陵先於營外縱火焚其葭葦，奪其火勢是也。○朱墉云：延，開闊也。却，退也。

〔震案〕雲梯、飛樓皆可用以候望敵情，詳軍略篇「視城中，則有雲梯、飛樓」。即，猶則。經傳釋詞卷八：「則與即古同聲而通用。」延，蔓延也。廣雅釋詁二：「延，偏也。」引，猶率領。按，據也。黑地，焚餘之地。堅，固也。處，處軍也。堅處，即固守。猶，尚也。還，返也。還走，即返身而奔。韓非子喻老「扁鵲望桓侯而還走」，王先慎集解：「還走，反走也。」一説還讀曰旋，回轉也。材士，勇武善戰之士。

武王曰：「敵人燔吾左右，又燔吾前後，煙覆吾軍，其大兵按黑地而起，爲之奈何？」太公曰：「若此者，爲四武衝陳①，强弩翼吾左右。其法無勝亦無負。」

【考異】

①「陳」，講義、直解、彙解俱作「陣」，詳龍韜軍勢篇「變生於兩陳之間」。

【集解】施子美云：若夫敵燔吾四面，又按黑地而起兵，此則敵人得夫火發而早應之説也。火發而應之以兵，兵靜者不可攻，故太公告武王以衝陣，强弩以翼之，欲得其靜，而使敵不敢攻，特可以自保耳，何勝負之有？○劉寅云：武王問太公曰：敵人既燔吾左右，又燔吾前後，烟覆吾軍之上，其大兵按黑地起而襲我，則爲之奈何？太公對曰：如此者，令吾軍爲四武衝陣，以强弩翼蔽吾之左右。其法彼此無勝亦無負，謂兩軍皆有備，故無勝無負也。○黄獻臣云：此言備四面燔火之法。敵人燔吾四面，及大兵按黑地而起，當爲四武衝陳，宜有備，不宜慌亂，不然，不爲慕容評之付十萬衆於一炬也幾希（評率十萬禦王猛，猛笑曰：「評奴才，雖億萬不足畏。」乃乘其初集，從間道燒其輜重，評走，僅以身免）。○朱墉云：覆，遮蔽也。按黑地而起，據吾前後左右焚餘之地，進而襲擊我也。

〔震案〕大兵，猶大軍。四武衝陳，詳疾戰篇「爲四武衝陳」。翼，掩護於兩側也。

壘虚①

【考異】①武備志、孫校本並作「虚壘」。

【集解】

劉寅云：壘虚者，敵人以虚壘疑我，我欲覘而知之也。

武王問太公曰：「何以知敵壘之虚實，自來自去？」

【集解】

施子美云：太宗嘗曰：「諸將但能言避實擊虚，及其臨敵，鮮識虚實者。」則虚實之理，誠爲難知，宜武王必欲有以知之也。○劉寅云：武王問太公曰：以何術得知敵人營壘之虚實，其軍自來自去？

〔震案〕壘，營壘也。虚，空無人也。實，營兵備數滿員也。自，猶獨自、暗自。自來自去，言暗自來去，不爲外所知也。

太公曰：「將必上知天道，下知地理①，中知人事。登高下望，以觀敵之變動②：望其壘，即知其虚實③；望其士卒，則知其去來④。」

【考異】

①「理」，直解作「利」，慶長本兩存之。地理即地利，然諸本多作「理」，且古書亦多云「下知地理」。太平御覽卷八四引周書引太公語文王曰：「因其所爲，且興其化，上知天道，中知人

事，下知地理，乃可以有國焉。」故當以作「理」爲長。

②「敵」下，武備志、孫校本有「人」字。

③「即」，直解、開宗、武備志、彙解、孫校本俱作「則」。則與即通，詳火戰篇「即燔吾前」。

④「去來」，直解、彙解並作「來去」。

【集解】

劉寅云：太公對曰：爲將者，必上知天道之順逆，下知地利之險易，中知人事之得失。登高阜以下望，若無高阜平地，則以雲梯、飛樓起望，以觀敵人之變動。望其營壘，則知其虛與實；望其士卒，則知其去與來。○朱墉云：天道，有順逆也。地利，有險易也。人事，有得失也。高阜之處，則目無所蔽。登高，雲梯、飛樓皆是。

〔震案〕天道，即天時。地理，即地利。孫子計篇云：「天者，陰陽、寒暑、時制也。地者，高下、遠近、險易、廣狹、死生也。」人事，天地之外，世事情理也。

武王曰：「何以知之？」太公曰：「聽其鼓無音，鐸無聲，望其壘上，多飛鳥而不驚，上無氛氣，必知敵詐而爲偶人也。

【集解】

施子美云：夫欲測敵者，必知三才之理，上而天時，下而地利，中而人事，三者既無不通，則於敵之情斯無不知矣。欲知其變動，則必登高下望，而後可以知之。昔者楚子嘗登巢車，以望晉軍矣；段韶嘗登邙阪，以望周軍矣。登高下望，宜其可以知其變動也。其虚實，即其壘而可知；其去來，即其人而可知。然何以知之哉？始而聽其鼓鐸，見其無聲音，似虚也，而未敢以爲虚也。又觀其壘上多飛鳥，城上無氛氣，然後知其詐爲偶人也。兵法曰：「鳥集者，虚也。」今多飛鳥而不驚，必其虚也。此叔向見城上有烏，而知齊師之遁也。○劉寅云：武王問太公曰：何以知其然歟？太公對曰：聽其鼓又無音，鐸又無聲，望其壘上多飛鳥，而不驚去，營上又無氛埃之氣，必知敵詐，而守壘者皆偶人也，如鄭人見楚幙有烏，而知其去是也。○朱墉云：烏不驚者，因無人也。無氛，亦因下無人迹也。

〔震案〕鼓無音，鐸無聲，此互文，言鼓鐸皆無聲音也。鐸謂大鈴，詳龍韜兵徵篇「金鐸之聲揚以清，鼙鼓之聲宛以鳴」。氛氣，吉凶之氣。説文气部「氛，祥氣也」，段玉裁注「謂吉凶先見之氣」，「統言則祥氛二字皆兼吉凶，析言則祥吉氛凶耳，許意是統言」。望氣，詳龍韜兵徵篇「城之氣色如死灰」云云。詐，僞也。偶人，假人，如木偶之類。史記酷吏列傳「匈奴至爲偶人象郅都」，司馬貞索隱：「謂刻木偶類人形也。」

「敵人卒去不遠，未定而復返者①，彼用其士卒太疾也②。太疾，則前後不相次；不相次，則行陳必亂③。如此者，急出兵擊之，以少擊衆，則必勝矣④。」

【考異】

①「返」，直解、開宗、武備志、彙解、孫校本俱作「反」。返、反古通用。尚書西伯戡黎「祖伊反」，孔安國注：「『反』一作『返』。」孫星衍今古文注疏：「反，説文作『返』，云『還也』，引商書曰『祖甲返』，即此文。」左傳哀公十六年「許公爲反祏」，陸德明釋文：「『反』，本亦作『返』。」

②「太」，開宗作「大」，詳文韜國務篇「願聞爲國之大務」。

③「陳」，講義、直解、彙解俱作「陣」，詳龍韜軍勢篇「變生於兩陳之間」。

④「勝」，直解、開宗、武備志、彙解、孫校本俱作「敗」，慶長本兩存之。言必勝，是我必勝也；必敗，則謂敵必爲我所敗也。

【集解】

施子美云：敵人卒然而去不遠而返，此必統軍無律也，疾於用士卒，故前後無次而行陣亂。吴子論審將之法，謂「其卒自行自止，其兵或縱或横」，「此爲愚將，雖衆可獲」。行陣既亂，前後既不相次，豈不可擊者？如此者，其可擊之形已見，宜急擊之，雖少可以勝衆矣。○劉寅云：敵人若倉卒而去不遠，未定而復反者，彼用其士卒太疾速也。太疾則前後不相次序，不相次序則行陣必擾亂。如此者，急出兵擊之，以少卒擊彼之衆，則必敗矣。○黄獻臣云：此言覘敵壘虚實，敵人去來之法，如鄭見幕上有烏，而知楚兵之去，晉見城上有烏，而知齊師之遁。若石季龍揚言歸河北，張平夜入虚營，爲龍抄擊而陷廪丘，則虚實、去來固不可不詳審而預防也。○朱墉云：不相次，無序也。

〔震案〕卒，讀爲猝，急也，詳龍韜王翼篇「主潛謀應卒」。定，止也。復返，返回也。説文彳部「復，往來也」，段玉裁注：「辵部曰『返，還也』，『還，復也』，皆訓往而仍來。」疾，急速也。次，行列。不相次，言不成行列也。以少擊衆，言以我之少擊敵不成行列之衆也。

六韜集解卷第五

豹韜

【集解】黄獻臣云：豹從七日霧中變出，乃隱物也。此韜中多深入藏微脱險之局，故名。

〔震案〕黄云典出古列女傳卷二陶荅子妻：「妾聞南山有玄豹，霧雨七日而不下食者，何也？欲以澤其毛而成文章也，故藏而遠害。犬彘不擇食以肥其身，坐而須死耳。」

林戰

【集解】劉寅云：林戰者，與敵相遇於林木之中，而與之戰也。

武王問太公曰：「引兵深入諸侯之地，遇大林，與敵分林相拒①。吾欲以守則固，以戰則勝，爲之奈何？」

【考異】

①「敵」下，直解、武備志、彙解、孫校本俱有「人」字。

【集解】

劉寅云：武王問太公曰：若引兵深入諸侯之地，遇大林，與敵人分林而相拒，吾欲以守則堅固，以戰則取勝，將爲之奈何？○朱墉云：分林相拒，敵我各分其林地之半相爲拒守也。

〔震案〕引兵，帶領兵衆。大林，林木遍布廣闊之地也。以，假設之辭，如也，若也。

太公曰：「使吾三軍分爲衝陳①，便兵所處，弓弩爲表，戟楯爲裏；斬除草木，極廣吾道，以便戰所；高置旌旗，謹勑三軍②，無使敵人知吾之情。是謂林戰。

【考異】

①「陳」，講義、彙解俱作「陣」，詳龍韜軍勢篇「變生於兩陳之間」。

②「勑」，開宗作「飭」，彙解、孫校本並作「勅」。字皆通用也。集韻入聲十職韻：敕、勑、勅同。廣雅釋詁二敕，「理也」，王念孫疏證卷二上：「勅、勑、飭竝通。」又飭，「備也」，疏證卷二

下：「飭、勑、敕古通用。」

【集解】劉寅云：太公對曰：使吾三軍分爲四武衝陳，便兵之所處，以弓弩爲之表，以戟楯爲之裏，斬除草木，極廣吾往來通行之道，以便戰鬭之所，高置吾旌旗，謹勑吾三軍，無使敵人知吾之情，此謂之林戰。○朱墉云：衝陣，即四武衝陣，能衝敵之陣者也。便兵所處，便於用兵之處也。表，外也。弓弩以及遠，故居外。裏，内也。戟楯以衛身，故居内。廣道，以便往來也。高置旌旗，令易見也。

〔震案〕衝陳，四武衝陳，詳虎韜疾戰篇「爲四武衝陳」。處，讀上聲，據也。便兵所處，言據其用兵便利之所。弓弩、戟楯，皆兵種之謂，即弓弩之兵、持戟持楯之兵也。下矛戟義與此同。極廣吾道，下分險篇作「亟廣吾道」。極，當讀爲亟，急速也。廣，開闊之也。道，道路也。置，立也。勑，誡令也。謹勑，猶嚴令。

「林戰之法，率吾矛戟，相與爲伍。林間木疏，以騎爲輔，戰車居前，見便則戰，不見便則止。

【集解】施子美云：孫子論行軍，則有「處山之軍」；吴子對武侯之問，則有「丘陵林谷」之説，是則山林之戰，豈無其法耶？宣武王於遇大林，分林相拒之際，必求所以守則固、戰則勝之道。夫守而不固，不足爲善守，戰而不勝，不足爲善戰，故守則欲必固，戰則欲必勝，孫子云「善戰者，先爲不可勝，以待敵之可勝」，繼之以「不可勝者守也，可勝者攻也」，是則守則必固，戰則必勝也。太公遂言林戰之法：分軍爲衝陣，所以爲衛也；便兵所處，所以求利也；弓弩爲表，所以禦敵也；戟楯爲裏，所以自翼也；斬除草木，以廣其道，是又欲便戰所也；高置旌旗，謹敕三軍，所以聚而安之，以待敵也；然其爲謀必欲其密，不可使敵人知吾之情。此固所謂林戰也，而其爲法則又詳焉。太公復申言其法。其爲法也，率吾矛戟，相與爲伍，所以爲援也；林間木疏，以騎爲輔，所以防侵突也；戰車居前，示以必戰也。然亦料敵勢之可不，凡便於己則戰，不便於也則止，蓋兵法合於利而動，不合於利而止，便則利也，不便則不利也，故見便則戰，不見便則止。○劉寅云：林戰之法，率吾矛戟之士，相與爲伍。林間若樹木稀疏，則以騎兵爲輔，使戰車居前行，見利便則與之戰，不見利便則且止而不戰也。○朱墉云：矛戟，持矛操戟之士。爲伍，編爲行伍也。疏，稀少也。見便，見勢之便利也。

〔震案〕率，率先也。率吾矛戟，相與爲伍，蓋以矛戟之士編爲一部，奮先突擊也。林間木疏，樹木稀疏開闊之地。騎，騎兵也。彼時騎兵方興，亦常見與車步戰並行者，詳龍韜奇兵篇「所以止車禦騎也」。輔，佐助也。

「林多險阻，必置衝陳①，以備前後；三軍疾戰，敵人雖衆，其將可走；更戰更息，各按其部。是謂林戰之紀。」

【考異】

①「陳」，講義作「陣」，詳龍韜軍勢篇「變生於兩陳之間」。

【集解】

施子美云：林多險阻，必慮夫敵有伏兵，以襲其前後，故必置衝陣，以備前後；既得其便，乃可以戰，戰之既疾，敵人雖衆，無所用之，宜其必走；又且更戰更息，各按其部曲。林戰之法，無以易此，故謂之林戰之紀，言此乃林戰之法也。蓋兵以地而用，用以法而善，此林戰之法然也。然前言林戰，此又言林戰之紀者，蓋論兵之所用，雖當知其地，而論地之所宜，則必欲得其法。是謂林戰者，此以戰地言也；是謂林戰之紀者，此以戰地之法言也。○劉寅云：林多險阻之處，必置四武衝陣，以防備其前後；三軍疾戰，敵人雖衆，其將可走矣；更戰更息，各按其部分。此所謂林戰之紀。○黄獻臣云：此言林戰之紀，大要在除翳廣道，密勑三軍，乘便而進，且戰且息，勿輕一逞，而四武衝陣，則固公尚備禦之捷法也，否則移屯林木，其不爲陸遜所乘者幾希。○朱墉云：更戰，更番而戰。更息，更番而息。各按部分，不得踰越也。紀，法律也。

〔震案〕置，布設也。備，備禦也。走，敗逃也。按，遏止也。詩大雅皇矣「以按徂旅」，毛傳：「按，止也。」馬瑞辰傳箋通釋：「按字，孟子引作遏，按、遏二字雙聲，爾雅竝訓爲止，故通用。」各按其部，勿擅自出戰也。紀，猶言戰術要領。

突戰

【集解】劉寅云：突戰者，突出其兵，而與之戰也。○黃獻臣云：突是忽然之謂。

武王問太公曰：「敵人深入長驅，侵掠我地，驅我牛馬，其三軍大至，薄我城下，吾士卒大恐，人民係累①，爲敵所虜，吾欲以守則固，以戰則勝，爲之奈何？」

【考異】

①「係」，彙解作「繫」。繫與係同。韓非子外儲説左下「履繫解」，初學記卷二六履第七引作「係履墮」，顧廣圻校：「今本『係』作『繫』。」王先慎集解：「乾道本亦作『繫』，『係』、『繫』古通用。」

【集解】劉寅云：武王問太公曰：敵人若深入長驅，侵掠我土地，驅逐我牛馬，其三軍大至，迫我城邑之下，吾士卒大恐懼，人民皆係累縶縛，爲敵所驅虜，吾欲以之守則固，以之戰則勝，爲之奈何？○朱墉云：縶累，縶縛也。虜，掠也。

〔震案〕深入長驅，長途馳奔，深入我境也。驅我牛馬，逐掠我牛馬也。大至，言其來勢宏大也。薄，迫近也。係累，拘縛也。孟子梁惠王下「係累其子弟」，趙岐注：「係累，猶縛結也。」累，集韻平聲一脂韻「倫追切」，今普通話讀陽平聲。虜，俘獲也。以，假設之辭，如也，若也。

太公曰：「如此者，謂之突兵。其牛馬必不得食，士卒絶糧，暴擊而前，令我遠邑別軍，選其鋭士，疾擊其後；審其期日，必會於晦①，三軍疾戰，敵人雖衆，其將可虜。」

【考異】

①「於」，武備志作「于」。

【集解】施子美云：孫子論死地，以「疾戰則存，不疾戰則亡者，爲死地」。武王所問，敵人長驅侵掠，係累人民，此正孫子「不疾戰則亡」之地利也。武王所求，以守固戰勝之道，而太公則以是爲突兵。曰突兵者，謂宜疾戰也。惟疾戰，故不暇於食其牛馬，足其粮食，必暴擊而前，然亦不可以無應援，故令我遠邑别軍，選鋒擊後，所以合攻之也。審其期日，必會於晦，所以不欲使之見也。疾戰如是，敵雖衆，亦無所用之，故其將可虜。○劉寅云：太公對曰：如此者，謂之突兵。其掠去牛馬，必不得食，士卒斷絶糧食，必暴擊而前，令我遠邑别軍，選其精鋭之士，疾擊其後。審察其期戰之日，必會於月晦之際，令我三軍疾與之戰，敵人雖是衆多，其將可得而虜矣。○黄獻臣云：此言處突兵之法。敵人侵掠我地，敵軍又大至，而薄我城下，當令别軍疾擊其後。日會於晦，圖夜襲也。○朱墉云：晦，月盡日也。

〔震案〕暴，急烈也。暴擊而前，言敵疾烈進擊，是謂突兵。突兵輕鋭在前，糧草委積必後至，故云牛馬必不得食，士卒絶糧。遠邑，遠方城邑也。别軍，偏師也。選，簡擇也。鋭士，精鋭之士也。疾擊，迅疾襲擊之也。審，推度也。期日，出戰之日。國語周語上「及期，命於武宫」，韋昭注：「期，將事之日也。」孫子虚實篇「知戰之地，知戰之日，則可千里而會戰」，曹操注：「以度量知空虚會戰之日。」審其期日，必會於晦，言推度戰日，必於月盡與敵會戰也。

武王曰：「敵人分爲三四，或戰而侵掠我地，或止而收我牛馬，其大軍未盡至①，而使寇薄我城下②，致吾三軍恐懼，爲之奈何？」

【考異】

①「大」，直解作「太」。「軍」，開宗作「衆」。

②「我」，武備志作「吾」。

【集解】

劉寅云：武王曰：假若敵人分而爲三四，或以一軍戰而侵掠我土地，或以一軍止而收集我牛馬，其大軍未盡至，而别使寇兵薄我城下，到吾三軍驚恐畏懼，則爲之奈何？○朱墉云：寇，小寇，乃敵分兵以攻我也。

〔震案〕分爲三四，猶今之謂小群分散游擊也。收，取也。

太公曰：「謹候敵人未盡至，則設備而待之①。去城四里而爲壘，金鼓旌旗皆列而張，别隊爲伏兵，令我壘上多積强弩，百步一突門，門有行馬，車騎居外，勇力鋭士隱伏而處②。

【考異】

①「而」，開宗、武備志、彙解、孫校本俱作「以」。

②直解無「伏」字。

【集解】

施子美云：若夫敵人分軍爲三四，或戰而侵掠，或止而收牛馬，軍未盡至，而使寇薄我城下，以致吾三軍恐懼。於斯之時，亦惟突戰。彼既未盡至，吾則設備以待之。自「去城四里爲壘」以下皆備也。金鼓旌旗皆列而張，所以示其衆也；别隊爲伏兵，所以襲之也；壘上多積强弩，亦以待之也；百步一突門，門有行馬，所以拒禦也；車騎居後，所以蔽翼也；勇力鋭士隱伏，所以藏鋭也。○劉寅云：太公對曰：謹候敵人未盡至，則先設備而待之。去城四里而爲屯壘，金鼓旌旗皆布列而張設，使别隊另爲伏兵，令我壘上多積聚强弩，百步爲一突門，門有行馬拒守，車騎居於營外，勇力鋭士皆隱伏而處。

〔震案〕謹，慎也。候，候望也。設備，施設備禦也。壘，别置軍壘也。列，列布也。張，設置也。别隊爲伏兵，别置一隊設爲伏兵也。積，積聚也。突門，軍壘内所設暗門，制見太白陰經卷四戰具守城具：「突門，於城中對敵營自鑿城内爲暗門，多少臨時，令厚五六寸，勿穿。或於中夜，或於敵初來營列未定，精騎從突門躍出，擊其無備，襲其不意。」若突門反爲敵所攻，則須置窯竈焚柴草，以煙熏之法防禦。墨子備突篇云「城百步一突門，突門各爲窯竈」，又云「置窯竈，門旁爲橐，充竈狀柴艾，寇即入，下輪而塞之，鼓橐而熏之」，即此。行馬，見龍韜農器篇「耒耜者，其行馬、蒺藜也」。車騎，猶車馬，亦謂車兵與騎兵也。彼時騎兵方興，亦常見與車步戰並行者，詳龍韜奇兵篇「所以止車禦騎也」。處，讀上聲，處軍也，猶駐守。

「敵人若至，使我輕卒合戰而佯走；令我城上立旌旗①，擊鼙鼓，完爲守備。敵人以我爲守城，必薄我城下②。發吾伏兵，以衝其内③，或擊其外；三軍疾戰，或擊其前，或擊其後。勇者不得鬬，輕者不及走，名曰突戰。敵人雖衆，其將必走。」

武王曰：「善哉！」

【考異】

①「我」，武備志作「吾」。

②講義無「必」字。「我」，武備志作「吾」。

③「衝」，直解作「充」。

【集解】

施子美云：及其既至，令輕車合戰而佯走，所以致之也。令城上立旗擊鼓，以爲守備，彼以我爲守，則必薄我城下，而不知守是攻之策。吾之伏兵一發，而内外擊之；三軍疾戰，而前後攻之。若是，則敵衆無所用，敵計無所施，故勇者不得鬬，輕者不及走，而敵衆不足恃矣。田單嘗縱火牛以克燕軍，鄭人嘗爲三覆以敗北戎，是皆突戰之効也。○劉寅云：敵人若至，使我輕卒與彼合戰而佯走，令我城上立旌旗，擊鼙鼓，完爲守禦之備。敵人以我爲守城，必來迫我城下，然後發吾伏兵，以衝其内，或擊其外，三軍疾戰，或擊之於前，或擊之於後。彼勇者不得與我鬬，輕者又不及走，此名曰突戰。敵人雖衆，其將必走。武王曰：公言善哉。○黄獻臣云：此言備敵人分軍侵掠之法。候敵大軍未盡至之時，當令離營壘置軍别隊，伏兵積强弩，又備旗鼓，示以守城，誘敵薄我城下，内外合擊，其將可走。此突戰法也。正用之，如段德操乘敵未集，伏兵奄擊是也（操以衆寡不敵，多張旗幟，乘未集奄擊之，梁兵大潰）；巧用之，如李謙溥登城示暇，遣壯士反襲是也（强寇十餘萬猝臨，溥服絺綌，摇羽扇，引二小吏登城徐步，遣敢死士反襲，賊遁去）。是在神明而用之耳。

〔震案〕輕卒，輕捷寡弱之卒。司馬法嚴位「以輕行輕則危」，舊注云：「輕兵高林疾足。」劉源注：「凡步騎不兼，兵器不利，資糧不多，謀策不長，倍道兼行，越險而進，輕信請和，皆謂輕也。」合，交鋒也。佯走，詐敗逃也。鼙，小鼓，詳龍韜兵徵篇「鼙鼓之聲宛以鳴」。完爲守備，猶言堅守，詳虎韜臨境篇「完爲守備」。發，令出戰也。

敵强

【集解】劉寅云：敵强者，遇敵兵之强，而出奇與之戰也。○黄獻臣云：謂敵人自恃其强也。

武王問太公曰：「引兵深入諸侯之地，與敵人衝軍相當，敵衆我寡，敵强我弱，敵人夜來，或攻吾左，或攻吾右，三軍震動，吾欲以戰則勝，以守則固，爲之奈何？」

【集解】

施子美云：寡不可敵衆，弱不可敵强，此常説也，況又引兵深入，而敵人以夜攻之，三軍震恐。若是，則戰勝守固之道，尤不可不求也。○劉寅云：武王問太公曰：若引兵深入諸侯之地，與敵人衝軍相當，敵衆而我寡，敵强而我弱，敵人遇夜而來，或攻吾之左，或攻吾之右，三軍震動驚駭，吾欲用之戰則制勝，用之守則堅固，將爲之奈何？

〔震案〕引兵，帶領兵衆。衝即衝鋒。文選卷二九張景陽雜詩「折衝樽俎間」，劉良注：「衝者，衝突於鋒鋭也。」衝軍即鋭師也。鋭師必强，故本篇以「敵强」爲題。當，遭遇也。以，假設之辭，如也，若也。

太公曰：「如此者，謂之震寇。利以出戰，不可以守。選吾材士强弩，車騎爲之左右①，疾擊其前，急攻其後，或擊其表，或擊其裏，其卒必亂，其將必駭。」

【考異】

①直解、開宗、武備志、彙解、孫校本俱無「之」字。

【集解】

施子美云：太公以是爲震寇，謂宜有以震動之也。利以出戰，不可以守，蓋守則氣弱，必禽於敵，戰則氣鋭，必可勝之。選材士、强弩，車騎以爲左右，所以自爲不可勝也。乃疾擊急攻其前後、表裏，若是，則必能亂其卒而駭其將。○劉寅云：太公對曰：如此者，謂之震驚之寇。吾以利出戰，不可以持守。選簡吾材士、强弩，車騎爲左右翼，令疾擊其前，急攻其後，或擊其表，或擊其裏，其士卒必擾亂，其將帥必驚駭。○黄獻臣云：此言備震寇之法。勢處寡弱，利在決戰，亮之屢不利於祁山者，惟懿洞晰其故，以堅壁勝之耳。○朱墉云：震寇，使我震驚恐懼也。左右，兩翼也。

〔震案〕利以出戰，見利而戰也。孫子九地篇：「合於利而動，不合於利而止。」此言遭遇震寇，則須先審利害，善於尋利而動。不可以守，不可消極固守也。材士，勇武之士也。車騎，猶車馬，亦謂車兵與騎兵也。彼時騎兵方興，亦常見與車步戰並行者，詳龍韜奇兵篇「所以止車禦騎也」。疾、急，皆迅猛也。卒，兵衆也。駭，驚駭也。材士，勇武善戰之士。

武王曰：「敵人遠遮我前，急攻我後，斷我鋭兵，絶我材士，吾内外不得相聞①，三軍擾亂，皆散而走②，士卒無鬭志，將吏無守心，爲之奈何？」

【考異】

①「聞」，彙解作「鬭」。

②「散」，開宗、武備志、彙解、孫校本俱作「敗」，慶長本兩存之。

【集解】

施子美云：武王又慮夫敵人遮前後，斷鋭兵，絶材士，内外不相聞，而士卒無志於鬭，將吏無心相守。○劉寅云：武王曰：假若敵人遠遮我之前，急攻我之後，斷我鋭兵，使不得相救，絶我材士，使不得相合，使吾内外不得相聞，三軍擾亂，皆敗散而走，士卒無戰鬭之志，將吏無固守之心，則爲奈何？

〔震案〕遮，阻遏也。斷、絶，皆攔隔也。鋭兵，猶鋭士，精鋭之士。内外不得相聞者，言我鋭兵材士，爲敵數截攔斷相隔，彼此不能連屬。孫子九地篇：「所謂古之善用兵者，能使敵人前後不相及，衆寡不相恃，貴賤不相救，上下不相收，卒離而不集，兵合而不齊。」即此。散而走，潰散而奔逃也。

太公曰：「明哉，王之問也！當明號審令，出我勇鋭冒將之士，人操炬火，二人同鼓，必知敵人所在，或擊其表，或擊其裏①，微號相知，令之滅火，鼓音皆止，中外相應，期約皆當②，三軍疾戰，敵必敗亡。」武王曰：「善哉！」

【考異】

①直解、開宗、武備志、彙解、孫校本俱無「或擊其」三字。

②「皆」，彙解作「相」。

【集解】

施子美云：太公謂王之此問爲甚明也，蓋以其勢之可見，故其理之易知，所謂之明哉之問也。當此之時，此明號審令，使衆知所從也；出鋭士，操炬火，將以爲火攻也；二人同鼓，所以震其聲也。知敵所在，而表裏擊之。微號相知，滅火息鼓，所爲期約也，加以三軍疾戰，宜敵之必敗也。吴漢之在廣樂也，時建衆十萬，而漢乃選四部精兵，與烏桓突騎三千齊鼓而進，以破茂建，又何慮其敵之强耶？○劉寅云：太公對曰：明哉，王之所問也！如此者，當明吾之號，審吾之令，出我勇鋭冒將之士，使人人皆操炬火。炬，束葦爲把而燒之也。二人同擊一鼓，所謂夜戰多火鼓也。必察知敵人所在之處，或擊其表裏，微號相知，以之滅火，鼓音亦止，中外互相接應，期約皆當，使三軍疾戰，敵人必敗亡矣。武王曰：公言善哉。○黄獻臣云：此言夜戰之法。當多設火鼓，審知敵人所在，乃息火鼓，中外相應，期約疾戰。六韜論戰，每用一疾字，明乎戰在急在怒，不疾則必餒矣。○朱墉云：冒將，冒犯敵將也。炬，束葦爲把而燃之。同鼓，同擊一鼓也。微，猶暗也。疾，急也。

〔震案〕明，明智也。明號審令，即號令明審，審亦明也，審、明皆明白義。勇鋭，驍勇善戰也。冒將，直犯敵將也，猶云百萬軍中取上將首級也。人，猶人人，每人。微，隱密也。微號相知，以密語傳令也。當，應也，合也。期約，三軍預定之事，蓋如行事之時、行事之地、信號標記及各部所職之類耳。

敵武

【集解】劉寅云：敵武者，敵人武勇，卒與相遇，欲設計而與之戰也。○黄獻臣云：謂敵人甚衆且武也。

武王問太公曰：「引兵深入諸侯之地，卒遇敵人，甚衆且武，武車驍騎①，繞我左右，吾三軍皆震②，走不可止，爲之奈何？」

【考異】

①「驍」，武備志作「馬」。

②講義無「吾」字。

【集解】

劉寅云：武王問太公曰：若引兵深入諸侯之地，卒然遭遇敵人，甚衆而且武，武車驍騎繞我軍之左右，吾三軍皆震驚，奔走不可得而止，將爲之奈何？○朱墉云：卒，倉卒也。武，敢勇也。震，驚恐也。止，禁遏也。

〔震案〕引兵，帶領兵衆。卒，讀爲猝，詳龍韜王翼篇「主潛謀應卒」。武車，即武衝也，衝車之屬，或云即武剛車，詳虎韜軍用篇「法用武衝大扶胥」，疾戰篇「以武車驍騎驚亂其軍」。驍騎，勇捷之騎也。彼時騎兵方興，亦常見與車步戰並行者，詳龍韜奇兵篇「所以止車禦騎也」。繞，迂迴也。走，奔逃也。

太公曰：「如此者，謂之敗兵。善者以勝，不善者以亡。」

【集解】

施子美云：乘勝以勝者易，易敗而勝者難。南原之役，右師少却，高祖失色，此敗兵之舉也，而太宗乃能因是以禽老生，非易敗而勝乎？武王所問，敵衆且武，武車驍騎繞我左右，三軍震走，太公謂此爲敗兵。易敗而勝，其事爲難，是必善者而後可以成功，故曰「善者以勝，不善者以亡」。善者以其能戰也，故孫子論「勝於易勝」之説，亦以「善戰者」爲言，非善者安能易敗而勝乎？○劉寅云：太公對曰：如此者，謂之敗北之兵，善用兵者以之而勝，不善用兵者以之而亡。○朱墉云：善、不善，以用兵言。

〔震案〕以，以是，因此。

武王曰：「用之奈何①？」太公曰：「伏我材士强弩，武車驍騎爲之左右，常去前後三里②，敵人逐我，發我車騎，衝其左右。如此，則敵人擾亂，吾走者自止。」

【考異】

①「用」，直解、開宗、武備志、彙解、孫校本俱作「爲」，慶長本兩存之。

②「常」，彙解作「當」。

【集解】

施子美云：武王未知所以用之之法，而太公用以言之，必欲伏其材士强弩，翼以武車驍騎，去前後三里，使敵逐我，而後發吾車騎以衝之。如此，則敵已墮其計中，故彼必擾亂，而吾衆之走者，可以自安止矣。○劉寅云：武王問曰：如此將爲之奈何？太公對曰：伏我材士强弩，武車驍騎爲之左右翼，常去吾軍前後三里，敵人若來逐我，發我所伏之車騎，衝擊其左右。如此，則敵人必擾亂，吾走者自止矣。○黄獻臣云：此言應敵衆武之法。敵以車騎繞我左右，當離前後三里，伏材士强弩於中，分車騎於左右，俟敵來逐，發我左右，衝其左右，則可出奇制勝，轉敗爲功。

〔震案〕用之奈何，何以用之，言善者何以用之而勝也。伏，隱伏也。材士，勇武善戰之士。常，通常也。車騎，車兵與騎兵，即我左右翼之武車驍騎也。發，遣也，令也。衝，衝擊也。

武王曰：「敵人與我車騎相當，敵衆我少①，敵强我弱，其來整治精鋭，吾陳不敢當②，爲之奈何？」

【考異】

①「少」，開宗作「寡」。

②「陳」，講義、彙解並作「陣」，下「車騎堅陳而處」亦如此，詳龍韜軍勢篇「變生於兩陳之間」。

【集解】

劉寅云：武王問曰：若敵人與我車騎相當，敵兵衆、我兵少，敵兵强、我兵弱，敵人之來整治精鋭，吾三軍之陳不敢當，將爲之奈何？○朱墉云：整治，行陣齊一不亂。不敢當，難與爭鋒對敵也。

〔震案〕當，抵敵也。整治精鋭，言敵行陳齊整，兵精勢强。不敢當，我陳寡弱勢不敢敵也。

太公曰：「選我材士强弩伏於左右①，車騎堅陳而處，敵人過我伏兵，積弩射其左右，車騎鋭兵疾擊其軍，或擊其前②，或擊其後，敵人雖衆，其將必走。」武王曰：「善哉！」

【考異】

①「於」，武備志作「于」。

②武備志無此四字。

【集解】

施子美云：太公所言，雖可以衝突而擾亂，而武王又慮夫强弱衆寡之不等，加以敵兵之整治精鋭之不可當，太公復以伏兵之説而言。大抵不有以藏其形，則不足以成其功，韓信之克陳餘也，以草山之伏，馮異之克赤眉也，以道側之伏。伏兵既密，而車騎堅陣以待之，敵遇伏兵，積弩射其左右，而車騎鋭士因以疾擊，宜敵人之衆不足恃，而其將必走也。此孫臏馬陵之弩所以俱發，而勝龐涓也。○劉寅云：太公對曰：選簡我材士强弩隱伏於左右，車騎則堅陳而處，若敵人過我所伏之兵，使積弩射其左右，使車騎疾擊其軍，或擊之於前，或擊之於後，敵人雖是衆多，其將必走矣。武王曰：公言善哉。○黄獻臣云：此言應衆强之法。敵人車騎與我相當，當伏材士强弩於左右，車騎從中堅處，俟敵過我，强弩射其左右，騎擊其中及前後，如孫堅圍襄陽，蒯良使吕公伏弩林中，策引騎追至峴山，射殺之是也。雖然，使以我待敵者而設爲敵待我之防，則有如段秀實之請備左右，而後不墜敵術中矣（常清追敵，實曰「賊示羸誘我」，清備左右搜之，果盡得其伏，殪之）。按豹韜八篇，言三軍震恐者居其六，從來士卒未有不畏敵者，所恃材官戰將耳，故擇將急焉。

〔震案〕處，讀上聲，處軍也，猶駐守。積，聚也。鋭兵，猶鋭士，精鋭之士。疾，迅猛也。

烏雲山兵①

【考異】

①本篇「烏」字，直解、開宗、武備志、彙解皆作「鳥」。烏者，烏鴉，或謂烏鳥。孫子行軍篇「鳥集者，虚也」，李筌注：「城上有烏，師其遁也。」是舉烏而謂鳥也。左傳莊公二十八年「諜告曰『楚幕有烏』，乃止」，襄公十八年「叔向告晉侯曰『城上有烏，齊師其遁』」，二烏並爲「鳥集」之例。故烏雲與鳥雲，其辭雖異，其旨略同耳。

【集解】劉寅云：烏雲山兵者，遇高山盤石，與敵相拒，必結爲烏雲之陳，以取勝也。○黄獻臣云：烏雲，陳名，後篇所謂烏散雲合，變化無窮者是也。山兵，高山盤石，與敵相拒之兵也。

武王問太公曰：「引兵深入諸侯之地，遇高山盤石①，其上亭亭，無有草木，四面受敵，吾三軍恐懼，士卒迷惑，吾欲以守則固，以戰則勝，爲之奈何？」

【考異】①「盤」，武備志、孫校本並作「磐」。磐與盤通。易屯「磐桓」，陸德明釋文：「本亦作盤。」此磐桓即盤旋也。文選卷一二郭璞江賦「荆門闕竦而磐礴」，舊校曰「五臣作盤」，李善注：「磐礴，廣大貌。」此磐礴即盤薄也。荀子富國「則國安於盤石」，楊倞注：「盤石，盤薄大石也。」王先謙集解引盧文弨曰：「盤石即磐石。」是盤石亦作磐石，磐礴大石，猶大石也。

【集解】劉寅云：武王問太公曰：若引兵深入諸侯之地，遇高山盤石，其直上亭亭，然而高聳無有草木障蔽依倚，四面受敵，吾三軍驚恐畏懼，士卒迷亂疑惑，吾欲以之而守則堅固，以之而戰則制勝，將爲之奈何？○朱墉云：亭亭，高聳之貌。無草木，則無障翳依倚。

〔震案〕引兵，帶領兵衆。以，假設之辭，如也，若也。

太公曰：「凡三軍處山之高，則爲敵所棲；處山之下，則爲敵所囚①。既以被山而處，必爲鳥雲之陳②。鳥雲之陳，陰陽皆備，或屯其陰，或屯其陽。處山之陽，備山之陰；處山之陰，備山之陽；處山之左，備山之右；處山之右，備山之左③。其山敵所能陵者④，兵備其表，衢道通谷⑤，絶以武車。高置旌旗，謹勑三軍⑥，無使敵人知吾之情⑦，是謂山城。

【考異】

①「囚」，武備志作「因」。疑此「囚」字當作「棲」，上「則爲敵所棲」之「棲」當作「囚」。

②本篇「陳」字，講義皆作「陣」，武備志惟此及下一「鳥雲之陳」同此，餘則如字作「陳」，彙解惟下「士卒已陳」如字，餘皆作「陣」，詳龍韜軍勢篇「變生於兩陳之間」。

③上「處山之左」至此十六字，武備志、孫校本並作「處山之右，備山之左；處山之左，備山之右」。

④直解、開宗、武備志、彙解、孫校本俱無「其山」二字。

⑤「道通谷」，武備志作「通道路」。

⑥「勑」，開宗作「敇」，彙解作「勅」。勑、敇、勅同，詳林戰篇「謹勑三軍」。

⑦「吾」，武備志、孫校本並作「我」。

【集解】劉寅云：太公對曰：凡三軍若處山之高峻，則爲敵人所棲。棲者，如棲集於危巢之上，而不得下也。處山之低下，則爲敵人所囚。囚者，如囚繫於深獄之中，而不得出也。既以被山而處軍，必結爲烏雲之陣。烏雲之陳，聚散無常，陰陽皆備，或屯聚於陰，或屯聚於陽。若處山之陽，則防備山之陰；處山之陰，則防備山之陽。山之南曰陽，山之北曰陰。處山之左，則防備山之右；處山之右，則防備山之左。山之東曰左，山之西曰右。敵人所能陵而上之者，以兵防備其表。衢道通谷，則以武衝車絶之，或曰以武剛車絶之。有巾有蓋，謂之武剛車，如衛青征匈奴度幕結陳，以武剛車自環爲營是也。高置吾之旌旗，謹勑吾之三軍，無使敵人知吾之情，此謂之山城。○朱墉云：棲者，如鳥高棲於危巢之上，而不得不下也。囚者，如囚繫於獄中，而不得出也。被山而處者，既爲敵所陷，而棲於山者。烏雲之陣，如烏之聚散無常，如流雲之行止不定也。結陣以待，敵人之來也。山南曰陽，山北曰陰，山東曰左，山西曰右。陵，升登也。兵備以表，我則以兵防備於外也。衢道通路，皆敵人所能至者。武車，即武剛車也。絶，斷絶之也。謹勑三軍，無令漏洩也。山城者，雖處高山，猶在城郭也。

〔震案〕處，讀上聲，處軍也，猶駐扎。凡三軍處山之高，則爲敵所棲，處山之下，則爲敵所囚，此疑棲、囚二字誤倒。凡處軍，在山曰棲。國語越語上「越王句踐棲於會稽之上」，韋昭注：「山處曰棲。」孫子行軍篇「凡軍好高而惡下」，故三軍必欲處山之高，若在山下，則恐高處爲敵所據也。然而若居山上，又恐爲敵所囚困，如馬謖捨水上山，而張郃絶其汲道，遂大敗而失街亭是也。故當云處山之高，則爲敵所囚；處山之下，則爲敵所棲。被猶背負。楚辭九章涉江「被明月兮珮寶璐」，王逸注：「在背曰被。」集韻平聲一支韻「攀糜切」，讀曰披，披本字也。備，備禦也。屯，駐屯也。表，外也。衢道通谷，通達之道路及山谷也。武車，即武衝或武剛車也，詳虎韜軍用篇「法用武衝大扶胥」，疾戰篇「以武車驍騎驚亂其軍」。置，樹立也。謹勑，猶嚴令。

「行列已定，士卒已陳，法令已行，奇正已設，各置衝陳於山之表①，便兵所處，乃分車騎，爲鳥雲之陳，三軍疾戰，敵人雖衆，其將可擒②。」

【考異】

①「於」，武備志作「于」。

②「擒」下，講義、慶長本並有「也」字。

【集解】

劉寅云：行列前後已定，士卒疏密已陳，法令上下已行，奇正方略已設，各置爲衝陳於山之表，便兵所處，乃分車騎，布爲鳥雲之陳，三軍皆疾與戰，敵人雖是衆多，其將必可擒也。○黄獻臣云：此言高山結陳之法。三軍既處高山，當分車騎爲鳥雲之陣，絶山谷，奠山城，置衝陣于山表，然後疾戰，敵將可擒，如衛青征匈奴，度幕結陳，以武剛車自環爲營是也。○朱墉云：便兵所處，隨兵之所處便而處也。

〔震案〕行列，兵卒列陣之方位次第也。定，成也。吕氏春秋仲冬紀「以待陰陽之所定」，高誘注：「定猶成也。」陳，布列軍陣也。行，施行也。奇正，奇兵與正兵也，詳龍韜軍勢篇「奇正發於無窮之源」。設，置設也。置，亦設也，猶部署。衝陳，即四武衝陣，詳虎韜疾戰篇「爲四武衝陳」。處，讀上聲，據也。便兵所處，言據其用兵便利之所。分，分别其其職守也。車騎，猶車馬，謂車兵與騎兵也。騎兵，詳奇兵篇「所以止車禦騎也」。疾，急烈也。擒，擒獲也。

鳥雲澤兵①

【考異】

①本篇「鳥」字，直解、開宗、武備志、彙解皆作「烏」，詳鳥雲山兵篇。

【集解】

劉寅云：鳥雲澤兵者，遇斥鹵之地，與敵相拒，必結爲鳥雲之陳，以取勝也。○黄獻臣云：

此言水澤卑濕之地，與敵相拒之兵。

武王問太公曰：「引兵深入諸侯之地，與敵人臨水相拒①，敵富而衆，我貧而寡，踰水擊之則不能前，欲久其日則糧食少，吾居斥鹵之地，四旁無邑，又無草木，三軍無所掠取，牛馬無所芻牧，爲之奈何？」

【考異】

①開宗無「人」字。

【集解】

劉寅云：武王問太公曰：若引兵深入諸侯之地，吾與敵久臨水相拒，敵人財物富足，而兵又衆多，我財物貧乏，而兵又寡少，欲踰水擊之，則力所不能，欲久其日，則糧食又少。斥鹵，鹹也，東方謂斥，西方謂鹵。吾軍居於此地，四旁皆無城邑，又無草木依以爲固，三軍之用，無所掠取，牛馬之食，無所芻牧，將爲之奈何？○朱墉云：芻，草也。牧，養也。

〔震案〕引兵，帶領兵衆。臨水，隔水相望也。拒，抗禦也。踰，渡也。久其日，拖延時日也。斥鹵之地，鹽鹼地也。邑，城邑，所以掠取財貨，取用於敵也。芻牧，喂草牧養。

太公曰：「三軍無備，牛馬無食，士卒無糧，如此者，索便詐敵而亟去之，設伏兵

於後①。」

【考異】

①「於」，武備志作「于」。

【集解】

劉寅云：太公對曰：三軍無備禦之具，牛馬無藁草之食，士卒無饋餉之糧，如此者，索便以計詐而亟去之，設伏兵於後以防其襲我者。○黄獻臣云：此言處兵水澤之法。勢既不敵，當尋便亟去，更設伏於後，以防敵之我襲。○朱墉云：索，取也。便，利也。詐敵，以詐計誘敵人也。〔震案〕索便，尋便利之機也。亟，速也。去，離去也。

武王曰：「敵不可得而詐，吾士卒迷惑，敵人越我前後，吾三軍敗亂而走①，爲之奈何？」太公曰：「求途之道②，金玉爲主，必因敵使，精微爲寶。」

【考異】

①直解、開宗、武備志、開宗、孫校本俱無「亂」字。

②「途」，開宗作「塗」，塗與途通，詳龍韜勵軍篇「犯泥塗」。

【集解】

劉寅云：武王問曰：敵人不可得以計而詭詐之，吾士卒迷失疑惑，敵人又越我前後，吾三軍敗亂而走，將爲之奈何？太公對曰：求途之道，以金玉爲主，必因敵使而知之，精詳微妙爲寶。○黄獻臣云：此言救士卒迷惑之法。士卒欲舍舊塗而出，當以金玉厚賂敵使而知之，以精詳微紗爲貴，不可爲所誤。○朱墉云：金玉，爲貨賂之資也。精微，精詳微妙也。

〔震案〕得，得便也。越，包抄也。走，奔逃也。途，撤離之路途也。金玉，珍寶也。因，就也，借也。使，使者。精微，精細隱微也。爲寶，猶爲貴。

武王曰：「敵人知我伏兵，大軍不肯濟，别將分隊以踰於水①，吾三軍大恐，爲之奈何？」

【考異】

①「於」，武備志作「于」。

【集解】

劉寅云：武王問曰：敵人知我伏兵所在，大軍不肯畢濟，遣别將分隊以踰於水，吾三軍於是大恐，將爲之奈何？

〔震案〕濟，渡也。别將分隊，偏師也。此亦奇兵也。奇正詳龍韜軍勢篇「奇正發於無窮之源」。

太公曰：「如此者，分爲衝陳①，便兵所處，須其畢出，發我伏兵，疾擊其後，强弩兩旁射其左右。車騎分爲鳥雲之陳②，備其前後，三軍疾戰。敵人見我戰合，其大軍必濟水而來，發我伏兵，疾擊其後，車騎衝其左右，敵人雖衆，其將可走。

【考異】

①本篇「陳」字，講義、彙解皆作「陣」，詳龍韜軍勢篇「變生於兩陳之間」。

②「陳」，直解、武備志惟此作「陣」，餘皆如字。

【集解】

劉寅云：太公對曰：如此者，令吾三軍分爲衝陳，便兵所處，須其彼軍之畢出，然後發我隱伏之兵，疾擊其後，又令强弩兩旁射其左右。車騎則分爲鳥雲之陳，防備其前後三軍，皆爲之疾戰。敵人見我戰陳既合，其大軍必濟水而來薄我，然後發我隱伏之兵，疾擊其後，車騎衝其左右，敵人雖是衆多，其將可走矣。○朱墉云：衝陣者，選武勇精鋭之士，結爲四陣，以衝擊其前後左右也。須，待也。畢出，敵軍齊出渡水也。戰合，敵人見我軍與其别隊戰陣方合也。

〔震案〕分，分兵列陣也。便兵所處，言據其用兵便利之所。發，令出動也。疾，急烈也。車騎，猶車馬，謂車兵與騎兵也。騎兵，詳奇兵篇「所以止車禦騎也」。備，備禦也。衝，衝擊也。

「凡用兵之大要，當敵臨戰，必宜衡陣①，便兵所處，然後以軍騎分爲鳥雲之陳②，此用兵之奇也。所謂鳥雲者，鳥散而雲合，變化無窮者也。」

武王曰：「善哉！」

【考異】

①「宜」，講義、直解、開宗、武備志、彙解、孫校本、慶長本俱作「置」。

②「軍」，講義、直解、開宗、武備志、彙解、孫校本、慶長本俱作「車」。「陳」，慶長本惟此作「陣」，餘皆如字，詳龍韜軍勢篇「變生於兩陳之間」。

【集解】

施子美云：孫子論行軍，有處山之軍，有處澤之軍，蓋以地無常形，兵有異用。而太公論山澤之兵，則本於一法：在山之兵，既取鳥雲以爲兵；而在澤之兵，亦取之矣。古人言鳥合之衆，以其易散也。以鳥名之，非以其散乎？古人論兵之輕者，謂如雲覆之，謂其可以包覆之也；以雲名之，其合可知也。夫兵之道，不過乎散與合而已。山澤雖有異地，而鳥雲本無異制，用之於山，則山可以勝，用之於澤，則澤可以勝，此無他，用得其法也。其在處山之兵，則欲高而惡下，故高則爲敵所栖，下則爲敵所囚。山有陰陽，有左右。陰陽者，山之南北也；左右者，山之東西也。處陽備陰，處陰備陽，處左備右，處右備左，欲四方之皆有備也。敵所能陵越者，必備其表，於衢道通谷，則絶以武車，無通其路。置旌旗，勑三軍，以密其機，而使敵不之知，是謂山城，以其在山亦可以固守也。行列已定，士卒已陣，法令已行，奇正已設，此則備之已具也，故於山之表各置衝陣，便兵所處，以求其利，然其所以疾戰，則無出於鳥雲之兵，故以鳥雲山兵爲兵。至於澤兵，其所處雖異，其所遇雖難，而其爲法，亦不出於鳥雲。太公始雖告之以詐敵之法，然敵不可詐，則計必有所用，故始而求途以離其害，終而因敵以趍其利。欲人之導己，則不可以愛財，故求途之道，以金玉爲主，彼慕吾之財，則必告之以所可由之道矣。欲踐墨而隨敵，則不可以或泄，故必因敵使，而以精微爲寶，既得其情，而後欲密其機也。然武王又慮夫敵人知之，而太公乃反復以鳥雲之兵終之，蓋以用兵之事無出於此，故指是而以爲用兵之奇，豈非分合爲變，兵之奇道也？此鳥雲所以爲用兵之奇，然太公又恐後世不明其意，故於終篇復明鳥雲之制，而以散合變化明之。○劉寅云：凡用兵之大要，當敵臨戰，必置衝陳。衝陳者，選武勇精鋭之士，結爲四陳，以衝擊其左右前後者也。便兵所處之地，然後以車騎分而爲鳥雲之陳，此二者，皆用兵之奇也。所謂鳥雲者，烏散而雲合，變化無窮盡者也。武王曰：公言善哉。○黄獻臣云：此言待敵人追兵之法。敵人知我有伏，不以大軍追，先分隊踰水而來，當設衡陳，伏兵强弩并發，而烏雲之陣爲之備，及大軍盡渡，伏兵車騎合并衝擊，其將可走。大抵用兵之要，必置衡陳，便兵所處，分爲烏雲。烏散雲合，變化無窮，二者乃兵家第一要法。薛萬均用其法，而策羅藝（均謂藝曰「衆寡不敵，百戰百敗，賊大衆渡水，請公率精騎伏弩射之，奮擊其前後」，如其策，大破之）；郭子儀用其法，而守恒陽（禄山遣兵數萬，踵子儀軍，子儀爲衡陳，前守後拒，左備右禦，首尾攻之不入）；韓信星布方圓三百里，困羽於大澤，其即烏雲之變化乎（信於西河、廣武、南淮、黄河等口，布方圓二十一陣埋伏，令樊噲、灌嬰斷橋截渚，自領大軍，指揮四面入（八）方）？

少衆

【集解】劉寅云：少衆者，以吾兵之少遇彼兵之多，欲設奇而取勝也。

武王問太公曰：「吾欲以少擊衆，以弱擊彊①，爲之奈何？」太公曰：「以少擊衆者，必以日之暮伏於深草②，要之隘路；以弱擊彊者，必得大國而與③、隣國之助。」

【考異】

①「擊」，講義、武備志作「勝」，慶長本兩存之。「彊」，講義、直解、開宗、武備志、彙解、慶長本、孫校本俱作「强」，下「彊」字亦如此，詳龍韜奇兵篇「彊弩長兵者」。

②「於」，直解作「之」，武備志作「于」。

③「而」，講義、直解、開宗、武備志、彙解、慶長本、孫校本俱作「之」。

【集解】

施子美云：衆寡强弱，勢不相敵，然寡或可以勝衆，弱或可以勝强，兹又不可不求其所以然。三略有曰「以寡勝衆」，「以弱勝强」，則衆與强或不足恃，安得武王不以是而爲問？夫以少擊衆者，必以伏兵日暮而邀擊之，乃可以勝之也。昔者龐涓以全魏之師而敗於孫臏之萬弩，此以寡勝衆也，然非馬陵道隘，龐涓暮至，則孫臏之謀，亦無所施。若夫以弱擊强者，則必得大國之與、隣國之助，資其力以勝之也。昔者楚子伐鄭，而楚師夜遁，是豈鄭强而楚弱耶？必得大國之與、隣國之助也。春秋書「荆伐鄭」，繼之以「公會齊人、宋人救鄭子」，此以弱勝强者，必藉人之力也。〇劉寅云：武王問太公曰：吾欲以少擊敵之衆，以弱擊敵之强，將爲之奈何？太公對曰：以少擊敵之衆，必以日之暮晚隱伏於深草，要之於隘路；以弱擊敵之强者，必得大國之相與、隣國之助援。

〔震案〕暮，廣韻去聲暮韻「晚也」。伏，隱伏也。深，茂密也。要，攔擊也，讀陰平聲。隘，險隘也。與，結交也。

武王曰：「我無深草，又無隘路，敵人已至，不適日暮；我無大國之與①，又無隣國之助，爲之奈何？」

【考異】

①「我」，孫校本作「又」。

【集解】

劉寅云：武王問曰：我無深草可以隱伏，又無隘路可以要擊，敵人已至而薄我，不值日之昏暮；我無大國之相與，又無隣國之助援，將爲之奈何？

〔震案〕適，當，當其時也。

太公曰：「妄張詐誘，以熒惑其將，迂其道①，令過深草，遠其路，令會日暮②，前行未渡水，後行未及舍，發我伏兵，疾擊其左右，車騎擾亂其前後③，敵人雖衆，其將可走。事大國之君，下鄰國之士，厚其幣，卑其辭，如此，則得大國之與、鄰國之助矣。」武王曰：「善哉！」

【考異】

①「迂」，慶長本作「迂」。「道」，開宗作「塗」，武備志、彙解、孫校本俱作「途」。途、道義同。廣韻上平聲模韻：「途，道也。」塗與途通，詳龍韜勵軍篇「犯泥塗」。

②「暮」，原作「路」，義難通，疑涉上而誤，講義、直解、開宗、武備志、彙解、慶長本、孫校本俱作「暮」，當是，今據以正。

③「擾」，孫校本作「撓」。擾與撓義同。說文手部「撓，擾也」，「一曰捄」，段玉裁注：「捄篆下曰『一曰擾也』，是撓、擾、捄三字義同。」考其上古聲韻，擾、撓同在泥紐，一爲幽部，一爲宵部，是一聲之轉。

【集解】

施子美云：武王於此又慮夫無可伏之地，無可要之處，無可必之時，與夫無助與之國，則將何以哉？太公遂以誑誘之說、交際之禮而以明之。誑誘之說行，則彼之將必爲所熒惑，其道雖不遠，而吾能迂而曲之使遠，其途既遠，則其行必遲，故會當日暮，因其未盡渡、未及舍之時而以擊之，則可以亂其衆而走其將。交際之禮，則大得所事，而大國必與之，隣有所親，而隣國必助之，此皆卑辭厚幣之所致也。若然，則雖寡可以勝衆，雖弱可以勝强矣，又何患焉？○劉寅云：太公對曰：妄張詐誘之事，以熒惑其將帥。熒惑，火星名也，以其光熒可疑惑人也。迂其途，令過深草之地，遠其路，令會日之昏暮，前行者未及渡水，後行者未及就舍，發我伏兵，疾擊其左右，令車騎擾亂其前後，敵人雖衆，其將可走矣。敬事大國之君，禮下隣國之士，重厚其幣帛，卑下其言辭，如此，則得大國之所與、隣國之助援矣。武王曰：公言善哉。○黄獻臣云：此言以少弱衆强之法。日暮伏深草，如孫臏日暮伏兵馬陵破龐涓是也。大國與助，如班超因烏孫力，卒降西域龜兹諸國是也。苟不值其地，不適其時，則當迂其塗，遠其路，發伏擊之，如張守珪設熒惑，以炫吐蕃（珪以蕃衆我寡，瘡痍之後，不可矢石相攻，令城上置酒作樂，大會將士，賊疑城中有備而退，珪追擊，攻之）；朴泰以火爲期，而誘羅尚（李雄募泰，鞭之見血，使詭誘尚夜入城，泰以長梯倚城舉火，敵俱緣梯而上，皆斬之，雄因内外夾擊，尚僅免逃）；張齊賢發伏掩擊，而契丹驚遁（齊賢請師會戰，得密詔不許，乃閉使，夜發二百人，列幟燃芻，契丹駭走，伏兵發於土鐙砦，殺其酋，將驚遁去）。若厚幣卑辭，事其君，下其士，未有不得大國之助者。○朱墉云：妄張，妄張我兵也。詐誘，以詐誘之也。熒惑，火星也，借言炫惑之義。迂其途，誑令迂曲其途，使經過深草之地也。令會日暮，雖不值日暮，我誑令行乎遠路，使至日暮，方會戰也。舍，止息也。

〔震案〕妄，虚妄。張，誇張。妄張，即虚張聲勢也。詐，欺也。誘，惑也。迂其道，即迂其途。軍爭篇「迂其途，而誘之以利，後人發，先人至」，曹操注：「迂其途者，示之遠也。」李筌

注：「故迂其途，示不速進，後人發，先人至。」言迂其途、遠其路者，意在惑敵誤繞行迂遠之途也，使其必過於深草，而與我會戰之時延及日暮。行，陣次也，廣韻下平聲唐韻「胡郎切」，讀如航。前行、後行，猶前陣、後陣。疾，急烈也。車騎，猶車馬，謂車兵與騎兵也。騎兵，詳奇兵篇「所以止車禦騎也」。擾，亂也。走，奔逃也。事，奉也。下，謙待之也。幣，財也。卑，謙卑也。辭，辭令也。

分險

【集解】劉寅云：分險者，遇險阻之地，與敵人分守相拒也。○黃獻臣云：言遇險阻以分守之法。

武王問太公曰：「引兵深入諸侯之地①，與敵人相遇於險阨之中②。吾左山而右水，敵右山而左水，與我分險相拒，各欲以守則固③，以戰則勝，爲之奈何？」

【考異】

①講義作無「之」字。

②「中」，孫校本作「下」。

③「各」，講義、直解、開宗、武備志、彙解、孫校本、慶長本俱作「吾」。觀各篇篇首武王發問之辭，皆云「吾欲」，似當以作「吾」爲是。然此處所言皆敵我分險之勢，作「各」亦未嘗不可，各欲，謂敵我皆欲也，故未敢輕改。

【集解】

劉寅云：武王問太公曰：若引兵深入諸侯之地，與敵人相遇於險阻阨狹之中，吾軍所處者，左在山而右逼水，敵軍所處者，右在山而左逼水，與我分山險而相拒，吾欲以之守則堅固，以之戰則取勝，將爲之奈何？

〔震案〕引兵，帶領兵衆。阨，讀曰隘，險隘，即險要處也。左山而右水，山在東，水在西也。爾雅釋丘「水出其右正丘，水出其左營丘」，邢昺疏：「左右，猶東西也。」分，共據之也。拒，捍禦也。以，假設之辭，如也，若也。劉訓「以之」，則以猶憑借，亦可通。

太公曰：「處山之左，急備山之右；處山之右，急備山之左。險有大水，無舟楫者，以天潢濟吾三軍；已濟者，亟廣吾道，以便戰所。以武衝爲前後，列其强弩，令行陳皆固①。衢道谷口，以武衝絶之，高置旌旗，是謂車城②。

【考異】

①本篇「陳」字，講義、彙解皆作「陣」，直解、開宗此作「陣」，下則如字，武備志此處脱，下則作「陣」，詳龍韜軍勢篇「變生於兩陳之間」。

②「車」，直解、開宗、武備志、彙解、孫校本俱作「軍」，慶長本兩存之。

【集解】

施子美云：昔晉楚泜水之役，陽處父與子尚分泜水而守，陽處父退舍，而子尚亦退舍，此則分險而守，各求所以爲便利，而不敢輕動也。分險拒其難如此，如欲守則固，戰則勝，可不求其所以爲之術？然大抵分險戰守之法，處山則嚴爲之，備水則必思所濟，既濟則欲求其得利，則必謹所守。處左備右，處右備左，則其爲備也嚴。雖無舟楫，則以天潢而濟，則可以濟不通矣。既濟而廣道，以便戰所，是又求其利也。置武衝，列强弩，塞衢谷，立旌旗，是又欲謹其守也。惟以武衝爲衛，所以謂之車城。武衝車也，言雖無城守，而有車可以爲救翼，是亦城守也，故謂之車城。○劉寅云：太公對曰：凡處山之左，急防備山之右，處山之右，急防備山之左。險有大水，無舟楫可渡者，則用天浮鐵螳螂、環利通索張飛江，名曰天潢，以濟吾三軍。已濟者，極廣吾通行之道，以便戰所，以武衝扶胥爲前後，列其强弩，令行陳皆堅固。衢道谷口，亦以武衝絶之，高置旌旗，此謂之軍城。○朱墉云：吾道，亟廣通行之道也。軍城，軍中之城守，言其完堅也。

〔震案〕處，讀上聲，處軍也，猶駐扎。備，備禦也。險，險阻也。舟楫，猶舟也，船槳曰楫，詳虎韜必出篇「無舟楫之備」。天潢，濟水具，詳虎韜軍用篇「以天浮張飛江濟大海，謂之天潢」。亟廣吾道，林戰篇「亟」作「極」，極亦叚借爲亟，亟訓急速，亟廣吾道，言速開闊吾道路也。武衝，衝車之類，亦稱武車、武剛車，用爲衝擊，又爲營壘，詳虎韜軍用篇「法用武衝大扶胥」，疾戰篇「以武車驍騎驚亂其軍」。列，布也。衢道，交道四出也。谷口，山谷之口。絕之，斷絕其通路也。置，立也。車城，武車爲營壘，故云。

「凡險戰之法，以武衝爲前，大櫓爲衛，材士强弩翼吾左右。三千人爲一屯①，必置衝陳，便兵所處。左軍以左，右軍以右，中軍以中，並攻而前。已戰者②，還歸屯所，更戰更息，必勝乃已。」

武王曰：「善哉！」

【考異】

①「一」字原無，講義、直解、開宗、武備志、彙解、孫校本、慶長本皆有，虎韜金鼓篇亦作「三千人爲一屯」，「一」字當有，今據補。

②「已」，直解作「以」。

【集解】施子美云：若夫拒險而戰，則前以車，救以櫓，而翼以材士强弩。每三千人爲一屯，禦以衝陣，便其所處。三軍各以次攻，左則左，右則右，中則中，並攻而前，迭戰迭息。已戰者則歸其所，未戰者則更而進，如此，則乃可以勝矣。武王聞其計之善，故善之。○劉寅云：大凡險陣之法，以武衝扶胥爲前，武翼大櫓爲衛，用材士强弩翼蔽吾之左右。三千人爲一屯，必置四武衝陳，以備其兩旁，便兵所處之地。左軍以擊其左，右軍以擊其右，中軍以擊其中，三軍並攻而前，已與戰者還歸屯所，更迭而戰，更迭而息，必取勝乃止。武王曰：公之言善哉。○黄獻臣云：此言處山水之險及險戰之法，必如孫歆所云「北來諸軍，乃飛渡江」（晉燒絶鐵鎖，及去江中鐵錐，夜率衆度江，故孫歆云然）；郭子儀躬入險地，而匈奴不敢飲馬（儀守鄴城，匈奴逃避，相戒無犯，不敢飲馬于池）。○朱墉云：以左、以右，擊其左、擊其右也。並攻而前，慮三軍未必取勝也。（震案）險戰，與敵分險而戰。大櫓，大盾也。衛，防護也。材士，勇武善戰之士。翼，兩側佐攻助戰也。屯，兵營也，詳虎韜金鼓篇亦作「三千人爲一屯」。便兵所處，言據其用兵便利之所。並，並行也。屯所，兵營所在之地。更戰，更番而戰。更息，更番而息。乃，方也，才也。已，止也。

六韜集解卷第六

犬韜

【集解】

黄獻臣云：犬以奮擊馳走，善趨避言。

分合①

【考異】

①「合」，原作「兵」，分兵與篇旨不符，講義、直解、開宗、武備志、彙解、慶長本、孫校本俱題作「分合」，篇中太公曰「三軍之衆，必有分合之變」，乃知「兵」字當爲「合」字之訛，今據正。

【集解】劉寅云：分合者，吾三軍散爲數處，今欲聚爲一陳，并力而合戰也。

武王問太公曰：「王者帥師，三軍分爲數處，將欲期會合戰，約誓賞罰，爲之奈何？」

【集解】劉寅云：武王問太公曰：王者帥師而出，三軍分爲數處，爲將者欲期會與人合戰，約誓賞罰，將爲之奈何？○朱墉云：約誓，與三軍約爲盟誓也。賞罰，申明賞功罰罪之條也。〔震案〕帥，率領也。師，軍也。分爲數處，分駐多地也。期會，約期聚集也。合，聯合也。約誓，訂規約、申法紀也。

太公曰：「凡用兵之法，三軍之衆，必有分合之變。其大將先定戰地、戰日，然後移檄書，與諸將吏期攻城圍邑，各會其所，明告戰日，漏刻有時。大將設營而陳①，立表轅門，清道而待。諸將吏至者，校其先後②，先期至者賞，後期至者斬。如此，則遠近奔集，三軍俱至，并力合戰③。」

【考異】

①「陳」，講義作「陣」，詳龍韜軍勢篇「變生於兩陳之間」。

②「校」，開宗作「較」，與校同，詳龍韜王翼篇「校災異」。

③「并」，講義、武備志、慶長本、孫校本俱作「併」，開宗作「並」。並，竝隸變字，亦與併同。説文竝部「並（竝），併也，从二立」，人部「併，並（竝）也」，段玉裁注：「竝、併義有别，許互訓者，禮經注曰『古文並，今文作併』，是古二字同也。」併又通并。説文从部「并，相從也」，朱駿聲通訓定聲鼎部：「相合爲并，相對爲併。」是并者兼并，併者並列，義本不同，而實常互通用也。荀子儒效篇「并一而不二」，楊倞注：「并，讀爲併。」桂馥説文義證卷二四：併，「通作并」。故并力即併力，亦作並力，猶聚力也。

【集解】

施子美云：分不分爲縻軍，聚不聚爲孤旅，分合之變，兵之大要也。故孫子云「分合爲變」，而太宗與衛公答問亦以分聚通宜爲言，是則分合之變，不可不明。大抵用兵之道，其始也分，其終也合。其分之者，所以據其要地；其合之者，所以并力以戰。武王以三軍分爲數處，此則其始之分也；期會合戰，此則其終之合也。然人稠兵衆，不可得而一，故必有約誓賞罰行焉，此武王之所以併問之也。而太公乃先言分合之變，而後言將之所以合戰。夫爲將者，必知戰地、戰日，而後可以千里爲會；知戰地與日既定矣，乃移檄書與之會，以攻城圍邑之期使之畢集其所；既告之以時日矣，大將乃設營而立表轅門，以爲之期，清道禁行，以止往來；彼諸將必有使至，先至則賞，後至則斬。如是，則軍必以時而至，故遠近奔集，三軍俱至，可以併力合戰。昔高祖垓下之役，始與信、布期而不至，高祖深以爲憂，及信、布等發兵俱至，而後高祖之業定矣，此乃會期并力之効也。○劉寅云：太公對曰：大凡用兵之法，三軍之衆必有分合之變。其大將先定會戰之地與會戰之日，然後行移檄書，與諸將吏期約攻人之城，圍人之邑。各會聚於相約之處，明告將吏以會戰之日，漏刻亦有時。然後大將設營布陣，立表柱於轅門，清道而待之。轅門解見尉繚子書。諸將吏至者，校量其先後，先期至者賞之，後期至者斬之。如此，則遠近皆來會集，三軍俱應期而至，與吾併力而合戰矣。○黄獻臣云：此言三軍既分，而又合戰之法。蓋三軍之衆，有分有合，變化不常，苟非主將賞罰明信，則諸將士無所勸懲，孰肯應期而至，同心協力以克敵哉？光武與兄縯先期會集，將斬後至者，其族昆曰：「何遽乃爾？」竟斬後至者，而以昆産給賞先至之人，此士所以皆用命也。按豹韜中俱重分布，此又以合爲主。○朱墉云：戰地，會戰之地也。戰日，會戰之日也。所，相約之處也。漏，漏水而報時刻也。表，望柱也。轅門，以車轅爲門也。清道，所以禁止行人也。校，比校也。并力合戰，并用其力，會合而戰也。

〔震案〕檄者，軍書。徐鍇説文繫傳：「檄，徵兵之書也。」申討撻伐者，亦謂檄。移，渾言之則猶檄也，析言則少異，劉勰文心雕龍檄移：「檄移爲用，事兼文武，其在金革，則逆黨用檄，順命資移，所以洗濯民心，堅同符契，意用小異而體義大同。」是檄者申伐，移者責讓。又凡官府互不統隸，行文致書皆曰移。廣韻上平聲支韻：「官曹公府不相臨敬，則爲移書。」此言移檄書者，移送軍書也，謂致諸將徵召之書，期約會戰也。會，集結也。各會其所，言各部集結於相約之處也。漏刻，漏壺也，計時器。慧琳一切經音義卷二三「晷漏延促」注引文字集略曰：「漏刻，謂以筒受水刻節，晝夜百刻。」設，設置也。營，營壘，以車爲壘也。陳，列布兵陣也。史記項羽本紀「入轅門」，裴駰集解引張晏曰：「軍行以車爲陳，轅相向爲門，故曰轅門。」校，比較也。廣韻去聲效韻「古孝切」，讀如較。先、後，猶云先於、後於。期，時限也。奔集，疾速奔馳而聚集也。

武　鋒①

【考異】

①直解題作「或鋒」。疑或即國也。説文戈部「或，邦也」，段玉裁注：「邑部曰『邦者，國也』，蓋或、國在周時爲古今字，古文衹有或字，既乃復製國字。」

【集解】劉寅云：或鋒者，選吾武勇鋒鋭之士，伺其便則出而破敵也。○黄獻臣云：此言選用勇武鋒鋭以待敵。

武王問太公曰：「凡用兵之要，必有武車驍騎①、馳陳選鋒②，見可則擊之。如何則可擊③？」

【考異】

①「車」，彙解作「衝」。

②「陳」，講義、直解、武備志、彙解、慶長本俱作「陣」，詳龍韜軍勢篇「變生於兩陳之間」。

③「則」，講義、直解、開宗、武備志、彙解、慶長本、孫校本俱作「而」。

【集解】施子美云：知吾卒之可以擊，而不知敵之不可以擊者，勝之半也。故雖有武車驍騎、馳陣選鋒可以擊敵，然不知敵之可擊，則亦未保其必成功也，是以武王謂有武車驍騎、馳陣選鋒，必欲見可而擊。○劉寅云：武王問太公曰：凡用兵之要法，必有武車驍騎、馳陣選鋒、精鋭之士，見敵有可乘之隙則擊之，敵勢如何而可擊也？

〔震案〕要，關鍵也。武車，即武衝或武剛車也，詳虎韜軍用篇「法用武衝大扶胥」，疾戰篇「以武車驍騎驚亂其軍」。驍騎，勇捷之騎也。彼時騎兵方興，亦常見與車步戰並行者，詳龍韜奇兵篇「所以止車禦騎也」。馳，驅馬衝擊也。陳，行伍陣列也。馳陳，即驅進突擊之隊陣。選鋒，於兵衆之中所選精鋭，戰則爲先鋒也。孫子地形「兵無選鋒」，杜牧注：「衛公李靖兵法有『戰鋒隊』，言揀擇敢勇之士，每戰皆爲先鋒。」

太公曰：「夫欲擊者，當審察敵人十四變，變見則擊之，敵人必敗。」

【集解】施子美云：夫敵有可擊之道，必有可見之形。凡十四變，皆敵人所可擊之形也。審察是變而後擊之，則敵必敗矣。○劉寅云：太公對曰：夫欲擊敵者，當審察敵人一十四變，變動之形既見，則出吾武鋭之士擊之，敵人必敗矣。

〔震案〕審，明審也。察，偵察也。見，讀爲現，其本字也。

武王曰：「十四變可得聞乎？」

【集解】劉寅云：武王曰：敵人十四變，亦可得而聞乎？○朱墉云：變，非常之形也。

〔震案〕得，可也，能也。可得，猶可以。聞，聞知也。

太公曰：「敵人新集可擊①，人馬未食可擊，天時不順可擊，地形未得可擊，奔走可擊，不戒可擊，疲勞可擊，將離士卒可擊，涉長路可擊，濟水可擊，不暇可擊，阻難狹路可擊②，亂行可擊，心怖可擊。」

【考異】

①「新」，直解作「所」，慶長本兩存之。

②「狹」，慶長本作「陝」。

【集解】

施子美云：所謂十四變者，自「敵人新至」以至「心怖」，凡十四形。新集可擊，此則因其始至而擊之也；陳慶之克魏也，嘗以未集而勝之矣。人馬未食可擊，則因其未修備而擊之也；光弼之伺其方飯以擊賊是也。天時不順，則違天時者也，故可擊；吳方得歲，符堅欲伐之，所以敗也。地形未得，此則失地利者也，故可擊；竇泰依山未列，周文帝所以克之也。奔走則師無統者也，故可擊；北戎遇覆而奔，所以爲鄭所敗也。不戒則無備者也，故可擊；李靖之討蕭銑，以其無備也。疲勞則倦，故可擊；周訪擊杜曾，以其彼勞我逸也。將離士卒，則所守不固，故可擊；劉裕去關，令其子守，所以狼狽而歸。涉長路則人困，故可擊；高歡數日行八九百里，所以爲周文帝所克。濟水則可邀而擊之，此韓信所以克龍且也。不暇則人煩，故可擊；此賀若弼之平陳，所以欲彼出我入以煩之。阻難狹路，則阨塞之地也，故可擊；馬陵道隘，孫臏所以克龐涓。亂行則無統，故可擊；亂次以濟，楚人所以敗於羅。心怖則多疑，故可擊；見八公山草水皆人形，秦師所以敗於晉。凡此皆其所可見者也，故皆可以擊之。其在吳子，武侯問敵有必可擊之道，而吳起對之以審虚實而趍其危，自「敵人遠來新至」至於「心怖」，凡十三事；而杜佑論敵之可擊，亦有十五形，大抵必本諸此。○劉寅云：太公對曰：敵人所會集之處，乘其行列未定，則可擊之；人馬飢餓未曾飲食，則可擊之；天時不順，如隆冬士卒寒凍，盛夏士卒疾疫，逆大風甚雨之利，遇旱蝗霜雹之災，皆可擊之；地形未得，如困於險阻，陷於泥濘，車騎不得平地，步卒不依山阪，皆可擊之；士卒奔走則氣不屬，故可擊之；三軍不戒，心必怠惰，故可擊之；士卒疲勞則力不全，故可擊之；將離士卒則令不一，故可擊之；涉長路，前後不接，故可擊之；濟水必有半渡半出者，故可擊之；士卒不閒暇，必亂而不整，故可擊之；阻難狹路，力必不齊，故可擊之；亂行，將無節制也，故可擊之；心怖，軍奪氣也，故可擊之。吴子論敵必可擊之道，與此大同小異，恐出於是。○黄獻臣云：此言審變擊敵之法。敵蹈覆轍，還爲我鑒，一不慎，變態斯須，彼得以乘我矣。然其至要，總不越於無犯進止之節（吴子論敵必可擊之道，此大同小異）。○朱墉云：新集，行列未定也。未食，皆困於飢餓也。濟水半渡，首尾不應也。

〔震案〕集，集結也。順，順應也。得，適宜也。奔走，逃奔也。離，不爲所親附也。涉，歷也。濟，渡也。暇，從容也。阻難，險阻也。難，讀去聲。狹路，險隘狹仄之路。亂行，行列散亂也。行，讀如航，詳龍韜兵徵篇「行陳不固」。怖，惶懼也。

練士

【集解】劉寅云：練士者，簡練材勇之士，各以類聚之也。○黄獻臣云：此言簡練材士，使各類聚，以備用也。

〔震案〕練，讀爲柬，選擇也。朱駿聲説文通訓定聲乾部：練，叚借「又爲柬」。爾雅釋詁：「柬，擇也。」

武王問太公曰：「練士之道奈何？」太公曰：「軍中有大勇①、敢死、樂傷者，聚爲一卒，名曰冒刃之士；

【考異】

①「勇」下，直解、開宗、武備志、彙解、孫校本俱有「力」字。

【集解】

劉寅云：武王問太公曰：簡練士衆之道奈何？太公對曰：凡軍中有大勇力、果敢於死、喜樂其傷者，聚而爲一卒（百人爲卒），名之曰冒刃之士。冒刃者，冒敵之刃，而不畏也。

〔震案〕敢死，無畏於死。樂，樂於。戰國策楚一「士卒安難樂死」，樂死即樂於效命。樂傷，樂於蒙受創痛，不畏流血也。卒，軍制百人爲卒。周禮夏官司馬「凡制軍，萬有二千五百人爲軍」，「二千有五百人爲師」，「五百人爲旅」，「百人爲卒」，「二十五人爲兩」，「五人爲伍」，鄭玄注：「軍、師、旅、卒、兩、伍，皆衆名也。」冒，犯而不顧也。說文冃部「冒，蒙而前也」，段玉裁注：「引申之，有所干犯而不顧，亦曰冒。」刃，兵鋒也。聚，聚合也。

「有鋭氣、壯勇、彊暴者①，聚爲一卒，名曰陷陳之士②；

【考異】

①「彊」，直解、講義、開宗、武備志、彙解、慶長本、孫校本俱作「强」，下「彊梁多力」亦如此，詳龍韜奇兵篇「彊弩長兵者」。

②「陳」，講義作「陣」，詳龍韜軍勢篇「變生於兩陳之間」。

【集解】劉寅云：有精鋭之氣、壯而且勇、强而且暴者，聚爲一卒，名之曰陷陳之士。陷陳者，陷敵之陳，而不懼也。○朱墉云：壯勇，年壯而勇也。

〔震案〕鋭，旺盛也。氣，氣勢也。孫子軍爭篇「三軍可奪氣」，張預注：「氣者，戰之所恃也。夫含生稟血，鼓作鬭爭，雖死不省者，氣使然也。故用兵之法，若激其士卒，令上下同怒，則其鋒不可當。」又「朝氣鋭」，李筌注：「氣者，軍之氣勇。」陳皞注：「初來之氣，氣方盛鋭，勿與之爭也。」彊暴，剛彊暴烈也。陷，衝破也。

「有奇表長劒、接武齊列者，聚爲一卒，名曰勇鋭之士；

【集解】劉寅云：有奇表出衆、好用長劒、接武而齊列者，聚爲一卒，名之曰勇鋭之士。勇鋭，不怯懦也。○朱墉云：奇表長劍，姿表奇特，利用長劍者也。接武，足跡相接者也。齊列，行伍相齊者也。勇鋭，能直前而不怯懦者也。

〔震案〕奇，長也。淮南子詮言「聖人無屈奇之服」，高誘注：「奇，長也。」表，儀表也。儀表奇偉，故用長劍。武，足迹也。爾雅釋訓：「武，迹也。」勇鋭，鋭言其高峻輕捷之貌也。

「有拔距①、伸鈎、彊梁多力、潰破金鼓②、絶滅旌旗者，聚爲一卒，名曰勇力之士③；

【考異】

①「拔」，直解、開宗、武備志、彙解、孫校本俱作「披」，慶長本兩存之。

②「潰」，開宗作「遺」。

③「力」，講義作「敢」，慶長本兩存之。

【集解】

劉寅云：披距，即超距，謂跳躍也。昔甘延壽投石投距，絶於等倫，王翦士卒投石超距，即此義也。或曰：披字乃投字之誤也。伸鈎，能伸銕鈎也。以其强梁而多力，故能潰破敵之金鼓，絶滅敵之旌旗，聚爲一卒，名曰勇力之士。○朱墉云：披距，即超距，謂披開足距，善跳躍者也。强梁，勇猛之貌。勇力，言其能直前也。

〔震案〕拔距、伸鈎，皆爲軍卒競技之戲，所以習武强體。拔距，或謂其比量腕力，或謂跳躍，皆未確。拔距亦作超距。史記白起王翦列傳「方投石超距」，裴駰集解引徐廣曰：「超，一作『拔』。」

司馬貞索隱：「超距，猶跳躍也。」疑索隱「距」字衍，當作「超猶跳躍也」。説文走部：「超，跳也。」文選卷五吴都賦「拔距投石之部」，劉良注：「拔距，謂兩人以手相案，能拔引之也。超，踰躍也。」賦文但云「拔距」，未及「超」字，而良注先釋「拔距」，又釋「超」字，是良亦知拔距即超距也。然則超訓跳躍，非超距訓跳躍也甚明。又漢書甘延壽傳「投石拔距絶於等倫」，張晏曰：「拔距，超距也。」顔師古注：「拔距者，有人連坐相把據地，距以爲堅而能拔取之，皆言其有手掣之力。」「今人猶有拔爪之戲，蓋拔距之遺法。」要之，拔距即超距，謂相案以手，彼此拔引，校其手掣之力也。謂超距者，蓋言其拔引之閒，亦必奔走跳躍，與今角力柔道、搏擊競技或相似也。伸鈎，伸展鐵鈎，所以强其徒手力也。彊梁，壯健也。梁亦彊也，一作良。經義述聞二二春秋名字解詁上「齊高彊字子良」條云：「良亦彊也。良與梁古字通。墨子公孟篇『身體彊良』，即彊梁也。吴語『夫吴，良國也，能博取於諸侯』，良國，彊國也。」又「魯孔紇字叔梁」條云：「紇讀爲仡，聲近假借也。彊壯謂之仡，亦謂之梁。」潰，説文水部「漏也」。潰破金鼓，言擣破之也。絶，斷絶。絶滅，言折毁之也。

「有踰高絶遠、輕足善走者①，聚爲一卒，名曰寇兵之士；

【考異】

①「足」，直解作「卒」，慶長本兩存之。足與卒義不相涉，音亦有别，及至近古始相趨近，故傳寫屢有混同，皆爲訛誤。淮南子道應「願以技齎一卒」，高誘注：「齎，備。卒，足也。」易順鼎

淮南許注鉤沈曰「注中『卒』字自是衍文」，向宗魯淮南校文謂「以『備足』釋『齎』字，非以『足』釋『卒』也」，「今注乃後人妄改」。墨子非攻下「國家失卒」，畢沅注「一本作『足』」，吴毓江校注據緜眇閣本改作「卒」。是皆後世誤以足訓卒、以足易卒也。

【集解】

劉寅云：有能踰高城、絶遠道、輕足善走者，聚爲一卒，名曰寇兵之士。寇，暴疾也。○朱墉云：高，高城。遠，遠道。寇，暴疾也，言能寇暴敵兵也。

〔震案〕踰、絶，皆越也。輕，輕捷也。走，奔也。寇，劫掠也。輕足善走，故能襲掠，孫子軍爭篇「掠鄉分衆」是也。

「有王臣失勢，欲復見功者①，聚爲一卒，名曰死鬬之士；

【考異】

①「見」，開宗作「建」。

【集解】

劉寅云：有先爲王臣，因事失勢，欲復見功於上者，聚而爲一卒，名曰死鬬之士。死鬬者，恨其失勢，欲死鬬立功也。

〔震案〕王臣，志匡王室、能涉險難之臣也。周易蹇「王臣蹇蹇」，王弼注：「執心不回，志匡王室者也。」孔穎達疏：「志匡王室，能涉蹇難，而往濟蹇。」勢，權勢也。見，讀爲現，顯也。功，功績也。死鬭，拼死戰也。王臣有爲王濟蹇之志，故能死鬭。

「有死將之人，子弟欲與其將報仇者①，聚爲一卒，名曰敢死之士②；

【考異】

①「與」，講義、直解、開宗、武備志、彙解、慶長本、孫校本俱作「爲」。「仇」，武備志作「讐」。讐即讎字，與仇音義俱不相同。仇上古音在幽部群紐，讀如求，匹偶也，即詩關雎「君子好逑」之「逑」，引申而爲仇怨。讎爲幽部禪紐，説文言部「猶譍也」，是對答之義，朱駿聲説文通訓定聲孚部「叚借又爲仇」。

②「敢死」，講義、直解、開宗、武備志、彙解、慶長本、孫校本俱作「死憤」。

【集解】

劉寅云：有將帥死於戰鬭之間，其子弟欲與其將報仇者，聚而爲一卒，名曰死憤之士。死憤者，恨其父死，而懷憤怒者也。○朱墉云：死將，將之死於戰者。死憤，言恨其父兄之死難，而發憤輕鬭也。

〔震案〕子弟，軍卒也。史記項羽本紀「且籍與江東子弟八千人渡江而西」，即此。與，猶爲也。敢，犯也，冒也。

「有贅婿人虜，欲掩迹揚名者①，聚爲一卒，名曰勵鈍之士②；

【考異】

①「掩」，武備志作「揚」，當爲涉下「揚名」而訛。

②「鈍」，孫校本作「鋭」。「有贅」至此二十一字，講義、直解、開宗、彙解、慶長本、孫校本俱在下「必死之士」下。

【集解】

劉寅云：有出贅爲婿，或被人所虜，欲掩其贅婿之迹、揚美好之名者，聚而爲一卒，名曰勵鈍之士。勵鈍者，激勵鈍兵也。○朱墉云：擄，被人擒擄者也。勵鈍，言能激勵鈍氣而爲鋭兵也。

〔震案〕贅，今曰入贅，古曰出贅，言出在妻家爲婿也。漢書賈誼傳引其治安策「家貧子壯則出贅」，顔師古注：「言其不當出在妻家，亦猶人身體之有肬贅，非應所有也。」一説：贅，質也，家貧無有聘財，以身爲質也。」然則質役之身，衆所詬譏可知也。史記秦始皇本紀：「發諸嘗逋亡人、贅婿、賈人略取陸梁地。」是贅婿及賈人皆爲世所賤薄，猶嘗逋亡人耳。人虜，俘虜也。欲掩迹揚名者，贅婿人虜，皆劣迹惡名，故云。

「有貧窮憤怒①、欲快其心者②，聚爲一卒，名曰必死之士；

【考異】

①「憤」，講義、直解、開宗、武備志、彙解、慶長本、孫校本俱作「忿」。憤與忿，音義俱不相同。考其上古音，二字同在諄部，憤爲並紐，忿爲滂紐。考其義，二字皆訓怒而有別。憤，説文心部「懣也」，是怒而鬱結於心；忿，玉篇心部「恨也」，是怒而怨恨。故二字音雖近，當非通轉。此處憤、忿義皆可通。

②「心」，講義、直解、開宗、武備志、彙解、慶長本、孫校本俱作「志」。

【集解】

劉寅云：有受貧窮、心懷忿怒、欲快其志者，聚而爲一卒，名曰必死之士。必死者，期於必死，而不欲生也。

〔震案〕快，使遂意也。

「有胥靡免罪之人，欲逃其耻者，聚爲一卒，名曰倖用之士①；

【考異】

①「倖」，直解、開宗、武備志、彙解、孫校本俱作「幸」。非分而得本當作幸，國語晉語一「其下偷以幸」，韋昭注：「幸，徼幸也。」作倖則晚出，與幸通。爾雅釋言「庶，幸也」，郭璞注：「庶幾，僥倖。」邢昺疏：「幸與倖通用之。」

【集解】

劉寅云：胥靡者，聯繫相隨服役也。免刖剕之罪爲胥靡，欲逃其耻辱者，聚爲一卒，名曰幸用之士。幸其得用，而免其耻辱也。○朱墉云：胥靡，刑徒之人，以鐵鎖相連係而服役者也。〔震案〕倖，僥幸也。

「有材技兼人，能負重致遠者①，聚爲一卒，名曰待命之士②。

【考異】

①「材」，武備志、孫校本俱作「才」，詳龍韜王翼篇「主擇材力」。

②「待」，孫校本作「持」，疑形近而致訛。

【集解】

劉寅云：有材能技藝兼人，又能負任重物而致遠道者，聚而爲一卒，名曰待命之士。○朱墉云：待命，言其待上之命，而樂爲効用也。〔震案〕兼人，勝過常人也。論語先進「由也兼人」，朱熹集注：「兼人，謂勝人也。」

「此軍之練士①，不可不察也。」

【考異】

①「練士」，原作「服習」，涉下教戰篇「欲令士卒服習」而誤，講義、直解、開宗、武備志、彙解、慶長本、孫校本俱作「練士」，今據以正。

【集解】

施子美云：霍去病所以每戰皆克者，以其所將常選也。余公理所以不能成功者，以其所驅市人也。惟練而用之，則所戰無不克矣，此武王所以問也。夫含生之類，皆有所欲，人固有以材而欲見用者，亦有以志而欲見用者，吾因其材而用之，則天下之材無或遺，因其志而用之，則天下之志有所伸。曰冒刃之士，曰陷陣之士，曰勇鋭之士，曰勇力之士，曰寇兵之士，曰待命之士，凡此者，皆其材爲可用也，吾則各使聚爲一卒，以盡其材。曰死鬬之士、死憤之士、必死之士，曰勵鈍之士、倖用之士，此則皆其志欲求用也，吾則各使之聚爲一卒，以伸其志。有材者以材擢，有志者以志奮，練士之法，無出於此，不可不察也。察之既審，則人皆可用之人矣。其在吴子，亦有所謂練鋭之説，謂「强國之君，必料其民」。自「有膽勇氣力者，聚爲一卒」，以至於「棄城去守，欲除其醜者，聚爲一卒」，凡五者，皆軍之練鋭，其與太公所言殆表裏矣。○劉寅云：此十一者，乃軍之練士，不可不審察也。吴子論軍之練鋭，只以五者言之，恐出於此。○黄獻臣云：此言練材士之法。于士之中，分别人品，毋混爲一，則人人自奮，然聚士而不聚其心，士終不爲之用。故必止二歌之田（趙烈侯好音，欲賞二歌者田，公仲連進賢者三人，牛畜侍以仁義，荀欣侍以使能，徐越侍以節儉，侯喜曰「歌者之田且止」），移重賞以待賢士；操摩鈍之法，脩束帛以賁丘園；明饑鷹之喻（劉琪曰「鶻之老者，搏擊尤峻。鷹之飢者，側翅隨人」），憫良弓之藏（高鳥盡，良弓藏，敵國破，謀臣亡），則誰無鳴劍裹革之思（吴子論治兵料人圖國之道，與此略同）？

〔震案〕察，識也。

教戰

【集解】劉寅云：教戰者，教之坐作、進退、分合、解結之法也。

武王問太公曰：「合三軍之衆，欲令士卒服習①，教戰之道奈何？」

【考異】

①「服習」，原誤作「練士」，與上練士篇「此軍之練士」互涉錯亂，講義、直解、開宗、武備志、彙解、慶長本、孫校本皆無此訛，今據以改。

【集解】

施子美云：士不素教，不可用也，法言之矣；士卒熟練，法又言之矣。是則不教民戰，豈不謂之殃民耶？教戰之法，必有所寓，此武王之所以問也。○劉寅云：武王問太公曰：會合三軍之衆，欲令士卒皆服習教戰之道，將如之何？○朱墉云：習，謂熟之於己也。

〔震案〕合，會合也。衆，兵衆也。服習，熟練武藝。管子七法「存乎服習而服習無敵」，尹知章注：「服，便也，謂便習武藝。」習，亦便習之也，義與服同。説文習部「習，數飛也」，段玉裁注：「引申之義爲習孰。」教，教授也。戰，戰鬭之技法也。

太公曰：「凡領三軍，有金鼓之節①，所以整齊士衆者也。將必先明告吏士，申之以三令，以教操兵起居、旌旗指麾之變法②。

【考異】

①「有」上，講義、直解、開宗、武備志、彙解、慶長本、孫校本俱有「必」字。

②「麾」，武備志、孫校本並作「揮」。指揮與指麾通用。荀子富國「拱揖指揮」，王先謙集解：「宋台州本作『麾』。」指揮字本作撝，撝與麾音同而義通。易謙「无不利撝謙」，陸德明釋文：「撝，毀皮反，指撝也，義與麾同。」焦循章句：「撝，古麾字，手指曰麾。」撝與揮一聲之轉，故叚借爲揮，則揮、麾亦可通也。增修互注禮部韻略卷一微韻：「揮，指揮也，亦作撝、麾。」又五經文字卷上手部：「揮，撝，上揮奮，下指撝，字與麾同。」是指揮即指麾，音近而義同，蓋傳寫所致異文耳。

【集解】

施子美云：凡統軍而教之，不過金鼓之節、申令之明、習變之熟而已。鼓以進之，金以止之，一進一退，各有其節，此士衆之所以整齊也。三令而五申之，既明軍法，乃可以行，故必先明告吏士，申以三令。操兵起居，各有所便，旌旗指麾，各有所用，其爲變法，欲使之皆習，所以必在所教也。○劉寅云：太公對曰：凡統領三軍，必有金鼓之節，金以止之，鼓以進之，所以整齊士衆者也。將帥必先明告吏士，申之以三令。三令者，三次號令之；又令有先後，謂令甲、令乙、令丙，亦三令也，以教訓操兵起居、旌旗指麾之變法。操兵起居，即坐作、進退、分合、解結也。旌旗指麾，即抵旗則超，颺旗則戰，麾左而左，麾右而右也。○朱墉云：申，重複也。操兵，操習兵器也。指麾，謂低旗則起，颺旗則戰，麾左而左，麾右而右也。

〔震案〕領，統領也。節，進退節制也。整齊，使軍容嚴整而行動齊一也。申，申述也。變法，言進退左右隨旗指揮而變化也。

「故教吏士，使一人學戰，教成，合之十人；十人學戰，教成，合之百人；百人學戰，教成，合之千人；千人學戰，教成，合之萬人；萬人學戰，教成，合之三軍之衆；大戰之法，教成，合之百萬之衆。故能成其大兵①，立威於天下②。」

武王曰：「善哉！」

【考異】

①彙解無「其」字。

②「於」，武備志作「于」。

【集解】

施子美云：其爲法也，由寡以至衆，必由寡以至衆者，欲其力不勞，而教易成也。寡莫寡於一人，衆莫衆於百萬，自一人教成之後，合之十人，十合成百，百合之千，千合之萬，萬合之三軍，而大戰合之百萬，皆由寡以及衆也。惟合之有序，教之有素，此所以能成其大兵而立威於天下也，安得武王不稱善？其吴子教戰之法，自「一人學戰，教成十人」，至於「萬人學戰，教成三軍」，皆由寡以及衆也。其在尉繚子教戰之法，自「百人教戰，合之千人」，至於「萬人教成，合之三軍」，亦由寡以至衆也。教戰之法，無出諸此，所以二子之言，與太公言皆一律也。○劉寅云：故教吏士之法，使一人先學戰，教成，合之十人；使十人學戰，教既成，合之百人；使百人學戰，教既成，合之千人；使千人學戰，教既成，合之萬人；使萬人學戰，教既成，合之三軍之衆。三軍之衆，三萬七千五百人也。大戰之法，三軍教成，合之百萬之衆，而總閲之，故能成其大兵，立威於天下。武王曰：公言善哉。與吴起、李靖教戰之法大同小異，亦恐出於此。○黄獻臣云：此言教戰立威之道。教雖不能離金鼓旌旗，然教成，固能使三軍同力，必能令上下一心，故荀子曰：兵要在附民，「齊之技擊，不可以遇魏之武卒；魏之武卒，不可以遇秦之鋭士；秦之鋭士，不可以當桓文之節制；桓文之節制，不可以敵湯武之仁義」，顧所用之人何如耳。○朱墉云：一萬二千五百人爲一軍，三軍三萬七千五百人，教至百萬，則無不教之兵矣。

〔震案〕吏士，軍吏及兵士也。成，就也，畢也。合，合同也。大兵，言兵衆聲勢浩大也。威，震懾也。

均兵

【集解】劉寅云：均兵者，車、騎、步三者視地之險易相參，而使其勢力均也。

武王問太公曰：「以車與步卒戰，一車當幾步卒？幾步卒當一車？以騎與步卒戰，一騎當幾步卒？幾步卒當一騎？以車與騎戰，一車當幾騎？幾騎當一車？」

【集解】劉寅云：武王問太公曰：以車與敵之步卒戰，一乘車可當幾步卒？幾步卒可以當一車？以騎兵與步卒戰，一騎兵可當幾步卒？幾步卒可以當一騎？以車與騎戰，一乘車可當幾騎？幾騎兵可以當一車？

〔震案〕當，抵敵也。以騎與步卒戰、以車與騎戰者，彼時騎兵方興，亦常見與車步戰並行者，詳龍韜奇兵篇「所以止車禦騎也」。

太公曰：「車者，軍之羽翼也，所以陷堅陳①，要彊敵②，遮走北也；騎者，軍之伺候也③，所以踵敗軍，絶糧道，擊便寇也。

【考異】

①「陳」，講義、開宗、武備志、彙解、慶長本俱作「陣」，開宗下「成陳而相當」亦如此，講義、彙解、慶長本本篇凡「陳」字皆如此，直解惟下「陳法奈何」如此，詳龍韜軍勢篇「變生於兩陳之間」。

②「彊」，講義、直解、開宗、武備志、彙解、慶長本、孫校本俱作「强」，詳龍韜奇兵篇「彊弩長兵者」。

③「伺」，武備志作「司」。本當作司，説文司部段玉裁注：「古别無伺字，司即伺字。」

【集解】

施子美云：司馬法有「五兵五當」之制，是則兵之敵戰，皆有所當也，況車、步、騎乎？晁錯嘗論得地形之説，謂土山丘阜，步兵之地也，車騎二不當一；平原曠野，車騎之地也，步兵十不當一。是三者通相與戰，必有所當，均而用之，得無術乎？此武王以車、步、騎三者所當之數而爲問也。且車與騎，其爲制不一，故其用亦異。車也者，所以捍蔽也，故爲軍之羽翼。太公分險之法，以武衝爲前，絶道之戰，以武衝爲壘，是則車爲軍之羽翼也明矣。惟爲羽翼，故敵陣雖堅，車可以陷之，敵兵雖强，車可以要之，敵兵走北，可以遮之，皆以其可以蔽也。騎也者，所以馳騁也，故爲軍之伺候。曹公兵法有遊騎、戰騎，衛公兵法有跳盪騎兵，是則騎爲軍之伺候也明矣。惟爲伺候，故敵之軍敗則可以踵繼之，粮道可以絶斷之，便寇可以攻擊之，皆以其可以伺候也。○劉寅云：太公對曰：車者，三軍之羽翼也。羽翼者，如鳥有羽翼，憑之而奮飛也。故車所以能陷人之堅陳，要寇之强敵，遮彼之走北也。騎者，三軍之伺候也。伺候者，待敵人有隙，則出而乘之也。○朱墉云：前遏曰遮，追逐曰踵。

〔震案〕陷，衝破也。要，攔擊也，讀陰平聲。走北，奔逃也。便，輕捷也。

「故車騎不敵戰①，則一騎不能當步卒一人。三軍之衆，成陳而相當，則易戰之法：一車當步卒八十人，八十人當一車；一騎當步卒八人，八人當一騎；一車當十騎，十騎當一車。

【考異】

①「車」，武備志作「軍」，字之訛也。

【集解】

劉寅云：故車騎不相敵而與人戰，則一騎不能當步卒一人。使三軍之衆，成陣而相當，則易地戰陳之法：一車可當步卒八十人，八十人可當一車；一騎可當步卒八人，八人可當一騎；

一車可當十騎，十騎可當一車。○朱墉云：成陣，車騎與步各成行陣，而勢相當。易，平地也。平易之地利用車騎，故當步兵多也。

〔震案〕敵，當敵也。不敵戰，不能拒敵而戰也。

「險戰之法：一車當步卒四十人，四十人當一車；一騎當步卒四人，四人當一騎；一車當六騎，六騎當一卒①。

【考異】

①「卒」，講義、直解、開宗、武備志、彙解、慶長本、孫校本俱作「車」，據上文「一車當六騎」，作「車」當是。

【集解】

施子美云：車、步、騎三者欲其相當，則必敵戰而後可，不敵戰則一騎不能當步卒一人，以其不得所用也。若夫三軍之衆，成列而相當。此則敵戰之際，故其所當之數，可得而言，然亦以其地之險易而辨之：易地則宜於車騎，故所當者衆；險地則不宜於車騎，故所當者寡。若於易地，則一車可以當步卒八十人，一騎可以當八人；若以車而與騎當，則一車又可以當十騎。至於險地，則其所當之數，不及於易地，故一車特可以當步卒四十人，一騎可以當四人；以車與騎戰，一車亦只可以當六騎矣。是皆因地形而異其數也。○劉寅云：險地戰陳之法：一車可當步卒四十人，四十人可當一車；一騎可當步卒四人，四人可當一騎；一車可當六騎，六騎可當一車。蓋車騎利平地，故當步兵多；步兵利險阻，故當車騎多。○朱墉云：險，險阻之地也。險阻之地利用步兵，故當車騎多也。

「夫車騎者，軍之武兵也，十乘敗千人，百乘敗萬人，十騎敗百人①，百騎走千人，此其大數也。」

【考異】

①「敗」，講義、直解、開宗、武備志、彙解、慶長本、孫校本俱作「走」，據下文「百騎走千人」，作「走」當是。

【集解】

施子美云：車騎之用，若是其大，故爲軍之武兵。武兵者，言其猛疾也。是以十乘之車可以敗千人，百乘之車可以敗萬人，十騎可以走百人，百騎可以走千人，此其大數也。至於太宗問曹公戰騎之説，衛公則以爲八車當車徒二十四人；太宗問車、步、騎之法，衛公則以爲一馬當三人。何其數之不同耶？衛公所言，荀、吳、曹公法也，此之所言，太公之法也，法異故用異。○劉寅云：夫車騎者，乃軍之武兵也。車十乘可敗步卒千人，車百乘可敗步卒萬人，騎十匹可走步卒百人，騎百匹可走步卒千人，此用車騎之大數也。此亦以平易地言之，故車騎能敗走步卒之多也。○朱墉云：「車騎，軍之武兵」至「其大數也」，亦以平易之地言之，故車騎能當步兵之多如此。

〔震案〕武兵，勇武剛健之兵也。兵猶兵種。大數，大略之數也。

武王曰：「車騎之吏數、陳法奈何？」太公曰：「置車之吏數①，五車一長，十車一吏，五十車一率②，百車一將。易戰之法：五車爲列，相去四十步，左右十步，隊間六十步。險戰之法：車必循道，十車爲聚，二十車爲屯，前後相去二十步，左右六步，隊間三十六步③。五車一長，縱横相去二里④，各返故道。

【考異】

①「車」，彙解作「軍」，字之訛也。

②「率」，慶長本作「卒」。卒，率之訛，同帥。王念孫讀書雜志史記第二建元以來侯者年表「將卒以次封矣」，案「將卒，當爲將率，率即帥字也」；淮南内篇第二〇泰族「無將卒以行列之」，案「卒，當爲率，率與帥同」，皆其證。

③「三」，武備志作「五」。

④「二」，講義、直解、開宗、武備志、彙解、慶長本、孫校本俱作「一」。

【集解】施子美云：所以統軍者必有人，所以列兵者必有陣。古之教戰之法，伍有長，率有長，旅有帥，師有帥，皆所以統之也；曰鵝鸛，曰魚麗，曰荆尸，皆所以列之也。吏數者，此所統之人也；陣法者，此所列之陣也。以軍之吏數言之，五車一長，十車一吏，五十車一帥，百車一將，皆以統之也。其法始於五，以五者，數之所起也；終於百，以百者，數之所成也。由是而推，或千或萬，皆自此始也。其在衛公所論之軍制，則曰「五車爲隊，僕射一人；十車爲帥，率長一人」，此則長帥之職也，至於「凡軍千乘，將吏二人」，其數與此異者，衛公所言，漢魏制也，所以不同。其爲陣法，則以地形之險易而别之。易地則廣，故以五車爲列，相去、左右、隊間，或四十步，或六十步，以其地之廣，而可以馳騁也。至於險地則狹，故車必循道，聚以十車，屯以二十車，左右則六步，隊間則三十六步。其相去雖若是其近，亦以長而帥五車，縱横之間，以里爲率，各返故道，所以防失軼也。嘗觀鄭人魚麗之法，先偏後伍，伍乘彌縫，則知太公所言陣法，爲可驗矣。○劉寅云：武王問曰：車騎之吏數與陳法奈何？太公對曰：置車之吏數，五車設一長，十車置一吏，五十車立一率，百車命一將。其易地戰陳之法，五車爲一列，前後相去四十步之遠，左右相去十步，隊間用六十步。險地戰陳之法，車必要循行道路，十車爲一聚，二十車爲一屯，前後相去二十步，左右相去六步，隊間於三十六步；五車一長，縱横相去一里之遠，各返歸故道。○朱墉云：「百車一將」截斷，此主車之吏數。「各返故道」截斷，此車之陣法。

〔震案〕吏數，軍吏編制之數也。列，縱行也。相去，相距離也。隊，亦行列之名。孫子勢篇「凡衆如治寡，分數是也」，張預注：「五人爲列，二列爲火，五火爲隊。」是一隊爲十列也。然張注言步制，車制之數未詳確否。隊間，蓋爲前隊、後隊之距。故易戰之法，前後五車，各相距四十步，爲一列，是縱列也，各列左右之間相距十步，左右數列（或爲十列）合而爲一隊，前後之隊則相距六十步也。下險戰、騎戰之法，列、對之義，皆如是也。循，沿也。道，道路也。聚、屯，皆戰車分數之制也。各返故道，言各長所轄之車，皆由其所來之路返歸也。

「置騎之吏數，五騎一長，十騎一吏，百騎一率①，二百騎一將。易戰之法：五騎爲列，前後相去二十步，左右四步，隊間五十步。險戰者，前後相去十步，左右二步，隊間二十五步。三十騎爲一屯，六十騎爲一輩，十騎一吏，縱横相去百步，周環各復故處②。」

武王曰：「善哉！」

【考異】

①「率」，開宗、慶長本俱作「卒」，詳上「五十車一率」。

②「環」，講義、直解、武備志、彙解、慶長本、孫校本俱作「還」，開宗作「旋」。環可訓旋，而音則如其本字。周禮春官樂師「環拜以鍾鼓爲節」，鄭玄注：「環，謂旋也。」廣韻上平聲刪韻「户關切」，讀如寰宇之寰。周環，言騎兵之盤旋也。還，音本與環音同，與旋則音近可通。莊子庚桑楚「巨魚無所還其體」，陸德明釋文：「所還，音旋，回也。」周還之還，當讀曰旋。故環、還、旋義同而音異。作環則讀如字，作還則讀爲旋，皆旋轉之義。

【集解】

施子美云：至於騎之吏數，亦以五、以十、以百而分，必二百而一將者，以其易統於車也。觀北城之戰，光弼與論惟正以鐵騎二百，與郝廷玉以三百，二百一將，太公法也，而三百亦一將者，此以才而用之也。霍去病所將四十萬騎，是又大將也，其爲陣法，亦以陣之險易。野則便於馳逐，故以五騎爲前，其相去、左右、隊間之地，其廣或二十步，或四步，或五十步，以其地易，故所占之地廣。若夫險地則狹矣，故前後、左右、隊間之地，比之易地各減其半，或十步，或二步，或二十五步；一屯則三十騎，一輩則六十騎，而十騎又統以一吏，縱橫相去，以百步爲率，周旋相共間，而各復於故處，所以防散失也。太公之所言，既若是其詳，武王安得不稱善？○劉寅云：置騎之吏數，五騎設一長，十騎置一吏，百騎立一率，二百騎命一將。其易地戰陳之法，五騎爲一列，前後相去二十步之遠，左右相去四步，隊間用五十步。險地戰陳之法，前後相去十步，左右相去二步，隊間用二十五步；三十騎爲一屯，六十騎爲一輩，十騎設一吏，縱横相去百步，周還各復歸故處。武王曰：公言善哉。○黄獻臣云：此言車騎與步卒相當及吏數陳法，而險易之用各異，爲主將者相其宜而參用之可也。鼂錯有言：上下山阪，出入溪澗，中國之馬弗如也；險道傾仄，且馳且射，中國之騎弗與也；中國長技，堅甲利兵，什伍俱前，匈奴之兵弗能當也；下馬地鬬，劍戟相接，匈奴之足弗能給也。材技各殊，風土亦異，亦顧用之何如耳。○朱墉云：「二百騎一將」截斷，此主騎之吏數。「各復故處」截斷，此騎之陣也。

〔震案〕屯、輩，皆騎兵分數之制也。各復故處，各復歸其原位也。

武車士

【集解】

劉寅云：武車士者，選擇材技之人，用車以戰，謂之武車士。

〔震案〕武，剛健勇猛也。車士，車戰材士也。

武王問太公曰：「選車士奈何？」太公曰：「選車士之法：取年四十已下①，長七尺五寸已上，走能逐奔馬，及馳而乘之，前後左右，上下周旋，能縛束旌旗②，力能彀八石弩，射前後左右皆便習者，名曰『武車之士』，不可不厚也。」

【考異】

①「已」，講義、直解、開宗、武備志、彙解、慶長本、孫校本俱作「以」，下「長七尺五寸已上」亦如此，詳龍韜兵徵篇「陳勢已固」。

②「縛束」，直解、開宗、彙解、孫校本俱作「束縛」。

【集解】

施子美講義見武騎士篇。○劉寅云：武王問太公曰：選簡車士之法奈何？太公對曰：選簡車士之法，取其年方四十已下，身長七尺五寸以上，走能追逐奔馬，及馳而乘之，或前或後，或左或右，上下週迴旋轉，又能束縛旌旗，力能彀八石弩，八石，八百斤也，射前後左右，皆便利習熟者，如楚樂伯與晉戰，左射馬，右射人，使角不能進，此是射前後左右便習者，名曰「武車之士」，不可不重厚也。○黄獻臣云：此言車戰用武士之法。得武士難，馭武士亦不易，故須厚之以禮。○朱墉云：逐奔馬者，行走飛捷，能追逐奔馳之馬也。馳而乘之，奔馬難乘，彼能馳而乘之。周旋，馬之上下四旁，能周旋迴轉，不失便利也。彀，引弓滿也。八石，八百斤也。便習，便利熟慣也。厚，待之優也。

〔震案〕長七尺五寸者，猶今之身高一七三釐米，周制一尺即十寸，約合今二三一毫米。走，疾趨也。逐，追逐也。奔，疾馳也。及馳，追及行馳之車也。乘，登車也。朱説以所馳而乘者爲奔馬也，非是。本篇以「武車士」爲題，上亦云「選車士之法」，所乘者必當爲車，然則上云「走能逐馬」者，必爲挽車之馬也。前後左右，言乘車之位，前後左右皆可。前即御者，後則車左、車右也，此言其能居前後左右，或爲御者，或爲車左，或爲車右，皆可勝任也。上下，謂地勢。尚書舜典「疇若予上下草木鳥獸」，孔安國傳：「上謂山，下謂澤。」蔡沈集傳：「上下，山林澤藪也。」又史記五帝本紀「誰能訓予上下草木鳥獸」，裴駰集解引馬融曰：「上謂原，下謂隰。」是上下猶地勢高下也。周旋，追逐也。左傳僖公二十三年「以與君周旋」，杜預注：「周旋，相追逐也。」上下周旋，言御車與敵追逐於高下險易之地也。縛束，捆綁於車上。彀，廣韻去聲候韻「古候切」，讀如購。石，一百二十斤。吕氏春秋仲春紀「鈞衡石」，高誘注：「石，百二十斤。」説文禾部「䄷，百二十斤也」，段玉裁注：「古多叚石爲䄷，月令『鈞衡石』是也。」周制一斤，約合今二五〇克，八石則猶今二四〇千克。石，本讀如字，與石頭之石同音，今普通話亦或讀如旦。射前後左右，射前後左右之敵也。

武騎士

【集解】劉寅云：武騎士者，選擇材技之人乘騎以戰，謂之「武騎士」。

〔震案〕武，剛健勇猛也。騎士，騎兵材士也。

武王問太公曰：「選騎士奈何？」太公曰：「選騎士之法：取年四十已下①，長七尺五寸已上，壯健捷疾，超絶倫等，能馳騎彀射，前後左右，周旋進退，越溝塹，登丘陵，冒險阻，絶大澤，馳强敵，亂大衆者，名曰『武騎之士』，不可不厚也。」

【考異】①「已」，開宗、武備志、彙解、孫校本俱作「以」，下「長七尺五寸已上」，上述諸本皆如此，直解亦如此，詳武車士篇「取年四十已下」。

【集解】施子美云：人各有能，故選之各有法。能於車者，是爲武車士；能於騎者，是爲武騎士。

二者其能不同也，選士之法，亦因以異：所謂車士者，必其能逐奔馬，束縛旌旗，力能彀八石弩，射前後左右者，而後可；所謂騎士者，必其能壯健捷疾，超絶倫等，馳騎彀射，越溝壍，登丘陵，越險阻，絶大澤，馳强敵，亂大衆者，而後可。周人「戎車三百兩，虎賁三百人」，此則選車士之得其人也；霍去病以四十萬騎出塞，其所以將常選，此則選騎士之得其人也。車騎之士，必以年四十以下者，以其血氣方剛之時爲可用也；必以長七尺五寸以上者，蓋人長八尺，故有取於七尺五寸以上者焉。是二者，其才既異乎人，則其待之也亦不可輕，故皆不可不厚也。言待之必欲其厚也，其在吴子，有所謂「一軍之中，必有虎賁之士，力輕扛鼎，足輕戎馬，搴旗取將，必有能者」。此之類，選而别之，愛而貴之，是亦太公「不可不厚」之説也。○劉寅云：武王問太公曰：選簡騎士之法奈何？太公對曰：選簡騎士之法，取年方四十已下，身長七尺五寸以上，力氣壯健，行步捷疾，超過等輩，能馳騎彀射，或前或後，或左或右，周迴旋轉，以進以退，越溝塹之深，登丘陵之高，冒險阻之艱，絶大澤之水，馳强勇之敵，亂盛大之衆，名曰「武騎之士」，不可不重厚也。○黄獻臣云：此言騎戰用武士之法。當得上選，以時訓練。按陳俊卿疏曰：「陛下不忘騎者，志圖恢復耳。能任智謀之士以爲腹心，仗武猛之將以爲爪牙，明賞罰以鼓士氣，恢信義以懷歸附，則英聲茂烈，不出樽俎之間，而敵人固已逡巡於千里之遠，何必區區馳射於百里之内哉？」○朱墉云：等倫，同輩也。馳騁，馬也。彀射，挽射也。絶，過也。澤，水也。

〔震案〕長七尺五寸者，猶今之身高一七三釐米，詳武車士篇。捷疾，身手輕捷迅疾也。倫等，同輩、同類之謂。馳騎彀射，言於騎馬奔馳之間開弓射矢也。前後左右，射前後左右之敵也。周旋，追逐也，詳武車士篇。周旋進退，言騎馬與敵相追逐，進退自如也。溝塹，壕溝也。冒，犯也，有所遭逢而不顧也。澤，湖沼也。馳强敵，馳亦追逐也。亂，敗亂之也。大衆，大敵之衆也。厚，待之優也。

戰車

【集解】劉寅云：戰車者，以車與敵戰，務知其地形之便不便也。○黄獻臣云：此言用車以戰之法。

武王問太公曰：「戰車奈何？」太公曰：「步貴知變動，車貴知地形，騎貴知别徑奇道，三軍同名而異用也。凡車之死地有十①，其勝地有八②。」

【考異】①「之」下，直解、彙解、孫校本俱有「戰」字。

②直解、孫校本並無「其」字。

【集解】

施子美云：兵惟有異制，故亦有異宜。步也、車也、騎也，三者之制異也。步則利於馳逐，故貴知變動；車以陽燥而起，以陰濕而停，故貴知地形；騎所以爲軍之伺候，故貴知奇徑別道：其所宜不同也。三者雖不同，而同於爲兵，故三軍同名，名雖同而用則異，是又不可以其同而不別其宜，此三軍之所以同名而異用也。太宗嘗問衛公：「以車、步、騎三者一法也，其用在人乎？」靖則質之魚麗之陣，明以伐狄之事，謂「混爲一法，用之在人，敵安知吾車果何出，騎果何來，徒果何從」，是知車、步、騎有所異，亦有所同也。且以車言所用之地也，有以勝，亦有以敗，故死地有十，勝地有八。○劉寅云：武王問太公曰：以車與敵戰奈何？太公對曰：用步貴知敵之變動，用車貴知地之形勢，用騎貴知山林之別徑奇道，三軍同其名而異其用也。凡車戰，死地有十，勝地有八。

〔震案〕步、車、騎，步兵、車兵、騎兵。彼時騎兵方興，亦常見與車步戰並行者，詳龍韜奇兵篇「所以止車禦騎也」。變，權變也。動，行動也。別徑奇道，僻路也。用，功用也。死地，無退路，惟拚死戰耳。孫子九地篇「疾戰則存，不疾戰則亡者，爲死地」，「無所往者，死地也」。

武王曰：「十死之地奈何？」太公曰：「往而無以還者①，車之死地也。

【考異】

①彙解無「以」字。

【集解】

劉寅云：武王問曰：戰車十死之地奈何？太公對曰：前往而無以還返者，乃車之死地也，死地則無進。

「越絶險阻，乘敵遠行者①，車之竭地也。

【考異】

①直解無「者」字。

【集解】

劉寅云：越絶險阻之處，以乘敵人之遠行者，乃車之竭地也，竭地則無追。○朱墉云：乘，隨也。竭，無餘也。

〔震案〕絶，過也。乘，進逐也。竭，力盡也。

「前易後險者，車之困地也。

【集解】

劉寅云：前面平易，後面險隘者，乃車之困地也，困地則無出。○朱墉云：困，不能往來也。

〔震案〕易，平易地也。險，險阻地也。困，進退皆難行也。

「陷之險阻而難出者①，車之絶地也②。

【考異】

①「險」，講義作「陰」，此疑形近而誤。山海經中山經「又北三十五里曰陰山」，郭璞注：「亦曰險山。」蓋亦字形之訛而致。

②「地」，彙解作「道」。按此當作「地」。

【集解】

劉寅云：陷於險阻之處，難得而出者，乃車之絶地也，絶地則無戰。

〔震案〕絶，即無路可行。孫子九變篇「絶地無留」，李筌注：「地無泉井、畜牧、采樵之處，爲絶地，不可留也。」賈林注：「谿谷坎險，前無通路曰絶，當速去無留。」孫子所謂絶地以步兵言，此處言車，稍有異。

「圮下漸澤，黑土黏埴者①，車之勞地也。

【考異】

①「黑」，講義作「墨」。黑作墨，或以爲訛字，或以爲假借。周禮秋官司圜「凡害人者弗使冠飾」，鄭玄注：「著墨幪。」阮元校云：「釋文、大字本、岳本、嘉靖本作黑幪，當據以訂正。」是以墨爲黑之訛也。又朱駿聲説文通訓定聲頤部謂墨「叚借爲黑」，則黑與墨通。墨字从黑得聲，説文土部云「从土从黑，黑亦聲」，故可通也。「埴」，武備志作「填」，非，此蓋形近而訛。

【集解】

劉寅云：圮壞卑下、漸洳澤鹵之處，有黑土黏埴者，乃車之勞地也，勞地則無越。○朱墉云：圮，壞也。下，卑也。漸澤，漸洳澤鹵之虞也。

〔震案〕圮，毀塌也。孫子九變篇「圮地無舍」，曹操注：「水毀曰圮。」廣韻上聲旨韻「符鄙切」，讀如痞。漸，濕也，廣韻下平聲鹽韻「子廉切」，讀如尖。漸澤，沼澤也。埴，黏土也。黑土黏埴，亦沼澤之地也。勞，憊也。

「左險右易，上陵仰阪者，車之逆地也。

【集解】

劉寅云：左拒險阻，右澤平易，上越丘陵，仰向山阪者，乃車之逆地也，逆地則無攻。○朱墉云：上陵，上越丘陵也。仰，仰向山阪也。

〔震案〕阪，坡也。

「殷草横畝，犯歷深澤者①，車之拂地也。

【考異】

①「深」，直解作「之」，慶長本「深」、「之」兩存，開宗、武備志、彙解、孫校本俱作「浚」。

【集解】

劉寅云：殷盛之草横連田畝，犯歷深浚之水澤者，車之拂地也，拂地則無留。○朱墉云：殷，盛也。横，連也。犯，陷也。歷，過也。浚澤，深水也。拂，逆也。

〔震案〕歷，犯也。犯、歷皆遭遇之義。

「車少地易，與步不敵者，車之敗地也。

【集解】

劉寅云：車乘寡少，地勢平易，與步兵不能相敵者，乃車之敗地也，敗地則無止。○朱墉云：地易，地土平坦也。不敵，與步兵不能相當也。

〔震案〕平易之地宜多用車乘，車乘寡少，而不能與步兵之數相匹配，故曰敗。

「後有溝瀆，左有深水，右有峻阪者，車之壞地也。

【集解】劉寅云：後有溝瀆，而不能退，左有深水，右有峻阪，而不能馳者，乃車之壞地也，壞地則無前。

〔震案〕溝瀆，溝渠也。瀆，廣韻入聲屋韻「徒谷切」，讀如獨。峻，陡峭也。壞，戰敗也。

「日夜霖雨，旬日不止，道路潰陷，前不能進，後不能解者，車之陷地也。此十者，車之死地也。故拙將之所以見擒，明將之所以能避也。」

【集解】施子美云：大抵地不能皆利，而害者尤甚，自「往而無以還」之「死地」，至於「前不能進，後不能解」之「陷地」，凡十，有者皆害也。地不能無害，將貴於避害：拙將則不知於避，故見擒；而明將則知之，故能避。其在孫子，嘗論「絕澗、天井、天羅、天牢、天陷、天隙」之地，謂「吾遠之，敵近之，吾迎之，敵背之」，是亦欲人之知所避也。○劉寅云：日夜有霖雨，旬日不止也，道路皆潰陷，吾欲前不能進，後不能解脱者，此車之陷地也，陷地則謀出。已上十者，皆車之死地也，故無謀之將，所以見擒於人，明智之將，所以能避去也。

〔震案〕霖，久雨也。旬，十日也。潰，衆水流相交也。陷，塌陷也。解，脱也。陷地，困陷之地也。

武王曰：「八勝之地奈何？」太公曰：「敵之前後，行陳未定①，即陷之。旌旗擾亂，人馬數動，即陷之。士卒或前或後，或左或右，即陷之。陳不堅固，士卒前後相顧，即陷之。前往而疑，後恐而怯②，即陷之。三軍卒驚，皆薄而起，即陷之。戰於易地，暮不能解，即陷之。遠行而暮舍，三軍恐懼，即陷之。此八者，車之勝地也。

【考異】

①本篇「陳」字，講義、彙解皆作「陣」，開宗惟此作「陣」，慶長本惟下「陳不堅固」作「陣」，餘皆如字，詳龍韜軍勢篇「變生於兩陳之間」。

②「恐」，直解、開宗、武備志、彙解、孫校本俱作「往」，慶長本兩存之。

【集解】

施子美云：若夫「八勝」之地，則必因敵之勢而陷之，自「敵之前後，行陣未定」至於「遠行暮至，三軍恐懼」，皆勢之可因也。由是而陷之，宜無不勝矣。○劉寅云：武王問曰：戰車八勝之地奈何？」太公對曰：「敵之前後行伍陳勢未定，即馳而陷之；敵之旌旗擾亂，人馬頻數驚動，即馳而陷之；敵之士卒或前或後，或左或右，而無定止，即馳而陷之；敵人行陳不堅固，士卒前後相顧望，即馳而陷之；敵人欲前往而疑惑，後往而恐怯，即馳而陷之；敵人三軍倉卒驚擾，皆迫而起，即馳而陷之；與敵人戰於平易之地，日已昏暮，不能解脱，即馳而陷之；遠行於路，日暮方止，三軍又驚恐畏懼，即馳而陷之。此八者，皆車之勝地也。○朱墉云：陷之，以戰車而陷敵人也。

〔震案〕定，成也。陷，克也，破也。擾，亂也。數，屢也，讀如朔，詳武韜三疑篇「數餧食之」。或，猶有。或前或後，或左或右，言不齊整也。顧，視也。前、後，敵之前後行列。往，進也。怯，畏也。卒，讀爲猝，倉猝也。驚，驚擾也。廣韻入聲術韻「子聿切」，今普通話則與士卒之卒同音。薄，急迫也。起，發也。暮，日暮也。解，脱也。舍，止舍也。

「將明於十害、八勝，敵雖圍周，千乘萬騎，前驅旁馳①，萬戰必勝。」

武王曰：「善哉！」

【考異】

①「前驅旁馳」，武備志作「前馳旁驅」。

【集解】施子美云：勝敗之地若是，其明將能知之，則敵雖周圍千乘萬騎，前驅旁馳，吾何畏彼哉？以吾知所去取也，故雖萬戰必勝，此鄭伯之所以克北戎，馬隆之所以克梁州。若夫房琯、陳濤之戰，用古車法，而反以致敗，是豈善用車者哉？○劉寅云：爲將者，明於此十害、八勝，敵人雖圍周於我，車千乘，騎萬匹，吾驅之而前，馳之於兩旁，萬戰必勝矣。武王曰：公言善哉。○黄獻臣云：此言車戰之死地、勝地，以爲明將趨避之用。按陷敵之法，即步、騎無踰此，而避地當明九邊形勝。若舍塞上而傚古之戰，即毁車以行，木牛流馬（孔明運粮餉），亦難免於殷浩之覆矣（浩征姚襄敗，坐徙信州，甥送至江滸别，曰「富貴他人合，貧賤親戚離」）。○朱墉云：圍，繞也。周，匝也。

〔震案〕驅、馳，車馬疾奔也。旁，側翼也。

戰騎

【集解】劉寅云：戰騎者，以騎與敵戰，而欲取勝也。○黄獻臣云：此言用騎以戰之法。

武王問太公曰："戰騎奈何？"太公曰："騎有十勝九敗。"

【集解】

劉寅云：武王問太公曰：以騎與敵戰奈何？太公對曰：用騎兵取勝之術有十，敗地有九。

武王曰："十勝奈何？"太公曰："敵人始至，行陳未定①，前後不屬，陷其前騎，擊其左右，敵人必走。

【考異】

①本篇"陳"字，講義、彙解俱皆作"陣"，武備志惟下"敵人行陳不固"、"其行陳必亂"二處作"陣"，慶長本惟此處如字，餘亦皆作"陣"，詳龍韜軍勢篇"變生於兩陳之間"。

【集解】

劉寅云：武王問曰：騎之十勝奈何？太公對曰：敵人初至，行列陳勢未定，前後不相聯屬，吾即陷其前騎，或擊其左右，敵人必走矣。○朱墉云：不屬，不相聯接也。〔震案〕定，成也。屬，廣韻入聲燭韻"之欲切"，今普通話讀如主。陷，克也，破也。走，逃奔也。

「敵人行陳整齊堅固，士卒欲鬭，吾騎翼而勿去，或馳而往①，或馳而來，其疾如風，其暴如雷，白晝而昏②，數更旌旗，變易衣服，其軍可克③。

【考異】

①「或」下，直解有「騎」字。

②「而」，直解、開宗、武備志、彙解、孫校本俱作「如」，慶長本兩存之。

③「克」，武備志作「竟」。

【集解】

劉寅云：敵人行列陳勢整齊堅固，士卒欲與我鬭，令吾騎兵翼其左右而勿去，或馳之而往，或馳之而來，其勢如風之迅疾，如雷之暴猛，使白晝如昏暗，數更换吾之旌旗，變易吾之衣服，其軍必可克矣。○朱墉云：翼，兩旁夾擊也。勿去，勿舍置也。如昏，如夜也。數更，變易使不能測也。

〔震案〕馳，策馬追逐也。暴，急烈也。昏，日暮。數，屢也，讀如朔，詳武韜三疑篇「數餧食之」。更，變更也。易，亦變也。變易旌旗、衣服，所以轉换行陳，爲奇正、虚實之變也。克，戰勝也。

「敵人行陳不固，士卒不鬭，薄其前後，獵其左右，翼而擊之，敵人必懼。

【集解】劉寅云：敵人行陳不堅固，士卒不敢鬭，吾乃薄其前後，獵其左右，翼兩旁而疾擊之，敵人必懼矣。

〔震案〕薄，迫近也。獵，掠襲也。

「敵人暮欲歸舍，三軍恐駭，翼其兩旁，疾擊其後，薄其壘口，無使得入①，敵人必敗。

【考異】

①「無使」，開宗、武備志、孫校本俱作「使無」。

【集解】劉寅云：敵人值天暮，欲歸舍次，三軍恐懼驚駭，吾乃翼其兩旁，疾擊其後，迫其壘口，無使得入其屯營，敵人必敗矣。○朱墉云：舍，處所也。無使得入者，使敵人不得暮歸處所也。

〔震案〕壘口，營壘出入之口。

「敵人無險阻保固，深入長驅，絶其糧路①，敵人必飢②。

【考異】

①「路」，直解、開宗、彙解、孫校本俱作「道」。

②「飢」，武備志、彙解並作「饑」，詳文韜盈虚篇「而無飢寒之色」。

【集解】

劉寅云：敵人若無險阻保固，吾當深入長驅，斷絶其糧道，敵人必飢矣。○朱墉云：保固，收保自固也。

〔震案〕深入長驅，長途馳奔，深入我境也。飢，糧草盡也。

「地平而易，四面見敵，車騎陷之，敵人必亂。

【集解】

劉寅云：敵人所處之地平而且易，四面見敵於人，吾以車騎陷之，敵人必亂矣。○朱墉云：四面見敵，四面皆見受敵於人也。

〔震案〕見，讀爲現，猶暴露也。車騎，車即戰車，騎則騎兵。此車騎戰並行之例，詳龍韜奇兵篇「所以止車禦騎也」。

「敵人奔走，士卒散亂，或翼其兩旁，或掩其前後，其將可擒。

【集解】劉寅云：敵人士卒奔走散亂，吾或翼擊其兩旁，或掩襲其前後，其將可擒矣。

〔震案〕奔走，逃奔也。掩，襲擊也。

「敵人暮返，其兵甚衆，其行陳必亂。令我騎十而爲隊①，百而爲屯②，車五而爲聚，十而爲群，多設旌旗，雜以强弩，或擊其兩旁，或絶其前後③，敵將可虜④。此騎之十勝也。」

【考異】

①「騎」下，開宗、武備志、孫校本俱有「士」字。

②「百」，孫校本作「八」，蓋爲訛誤。

③「絶」，開宗作「雜」，蓋涉上「雜以强弩」而訛。

④「虜」，開宗、武備志、彙解俱作「擄」。擄，虜後起字。集韻上聲五姥韻：「虜（擄），説文『獲也』，或从手。」

【集解】劉寅云：敵人日暮而返，其兵士甚衆，其行伍陳勢必亂。令我騎兵十而爲一隊，百而爲一屯，車五而爲一聚，十而爲一群，多設置旍旗，錯雜以强弩，或翼擊其兩旁，或斷絶其前後，敵將可虜矣。此已上乃騎之十勝也。按十勝而止有八，恐脱簡耳。

〔震案〕隊、屯、聚、群，皆戰騎編制之數，詳均兵篇「十車爲聚，二十車爲屯」。設，置也。雜，廣雅釋詁三「聚也」。雜以强弩，集强弩之力也。絶，割截也。虜，獲也。

武王曰：「九敗奈何？」太公曰：「凡以騎陷敵，而不能破陳，敵人佯走，以車騎返擊我後①，此騎之敗地也。

【考異】

①「返」，彙解作「反」。返、反古通用，詳虎韜壘虚篇「未定而復返者」。

【集解】

劉寅云：武王問曰：騎之九敗奈何？太公對曰：凡以騎兵陷敵，而不能破散其陳，敵人佯敗而走，以車騎返邀擊我後，此騎兵之敗地也。

〔震案〕陷，猶攻擊。佯，詐也。

「追北踰險，長驅不止，敵人伏我兩旁①，又絶我後，此騎之圍地也。

【考異】

①「旁」，武備志作「傍」。傍亦當讀爲旁，謂側邊。廣韻下平聲唐韻：「傍，亦作旁，側也。」

【集解】

劉寅云：吾追敵人之奔北，踰越險阻，長驅不止，敵人伏我兩旁，又斷絶我後，此乃騎兵之圍地也。

〔震案〕長驅，長途馳奔也。絶我後，斷我後退之路也。

「往而無以返，入而無以出，是謂陷於天井①，頓於地穴，此騎之死地也。

【考異】

①「於」，武備志作「于」，下「頓於地穴」、「三軍戰於兩水之間」亦皆如此。

【集解】

劉寅云：往而無以還返，入而無從以出，是謂陷於天井之内，頓於地穴之中，此乃騎兵之死地也。○朱墉云：頓，困頓也。

〔震案〕陷，陷入也。天井，四面環山，低窪水匯之地。孫子行軍篇「天井」，張預注：「外高中下，衆水所歸者爲天井。」地穴，大坑也。

「所從入者隘，所從出者遠，彼弱可以擊我强，彼寡可以擊我衆，此騎之没地也。

【集解】

劉寅云：所從入者狹隘，所從出者迂遠，彼弱可以擊我之强，彼寡可以擊我之衆，此乃騎兵之没地也。

〔震案〕此没地猶孫子所謂圍地也，九地篇「所由入者隘，所從歸者迂，彼寡可以擊吾之衆者，爲圍地」，杜牧注：「出入艱難，易設奇伏覆勝也。」没地者，言我騎爲敵奇伏所襲而覆没也。

「大澗深谷，翳薉林木①，此騎之竭地也。

【考異】

①「薉」，直解、開宗、武備志、彙解、孫校本俱作「茂」，慶長本兩存之。

【集解】

劉寅云：凡遇大澗深谷，及林木翳茂之處，此乃騎之竭地也。○朱墉云：山夾水曰澗，水流溪曰谷。翳，蒙蔽也。茂，盛也。竭，力盡也。

〔震案〕翳薉，蕪草叢生，遮蔽道路也。薉，蕪草也，廣韻去聲廢韻「於廢切」，讀如穢。孫子行軍篇「蘙薈者，必謹覆索之，此伏姦之所處也」，此蘙薈與翳薉音義俱同，梅堯臣注：「皆蘙薈足以蒙蔽，當掩搜，恐有伏兵。」惟孫子以步兵言，恐敵人設伏，故謂其伏姦之所處；而太公以騎兵言，恐道路難行，故謂其竭地也。

「左右有水，前有大阜，後有高山，三軍戰於兩水之間，敵居表裏，此騎之艱地也。

【集解】

劉寅云：左右有深水，前面有大阜，後又有高山，吾三軍戰於兩水之間，敵人居於表裏，此乃騎兵之艱地也。○朱墉云：阜，土山也。

〔震案〕居，據也。居表裏者，言據内外有利之地也。艱，險惡也。詩小雅何人斯「其心孔艱」，朱熹集傳：「艱，險也。」

「敵人絶我糧道，往而無以返①，此騎之困地也。

【考異】

①「返」，直解、開宗、武備志、彙解、孫校本俱作「還」。還，猶返也。爾雅釋言：「還、復，返也。」説文辵部：「返，還也。」

【集解】

劉寅云：敵人斷絶我糧道，有往之路，而無還返之道，此乃騎兵之困地也。

「汙下沮澤，進退漸洳，此騎之患地也。

【集解】

劉寅云：汙下沮澤之中，進退泥濘漸洳，此乃騎兵之患地也。

〔震案〕汙，低窪也。大戴禮記少閒「汙地土察」，盧辯注：「汙，下濕地也。」沮，濕也，讀去聲。沮澤，即沼澤地也。禮記王制「居民山川沮澤」，陸德明釋文「沮，將慮反」，「沮洳也」，孔穎達疏引何胤云：「沮澤，窪也。」漸，濕也，讀如尖，詳戰車篇「圮下漸澤」。洳，亦濕也，讀去聲。低濕之地，泥濘難行，故爲騎之患地。

「左有深溝，右有坑阜，高下如平地，進退誘敵，此騎之陷地也。此九者，騎之死地也①，明將之所以遠避，闇將之所以陷敗也。」

【考異】

①「騎」，武備志作「地」，此亦蓋爲誤字。

【集解】

施子美云：料敵制勝，計險阨、遠近，上將之道也。騎有十勝九敗，其所以去敗而從勝者，則在夫將之能矣。古之用騎以勝者，在漢則韓信、灌嬰、霍去病、衛青、李廣之徒，在唐則李靖、尉遲敬德、李光弼、薛仁貴之徒，皆騎將也。使數君子不知夫騎之勝負之地，則亦何以能成功耶？騎不得成列，則韓信未敢下井陘；敵勢有可取，則光弼因以用論、郝。騎有可用，宜無不勝，如不可用，得無避乎？自敵人行列未定以下，皆其取也，故勝，惟其可以勝，所以能走敵、克敵。所存止於八者，意其傳者之失之也，亦不曾害其爲勝也。若夫九敗之地，則敵之所不利之地，故明將必遠避之，而闇將不能避，所以敗也。○劉寅云：左有深浚之溝，右有坑阜之險，高下只如平地，進退則誘敵之來，此乃騎兵之陷地也。此已上九者，皆騎之敗地也，明智之將所以能遠避，昏闇之將所以必陷敗也。愚按車騎之敗，皆以地言者，謂吾自陷於地形之未便而致敗，非人敗之也。吾能審而避之，則豈能敗之哉？車騎之勝，皆以敵言者，謂敵有可乘之形，即馳而勝之也。敵若無可乘之形，則豈能勝之哉？故敗者自敗也，非人敗之；勝者非自勝也，因人之形而取勝也。孫子曰「兵因敵而制勝」，其此之謂歟？○黄獻臣云：此列騎戰之十勝九敗，以爲明將趨避之用。按車必以騎爲羽翼，騎可舍車以爲戰，或衝或追，兼握其長。使馬多蹄齧（高歡御馬不加羈而剪之，竟不蹄齧，謂尔朱榮曰「御惡人亦猶是矣」），而敗群（武帝問「牧何以盛」，卜式曰「惡者輒去，無令敗群」），藝不養繇基（楚將善射，每驕色於巧中，遇一弄丸者曰：「公能置乎中，上下迭輪否？」乃抛換婉轉曰「不過專習耳」），射不穿七扎（繁人爲晉平公製弓，乃射，不能穿一扎，將殺之，其妻請見，曰「射之道，左手如拒，右手如附，右手發之，左手不知」，如其言，射穿七扎），雖非可避之地，能制勝者鮮矣。太公於車騎之敗，皆以地言者，謂吾自陷於可敗之地而取敗也；於車騎之勝，皆以敵言者，謂因敵有可勝之形而制勝也。孫子亦曰「地形，兵之助也」，又曰「兵因敵而制勝」，良有以夫！○朱墉云：坑，深坎也。高下，一高一下也。

〔震案〕阜，土山也。坑阜，即起伏之地，車騎難行也。高下如平地，言地勢平坦，便騎戰也。誘，引也，致也。陷，潰敗也。闇，昏昧也，音與暗同。

戰步

【集解】

劉寅云：戰步者，以步兵與車騎戰，而欲取勝也。

武王問太公曰：「步兵、車騎戰奈何①？」太公曰：「步兵與車騎戰者，必依丘陵險阻，長兵强弩居前，短兵弱弩居後，更發更止。敵之車騎雖衆而至，堅陣疾戰②，材士强弩，以備我後。」

【考異】

①「兵」下，講義、開宗、武備志、彙解、孫校本俱有「與」字。慶長本校存二説，其一作「步兵、車騎戰」，其一作「步與車騎戰」。按此處當有「與」字。本篇題曰戰步，所言者步兵戰法，故武王所問，當爲我之步兵與敵之車騎作戰之法也。下太公亦以「步兵與車騎戰者」對答。

②「堅」上，武備志、彙解、孫校本俱有「吾惟」二字。本篇「陣」字，開宗、孫校本皆作「陳」，下「爲四武衝陣」，武備志、慶長本亦如此，詳龍韜軍勢篇「變生於兩陳之間」。

【集解】

施子美云：太公均兵之法，謂「一車當步卒八十人」，「一騎當步卒八人」，則車騎之勢盛，而步兵之勢微也。然北戎侵鄭，鄭伯謂「彼徒我車，懼其侵軼我」，是則步兵亦可用也，而所以用之，則貴乎得地。以步兵與車騎戰者，必依丘陵、險阻，必依乎是者，欲恃是以爲固也。太宗論此，乃以「天隙之地，丘墓故城」爲疑，曾不知「九地之變，屈伸之利」，孫子所言也，宜衛公以謂「我得爲之利，豈宜反去之」，是則步兵必欲依險也。況又前之以長兵强弩，繼之以短兵弱弩。長兵强弩所及者遠，故前之；短兵弱弩所及者近，故後之。又且更發更止，可以迭戰而久，敵車騎雖衆而至，必堅陣疾戰以禦之，而以材士强弩備之，若是則何爲不勝？○劉寅云：武主問太公曰：步兵與車騎戰，爲之奈何？太公對曰：步兵若以車騎戰，必依丘陵險阻之地，以長兵强弩居前，以短兵弱弩居後，更迭而發，更迭而止。敵人車騎雖衆而至，吾堅陣疾戰，以材士强弩防備其後。○朱墉云：高阜曰丘，崇岡曰陵。更發，更番而發。更止，更番而止息也。備後，防其攻我後也。

〔震案〕車騎，即車兵、騎兵也。彼時騎兵方興，亦常見與車步戰並行者，詳龍韜奇兵篇「所以止車禦騎也」。此言步兵、車騎戰者，謂我之步兵戰敵車騎也。長兵、短兵，長短有二説：其一以殺傷所及之遠近而言。司馬法定爵篇「凡五兵五當，長以衛短，短以救長」，劉源注：「長兵，弓矢是也。短兵，殳、矛、戈、戟是也。」弓矢及遠，而殳、矛、戈、戟皆近戰也，故云。又一以兵器持握之柄長短而言。孫臏兵法威王問「長兵在前，短兵在□」，整理小組注釋云：「古謂長柄兵器爲長兵，如戈矛（有時也用以指弓弩）」；謂短柄兵器爲短兵，如刀劍。」此處似當以前説爲是。强弩及於遠，而弱弩不及。故長兵、强弩皆居前，所以殺傷遠敵也；短兵、弱弩皆居後，所以便近搏也。發，派發出戰也。衆，多也。堅，固守也。疾，急烈也。材士，勇武善戰之士也。備，豫防也。

武王曰：「吾無丘陵，又無險阻，敵人之至，既衆且武，車騎翼我兩旁，獵我前後，吾三軍恐怖，亂敗而走①，爲之奈何？」

【考異】

①「敗」，彙解作「散」，蓋爲形近傳寫之訛。

【集解】劉寅云：武王問曰：吾無丘陵險阻而依之，敵人之至，既衆且多武勇，以車騎翼擊我兩旁，獵取我前後，吾三軍驚恐畏怖，皆亂敗而走，則爲之奈何？○朱墉云：武，驍勇也。獵，蹂踐剪取也。

〔震案〕翼，張左右翼擊之也。

太公曰：「令我士卒爲行馬、木蒺藜①，置牛馬隊伍，爲四武衝陣。望敵車騎將來，均置蒺藜，掘地匝後，廣深五尺，名曰『命籠』。人操行馬進步②，闌車以爲壘③，推而前後，立而爲屯，材士强弩，備我左右，然後令我三軍，皆疾戰而不解④。」武王曰：「善哉！」

【考異】

①講義無「木」字。

②「步」，講義作「退」，慶長本兩存之。

③「闌」，武備志作「攔」。攔，闌後起字。廣韻上平聲寒韻：「攔，階際木句攔，亦作闌。」

④「不」，講義、慶長本並作「必」。作「不」，則下「解」字訓止息；作「必」，則訓解脱也。上云

「車騎翼我兩旁，獵我前後」，此言我疾戰必能解脱於敵也。

【集解】

施子美云：武王又慮夫無險阻可恃，而軍士恐怖，則何以哉。若此之地，宜以拒禦爲尚。爲蒺蔾，置牛馬隊伍，作四武衝陣，堀地爲命籠，操行馬以闌止之，使材士强弩以備之。凡此者，皆拒禦也。李衛公嘗答太宗蒺蔾、行馬之問，謂守禦之具，非攻戰之施，而太公於此，乃以爲戰具者，蓋惟有以拒之，而後可以勝之。然太公豈專以是爲勝哉？必繼之以三軍疾戰，而後可以解。若太公者，可謂籌之審而計之善矣，武王安得不稱善？○劉寅云：太公對曰：令我士卒爲行馬、木蒺藜，置牛馬隊伍。牛馬隊伍，如爾朱兆圍齊神武於高陵山，神武連繫牛驢，爲隊而塞其闕之類是也。又令鋭士結爲四武衝陣，望敵車騎將來，均置蒺藜，掘地周匝，廣深各五尺，名曰「命籠」。令人操行馬進退，闌軍以爲壘，推而前，推而後，立之以爲屯，材士强弩備禦左右，然後令我三軍皆與之疾戰，而必得解免。武王曰：公言善哉。○黄獻臣云：此言用步兵以勝車騎之法。步兵有險可依，則當堅陣迭出疾戰；無險可依，當置行馬、蒺藜爲壘，以四武衝陣疾擊不解，亦可取勝。按步以濟車之用，補騎之偏，誠爲長技，然召募四馳，釀成鼎沸，此其故何哉？宋之戰淮以北，故能取勝，當今神京控燕，漁陽、上谷之外，沙漠連天，湍輪疾足，揚塵晝暝，何繇見其人馬，而砍其胸足乎？若必按往跡而運籌，雖禁中頗、牧（宣宗嘗訪邊務，畢誠援質古今，具識時事，號「禁中頗、牧」），諒難遥度要。惟有所以節制於上，有所以聯屬其間，如遺書無恙，李晟不敢言家（朱泚使晟親信，遺書於晟曰「公家無恙」，晟怒其爲賊作間，立斬之）；脱粟不充，孔奂不能獨飽（殷綺餽奂稻縑，謝曰「人方脱粟不充，衣不蔽體，豈能獨享温飽」）；韓世忠威望素著，而望見者咋舌就擒（忠素有威望，苗傅之變，挺戈直前，見者皆咋舌曰「此韓將軍也」，跪就縛）；安守忠戴燕首自如，而操戈者獻首陛下（忠鎮易州，有軍校搆變，聚衆操戈，閽者卒入報，坐客避席，忠徐曰「此輩酒狂耳」，屬觥未畢，梟首倡者，獻階下矣）。不行馬而堅，不蒺藜而固，又何車騎之足難吾步兵哉？○朱墉云：行馬，所以拒守者。木蒺藜，所以止行人者。均，齊也。匝，周也。命籠，言爲三軍之命所係也。操，執行馬以前也。闌，闌蔽車前也。屯，聚也。營，舍也。

〔震案〕爲，置備也。行馬、木蒺藜，詳龍韜農器篇「其行馬、蒺藜也」。置，設立也。牛馬隊伍，馬即戰馬，馬隊，猶車騎也，牛，蓋如齊將田單置火牛陣之類是也。史記田單列傳云：「田單乃收城中，得千餘牛，爲絳繒衣，畫以五彩龍文，束兵刃於其角，而灌脂束葦於尾，燒其端。鑿城數十穴，夜縱牛，壯士五千人隨其後。牛尾熱，怒而奔燕軍，燕軍夜大驚。牛尾炬火光明炫燿，燕軍視之皆龍文，所觸盡死傷。五千人因銜枚擊之，而城中鼓譟從之，老弱皆擊銅器爲聲，聲動天地。燕軍大駭，敗走。」其法又見武經總要前集卷一一火攻：「火牛，古法也。用牛前膊縛槍，其刃向外，以樺皮細草注尾上，驅其首向敵。發火，其牛震駭前奔，敵衆必亂，可以乘之。」四武衝陣者，謂以武士結爲四陣，併力而衝擊之耳。望，候望也。均，偏也。置，布設也。掘地匝後，挖塹壕繞我後方也。廣，闊也。籠，有掩蔽之義。慧琳音義卷九二「籠罩」：「籠罩二器皆覆也。」文選卷三一江淹雜體詩擬鮑昭戎行「寒陰籠白日」，張銑注：「籠，蔽也。」操，持也。進步，緩行而前。闌車，以車攔隔也。壘，兵壘、壁壘也。推而前後，推行車壘隨敵進退也。立，止定也。屯，駐屯也。備，備禦也。解，止息也。周禮天官叙官「掌舍」鄭玄注：「舍，行所解止之處。」孫詒讓正義引王引之云：「解猶休也，息也，止也。」

六韜附録

校訂銀雀山漢簡六韜

一九七二年，山東臨沂銀雀山漢墓出土竹簡四千九百餘枚，經整理編排，可知這批竹簡的内容包含孫子兵法、孫臏兵法、六韜、尉繚子等書。其中，六韜簡十四組，部分内容可見於傳本六韜及群書治要、通典、太平御覽所引。銀雀山簡文由漢簡整理小組進行了釋讀及注釋，第一輯於一九七五年經文物出版社出版，一九八五年修訂再版。現將一九八五年版銀雀山漢墓竹簡〔壹〕所收六韜簡十四組重作校訂，移録於此。此次校訂，在比對圖版和摹本的基礎上，參照吴九龍銀雀山漢簡釋文及相關傳世文獻，對個別釋文有所訂正，並對注釋作了全面校覈和補正。

除上述訂正外，釋文的行款格式、標點符號及各簡順序編號皆一仍其舊。標點用例如下：凡簡文殘泐不能辨識，以「□」標識；若缺文因簡片殘斷所致，且在五字以下，則以

「【□】」標識；缺文五字以上，或數目難以推定，則以「……」標識；缺文據上下文補出，所補之字亦外加魚尾括號；簡文誤字下所注正字，外加「〈〉」。特此說明。

一

此篇在傳本六韜中爲文韜文師篇，居全書之首。群書治要（據阮元輯宛委別藏收日本擺印本，以下簡稱治要）卷三一所録文韜以此爲序。

……非羆（熊）①，非虎非狼，得王侯公。天六三一……□爲禹卜□□②六三二……□田于渭之陽③。呂尚坐【□□】漁④。文王勞而問【□□】⑤：「子樂漁乎？」呂尚曰：「吾六三三……細人樂得其事⑥。今吾虞⑦……□何胃（謂）虞【□□】佁（似）⑧？」呂尚曰：「夫漁有三權。等以權【□□】六三四以禁官。夫漁求得，其請（情）深六三五……也。根深……請（情）也。君子【□□□】親，親生而事生之，請（情）也。六三六……事之極也。吾言不諱，六三七……明，小魚食之。緡周（調）【□□□】魚食之。夽緡重餌，大魚食之。魚【□□□□】六三八牽於緡，人食其禄而服於君。故以餌取魚，

【魚】可殺也⑨；以禄取人，人可渴（竭）；以家六三九……□遠。聖人蜀（獨）知蜀（獨）聞蜀（獨）見⑩。樂才（哉）聖人。大（太）上歸其六四〇次𣗳（樹）斂⑪。」文王曰：「𣗳（樹）斂何如而天下歸之？」吕尚曰：「【□】下非一人之天下也，天下之天下也。國非一人國也，六四一……仁之所在，天下歸之。□□六四二……羛（義）之所在⑫，天下歸之。凡民者，樂生而亞（惡）死，亞（惡）危而歸利。能生利六四三……文王再拜曰：「敢毋受天之詔命乎？」六四四……

★　★　★　★　★　★

……下。大人之𣗳（樹）□⑬六四五……

……□以人𣗳（樹）也。𣗳（樹）才（財）以□六四六……

……□□⑭，𣗳（樹）□以取國，𣗳（樹）國以取天下，□六四七……

【考異】

①「羆」字从「罷」得聲，簡本借「罷」爲「羆」。

②「爲」上一字已殘，似是「龜」字。

③「田」上一字唯存殘畫，不似「馬」字，亦不似「王」字。

④此篇通篇稱太公爲吕尚，蓋以吕尚此時尚無太公稱號也。宋本及治要皆作太公。

⑤「問」下所缺當是「之曰」二字。但此處亦可能只缺一字，或無「之」字。

⑥「人」上一字殘存「糸」旁，據文義定爲「細」字。簡本六韜「其」字絶大多數寫作「亓」，釋文逕書作「其」。

⑦「虞」、「漁」古音相近，「虞」疑當讀爲「漁」。但簡本上下文皆有「漁」字，唯此句及下一句用「虞」字，似以此二「虞」字爲思虞之虞，而不以爲「漁」之借字。

⑧「何」上一字唯存殘畫，似非「曰」字。「佁」从「台」聲，「似」从「以」聲，古音相近，簡本以「佁」爲「似」。

⑨「魚」字下因簡斷而缺重文號，今據宋本及治要補出「魚」字重文。

⑩「……□遠聖人蜀知蜀聞蜀見」，宋本作「……其光必遠。微哉，聖人之德，誘乎獨見」。「遠」上一字唯存殘畫，似非「必」字。

⑪「大上」一句當有脱文，疑本作「大（太）上歸□（或□□），其次樍（樹）斂」。宋本似有脱誤。

⑫「羛」字已殘，即「義」字。簡本六韜「義」字皆作「羛」（見七二三、七四七及七五六號簡），與墨子古文「義」字略同。此殘文與其下端相似，故定爲「羛」字。

⑬以下三條殘簡之内容似皆與「樹斂」有關，疑屬此篇，其原來位置可能在六四一號、六四二號

簡之間。

⑭此處最末一字及下文「梪」下之字，當是同一字，二字皆殘泐，從殘存筆畫看，似是「家」字或「衆」字。

二

此篇在傳本六韜中爲六韜六守篇。

●文王問大（太）公望曰：「君國王民者，其所以失之何？」大（太）公望曰：「不慎所予也。君有三器六守，臣有六四八……忠，四曰信，五……奈何？」大（太）公望曰：「富之，觀其毋犯也。貴六四九……觀其毋專也。使之，觀其毋㥯（隱）【□】之，觀其毋□①。事之，觀六五〇……不剸者②，忠。使之不㥯（隱）者，信。危之不……者，謀。富勿使貴，貴勿使富。忠者毋遠君，信者毋遠六五一……遠事。君慎……器作（借）人，作（借）【人】則君將失其威③。」六五二……三菒（寶）④。戎（農）壹其鄉則□□⑤，工壹其鄉六五三……三菒（寶）有處，民乃六五四……毋富於君，都毋大□六五五……□，是胃（謂）九交。六守安君能長，三葆（寶）定則君六五六……君无央（殃），九交親則君□⑥六五七……

★　★　★　★　★　★

……□罷天之度，臣有三勸⑦六五八……□信，三勸乃親。六懷皆得，何人不服。三勸不親，游六五九戎在身。六還〈懷〉无常，游戎六六〇……□親，六懷有常，天下皆安和乃立王。故六六一……大安。●尚正⑧六六二

【考異】

①「使之觀其毋㥯【□】之觀其毋□」，宋本作「使之而觀其無隱，危之而觀其無恐」。簡本「㥯」字與下「之」字之間當缺一「危」字或「也危」二字，今暫定爲一字。

②「剸」，當讀爲「專」或「轉」。

③「……器作人作【人】則君將失其威」，宋本作「人君無以三寶借人，借人則君失其威」，治要作「君無以三寶借人，以三寶借人，則君將失其威」，敦煌寫本作「無以三寶借人，借人則君將以失

其威」。疑簡本上句原作「毋以三器作（借）人」，三器即三寶。簡本「人」字下原應有重文號，已磨滅不可見，釋文據各本補出「人」字重文。「乍」、「昔」二字古音相近，簡文「作」讀爲「借」。

④「菜」即「葆」字簡體。「葆」、「寶」二字古通。

⑤「戎」、「農」二字古音相近，銀雀山竹簡多借「戎」爲「農」。

⑥「……君无央九交親則君□……」，宋本、敦煌寫本及治要皆無此文。簡本上文曾言及「九交」，故此簡當屬本篇無疑。此殘簡有可能是簡首，文字與上簡緊接，其間無缺文，頂端「君」字乃衍文，「三菜（寶）定則君无央（殃）」應連爲一句讀。但也存在另一種可能，即此簡非簡首，頂端「君」字非衍文，其上尚有缺文，「六守安君能長」以下一段文字，本作「三葆定則君□□……【則】君无央，九交親則君□□」。

⑦此簡言「臣有三勸……」，以下三簡言及「三勸」、「六懷」，皆不見於今本六守篇。但簡本此篇六四八號簡謂「君有三器六守，臣有……」，「臣有」下所缺之字很可能即爲「三勸六懷」，故六五八號以下四簡有可能屬於本篇，其位置似當在六五五號、六五六號二簡之間。本篇有關「九交」之文亦不見於今本，可見今本删節甚多。

⑧此殘簡上端斷口與本篇末之六五七號簡下端斷口似相吻合。如六五七號簡確爲簡首（參看注⑥），二殘簡綴合後，六六二號簡組痕位置正與他簡第一道組痕相當。若此二簡確實銜

接，簡本此篇末句應爲「九交親則君□大安」，篇名應爲尚正。

三

此篇在傳本六韜中爲文韜守土篇。簡本篇末標題亦作守土。

●文王問大（太）公望曰：「守土奈何？」大（太）公六六三……□而人食之。日中必衛（熭），□①六六四……人將來。□六六五……不終其世。六六六……敬其衆則和，□六六七……殆。是胃（謂）仁之紀。方冬甚寒，不能□湅②。方夏甚暑，不能冣（聚）功。賢民群居，國有大凶。數六六八……奪之威。息其明，因順其常。□則□【□】□悳（德），逆則扢之……國家和服。●守土③六六九

【考異】

①「日中必衛」，宋本作「日中必彗」，「衛」、「彗」皆當讀爲「熭」。説文：「熭，暴（曝）乾也。」漢書賈誼傳所載賈誼疏以此爲黄帝語，「彗」作「熭」，臣瓚注引六韜亦作「熭」，即「熭」之別體。宋潭本新書、通志賈誼傳及顔氏家訓書證引賈誼傳，皆作「熭」。簡本「衛」下一字僅存左側

「手」旁，疑即「操」字。

② 「湅」上一字右半不清，可能即「淩」字。

③ 「守土」，此爲本篇標題，上有一圓點與本文隔開。

四

—文王問大（太）公望曰：「守國奈何？」大（太）公望曰：「資（齋），□□君天地之經、四時之所生、仁聖之道、民機①六七〇……面再拜曰：「□【□□】地經、四時之所生、仁聖之道、民機之請（情）②。」大（太）公望曰：「夫天生四時，地六七一【□】萬才（材），天下有民，……物生；夏道長，【□□□】；□道實，萬物盈；冬大瓶（藏）③，六七二……則復起，反其所終始，莫……爲天地□六七三……和之。至道然。故仁聖之在天六七四……矣。故因其恒常，示之其所明，□六七五……動而爲機，機動而得失爭矣。應和曰發之陰，會之陽，六七六……

【考異】

①「資」字从「次」聲，「齋」字从「齊」聲，古音相近，簡文「資」字借爲「齋」。此簡「機」字下半已殘，左邊無「木」旁。本篇其他「機」字「木」旁皆在下，此字當亦如此。

②「……面再拜曰□【□□】地經四時之所生仁聖之道民機之請」，敦煌寫本此段作「王潔七日，北面再拜曰：敢問天地之理經、四時所生、聖之道、人機之情」。簡本「曰」下一字僅存殘畫，似是「敢」字。「地」下脱「之」字。

③「瓶」當爲「臧」之古體。

五

此篇在傳本六韜中爲武韜發啓篇。

文王才（在）酆，召大（太）公望曰：「於乎（嗚呼）！謀念𢦏（哉）①！啻〈商〉王猛極秋罪不我舍②。女（汝）嘗助予務謀，今我何如？」對曰③：「王其六七七脩（修）身，下賢，惠民，以觀天道。【天道】无央（殃），不可先昌（倡）④；人道無𢦏

(災)⑤，不可先謀。必見其央(殃)，有(又)見其𢦏(災)，乃六七八可以謀。必見其外，有(又)見其内，乃知其遂。必見【□】陽，有(又)見其陰，乃知其心。必見其人，有(又)見其親，乃知六七九其請(情)。行其道，可至也。從其……□可成也。爭强者，爭勝者也。全勝可得。全勝不斲(鬭)，六八〇大兵无創，與鬼神通⑥。美(微)才(哉)⑦！與民人同悳(德)，【□】利相死⑧，同請(情)相成，同亞(惡)相助，同好相趨。毋(無)甲兵而勝，六八一毋(無)衝龍(隆)而功(攻)，毋(無)渠詹(幨)而守⑨。大知(智)不知(智)，……天下啓之。害人者，天下閉六八二……天下，天下之天下。天下如遂(逐)野鹿⑩。六八三……之。毋取民者取民，毋取國者取國，毋取天下者取天下。取民者，民利之；取□者，□利之；取天下六八四者，天下利之⑪。道在不可見，【□□□】可聞，勝在不可知。微才(哉)⑫！執(鷙)鳥將執，庳(卑)蜚(飛)翕翼⑬；虎六八五狼將狭，弭耳固伏⑭；聖人將動，必有愚色。維文維悳(德)，孰爲之戒？弗觀，亞(惡)知其極⑮？今皮(彼)殷商，衆口六八六相惑，訨訨譔譔，恬惔(淡)隨意，好道无極，是胃(謂)毚(毚)文，亡國之聲也。吾觀其野，草茅勝穀；吾觀其六八七衆人，群曲笑直。吾觀其君子，衆賤枉直。敗法亂刑，上不知覺，亡國之則也。大上好化（貨），群臣好得⑯，六八八……明發，萬物皆發；，仁發，萬物皆利；，兵發，萬物皆服。六八九聖人之悳（德），□乎蜀（獨）聞蜀（獨）見，樂才（哉）聖人。」六九〇……

【考異】

①「我」疑即「戋」之别體，在此讀爲「哉」。

②「啇」、「商」二字形近，簡本「啇」字當爲「商」之誤字。太平御覽卷八四引周書：「文王獨坐，屏去左右，深念遠慮，召太公望曰：帝王猛暴無文，强梁好武，侵凌諸侯，苦勞天下，百姓之怨心生矣。其灾予奚行而得免於無道乎？」意與此篇首段相近。「帝王」亦爲「商王」之誤，與簡文誤「商王」爲「啇王」同例。

③簡文「對」字从「口」，見説文。

④「【天道】无央不可先昌」，宋本作「天道無殃，不可先倡」，治要作「天道無殃，不可以先唱」。「倡」、「唱」二字古通用，簡文作「昌」，用借字。簡本上文「惠民以觀天道」、「天道」二字本當皆有重文號，因竹簡殘損缺去。釋文據宋本及治要補出「天道」二字。

⑤「我」、「災」古通。

⑥「與」本作「𠑹」，即「與」之古文（見説文）。銀雀山草體簡中「與」往往作「𠑹」。

⑦「美」、「微」二字古音相近。

⑧「與民人同悪【□】利相死」，宋本作「與人同病相救」，治要作「與民同利，同病相救」，簡本所缺一字當爲「同」字。

⑨「衝龍」與「渠詹」對舉。淮南子氾論「晚世之兵，隆衝以攻，渠幨以守」，以隆衝與渠幨對舉。隆衝爲攻城之械，淮南子兵略稱爲「衝隆」（「故攻不待衝隆雲梯而城拔」），即簡文之「衝龍」（「龍」、「隆」音近）。渠詹，即淮南子所謂渠幨，高誘注：「幨，幰，所以禦矢也。」墨子備城門「城上之備」有渠譫，戰國策齊策五云「百姓理襜蔽」，此處簡文則作「渠詹」，「譫」、「襜」、「詹」皆應讀爲「幨」。渠幨即張於城上以防矢石之設備。又孫臏兵法威王問二七一號簡有「蝁寒」，「蝁」與「渠」通，「寒」疑當讀爲幨幰之幰，或捍蔽之捍。蝁寒亦渠幨也。渠幨又謂渠答。墨子備城門：「城上二步一渠，渠立程丈三尺，冠長十尺，辟長六尺。二步一荅，廣九尺，袤十二尺。」「荅」即「答」字。渠是直立的木架，其上張答，依靠彈力以折矢石之勢。「答」、「幨」二字古音相近，「渠答」疑即「渠幨」之音變。尉繚子武議：「古人曰：無蒙衝而攻，無渠答而守。」尉繚子有時襲用六韜之文（如武議「殺一人而三軍震者」一段，與龍韜將威之文基本相同），此所謂古人語疑即引自六韜。

⑩「天下如遂野鹿」，宋本作「取天下者若逐野獸」，意林卷一引六韜，「野獸」作「野鹿」，與簡本合。簡本此句句首脱「取」字，「遂」爲「逐」之誤字。

⑪「取民者民利之取□者□利之取天下者天下利之」，第二句治要作「取國者國利之」，「取」字下及「利」字上之字不清晰，似非「國」字。

⑫「微才」，宋本作「微哉微哉」。簡本此二字右側殘損，可能原有重文號。

⑬「鷙」見集韻，鳥名。簡文「鷙」似爲「飛」之異體。

⑭「㹝」疑當讀爲「䭿」，即奔逸之逸。「弭」疑是「戢」之異體。詩小雅鴛鴦「戢其左翼」，鄭箋：「戢，斂也。」

⑮「維文維悳孰爲之戒弗觀亞知其極」，治要作「唯文唯德，誰爲之惑？弗觀弗視，安知其極」，簡本「弗觀」下疑脱去「弗視」二字。

⑯「大上好化群臣好得……」，治要作「夫上好貨，群臣好得，而賢者逃伏，其亂至矣」。疑「大上」、「夫上」皆「亓（其）上」之誤。

六

此篇在傳本六韜中爲武韜文啓篇。

……□乎①！何愛何穡，萬物皆得。何穡何愛，萬【□】六九一**皆費②。正（政）之**

所施，【□□□】化。旹（時）之所在③，莫知其移。聖人守此而【□□□】，何穹（窮）之有？六九二……之游之，展槫（轉）而求之④。求而得之，不可不瓶（藏）。暨（既）已瓶（藏）之，六九三不可不行也。暨（既）已行之，□□□【□】。□地不自明，故能【□□□□】弗復明，故名聲章（彰）。古者聚人六九四爲家，聚家爲國，聚國爲天下。分而封賢，以爲萬，名曰大⑤。别其正（政），正（政）教稍變，法俗不同，群曲曲化，變於刑（形）容⑥。六九五【□□】不通，各樂其所，民憂下止，名之曰大定。於乎（嗚呼）！聖人務靜之，愚人務正之。愚弗能正，故與六九六民爭生。上勞刑㯻（繁），民憂尚流⑦。上下不……□世不休⑧，【□□】曰大失。天下之人如流水，章（障）六九七之則止，啓之則行，動之則濁，靜之則□六九八……之奈何？」大（太）公望曰：「天有恒刑（形），民有常生。與天下同生，而天下靜矣，大（太）上因之，其次化之。夫民化六九九……□无以予之而自富，是胃（謂）順生。以此角聖人之□□□七〇〇……

【考異】

①「乎」字上殘文當爲「於」字，「於乎」讀爲「嗚呼」。

②「費」疑當讀爲「肥」，廣雅釋詁二：「肥，盛也。」

③「旹」即「時」之古文。

④「聖人守此而【□□□】何穿之有……之游之展槫而求之」，宋本作「聖人守此而萬物化，何窮之有，終而復始。優之游之」。簡本「穿」當是「窮」之簡體。宋本自「聖人守此而萬物化」至「優之游之」，其間僅「何窮之有，終而復始」八字，簡本則有二十字左右之空位，二者出入較大。簡本「何穿之有」四字在一片殘簡上，此殘簡之位置不易確定。目前將此片殘簡排在六九二號簡下段，乃假定簡本「聖人守此而」與「何窮之有」之間所缺文字同於宋本，二本文字出入在「何窮之有」與「優之游之」二句之間。實際情況可能與此不同。

⑤「分而封賢以爲萬名曰大」，宋本作「分封賢人，以爲萬國，命之曰大紀」。簡本「萬」下、「大」下似皆有脱文。

⑥「别其正正教稍變法俗不同群曲曲化變於刑容」，宋本作「陳其政教，順其民俗，群曲化直，變於形容」。簡本首句似應作「别其正(政)教」。疑「教」字本有重文號，抄寫時脱漏。

⑦「尚」字似當讀爲「上」，「民憂上流」與上一簡「民憂下止」爲對文。

⑧「上下不……□世不休」，宋本作「上下不安其生，累世不休」。簡本前一「不」字與「世」字之間，有六字左右之空位，文字似較宋本爲多。

七

此篇在傳本六韜中爲武韜三疑篇。

●文王問大(太)公望曰：「余欲功三疑，恐力不能①七〇一……養之使强，哀盈使張。□……□離親以親，散衆因衆。凡謀之道，周微爲主。摯以事②，七〇二啗以利餌，爭心乃起，其親乃止。欲離其【□□□□】愛，與其寵人。予之其所欲，示之以利。因以疏之，毋使七〇三……□，□之以味，虞(娱)以樂，□之以□……親③，必使遠民。勿使知謀，扶而入之，□□七〇四……后可試④。敬之才(哉)！施惠七〇五……以叚(假)衆，衆以叚(假)賢，七〇六……叚(假)則有(又)叚(假)七〇七……叚(假)則有(又)叚(假)，以王天下。七〇八……【●】三疑⑤七〇九

【考異】

①「余欲功三疑恐力不能」，宋本作「予欲立功，有三疑，恐力不能攻强、離親、散衆，爲之奈何」。

簡本似有脱誤。

②「摯以事」，宋本作「設之以事」。武威所出儀禮漢簡借「埶」（執）爲「設」。「執」、「摯」古音相近，疑簡文「摯」亦當讀爲「設」。

③「樂」下一字似是「異」字。

④「扶而入之□□……后可試」，宋本作「扶而納之，莫覺其意，然後可成」。「入」、「納」二字古通。簡本「扶而入之」與「后可試」二句間有六七字之空位，文字似較宋本爲多。

⑤「三疑」，此當爲本篇篇題，但「三」字上部及篇題前圓點已殘缺。宋本三疑篇終於「以王天下」句，故此七〇九號簡與七〇八號簡可能爲一簡之斷片。

八

本篇所收簡文，與治要所録武韜「文王在岐周，召太公曰：爭權於天下者何先」一篇相合。

……得天下【□□】王曰：「吾地小而人寡，吾何以得之？」大（太）公望曰：「可。七一〇……之，唯聖人取之。□七一一……曲直，何人不……七一二

九

本篇所收簡文，與治要所録虎韜相合。

●武王□七一三……□也，名曰三機。民之於利也，□之如冬日之□，七一四……民夗(怨)生。明罰則民七一五……所從，不知所去。使民各得其生，【□□□】□。樂才(哉)①七一六……其時。稱賢使能而官有才，則賢者歸之。故賞於民生，而罰於毋(無)罪。是以刑七一七……

★　★　★　★　★　★

……冬之必□也。思之如大暑之於七一八□也，如大冬【之於□也】②七一九……

……□風行，天下迎之，迎【之】而會，會□③七二〇……

【考異】

①「使民各得其生【□□□】□樂才」，治要作「使民各安其所生，而天下靜矣。樂哉」簡本「樂」上一字僅存殘畫，似是「靜」字，簡本蓋無「靜」下「矣」字。

②以上二殘簡之文字，與本篇七一四號簡「□之如冬日之……」語甚爲相似，有可能屬於本篇，其位置當在七一四號簡之後。

③治要所引虎韜有以下一段文字：「太公曰：聖人守無窮之府，用無窮之財，而天下仰之，天下仰之，而天下治矣」。疑此簡簡文即與上引虎韜文相當。「迎」、「仰」二字皆从「卬」聲，簡文「迎」字疑即「仰」之借字。此殘簡末一字半殘，似是「其」字。簡本六韜「其」字多作「亓」（釋文逕寫作「其」），作「其」者僅見此簡及下七六六號簡。

一〇

通典卷一六二、孫子計篇杜牧注、太平御覽卷一三、三二八、三二九、三四〇以及楚辭天問洪興祖補注等，皆引及記武王伐紂事之六韜佚篇（通典與杜牧注未明言所引爲六韜文）。本篇内容多與之相合，所收各簡之形制字體亦與簡本六韜他篇相似，當爲六韜佚篇無疑。

……文王業之而崩，武王即立（位）七二一……嚴，杀僇（戮）毋（無）七二二常。從（縱）之不羛（義），舍之不仁。顚（願）聞□七二三……前行已脩（修）矣。今時可，臣固將言之。周公旦□①七二四……□之□□。大（太）公望曰：「夫受（紂）爲无道，忍七二五……百生（姓）。君方（秉）明悳（德）而誅之，殺一夫而利天②七二六……之巿（師）以東伐受（紂），至於河上③。雨□□疾④，武王之乘黄振（震）而死⑤，旗折□□⑥七二七……□正而后伐，故功可得而立也。意者我□□七二八……官治，其氣偖，王姑脩（修）身下賢，□須其時⑦。」大（太）公七二九望曰：「四時无窮，人□七三〇……□⑧時無恒與，道无恒親，盈□⑨變化，天□□七三一……可⑩，孰爲有天？夫天先□之，【□□□□】□之⑪。道先非之，而后天下仮（叛）之。今夫受（紂）外失天下，内失七三二百生（姓），我方（秉）明悳（德）而受之，其不可何也⑫？夫以百生（姓）而攻天子，可華（譁）而舍乎？去必死，進必取□七三三……□今日行之。」大（太）公七三四……□□罪人而□七三五……先涉，以造於殷⑬。甲子之日，至牧之野，□⑭七三六……禽（擒）受（紂），轂（繫）其首於白□⑮七三七……

★　★　★　★　★

……三年而天下二垂（垂）歸之⑯，□□七三八……

……曰：吾聞宿善者不□⑰，且日不足⑱七三九……

……之佝⑲。凡受（紂）之所佝刑七四〇……

……□□□殷民□⑳七四一……

……□箕子㉑七四二……

……行般（盤）庚之正（政），使人人里其里，田其田，□㉒七四三……

……後嗣，周有天下以爲冢社。沇（允）才（哉）！日不足。●葆啓㉓七四四

【考異】

①自「……文王業之而崩」至此一段文字，不見於各書所引六韜，今據文義、字體編入本篇。自「……嚴」至「願聞□……」，當爲武王問語。「……前行已脩矣。今時可，臣固將言之」，乃太公勸武王伐紂之語。此下周公旦反對太公意見之語已殘去。

②「□之□□大公望曰夫受爲无道忍……百生君方明惪而誅之殺一夫而利天……」，「□之□□」疑爲周公旦語。北堂書鈔卷一一四「太公曰：夫紂恃彊無道，流毒諸侯，欺侮群臣，失百姓之心。秉明德以誅之」，與簡文太公望語大體相合。御覽卷三二九所引六韜，首二句作「紂爲無道，武王於是東伐紂」。「紂爲無道」語似即節引此文。簡文「殺一夫而利天」之下，據文義可補一「下」字。北堂書鈔卷一三引六韜「殺一夫而利天下」，疑即出於此篇。簡文「紂」皆作「受」。尚書西伯戡黎「奔告於受」，僞孔傳：「受，紂也。」二字音近相通。「方明德」之「方」，據北堂書鈔當爲「秉」之借字。二字古音相近。

③「……之市以東伐受至於河上」，御覽卷三二九引六韜作「武王於是東伐紂，至于河上」。楚辭天問洪興祖補注引作「武王東伐，至於河上」。簡文「市」當是「師」之省文。孫子作戰篇一四號簡文「近市者貴□」，十一家注本作「近於師者貴賣」。簡文「師」作「市」，戰國文字多如此。王晢注云「近市則物騰貴」，是晢所據本「師」作「市」，「市」、「市」形近，作「市」之本當是誤認「市」字爲「市」。

④「雨□□疾」，御覽卷一三、三二九及楚辭天問洪興祖補注引此句，皆作「雨甚雷疾」。簡本「雨」下一字殘泐，似亦「甚」字。

⑤「武王之乘黃振而死」，御覽卷三二九引作「王之乘黃振而死」，與簡本最近。卷一三引作「武王之乘雷震而死」，「乘」下脱「黃」字。通典卷一六二及御覽卷三二八引作「王之驂乘惶震而死」，蓋誤讀「黃」爲「惶」，又於「乘」上妄加「驂」字。詩鄭風大叔于田「叔于田，乘乘黃」，毛傳：「四馬皆黃。」乘黃又爲馬名。管子小匡「地出乘黃」，尹注：「乘黃，神馬也。」

⑥「旗折□□……」，御覽卷三二九引作「旗旌折，陽侯波」。

⑦自「……□正而后伐」至此，似皆爲周公勸武王回師之語（七二九號簡可能即七二八號簡之下段）。天問洪興祖補注引六韜：「武王東伐，至於河上，雨甚雷疾。周公旦進曰：『天不祐周矣！意者吾君德行未備，百姓疾怨邪？故天降吾災。請還師。』」（御覽卷三二九引周公語

略同）文意與此相近。二者皆言「意者」，用語亦相近。

⑧此字可能是「故」字。

⑨此字殘存右半「出」旁，在此當讀爲「絀」。「盈絀」猶言「盈縮」，古書亦作「嬴絀」。

⑩也可能七三一號簡和七三二號簡之間並無缺簡，「天□□可」當連爲一句讀。

⑪「【□□□□】□之」，據下文，似可補爲「【而后□□】□之」。

⑫「我方明悳而受之其不可何也」，御覽卷一三引作「太公曰：『君秉德而受之，不可如何也』」。簡本自上文「四時無窮」至下文「今日行之」，疑皆爲太公之語，但除此句以外似皆未爲各本所引。御覽卷三二九引六韜：「太公曰：『天道無親，今海内陸沉於殷久矣。百姓可與樂成，難與慮始。』」後漢書袁紹傳注引太公金匱：「天道無親，常與善人，今海内陸沈於殷久矣，何乃急於元元哉？」（又見文選卷四四爲袁紹檄豫州注），似與七三一號簡簡文「時無恒與，道无恒親」等語意近。

⑬此「殷」字已殘，據前六八六號及後七四一號簡「殷」字釋。

⑭此字右旁从「青」，左旁已殘，不知究爲何字。

⑮「太公……□□罪人而□……先涉以造於殷甲子之日至牧之野□……禽受斅其首於白□」，御覽卷三二九引作「於是太公援罪人而戮之於河，三鼓之，率衆而先以造于殷。天下從之。

甲子之日，至于牧野，舉師而討之。紂城備設而不守。親擒紂，縣其首於白旗」。通典卷一六二引作「乃焚龜折蓍，援枹而鼓，率衆先涉河。武王從之，遂滅紂」。御覽卷三二八略同。七三四號至七三六號三殘簡似是同一簡的斷片，但彼此間的距離不能肯定，故分三行排列。

⑯淮南子道應「文王砥德修政，三年而天下二垂歸之」，此簡文字與之相合，所言當爲文王之事，疑屬於本篇，其位置似應在七二一號簡之前。「垂」即「垂」字之省，漢人多借此字爲「垂」。

⑰此字有可能是「至」字。

⑱此簡所記似爲太公反駁周公之語，疑當屬於本篇，但其在篇中之位置不易確定。

⑲此字似當讀爲「拘」。

⑳以上二字半殘，似可釋爲「一人」。

㉑此殘簡有箕子之名，按通典卷一六二引六韜：「太公怒曰：『今紂刳比干、囚箕子……。』」（御覽卷三二八同）又史記殷本紀：「周武王遂斬紂頭，縣之大白旗，殺妲己，釋箕子之囚，封比干之墓，表商容之閭，封紂子武庚、禄父以續殷祀，令修行盤庚之政。殷民大說。」其文似亦本之六韜。二處均言及箕子，故疑此殘簡當屬本篇。但此殘簡文字究竟相當於「囚箕子」句抑「釋箕子之囚」句，今不能定。如七四二號簡下接七四〇號簡，「【釋】箕子之拘」當連爲一句讀。

㉒上注所引殷本紀有「令修行盤庚之政」語，故疑此簡屬本篇。

㉓此簡似與本篇有關，疑即本篇末尾，葆啓即本篇篇名。今本六韜有發啓、文啓、順啓等篇名，與葆啓同一類型。又周書佚篇有保開。漢人因避景帝諱，往往改「啓」爲「開」，「保」、「葆」古通，然則保開與葆啓二名實同。按周書序：「維美公命于文王，脩身觀天以謀商難，作保開。」簡本六韜此篇缺文中當有記周公勸阻武王伐殷之語（參看上注），其主旨似亦爲「脩身觀天以謀商難」。但本篇主要人物爲太公，而非周公，全篇主旨是反對「脩身觀天以謀商難」的。可知簡本六韜的葆啓與周書的保開同名而實非一篇。

二一

……□，如雷如庭（霆），振振冥冥，天下□□①七四五……

【考異】

①北堂書鈔卷一一七引六韜「大人之兵，如虎如狼，如雷如電，震震冥冥，天下盡驚，然後乃成」。簡文與此段六韜合，字體亦與簡本六韜他簡相近，故定爲六韜殘簡。御覽卷二七一引六韜「大人之兵，如虎如狼，如雨如風，如雷如電，天下盡驚，然後乃成」，卷二一一引雜兵書「大

人之兵，如虎如狼，如風如雨，如雷如電，振振暝暝」，皆與書鈔卷一一七所引六韜略同。尉繚子武議篇亦有「一人之兵，如狼如虎，如風如雨，如雷如霆，震震冥冥，天下皆驚」等語，當是襲六韜之文。其第四句末字不作「電」而作「霆」，與簡文合。今按六韜此文有韻，「霆」字與「冥」、「驚」、「成」等字爲韻，書鈔、御覽作「電」，乃誤字。「如雷如霆」之前兩句，亦應如尉繚子作「如狼如虎，如風如雨」，「虎」、「雨」二字爲韻。又本簡「如雷如庭」，上「如」字上殘文似「雨」字，疑簡文「如雷如庭（霆）」上一句本作「如風如雨」。

一二

……□□□曰：以地取人胃（謂）之七四六……胃（謂）之備，以禄取人胃（謂）之交，以羛（義）取人胃（謂）之友。友之友胃（謂）崩（朋），崩（朋）之崩（朋）胃（謂）之黨，黨之黨胃（謂）之群。群黨崩（朋）友皆①七四七……

【考異】

①御覽卷一五七引六韜「友之友謂之朋，朋之朋謂之黨，黨之黨謂之群」，與簡文合。御覽卷四三七引六韜「以死取人謂之勇」，與此當同屬一篇。

一三

……□力不能爲奈何？」大（太）公望曰：「蒼蒼上天，莫知極。柏（霸）王七四八之君，孰爲法則？往者不可及，來者不可待（待）。能明其世者，胃（謂）之天子。夫湯之伐桀也，非其戰□脩（修）也①七四九……

【考異】

①此二簡形制字體與簡本六韜他篇相似，簡文又有「大公望曰」，當屬簡本六韜無疑。呂氏春秋聽言：「周書曰：『往者不可及，來者不可待，賢明其世，謂之天子。』」漢書鼂錯傳：「傳曰：『往者不可及，來者猶可待。能明其世者謂之天子。』」二書所引周書及傳，與簡文相合。呂氏春秋「賢明其世」之「賢」疑當爲「能」字之誤，鼂錯傳「來者猶可待」之「猶」疑當爲「不」字之誤。太公之書，古亦稱周書。戰國策秦策謂蘇秦「得太公陰符之謀」，史記蘇秦列傳作「周書陰符」。莊子徐無鬼釋文引司馬彪、崔譔云：「金版、六弢皆周書篇名。」六弢即六韜。敦煌寫本六韜殘卷中有周志廿八國一篇，文字與周書、史記略同。古書所引周書之文，亦頗有與太公之六韜、陰謀、金匱諸書相出入者（參看嚴可均全上古三代文卷七）。呂氏春秋所

謂周書可能即指太公之書。尉繚子治本：「蒼蒼之天，莫知其極。帝王之君，誰爲法則？往世不可及，來世不可待，求己者也。」文字亦與此篇簡文相近，當是襲用六韜之文。又七四九號簡「非其戰□脩也」，「脩」上一字不清，疑是「豫」字，讀爲「預」。

一四

此篇所收各簡，形制字體與以上各篇相似，簡文又皆提及文王或太公望，當屬六韜無疑。其中一部分簡，如「文王問於」、「召大公望曰」之類，殘缺過甚，無法確定屬於何篇；另一部分保存字數較多，但文字不見於今本六韜及諸書所引六韜佚文，故暫彙列編末。

【●】文王問大（太）公望曰：「□①七五〇……

●文王問大（太）公望曰：「於乎（嗚呼）！□□□七五一……

●文王問大（太）公望曰：「黄帝七五二……

●文王問於七五三……

……文王曰：「□□□□□七五四……

……□烏□□□文王再拜②七五五……

……□民以仁義（義）之言使廣不知道極之所旦。文王再拜七五六……

……□□召大（太）公望曰七五七……

……召大（太）公望曰：「於乎（嗚呼）③！七五八……

……□□今□□□□□爲之奈何？」大（太）公望七五九……

……正奈何？」大（太）公望七六〇……

……□大（太）公望七六一……

……大（太）公七六二……

……□□□□□毋□□文王再拜七六三……

……再拜曰：「余聞在□□曰：隹（唯）天隹（唯）人，申申在七六四……

……人當瞿（衢）而立。文王曰：「何涂（途）之從？」大（太）公望曰：「從上涂（途）往而七六五毋顧。上涂（途）不遠，戎之毋反（返）。其往七六六……

【考異】

①文韜賞罰篇首句爲「文王問太公曰：賞所以存勸」，此簡「曰」下一字頗似「賞」字上半，可能

爲賞罰篇殘簡。

②「鳥」上一字可能爲「馮」字，讀爲「鳳」。

③治要所録武韜中之一篇，首句爲「文王在岐周，召太公曰」（前第八篇所收即此篇殘簡）。又所録虎韜首句爲「武王勝殷，召太公問曰」（前第九篇所收即此篇殘簡）。疑七五七號、七二八號二簡當分屬此二篇。

校訂八角廊漢簡六韜

一九七三年，河北定縣（今河北省定州市）八角廊漢墓出土竹簡一批，其中，被確認爲六韜的竹簡計一百四十四枚，一千四百零二字，其釋文及校注首次刊布於文物二〇〇一年第五期。後經進一步注釋重排，收入初師賓主編的中國簡牘集成第十八册，敦煌文藝出版社二〇〇五年版。現以集成所收簡文及注釋，與文物原刊重作校覈，經訂正整理，移録於此。

篇章標題

□賢而不知賢仁第四①一（二一〇一）

【考異】

①唐本和宋本有篇題舉賢。

方治國之道第六①二（二三九二）

【考異】

①今本均有此類内容，而無此篇題。完整的如一二號簡，作「右方國有八禁第卅」，與阜陽雙谷堆竹簡詩經篇題「右方邶國」、「右方鄭國」等同例。下面五號簡、九號簡章題開頭只剩「方」字，亦應補爲「右方」。

亂之要第七●吏十重罪●民十①三（一一二五）

【考異】

①第四六號簡云：「王問太公：『治亂奈何？』太公曰：『其本。』」可能就是這一章的文字。則此第七章名似當爲「治亂之要第七」。「吏十重罪●民十」可能是小標題。敦煌唐寫本周維正月篇就有假權、好變古者亡而常危、武不立者亡等小標題，可能與此同類。

□□□國所貴第八①四（二五〇五）

【考異】

①國所貴，唐寫本利人章及群書治要本龍韜篇有「文王問太公：『願聞治國之所貴。』太公曰：『貴法令之必行。』」或與此章題有關。

方以禮義爲國第十①五（一一七三）

【考異】

①以禮義爲國，唐寫本有章題禮儀，或與此章題有關。

□第十二六（二二三〇五）

第十三　舜伐有苗武①七（二二三〇）

【考異】

①「第十三」，篇題次序。僅有篇題次序，而無篇題，其下「舜伐有苗」，釋文中有武王問、太公回答有關有苗的簡文。有苗，族名，古曰三苗，亦稱有苗。正字通艸部：「苗人，古三苗之裔，自長沙沅辰以南盡夜郎之境皆有之，與氐夷混雜，通曰南蠻。」

□大失第十四①八（二二二七）

【考異】

①大失，敦煌唐寫本有大失一篇，與此合。又群書治要本有「文王問太公曰：『願聞國之大失』」，或與此章有關。今本無。

方武王勝殷第十六①九（二二二二三）

【考異】

①群書治要本虎韜中有武王勝殷章，或即此章。

□歸廿二一〇（二二三一）

幼弱・第廿一一（〇九八〇）

右方國有八禁第卌一二（二二五七）

第卌一一三（二四九二）

文韜　國務

曰：「爲國之務果何？」太公曰①一四（一一三八）

【考異】

①務，緊要之事。説文力部「務，趣也」，段注：「趣者，疾走也。務者，言其促疾於事也。」果，加强語氣的語氣詞，到底，究竟。孟子離婁下：「王使人瞯夫子，果有以異於人乎？」

失其所務，是胃害之；農失其時，是胃□①一五（二三三八）

【考異】

①胃，通謂。

□殺之；重賦□一六（一〇六〇）

□是胃奪之；多治臺游宮室之觀，而不①一七（一一七七）

【考異】

①游，離宮別館。周禮天官序官「閽人，王宮每門四人，囿游亦如之」，鄭注：「游，離宮也。」

者其民□，是胃苦之，□□而□一八（一〇四九）

文韜　舉賢

文王問太公曰：「舉賢而國危亡者何也？」太公一九（〇三〇一）

賢之實二〇（一八三四）

□好用以善，而以故不得二一（〇七八六）

□不忠二二（一〇一三）

爲忠，以非信爲信，以譽爲功，以□①二三（二二九七）

【考異】

①與前簡文連接可讀爲：「□不忠爲忠，以非信爲信，以譽爲功，以□。」此句宋本無，群書治要作「好聽世俗之所譽者，或以非賢爲賢，或以非智爲智，或以非忠爲忠，或以非信爲信。君以世俗之所譽者爲賢智，以世俗之所毀者爲不肖」。

黨者，是其群至比周□習□也。①二四（二二三八）

【考異】

①此句敦煌寫本作「若是者，群奸比周而弊賢」，「至」字作「邪」或「奸」都可通。「群至」的主語應是「多黨者」。

□而忠臣死於無罪，其邪臣以①二五（二二八三）

【考異】

①與前簡文連接可讀爲：「黨者，是其群至比周□習□也，□而忠臣死於無罪，其邪臣以……」宋本此句接前文作「則多黨者進，少黨者退。若是，則群邪比周而蔽賢，忠臣死於無罪，姦臣以虚譽取爵位」。

龍韜　農器

問大公曰：「天下大定，國家毋①二六（二二六一）

【考異】

①毋，通無。

利　人①

【考異】

①利人，今本無。敦煌唐寫本有此章，名利人，整理者據此定名。但原名當作利民，避諱作

利人。

之必行也，必行者民利。二七（〇八六二）

曰：「奈何？」大公曰：「法令通□而□□。」二八（二三一六）

未足以大利其民者也。二九（〇九八八）

是以法令利民之①三〇（二三一八）

【考異】

①簡二八、二九、三〇條，雖與敦煌寫本不完全能對上，但很像是屬於這一篇的逸文。整理者放在散簡中，我們把它們移到此處，供參考。

趨舍①

【考異】

①趨舍，今本無，敦煌唐寫本有此章。

不同，喜怒不等。故有舊之□，有三一（二二三三）

安樂，君世世有國，合於忠者，賢士臣三二（〇七六三）令遠者來，合三三（〇八一八）治，而民不比，合於貪者，民三四（〇八三八）

禮儀①

咸以禮儀爲國，而不能三五（二三七四）者何也？大公曰：「禮者，三六（〇九九七）爲國不用禮儀，可三七（二四九四）之分擇也，非所以□□三八（〇八四七）禮儀之爲國也。三九（二二〇二）

【考異】

①禮儀，今本無。篇章標題簡五號有「【右】方以禮義爲國第十」，可能就是此章。敦煌唐寫本有此章，名禮義。寫本「禮義」，簡文皆作「禮儀」（篇題簡除外）。

大失①

【考異】

①大失，今本無。群書治要本有此內容，在龍韜內，但無章題。敦煌唐寫本有此章。

□，不法邪不亡，不法禍日起，不□①四〇（〇七六七）

【考異】

①亡，群書治要本作「止」，兩通。唐寫本作「正」，當爲「止」之誤。

□亡□，不法國且亂，不法民多□四一（〇八一四）

旱至，不法四二（〇七八七）

動應①

【考異】

①動應，群書治要本有此內容，無章題。敦煌唐寫本有此章。

□五□不就，□□四三（〇一一一）

□應其聲也，如景之象其刑也。①四四（二二〇七）

【考異】

①景，影本字。刑，通形。

治國之道①

【考異】

①治國之道，篇章標題簡第二號有「【右】方治國之道第六」，此簡似此章之第一簡。

武王問太公曰：「王君之治國何如乎？」太公四五（一一七〇）

治亂之要①

【考異】

①治亂之要，篇章標題簡第三號有「【治】亂之要第七」章名，此簡似屬此章。

王問太公：「治亂奈何？」太公曰：「其本。」四六（二二八二）

舜伐有苗①

【考異】

①舜伐有苗，今本無，篇章標題簡第七號有「舜伐有苗武」。以下數簡似與舜伐有苗相關，但已無法連綴成篇。

□曰：「吾聞有苗雨血沾朝衣，是非有苗四七（○七四五）

有苗月蝕日斷，三日不解，是非□四八（一一七五）

有苗三日不見日，是非有苗之□耶？對四九（二二二八）

□曰：「然則有苗何以亡？」對曰：「有五○（○三○二）

有苗是謂所五一（一○四○）

之□右□蠡之水建土險也五二（○七八九）

武王伐殷①

【考異】

①武王伐殷，整理者歸入逸文部分，疑簡文對應敦煌唐寫本的武王伐殷章文字，群書治要亦有此章。

□人父，孤人五三（二二三五八）

忠諫者死，臾誢者賞。以君子爲下，以小人爲①五四（二二三四三）

【考異】

①臾，讀爲諛。誢，讀爲諂。

馬，出入不以時五五（二二三九六）

□風□甚雨，寒暑喜治宮室臺池，日□五六（二四四七）

日夜久□□□五七（○五八六）

□七十三所，大宮五八（○九七二）

國有八禁①

【考異】

①國有八禁，整理者將以上諸簡排列在一起。按篇章標題簡第一二號有「右方國有八禁第卅」，此八簡可能是此章内容。

□□□之□也，一曰君五九（二三六二）

而害其國，二曰臣移者六〇（〇九二七）

害其君，三六一（〇九六九）

大者害其本，四曰枝盛者六二（〇六〇八）

五六三（一六三四）

者害其□六四（〇六七七）

□八曰□□六五（一一六四）

□□□曰□六六（一〇三〇）

逸　文

問太公曰：「爲國□□□□□□□①六七（二二三四八）

【考異】

①群書治要本作「文王問太公曰：願聞爲國之道」。此處殘闕太多，不能確定文義。

質子於殷，周文王使伯邑巧六八（二二二六四）死，有詔必王食其肉，□免其血。文王食其肉，□免其①六九（二二二六三）

【考異】

①六八、六九號簡應有關係。伯邑巧，即伯邑考，文王長子。太平御覽卷六四二引太公金匱曰：「文王問太公曰：『天下失道，忠諫者死。予子伯邑考爲王僕御，無故烹之，囚予於羑里，以其羹歠予。』」又卷八六一引帝王世紀曰：「文王長子曰伯邑考，紂烹以爲羹，以賜文王，曰：『聖人不食其子羹。』文王得而食之。紂曰：『誰謂西伯聖者與？食其子羹而不知。』」

而御之則爲辟應去猶知①七〇（〇七四六）

【考異】

①應，同應。

曰：「二也，波王良之御也，使①七一（二二〇三）

【考異】

①二，似指用心不專一。波，讀爲彼。王良，古時之善御者。淮南子覽冥：「昔者王良、造父之御也，上車攝轡，馬爲整齊而斂諧，投足調均，勞逸若一，心怡氣和，體便輕畢，安勞樂進，馳騖若滅，左右若鞭，周旋若環，世皆以爲巧，然未見其貴者也。」

民乎！故民心一也，有道者□之則七二（二四四一）

馬也，馬心一也，有術者御之，則馬正①七三（二二七六）

【考異】

①七〇至七三號四簡似有關係。

王般庚之正。武王曰：「於呼！般①七四（二二二四）

【考異】

①般庚之正，六韜逸文距諫有「行般庚之正」。般，通作盤。般庚即盤庚也。

曰：「禮賢敬士□七五（二三〇〇）

聽，獨斷，而七六（二二八六）

言凡不□七七（〇一七二）

凡治國，主務舉賢，故昔者湯之治七八（二四七八）

問太公曰：「爲國而能更法令者不七九（二五〇六）

曰章矣八〇（一一一八）

塞奸不得，上下惑。不法□八一（〇八〇七）

草木不羊，日月傳蝕，列星數①八二（一〇八七）

【考異】

①日月傳蝕，謂日月相次而食，即日食完了月食，月食完了又日食。史記秦始皇本紀「始皇推終始五德之傳，以爲周得火德，秦代周德，從所不勝」，司馬貞索隱：「傳，次也。謂五行之德終始相次也。」漢書任敖傳「魯人公孫臣上書，陳終始五德傳」，顏師古注：「傳，謂傳次也。」

之□乎？」對曰：「未有日月斷蝕，有始八三（〇八〇五）

□以歡爲□□八四（二三九五）

喜□不予，而喜奪此妾爲正，臣虜明□八五（〇三〇四）

貴胥餘，大宫室，舊以復多①八六（〇七九三）

【考異】

①胥餘，村落的牆壁。尚書大傳卷三「愛人者，兼其屋上之烏，不愛人者及其胥餘」，鄭玄注：「胥餘，里落之壁。」論衡恢國：「惡其人者，憎其胥餘。」

熊狼，月食□八七（一〇二五）

武王曰：「爲吏治也□□安在？」太八八（二二七七）

吏者重能八九（二四二五）

者□之□□也，□者吏之□□也□九〇（〇六五五）

乃失其國九一（二四八三）

曰：「□吏之□觀民之□奈何乎？」太公九二（二三四四）

吏□任，吏與民通，吏與民謂合，吏□九三（二二三九）

吏□□可以九四(二四二二)

吏毋奸，段段而衆人於□九五(〇八二三)

□士者臣吏也，快志當九六(〇四〇八)

曰□□吏公九七(二四二九)

上好淫□九八(〇九九四)

□鬼不鄉，天必降央，風雨不時，□□不□①九九(二二二二)

【考異】

①鄉，通饗。央，通殃。

之治國，敢問□一〇〇(〇二三八)

所泥，不用所愛，不用一〇一(〇八三一)

重賦斂奪萬民，而腐之於府庫。所一〇二(二二七九)

□康，不得聲嚴，而行賢者反佻伏一〇三(二三九九)

其君不更不誨，使下人任大官而□①一〇四(二三九三)

【考異】

①更，改過。誨，通悔，悔過。

亡，比君之治國也一〇五（二二八四）

□翼之臣，所一〇六（〇五五五）

臣有羽翼一〇七（〇二四一）

之□比爲腹心之臣，王不事而不□一〇八（〇二〇九）

四曰義，五曰權，六一〇九（〇九二八）

□其權，守其德，不以蕩人□。●故王人之一一〇（二二五六）

厚其禄，毋親毋故，吏貞而平者上之不一一一（二三三〇）

□者表其閭，君自至其家，君唯有善有□一一二（二三二八）

大公曰：「人一一三（二三九八）

聞其窮也，恒人之請，其所好惡同也。一一四（〇五七七）

□昔親合在真者，貞者急而刑使國□一一五（〇三〇五）

王問太公曰：「吾勝殷□呼？胡爲胡□□一一六（二二二六）

陽殷，問太公曰：「於乎！殷民從從□□①一一七(二二三三七)

【考異】

①於乎，通嗚呼。敦煌唐寫本六韜明傳：「召太子發在側曰：『於乎！天將棄予。』」第七四號簡「王般庚之正。武王曰：『於呼！般』」。

爲在建國立國□一一八(○五四二)

事者用明知，工疑者一一九(二四八四)

□取其國不得，免於危亡，武王一二○(二二八五)

□曰：「□以別能？」大公曰：「厘之以名□癘①一二一(二三四七)

【考異】

①厘，又作廛。此處意義不明。

能。武王曰：「何以一二二(二三三七)

「遠者毋法，爲之奈何？」大公曰：「□刑利國□一二三(二三四二)

文王召大公一二四(二三五一)

「□之乏乎？」大公曰：一二五（〇八一七）

下□。武王曰：「何謂？」大公曰一二六（一〇〇〇）

也。武王曰：「其□□□□一二七（一一二九）

□而何？」大公一二八（二四〇六）

大公曰：「正不平，民不令，其令不行。」一二九（一一六七）

如□，文王大警走門□□至□□□□一三〇（二四四九）

□之士，拾君之□，揚君之善美，養君之一三一（一三三四）

其民甚苦之，毋所一三二（二四五三）

使誠爲事以功，擊爲作禍福，不可一三三（〇六〇五）

有王。大公曰：「人有仁一三四（二四八〇）

武王曰：「何謂一三五（一三三二）

大公曰：「上大夫皆得取其官爵，莫不一三六（一三三五）

乎？武王曰：「爲之奈何？」大公曰：「□上一三七（〇七九〇）

「□果何如而政，何如而頃？」大公曰①一三八（〇八一六）

【考異】

①政，似當爲正。頃，傾側，不正。正與頃相對。

「□□安在？」大公曰：「安不一三九（二三七〇）

「奈何？」大一四〇（二三〇七）

靡草如□一四一（一八八四）

貴□□人而以爲善者，故其民□一四二（二二九九）

「善而不爲惡矣。」武王曰：「分善惡奈何，□衆□□一四三（二二九五）

已故爲國能知分善惡之分一四四（〇八七八）

官以治爲常，三曰士以修身爲常，四曰一四五（二二五〇）

校訂敦煌唐寫本六韜殘卷

敦煌遺書約五萬餘件，唐寫本六韜殘卷是其中之一。這批遺書原在清光緒二十六年（一九〇〇）莫高窟發現的藏經洞中，法國漢學家伯希和（Paul Pelliot）曾盜買六千餘种運回巴黎，後藏於法國國家圖書館（Bibliothèque Nationale de France）。一九八四年，敦煌學輯刊載王繼光先生據蘭州大學所藏膠片完成的敦煌唐寫本六韜殘卷校釋一文，限於當時技術，不乏謬誤。現據法國國家圖書館藏品（編號 Pelliot chinois Touen-houang 3454）的電子掃描圖像重新録文，對圖像中難以辨識的字形，參照傳世文獻及王繼光釋文一一釐定，並據原件行款編製行號，對原文中的俗異體字則盡量予以保留。原文中之空格，亦予以保留。

……不圖大事，侍利而[〇〇一]……六　彫文刻鏤，使巧革[〇〇二]……無得使。　七

曰使咒詛蠱，作道[〇〇三]……欺詐良人，王者必禁之，故民不[〇〇四]……而巧僞，非吾

士也。　臣不忠諫[〇〇五]……宰相不听富國强兵，調和陰陽[〇〇六]……群臣，定名

實，明賞罰，令百姓富樂○○七……王人之　以，如龍之首，如龍之首高居而遠望○○八……其形，而散其精。若天之高不可極，若淵之○○九深而不可側，故可怒臣及爲虐，可殺而不殺，大賊乃發。兵勢○一○不行，敵國乃强。文王曰：「於乎！不与人遊，何求之望，何時之須，行○一一遠之永，敬受命矣！」

舉賢

文王問太公：「君務○一二舉賢，与不獲其功，世乱俞甚，以至危亡者，何也？」太公曰：「舉賢○一三而不用，是有舉賢之名，而無用賢之實。」文王曰：「其失安在？」太○一四公曰：「其失在君。君好用世俗之所善，不得其真賢之實。」文王曰：○一五「好用世俗之善者何如？」太公曰：「君好聽世俗，世俗之所譽言，言者或以○一六非賢爲賢，或以非智爲智，或非忠爲忠，或以非爲信。君子世俗之○一七所譽爲賢知，以世俗之所毀爲不肖，則其多黨者進，少黨○一八者退。若是者，群奸比周而弊賢，忠臣死於無罪，耶臣之以譽○一九爲爵位，是以世乱踰甚，故其國君不免於危亡。」文王曰：

「舉賢〇二〇奈何？」太公曰：「將相分職，而君各以官名舉人，案名督實，選才〇二一考能，令實當名，名得其實，則舉賢之道也。」文王曰：「善哉！」〇二二

利人

文王曰問太公：「願聞治國之所貴。」太公曰：「貴法令〇二三之必行，法令之必行，則治道通，道通則人利大，人利大則君得德彰矣。世乱則〇二四吏犯法令而爲善，其人重私而輕公，不敦樸而詐僞。」文王曰：「法〇二五令而爲善之必行，大利人奈何？」太公曰：「法令貴犯令而爲善〇二六者何？」太公曰：「其萌生於君，君不法天，隨世俗之所善以爲法，隨世〇二七俗之所善以爲更爲法，是以其法令數變，數變則群〇二八耶成俗，而君沉於世，是以國不免於危之。」文王曰：「戒哉！」太公曰：〇二九「不足。」太公曰：「法者，何圖、雒書、禮、樂、五經。」

趍舍

文王問〇三〇太公曰：「舉賢天下以爲法，不能以爲治者，何也？」太公曰：「夫人皆有〇三一其性，趍舍不同，憙怒不等，故成奪或賞。」王曰：「何謂人性？」〇三二太公曰：「性有仁、有忠、有信、有義、有貪類、有狼戾。仁者好与而〇三三不好奪，好賞不而好罰，好生而不好殺；忠者不嫉不妬；信者不〇三四欺，少惡而多善，衆公而少私；義者喜新愛故；貪戾者好得〇三五好奪，不好利人而好敗；狼戾者喜刑憙殺。故人君之趍舍，合〇三六於仁義，則万人安樂，君伐有國；合於忠，則吏不爲奸，而万民〇三七殷富；合於信，則君臣稽，而遠者親；合於貪戾，則民人流亡，國〇三八必更王；合於狼戾，則殺不治，君失其天下，禍及子孫。」王曰：「戒哉！」〇三九

禮義

文王問太公曰：「以禮義爲國，而不能大利其民，何也？」〇四〇太公曰：「禮

者，明長幼，別貴賤，所以象德　；義者，所以輔正治也。故○四一皆未足以大利人也。」文王曰：「爲國而不用禮義，可乎？」太公曰：「不可。失禮○四二義者，治國之粉澤也。雖然，非所以定天下而彊國富人也。君無○四三以無以別賢能，故以禮義明之。」

文王曰：「禮義爲國者何如？」太公曰：○四四「以禮義爲國者，則也。人臣有能守職，尊其君者，進之；不能，退○四五之。是以其群臣万民不出於禮，爲上犯難，世俗皆以此爲名高，其○四六恭謙謙，辭爵禄，讓官位，以禮義之爲國已。」文王曰：「謹聞命矣。」○四七

大失

文王問太公曰：「願聞爲國之大失。」太公曰：「爲國之大失，作○四八而不法法，國君不窹，是爲大失。」文王曰：「願聞不法法，國君不窹大失」太公曰：○四九「不法法則令不行，令不行則主威傷；不法法則耶不正，耶不正則禍乱起；不○五〇

法法則形妄，形妄行則賞無功；不法法則國昏乱，國乱則臣爲變；不法則○五一則水旱發，水旱發則万人疾。君不窟則兵革起，兵革起則失天下。」文王曰：○五二「戒哉！」太公不足，師尚曰：「法者，須何圖、雒書。」

救乱

文王問太公曰：「主弱○五三臣强，而百官並乱，万人雜散，救之奈何？」太公曰：「是蔽而内擁也。○五四若是者，當急通其擁蔽。」文王曰：「何謂擁蔽？」太公曰：「姧臣在内，○五五賊臣在外，上隔下塞，社稷恐危，國有大事，其發無日。」文王曰：「救之奈○五六何？」太公：「無止賢，無下遷，何如？」太公曰：「無賢無遷何如？止賢則姧臣○五七比周，趍勢而爭位，下遷則姧臣明黨，而事爭執政，忠者不用，○五八欺者有政。」文王曰：「爲止奈何？」公曰：「救之在得賢，患賢而不○五九用賢，患賢而不用，無問求賢矣。」

別賢

文王問太公曰：「別賢奈何？」太公曰：「試可〇六〇乃已。二人變爭，則知其曲直；二人論議，則知其道德；二人舉重，〇六一則知其有力；二人忿鬭，則知其勇怯；二人俱行，則知先後；二人治官，〇六二則知其貪廉。以此而論人，別賢不肖之道已。」文王曰：「善哉！」〇六三

一說，文王問太公曰：「別賢奈何？」太公曰：「將相分職，則以官名選人，案名〇六四督實，令實當名，名得其實，能者居位，不能者退。」別賢之道，以師〇六五尚父曰「奸臣在內」者，謂主選舉不實，封侯爵賞賜不得其人者也；〇六六「賊臣在外」者，謂之下仕典職制獄之臣，恣心妄行，煞戮不辜，延及乎〇六七人者也。

動應

文王問太公曰：「人主動作舉事，善惡有禍殃〇六八之應，鬼神之福，無乎？」太

公曰：「有之。人主動作舉事，惡則天應之以刑，○六九善則地應之以德，逆則人備之以力，順則人循之轍。故人主好重賦斂，○七○大宮室，多臺遊，則人多温病，霜露蕭殺，五穀絲麻不成；人主好田○七一獵畢戈不避時，則歲多大風，禾穀無孳；人主好破壞名山，壅塞○七二大川，決通名山，則歲多大水，五穀不孳；人主好武事革兵，則○七三日月薄蝕，太白失行。故人主動作舉事，善則天應之，訪德地應○七四之，惡則人備之以力，如響之應聲，如影之隨形。」曰：「王善戒哉！」○七五

守國

文王問太公曰：「守國奈何？」太公曰：「齋，吾將告汝天地之理經、○七六四時所生、仁聖之道、人機之情。」王潔七日，北面再拜曰：「敢問天地之理○七七經、四時所生、聖之道、人機之情？」太公曰：「天生四時，地生万物，天下有人，聖○七八人收之。故春道生而万物榮，夏道生而万物成，秋道煞而万物零，○七九冬道藏而万物靜。零則藏，藏則復起，反其所終始，莫知其所在，○八○聖人配之，以爲天地經紀。故天

下治則人聖昌，天下乱則人聖藏，至〇八一道其然。仁道之在天地之閒也，其寶固大矣，故因其人恒常視之所〇八二明。夫民動而爲機，機動而得失爭矣。發之期陰，會之期陽，爲之先〇八三唱，天下禍之，極及其常。莫進而爭，莫退而謀，守國如此，与天地同光。」〇八四

守土

文王問太公曰：「守土奈何？」太公曰：「無踈於親，無怠於衆，撫其左〇八五右，御其四傍。無借人國柄，借人國柄，將失其權，無掘壑而附兵，無本之斧，不〇八六伐賊人　，涓涓不塞，將爲江河，熒熒不救，炎炎若何，兩葉不去，將〇八七用斧柯。是故人君必從事於富，不富無以爲仁，爲仁不以与，無以合親則〇八八害，失其衆則敗。既得之，無借人利器，借人利，不仁爲而終其世。」文王曰：「何〇八九謂仁？」太公曰：「敬其衆則和，分其親則喜，是謂仁義之紀。方冬甚寒，不能〇九〇淩凍：，方夏甚暑，不能聚攻。賢人群居，國人有凶，没而備之，必闔汝懷。〇九一無使人奪汝威，

因其所明，以順其常。順者，仁之以德；逆者，化之以德力。敬○九二之無疑，天下和伏。」

六守

文王問太公曰：「君王仁者，其所失何也？」太公○九三曰：「不慎所与。人君有六守、三寶。六守者，一曰仁，二曰義，三曰忠，四曰信，五曰勇，六曰○九四謀，是謂六守。」文王曰：「問慎擇六者奈何？」太公曰：「富之而觀其無犯，貴之而觀○九五其無驕，博之而觀其無轉，使之而觀其無隱，危之而觀其無恐，事○九六之而觀其無窮。富之而不犯者，仁也；貴之而不驕者，義也；慱之而不轉○九七者，忠也；使之而不隱者，信也；危之而不恐者，勇也；事之而不窮者，謀也。○九八　富者勿使貴，貴者勿使富也，仁者勿使遠士，義遠勿使遠　，忠者勿使遠君，○九九信者勿使遠官，勇者勿使遠武，謀者勿使遠事。人君慎擇此六者，以爲君一○○用。無以三寶借人，借人則君將以失其威。」文王：「敢問三寶？」太公曰：「大農、大工、大富是一○一三寶。農其一鄉則穀足，工其一鄉則器足，商其一鄉則用足。三寶安其[一〇二]處，人人乃不慮，無乱其施，臣無富其君，都無大於國。六守長則君昌，[一〇三]三寶皂則君安。」文王曰：「善。」

事君

文王問太公曰：「事君之道[一〇四]奈何？」太公曰：「戒之！夫人君之在上，不可狎也。貨財盡，是不可接也。衆庶無所，[一〇五]不可虧也。故善養虎者，不敢与之爭物，爲其使之怒也。時其飢飽，[一〇六]達其憙怒，虎与人灾也不同類，然見食己者媚之，以其順也。無違其[一〇七]天心，無違其天德，無言其所匿，無發其所伏。以事賢君則用，以事[一〇八]暴君則免。」

用人

文王問太公曰：「用人奈何？」太公曰：「人之愛子也，身之故也；[一〇九]人之輕害，利之故也；人之輕賤，貴之故也；人之輕危，安之故也；人之輕死，生之故。五者[一一〇]以德戒無極。」

主用

人主不可以不用賢。人主不用賢，則君臣乱[一一一]矣。淵乎無端，孰知其原？開閅而不啓，安知所？內外不通，善否無原，[一一二]循名而督實，案實而定名，名實相生，反相爲情。故曰，名實相當[一一三]則國治，名實不當則國乱，名生於實，而實生於名。實當則百工[一一四]循矣。」師曰：所謂百官，號也。實者，謂才力能也。當者，謂才宜其官，[一一五]官得其才也。

文王問太公曰：「一曰天之，二曰地之，三曰人之。左右前後，四傍[一一六]上下，營域之安，在主位安徐正靜，索節先定，善与而不爭，虛心平志，以[一一七]待須以定。」

大禮

文王問太公曰：「君臣之禮何如？」太公曰：「爲上唯臨，爲[一一八]下唯沉，臨而無遠，沉而無隱。爲上唯周，爲下唯定，則天定，則地定，[一一九]或天或地，大禮乃成。主聽曰，無望而許，亦無逆而距，許之則失守，[一二〇]距之則閉塞。高山仰之，不可極也。深淵度之，不可測也。神明之位，正靜[一二一]其極也。」

啓明

目貴其明，耳貴其聽，心貴其知。以天下目視[一二二]者，無不見也；以天下耳聽者，無不聞也；以天下智慮者，無不知也。並進輻湊，[一二三]則明不蔽。

遠視

一曰長目，二曰衆耳，三曰樹明，則知千里之外、隱一二四微之中，是謂動姦，姦動則天下姦莫不陰變更矣。天地見變，必參月運一二五彗虹蜺，則桀謀於外，其賊在內，備其所憎，而禍在愛。師曰：樹明者，君也，處一二六神明之堂，照千里之外者也。賞罰，用賞者貴必信，用刑者貴法一二七法刑，賞罰必信於耳目之見，其所見者，莫不陰化矣。暢於天地，通一二八於鬼神，而況於人乎？

明傳

文王寢疾五日，召太子發在側曰：一二九「於乎！天將弃予，周之社稷，天將以屬汝。」太再拜受命。太公曰：「王何所一三〇問？」文王曰：「先聖之道，其所止，其所起，其要何？可得聞乎？」太公曰：「見善一三一而迨，時至而勿疑，去非而勿處，故義与明是矣，而不能居，此四者，道[一三二]之所止也。柔而靜，恭而敬，屈而强，忍而剛，此四者，道德之起也。故義[一三三]勝欲則從，欲勝義則凶，敬勝怠勝敬則滅，故恭勝怠者則王，怠勝敬則亡。」[一三四]

大誅

文王曰：「吾聞古者不誅，如何？」太公曰：「不聞。」「然則其所誅者何如？」答曰：[一三五]「疋夫而害家，百害諸侯者誅之。諸侯强，爲百姓誅者昌，爲疋夫誅[一三六]者亡。」

周維正月

王在成周，召三公、右史戎夫曰：「今昔朕語遂事[一三七]之志。」戎夫主之，朔如聞舍，志曰：諂諫日近，方正日遠，則邪人專國政，[一三八]禁而生乱，辛氏以亡。信行立義成俗，則貞士變君正、禁人生而乱，皮一三九氏以士神祥破國。　昔者，玄都氏懷鬼道，廢人而事神，謀臣不用，龜一四〇筮是從，忠臣無位，神巫用國，貞士外出，玄都氏以亡。　佷而無親。一四一　昔玄原之君佷而無親，執事不從，守職者疑，君臣解施，國無立功，縣一四二原氏以亡。

一 假權

昔巢氏有臣而貴，任之以國，假之以擅權，行國一四三命，主滅斷，其君共而奪臣勢，臣怒而人乱，巢氏以亡。　弱小在强大之一四四間，存將曲之，則無天命矣，不知天之者死。　昔有虞氏興，有扈氏一四五弱而不襲，身死國亡。　好變古者亡而常危。　昔者陽氏之君自發而一四六好變事，無故弃業，官無常法，仕無貞位，仁違於下，陽氏以亡。　小不勝何。一四七　昔者魯君質檢，滅爵損禄，群臣卑上下臨，後君少，禁罰不行，重氏之一四八魯氏以亡。　武不立者亡。　昔者頊原氏用兵無已，誅戰不休，並兼而一四九無所立，至于涿鹿之野，諸侯叛之，頊氏以亡。　爵重禄輕，此乃不成。一五〇　昔者，林召麗戎之君而驕之，至而不禮，留而不親，麗戎氏之君怒而去一五一之，林氏誅之，天下叛之，林氏以亡。　好以新，而故者危。　昔者，巢氏好以新，而故一五二者疾怨，新故不知内，事爭朋黨，陰私而爭外權，巢以亡。　餘薛郛刑復一五三親者危。　—昔有穀平之君，佷戾無親，服國不待臣，繁刑用國，一五四内外相謡，穀平氏以亡。　久懸重位者危。　昔者，共工之君自賢，以爲無一五五可臣者，久空大官，下官日乱，人無所安附，庸氏代之，共工氏以亡。　犯難爭權者死。一五六昔者，林氏与上行氏爭權，林氏再戰与不勝，上行氏殺之而不剋，身死國亡。一五七專權爭欒。　專君者權專，權專則刑專。　臣君虞於欒，臣爭於權，民盡一五八於刑，有虞以亡。　功大不賞者危。　昔者，平州之臣功大而君賞，陰臣曰一五九貴，怒而生變，君以出奔，平州以亡。　奉孤專令者，謀長必畏其威，而一六〇疑其前事，臣俠德而責，數位鈞而爭，平林氏以亡。　大臣有錮去一六一弃誅者危。　昔許師氏三卿朝而失禮，君怒而久拘之，誅弃而相加，三卿一六二謀變，許沙氏亡。　武不立者危。　昔者，西夏而排兵，城郭不修，一六三武士無位，惠而好賞，出而無已，唐氏伐之，城不可以守，武士不用，西夏一六四氏以亡。　嚴疾不信者，其臣懾而不敢忠，則仁不親其君而刑，一六五刑加於親近，遠者寒心，殷商以亡。　好貨財珍恠，則耶人因財而一六六進，因財而進，則賢良日弊，賞罰無信，隨財而行，夏后氏以亡。　嬖子兩重者一六七危。　昔者，義渠有兩子，異母背之，君病，大臣分黨而爭，義渠一六八氏以亡。　收亡糧。　昔者，典譙之君廢知度而爭强力，而賤其臣，賢一六九良伏匿，州氏代之，君孤而無依，典譙氏以亡。　美言日聞於內，惡言一七〇日聞於外，外內不相聞，其人無所俯，三觥氏以亡。▬美女破國。一七一　昔者，青陽氏强力四征，重兵苦之，遺之美女。青陽之君悦之，營域一七二不治，大臣爭權，遠近不相聽，國分爲八。　知能鈞，不相親，並重事君危。一七三唯强臣爭權，而下爭朋黨，君不能禁，南氏以亡。　好爲宫室臺榭一七四菀池，万人盡飢飫，餓不能食，成南伐之，有雄氏以亡。　右周志廿八國。一七五　舩没。奇謀非智，正見爲智。　諫王問賢，受諫爲賢。　有智非德，任智爲一七六聖。　武王伐殷，得二丈夫而問之曰：「殷國之將亡，亦有妖灾乎？」其一人曰：「有之。殷國一七七常雨血、雨灰、雨石，小者如雞子，大者箕，常六月雨雪，深丈餘。」武王一七八曰：「大哉也。」其一人曰：「是非殷之大妖，（卌七章）雨雪、灰，雨石，盛夏雨雪，臣一七九不以妖灾。」武王踧然而問（卌九章）之妖，對曰：「殷君喜射人，憙以人餧一八〇虎，喜剖人心，喜煞孕婦，憙煞人之父，孤人之子。殷君憙奪、喜誣、喜一八一禍、憙煞，君以信爲欺，欺者爲貞，以忠爲不忠，忠者爲忠，忠諫者死，阿諫一八二者賞，以君子爲下，少人爲上，以佞辨者爲相，以女子爲政，急令異取，万一八三万人愁苦無安定。殷君好田獵畢戈、走狗試馬，出入不時，不避大風一八四其暑。殷君憙治宮室，修臺池，日夜無已，離宮七十三所，大宮百里，宮一八五中有九迊。殷君憙爲酒池肉林糟丘，而牛飲者三千人，而爲輩坐，起一八六金鼓，無長幼之席、貴賤之禮。殷君憙聽讒用譽，無功者賞，無德者富，一八七所愛專制而擅令，与公家疑。殷國無礼義，無忠信，無聖人，無聖士，無一八八法度，無梗概，無升斛，無尺丈，無錙銖，無稱衡，無功者賞，有罪者縱，無一八九罪者誅。此殷國之大妖。」武王曰：「大哉，妖！賞有乎？」對曰：「其餘可不勝數，臣一九〇之言不能盡。」

一　距諫

武王問太公曰：「天時水旱，五穀不熟，草木不蕃，一九一万物不遂，是何以然？」太公曰：「此大禁，逆天機、動地樞也。人主塞大川名山水，一九二鑿穿山陵，則水旱不時，五穀不收，人民流亡。桀之時人，瞿山之地水起。一九三桀當十月鑿穿山陵，通之於河。民有諫者死。「冬鑿地穿山，通之於河。一九四是發天之陰，洩地之氣，天子失道，後必有敗。」桀以爲妖言而煞之。岑山一九五之民相謂「是自其命也」。後三年，瞿山崩，及爲大澤，水深九尺。紂之時，一九六亦有西主之邑。紂嘗六月獵於西土，發民逐禽。民有諫者曰：「六月，天之後一九七生，地之以務，長養之時也。六月逐禽，是逆天道，絶地德，而人行賊。天子失道，一九八後必無福。」紂以爲妖言而煞之，西土之人相謂「自其命也」。後其年，天大暴風，飄牛一九九馬，發屋拔木，人飛揚數十里。一人爲無道，天加之以咎。殘賊不當，必有大二〇〇……

群書治要節録六韜陰謀

唐初魏徵等纂輯群書治要，是書卷三一節録六韜之序、文韜、武韜、龍韜、虎韜、犬韜，又節録陰謀之篇，與今本六韜有較大差異。今以日本宮内廳書陵部藏鐮倉時代書寫金澤文庫本爲底本，參校清阮元輯宛委别藏所收擺印本，過録於此。

●六韜序

●文王田乎渭之陽，見太公坐茅而釣，問之曰：「子樂得魚耶？」太公曰：「夫釣以求得也，其情深，可以觀大矣。」文王曰：「願聞其情。」太公曰：「夫魚食餌①，乃牽於緡；人食於禄②，乃服於君。故以餌取魚，魚可煞③；以禄取人，人可竭；以家取國，國可拔；以國取天下，天下可畢也。天下者，非一人之天下，天下之天下也。與天下同利者，澤得天下④；擅天下之利者⑤，失天下。天有時，地有時⑥，能与人共之者，仁也；仁之所在，天下歸之。免人死之⑦，解人之難，救人之患，濟人之急者，德也；德之所在，天下歸之。与人同憂同樂、同好同惡者⑧，義之所在，天下歸之。凡人惡死而樂生，好得而歸利，能生利者，道也；道之所在，天下歸之。」

【考異】

①「食」下，宛委本有「其」字。

②「於」，宛委本作「其」。

③「煞」，宛委本作「殺」，以下凡「煞」字皆如此。

④「澤」，宛委本作「則」。

⑤「檀」，宛委本作「擅」。

⑥「時」，宛委本作「財」。

⑦「死之」，宛委本作「之死」。

⑧「者」下，宛委本有「義也」二字。

●文韜

●文王問太公曰：「天下一亂一治，其所以然者何？天時變化，當自有之乎①？」太公曰：「君不肖，則國危而民乱；君賢聖，則國家安而天下治。禍福在君，不在天時。」文王曰：「古之賢君可得聞乎？」太公曰：「昔帝堯上世之所謂賢君也。堯王天下之時，金銀珠玉弗服，錦繡文綺弗衣，奇恠異物弗視，玩好之器弗寶，淫佚之樂弗聽，宫垣室屋弗崇，茅茨之蓋不剪，衣履不弊盡不更爲②，滋味重累不食③，不以私曲之故④，留耕種之時，削心約志，從事乎无爲。其自奉也甚薄，役賦甚寡⑤，故萬民富樂，而無飢寒之色，百姓戴其君如日月，視其君如父母。」文王曰：「大哉，賢君之德矣！」

【考異】

①宛委本無「當」字。

②「弊」，宛委本作「敝」。

③「不」下原有重文號「：」，未詳所省何字，暫據宛委本删。

④「私曲」，宛委本作「役作」。

⑤「賦」下，宛委本有「也」字。

●文王問太公①：「願聞爲國之道。」太公曰：「愛民。」文王曰：「愛民奈何②？」太公曰：「利而勿害，成而勿敗，生而勿煞，与而勿奪，樂而勿苦，喜而勿怒。」文王曰：「奈何③？」太公曰：「民不失其所務，則利之也；農不失其時業，則成之也；省刑罸，則生之也；薄賦斂，則与之也；無多宫臺池④，則樂之也；吏清不苛，則喜之也；民失其務，則害之也；農失其時，則敗之也；无罪而罰，則煞之也；重賦斂，則奪之也；多害室遊觀以疲民⑤，則苦之也；吏爲苛擾，則怒之也。故善爲國者，御民如父母之愛子，如兄之慈弟也，見之飢寒，則爲之哀，見之勞苦，則爲之悲。」文王曰：「善哉！」

【考異】

①「公」下，宛委本有「曰」字。

②「文王曰愛民」五字原脱，據宛委本補。

③「何」下原有「太公何」三字，疑是衍文，暫據宛委本删。

④「宫」下，宛委本有「室」字。

⑤「害」，宛委本作「營宫」。

●文王問於太公曰：「賢君治國何如？」對曰：「賢君之治國，其政平，吏不苛，其賦斂節，其自奉薄，不以私善害公法，賞賜不加於無功，刑罰不施於無罪，不因喜以賞，不回怒以誅，害民者有罪，進賢舉過者有賞①，後宫不荒，女謁不聽，上無淫慝，下無陰害，不供宫室以費財，不多遊觀臺池以罷民，不雕文刻鏤以逞耳目，官無腐蠹之藏，國无流餓之民也②。」文王曰：「善哉！」

【考異】

①宛委本無「舉過」二字。

②「民」下原衍一「國」字，據宛委本删。

●文王問師尚父曰：「王人者，何上①？何取？何去？何禁？何止？」尚父曰：「上賢下不肖，取誠信，去詐僞，禁暴乱，止奢侈。故王人者，有六賊七害。六賊者：一曰大作宫殿臺池遊觀，淫樂哥舞②，傷王者德③；二曰不事農桑，作業作勢，遊俠犯歷法禁，不從吏教，傷王之威④；三曰結連朋黨，比周爲權，以蔽賢智，傷王者治⑤；四曰抗智高節，以爲氣勢，傷吏威；五曰輕爵位，賤有司，羞爲上犯難，傷功臣⑥；六曰宗强侵奪⑦，凌侮貧敬⑧，傷庶民矣。七害者：一曰无智略大謀，而以重賞尊爵之故，强勇輕戰，僥倖於外，王者慎勿使將；二曰有名而无用，出入異言，揚美掩惡，進退爲功⑨，王者慎莫与謀⑩；三曰朴其身頭⑪，惡其衣服，語无爲以求名，言无欲以求得，此僞人也，王者慎勿進⑫；四曰慎文辨辞⑬，高行論議，而非時俗，此姦人也，王者慎勿寵；五曰果敢輕死，苟以貪得尊爵重禄，不圖大事，待利而動，王者慎勿使；六曰爲雕文刻鏤，技巧華飾，以傷農事，王者必禁之；七曰爲方枝呪詛⑭，作蠱道鬼神不驗之物，不詳訛言，欺詐良民，王者必禁止之。故民不盡其力，非吾民；士不誠信而巧僞，非吾士；臣不忠諫，非吾臣；吏不平潔愛人，非吾吏；宰相不能富國强兵，調和陰陽，以安萬乘之主，簡練群臣，定名實，明賞罰，令百姓富樂，非吾宰相也。故王人之道，如龍之首，高居而遠望，徐視而審聽，神其形，散其精，若天之高不可極，若川之深不可測也。」

【考異】

①「上」下，宛委本有「何下」二字。

②「哥」，宛委本作「歌」。

③「者」，宛委本作「之」。

④「威」，宛委本作「化」。

⑤「者治」，宛委本作「之權」。

⑥「臣」下，宛委本有「之勞」二字。

⑦「宗强」，宛委本作「强宗」。

⑧「敬」，宛委本作「弱」。

⑨「功」，宛委本作「巧」。

⑩「莫」，宛委本作「勿」。

⑪「頭」，宛委本作「躬」。

⑫「進」，宛委本作「近」。

⑬「慎」，宛委本作「博」。

⑭「枝」，宛委本作「伎」。

●文王問太公曰：「君務舉賢，而不獲其功，世乱愈甚，以致危亡者，何也？」太公曰：「舉賢而不用，是有舉賢之名也，无得賢之實也①。」文王曰：「其失安在？」太公曰：「其失在好用世俗之所譽，不得其真賢。」文王曰：「好用世俗之所舉者②，何也？」太公曰：「好聽世俗之所譽者，或以非賢爲賢，或以非智爲智，或以非忠爲忠，或以非信爲信。君以世俗之所舉者爲賢智③，以世俗之所毀者爲不肖，則多黨者進，少黨者退，是以群耶比周而蔽賢④，忠臣死於无罪，耶臣虛譽以取爵位⑤，是以世乱愈甚，故其國不免於危亡。」

【考異】

①「實」字原脱，據宛委本補。

②「舉」，宛委本作「譽」。

③「舉」，宛委本作「譽」。

④「耶」，宛委本作「邪」，以下凡「耶」字皆如此。

⑤「虛譽以」，宛委本作「以虛譽」。

文王曰：「舉賢奈何？」太公曰：「將相分職，而君以官舉人①，案名察實，選才考能，令能當名②，名得其實，則得賢人之道。」文王曰：「善哉！」

【考異】

①「君」，宛委本作「各」。

②「當」下，宛委本有「其」字。

●文王問太公曰：「願聞治國之所貴。」太公曰：「貴法令之必行，必行則治道通，通則民太利，太利則君德彰矣。君不法天地，而隨世俗之所善以爲法，故令出必乱，乱則復更爲法，是以法令數變，則群耶成俗，而君沉於世，是以國不免危亡矣。」

文王問太公曰：「願聞爲國之大失。」太公曰：「爲國之大失，作而不法法，國君不悟，是爲大失。」文王曰：「願聞不法法，國君不悟。」太公曰：「不法法，則令不行，令不行，則主威傷；不法法，則耶不正，耶不止，則禍乱起矣；不法法，則刑妄行，刑妄行，則賞无功；不法法，則國昬亂，國昬亂，則臣爲變；不法法，則水旱發，水旱發，則萬民病。君不悟，則兵革起，兵革起，則失天下也。」

●文王問太公曰：「人主動作舉事，善惡有禍殃之應①、鬼神之福无？」太公曰：「有之。主動作舉事，惡則天應之以刑，善則地應之以德，逆則人備之以力，順則神授之以職。故人主好重賦斂，大宮室，多遊臺，則民多病溫，霜露煞五槃②，絲麻不成；人主好田獵畢弋③，不避時禁，則歲多大風，禾聲不實④；人主好破壞名山，壅塞大川，决通名水，則歲多大水傷民，五槃不滋；人主好武事，兵革不息，則日月薄蝕，太白失行。故人主動作舉事，善則天應之以德，惡則人備之以力，神奪之以職，如響之應聲⑤，如影之隨刑⑥。」文王曰：「誠哉⑦！」

【考異】

①「禍」，宛委本作「福」。

②「槃」，宛委本作「穀」。

③「畢」，宛委本作「罼」。

④「聲」，宛委本作「穀」。

⑤「嚮」，宛委本作「響」。

⑥「刑」，宛委本作「形」。

⑦「誠」，宛委本作「誠」。

● 文王問太公曰：「君國主民①，其所以失之者，何也？」太公曰：「不慎所與也。人君有六守三寶。六守者，一曰仁，二曰義，三曰忠，四曰信，五曰勇，六曰謀，是謂六守。」文王曰：「慎擇此六者奈何？」太公曰：「富之而觀其无犯，貴之而觀其无驕，付之而觀其无轉，使之而觀其无隱，危之而觀其无恐，事之而觀其无窮。富之而不犯者，仁也；貴之而不驕者，義也；付之而不轉者，忠也；使之而不隱者，信也；危之而不恐者，勇也；事之而不窮者，謀也。人君慎此六者，以爲君用。君无以三寶借人，以三寶借人，則君將失其威。大農、大工、嗃大商②，謂之三寶。六守長則國昌，三寶完則國安。」

【考異】

①「民」下，宛委本有「者」字。

②宛委本無「嗃」字。

●文王問太公曰：「先聖之道可得聞乎？」太公曰：「義勝欲則從①，欲勝義則凶②，敬勝怠則吉，怠勝敬則滅，故義勝怠者王，怠勝敬者亡③。」

【考異】

①「從」，宛委本作「昌」。

②「凶」，宛委本作「亡」。

③「亡」下原衍二「武」字，據宛委本删。

●武王問太公曰：「桀紂之時，獨无忠臣良士乎？」太公曰：「忠臣良士，天地之所生，何爲无有？」武王曰：「爲人臣而令其主殘虐，爲後世笑，可謂忠臣良士乎？」太公曰：「是諫者不必聽，賢者不必用。」武王曰：「諫不聽，是不忠；賢而不用，是不賢也。」太公曰：「不然。諫有六聽①，强諫有四必亡，賢者有七不用。」武王曰：「願聞六不聽、四必亡、七不用。」太公曰：「主好作宫室臺池，諫者不聽；主好忿怒，忘妄誅煞人②，諫者不聽；主好所愛，无功德而富貴者，諫者不聽；主好財利，巧奪萬民，諫者不聽；主好珠玉、奇恠異物，諫者不聽：是謂六不聽。四必亡：一曰强諫不可止，必亡；二曰强諫知而不肯用，必亡；三曰以寡正强亡衆耶③，必亡；四以寡直强正衆曲④，必亡。七不用：一曰主弱親强，賢者不用；二曰主不明，正者少，耶者衆，賢者不用；三曰賊臣在外，姧臣在内，賢者不用⑤；四曰法政阿宗族，賢者不用；五曰以欺爲忠，賢者不用；六曰忠諫者死，賢者不用；七曰貨財上流，賢者不用。」

【考異】

①「六」下，宛委本有「不」字。

②宛委本無「忘」字。

③「亡」，宛委本作「正」。

④「四」下，宛委本有「曰」字。

⑤「三曰」至此十四字原脱，據宛委本補。

●武王伐殷，得二丈夫，而問之曰：「殷之將亡，宜有妖乎①？」其一人對曰：「有。殷國嘗雨血、雨灰、雨石，小者如椎，大者如箕。六月雨雪，深尺餘。」其一人曰：「是非國之大妖也。君喜以人餧虎②，喜割人心，喜煞孕婦，喜煞人之父、孤人之子，喜奪，喜誣以信爲欺，欺者爲真，以忠爲不忠，忠諫者死，阿諫者賞③，以君子爲下，急令暴取，好田獵，出入不時，喜治宮室，脩臺池，日夜無巳，喜爲酒池肉林糟丘，而牛飲者三千，飲人無長幼之序、貴賤之礼，喜聽讒用舉，無功者賞，无德者富，所愛專制而檀令④，無禮義，無忠信，無聖人，無賢士，無法度，無升斛，無尺丈，無稱衡。此殷國之大妖也。」

【考異】

①「宜」，宛委本作「亦」。

②「君」上，宛委本有「殷」字。

③「諫」，宛委本作「諛」。

④「檀」，宛委本作「擅」。

●武韜

●文王在酆，召太公曰：「商王罪煞不辜，汝尚助余憂民，今我何如？」太公曰：「王其脩身下賢，惠民以觀天道。天道無殃，不可以先唱；人道無灾，不可以先謀。必見天殃，又見人灾，乃可以謀。与民同利，同利相救①，同情相成，同惡相助，同好相趣，無甲兵而勝，無衡機而改②，無渠塹而守。利人者，天下啓之；害人者，天下閇之。天下非一人之天下也。取天下若逐野獸，得之，而天下皆有分肉。若同舟而濟，天下皆同其利③；舟敗，天下皆同其害④。然則皆有啓之，無有閇之矣。無取於民者，取民者也；無取於國者，取國者也⑤；無取於天下者，取天下者也。取民者，民利之；取國者，國利之；取天下者，天下利之。故道在不可見，事在不可聞，勝在不可知。微哉微哉！鷙鳥將擊⑥，卑飛翕翼；猛獸將擊，俛耳俯伏；聖人將動，必有過色。唯文唯德，誰爲之惑？弗觀弗視，安知其極？今被殷商⑦，衆口相惑。吾觀其野，草茅勝穀⑧；吾觀其群，衆曲勝直；吾觀其吏，暴虎殘賊⑨，敗法乱刑，而上不覺⑩：此亡國之則也⑪。夫上好貨，群臣好得，而賢者逃伏，其乱至矣。」太公曰：「天下之人如流水，鄣之則止，啓之則行，動之則濁，靜之則清。嗚呼，神哉！聖人見其所始，則知其所終矣。」文王曰：「靜之奈何？」太公曰：「夫天有常刑⑫，民有常生，與天人共其生⑬，而天下靜矣。」

【考異】

①「利」，宛委本作「病」。

②「衡」、「改」，宛委本分別作「衝」、「攻」。

③「天下」，宛委本作「濟則」。

④宛委本無「天下」二字。

⑤「取國者」三字原脱，據宛委本補。

⑥下「哉」字，原與「哉」下「鷙」字誤倒，據宛委本乙正。
⑦「被」，宛委本作「彼」。
⑧「穀」，宛委本作「穀」。
⑨「虎」，宛委本作「虐」。
⑩「上」下，宛委本有「下」字。
⑪「則」，宛委本作「時」。
⑫「刑」，宛委本作「形」。
⑬「人」，宛委本作「下」。

●文王在岐周，召太公曰：「爭權於天下者，何先？」太公曰：「先人。人与地稱，則萬物備矣。今君之位尊矣，待天下之賢士，勿臣而友之，則君以得天下矣。」文王曰：「吾地小而民寡，將何以得之？」太公曰：「可。天下有地，賢者得之；天下有粟，賢者食之；天下有民，賢者收之。天下者，非一人之天下也，莫常有之，唯賢者取之。夫以賢而爲人下，何人不與？以貴從人曲直，何人不得？屈一人之下，則申萬人之上者，唯聖人而後能爲之。」文王曰：「善。請著之金板。」於是文王所就而見者六人，所求而見者七十人，所呼而友者千人。

●文王曰：「何如而可以爲天下？」太公對曰：「大蓋天下，然後能容天下；信蓋天下，然後可約天下；仁蓋天下，然後可以求天下；恩蓋天下，然後王天下；接蓋天下①，然後可以不失天下；事而不疑，然後天下時②：此六者備，然後可以爲天下政。故利天下者，天下啓之；害天下者，天下閉之；生天下者，天下德之；然天下者③，天下賊之④；窮天下者⑤，天下恃之；危天下者，天下災之。天下者，非一人之天下，唯有道者得天下也。」

【考異】

①「接」，宛委本作「權」。

②「時」，宛委本作「恃」。

③「然」，宛委本作「殺」，然則「然」當爲「煞」形近而訛。

④宛委本此句下有「徹天下者，天下通之」八字。

⑤宛委本此句下有「天下仇之，安天下者」八字。

●武王問太公曰：「論將之道奈何？」太公曰：「將有五才十過。所謂五才者，勇、智、仁、信、忠也。勇則不可犯，智則不可乱，仁則愛人，信則不欺人，忠則無二心。所謂十過者，將有勇而輕死者，有急而心速者，有貪而喜利者，有仁而不忍於人者，有智而心怯者，有信而喜信於人者，有廉潔而不愛民者，有智而心緩者，有剛毅而自用者，有壞心而喜用人者①。勇而輕死者，可暴也；急而心速者，可久也；貪而喜利者，可遺也；仁而不忍於人者，可勞也；智而心怯者，可窘也；信而喜信於人者，可誑也；廉潔而愛人者②，可侮也；智而心緩者，可襲也；剛毅而自用者，可事也；懊心而喜用人者，可欺也。故兵者，國之大器，存亡之事，命在於將也，先王之所重，故置將不可不審察也。」

【考異】

①「壞」，宛委本作「懊」。

②「而」下，宛委本有「不」字。

●武王問太公曰：「王者舉兵，欲簡練英雄，知士之高下，爲之奈何？」太公曰：「知之有八徵：一曰微察問之，以觀其辞①；二曰窮之以辞，以觀其變；三曰與之間謀②，以觀其誠；四曰明白顯問，以觀其德；五曰遠使以財③，以觀其貪；六曰試之以色，以觀其貞；七曰告之以難，觀其勇；八曰醉之以酒，以觀其態。八徵皆備，則賢不肖别矣。」

【考異】

①「以」下，宛委本有「言」字。

②「謀」，宛委本作「諜」。

③「遠使」，宛委本作「使之」。

●龍韜

●武王曰：「士高下豈有差乎？」太公曰：「有九差。」武王曰：「願聞之。」太公①：「人才參差太小②，猶斗不以盛石，滿則棄矣③。非其人而使之，安得不殆？多言多語，惡口惡舌，終日言惡，寢卧不絶，爲衆所憎，爲人所疾，此可使要問閭里；察姧伺猾，權數好事，夜卧早起，雖遽不悔，此妻子將也；先語察事，實長希言，賦物平均，此十人之將也；切切截截，不用諫言，數行刑戮④，不避親戚，此百人之將也；訟辨好勝，疾賊侵陵，斥人以刑，欲正一衆，此千人之將也；外貎咋咋⑤，言語切切，欲人飢飽⑥，習人劇易，此萬人之將也；戰戰慄慄，日慎一日，近賢進謀，使人以節，言語不慢，忠心誠必，此十萬之將也；溫良實長，用心无兩，見賢進之，行法不枉，此百萬之將也；動動份份⑦，隣國皆聞，出入居處，百姓所親，誠信緣大⑧，明於領世，能教成事，又能救敗，上知天文，下知地理，四海之內，皆如妻子，此英雄之率，乃天下之王也⑨。」

【考異】

①「公」下，宛委本有「曰」字。
②「太」，宛委本作「大」。
③「葉」，宛委本作「棄」。
④「戳」，宛委本作「戮」。
⑤「貇」，宛委本作「貌」。
⑥「欲」，宛委本作「知」。
⑦「份份」，宛委本作「紛紛」。
⑧「緣」，宛委本作「緩」。

⑨「王」，宛委本作「主」。

●武王問太公曰：「立將之道奈何？」太公曰：「凡國有難，君居正殿①，名將而詔之②，曰『社稷安危，一在將軍』，將軍受命，乃齊於太廟③。擇日授斧鉞，君入廟，西南而立④，將軍入，北面立。君親操鉞，持其首，授其柄，曰：『從此以往，上至於天，將軍制之。』乃復操柄⑤，授与其刃⑥，曰：『從此以下至於泉，將軍制之。』既受命，曰：『民聞治國不可從外治⑦，軍不可從中御，二心不可以事君，疑志不可以應敵。臣既受命，專斧鉞之威，臣不敢還請⑧，願君亦垂一言之命於臣⑨。君不許臣，臣不敢將。』君許之，乃辝而行。軍中之事，不可聞君命，皆由將軍出⑩，將臨敵决戰⑪，无有二心。若此无夫於上⑫，无地於下，无敵於前，无主於後，是故智者爲之慮，勇者爲之鬬，氣厲青雲，疾若馳騖⑬，兵不接刃，而敵降服。」

【考異】

①「居」，宛委本作「避」。

②「名」，宛委本作「召」。

③「齊」，宛委本作「齋」。

④「南」，宛委本作「面」。

⑤「操」下，宛委本有「斧持」二字。

⑥「与」，宛委本作「將」。

⑦「民」，宛委本作「臣」。

⑧宛委本無「臣」字。

⑨「赤」，宛委本作「亦」。

⑩宛委本無「軍」字。

⑪宛委本無「將」字。

⑫「夫」，宛委本作「天」。

⑬「驚」，宛委本作「鶩」。

●武王問太公曰：「將何以爲威？何以爲明？何以爲審①？何以爲禁止而令行？」太公曰：「以誅大爲威，以賞小爲明，以罰審爲禁止而令行。故煞一人而三軍振者②，煞之；煞一人而萬人慄者③，煞之④；煞一人而千萬人恐者，煞之⑤。故煞貴大，賞貴小，煞及貴重當路之臣，是刑上極也；賞及牛馬廝養，是賞下通也。刑上極，賞下通，是威將之所行也⑥。夫煞一人而三軍不聞，煞一人而萬民不知，煞一人而千万人不恐，雖多煞之，其將不重；封一人而三軍不悦，爵一人而萬人不勸，賞一人万人不欣⑦，是爲賞无功、貴无能也。若此，則三軍不爲使，是失衆之紀也⑧。」

【考異】

①宛委本無「何以爲審」四字。

②「桭」，宛委本作「振」。

③「煞」、「慄」，宛委本分别作「賞」、「説」。

④「煞」，宛委本作「賞」。

⑤「煞一人而千萬人恐者，煞之」，宛委本無此十一字。

⑥「威將」，宛委本作「將威」。

⑦「一人」下，宛委本有「而」字。

⑧「衆之」二字原誤重，據宛委本删。

●武王問太公曰：「吾欲令三軍之衆，親其將如父母，攻城爭先登，野戰爭先赴，聞金聲而怒，聞皷音而喜，爲之奈何？」太公曰：「將有三礼，冬日不服裘，夏日不操扇，天雨不張蓋幕，名曰三礼也；將身不服礼，无以知士卒之寒暑。出隘塞，犯涅塗，將必不步①，名曰力將；將身不服力，无以知士卒之勞苦。士卒車皆定次②，將乃就舍，炊者皆熟，將乃敢食，軍不舉火，將亦不火食，名曰止欲；將不身服止欲，无以知士卒之飢飽。故上將与士卒共寒暑，共飢飽勤苦，故三軍之衆，聞鼓音而喜，聞金聲而怒矣。高城深池，矢石繁下，爭先登③，白刃始合，士爭先赴，非好死而樂傷，爲其將念其寒苦之極，知其飢飽之審，而見其勞苦之明也。」

【考異】

①「不」，宛委本作「下」。

②「車」，宛委本作「軍」。

③「爭」上，宛委本有「士」字。

●武王問太公曰①：「攻伐之道奈何？」太公曰：「資曰敵家之動，變生於兩陣之間②，奇正傳於無窮之原③。故至事不語，用兵不言，其事之成者，其言不足聽，兵之用者，其狀不足見，倏然而往，忽然而來，能獨轉而不制者也。善戰者，不待張軍；善除患者，理其未生；善勝敵者，勝於無形，上戰無与戰矣。故爭於白刃之前者，非良將也；備已失之後者④，非上聖也；智与衆同，非人師也；伎与衆同，非國工也。事莫大於必成，用莫大於必成，用莫貴於玄眇，動莫神於不意，勝莫大於不識。夫必勝者，先弱敵⑤，而後戰者也，故事半而功自倍。兵之害，猶豫寂大；兵之灾，莫大於孤疑⑥。善者見利不失，遇時不疑，失利後時，及受其灾⑦。善者從而不擇，巧者一決，而不猶豫，故疾雷不及掩耳，卒電不及瞬目，起之若驚，用之若狂，當之者破，近之者亡，熟能待之⑧？」武王曰：「善。」

【考異】

①「曰」原與下「攻」字誤倒，據宛委本乙正。

②「間」，原誤作「聞」，據宛委本改正。

③「原」，宛委本作「源」。

④「備」下，宛委本有「於」字。

⑤「先弱」，宛委本作「先見弱於」。

⑥「孤」，宛委本作「狐」。

⑦「及」，宛委本作「反」。

⑧「熟」，宛委本作「孰」，下「三者熟先」亦如此。

●武王問太公曰：「凡用兵之極，天道、地利、人事，三者孰先①？」太公曰：「天道難見，地利、人事易得。天道在上，地道在下，人事以飢飽、勞逸、文武也。故順天道不必有吉，違之不必有害；失地之利，則士卒迷惑；人事不和，則不可以戰矣。故戰不必任天道，飢飽、勞逸、文武寂急，地利爲寶。」王曰：「天道鬼神，順之者存，逆之者已②，何以獨不貴天道？」太公曰：「此聖人之所生也。欲以止後世，故作爲譎書，而寄勝於天道，無益於兵勝，而衆將所拘者九。」王曰：「敢問九者奈何？」太公曰：「法令不行，而任侵誅；無德厚，而用日月之數；不順敵之强弱，幸於天道；无智慮，而候氛氣；少勇力，望天福③；不知地形，而歸過敵人；怯弗敢擊，而待龜筮；士卒不募，而法鬼神；設伏不巧，而任背向之道。凡天道鬼神④，視之不見，聽之不聞，索之不得，不可以治勝敗，不能制死生，故明將不法也。」

【考異】

①「孰」，原作「熟」，據宛委本改。

②「已」，宛委本作「亡」。

③「望」上，宛委本有「而」字。

④「天」，原訛作「夫」，據宛委本正。

●太公曰：「天下有粟，聖人食之；天下有民，聖人收之；天下有物，聖人裁之。利天下者取天下，安天下者有天下，愛天下者久天下，仁天下者化天下。」

●虎韜

武王勝殷，召太公問曰：「今殷民不安其處，奈何使天下安乎？」太公曰：「夫民之所利，譬之如冬日之陽，夏日之陰，冬日之從陽，夏日之從陰，不召自來。故生民之道，先定其所利，而民自至。民有三幾，不可數動之有凶①：明賞則不足，不足則民怨生；明罰則民懾畏，民懾畏則變故出；明察則民擾，民擾則不安其處，易以成變。故明王之民，不知所好，不知所惡，不知所從，不知所去，使民各安其所生，而天下靜矣。樂哉！聖人与天下之人皆安樂也。」武王曰：「爲之奈何？」太公曰：「聖人守無窮之府，用無窮之財，而天下御之仰之②，而天下治矣。神農之禁，春夏之所生，不傷不害，謹脩地利，以成萬物。無奪民之所利，而農順其時矣。任賢使能，而官有材，而賢者歸之矣。故賞在於成民之生，罰在於使人无罪，是以賞罰施民，而天下化矣。」

【考異】

①「動」下，宛委本又有「動」字。

②「御之」，宛委本作「仰之天下」。

●犬韜

●武王至殷將戰，紂之卆握戾流湯者十八人①，以牛爲禮以朝者三千人，舉百石重涉者廿四人②，趍行五百里，而矯矛煞百步之外者五千人，介士億有八萬。武王懼曰：「夫天下以紂爲大，以周爲細；以紂爲衆，以周爲寡；以周爲弱，紂爲强③；以周爲危，以紂爲安；以周爲諸侯，以紂爲天子。今日之事，以諸侯擊天下④，以細擊大，以少擊多，以弱擊强，以危擊安；以此五短擊此五長，其可以濟功成事乎？」太公曰：「審天子不可擊，審大不可擊，審衆不可擊，審强不可擊，審安不可擊。」王大恐以懼。太公曰：「王无恐且懼。所謂大者，盡得天下之民；所謂衆者，盡得天下之衆；所謂强者，盡用天下之力；所謂安者，能得天下之所欲；所謂天子者，天下相愛如父子，此之謂天子。今日之爲天下除殘去賊也⑤。周雖細，曾殘賊一人之不當乎？」王大喜，曰：「何謂殘賊？」太公曰：「所謂殘者，收天下珠玉美女、金錢綵帛、狗馬穀粟⑥，藏之不休⑦，謂殘也⑧；所謂賊者，收暴虐之吏，煞天下之民，無貴無賤，非以法度，此謂賊也。」

【考異】

①「戾」，宛委本作「炭」。

②「涉者廿」，宛委本作「沙者二十」。

③「紂」上，宛委本有「以」字。

④「下」，宛委本作「子」。

⑤「之」下，宛委本有「事」字。

⑥「穀」，宛委本作「穀」。

⑦「蔵」，宛委本作「藏」。

⑧「謂」上，宛委本有「此」字。

●武王問太公曰：「欲与兵深謀，進必斬敵，退必克全，其略云何？」太公曰：「主以礼使將，將以忠受命。國有難，君召將而詔曰：『見其虛則進，見其實則避；勿以三軍爲貴而輕敵，勿以授命爲重而苟進，勿以貴而賤人，勿以獨見而違衆，勿以辨士爲必然①，勿以謀簡於人，勿以謀後於人。士未坐勿坐，士未食勿食，寒暑必同，敵可勝也。』」

【考異】

①「辨」，宛委本作「辯」。

●陰謀

●武王問太公曰：「賢君治國教民，其法何如？」太公對曰：「賢君治國，不以私害公，賞不加於无功，罰不加於无罪，法不廢於仇讎①，不避於所愛，不因怒以誅，不因喜以賞，不高臺深池以役下，不雕文刻畫以害農，不極耳目之欲以乱政，此是賢君之治國也②。不好生而好煞③，不好成而好敗，不好利而好害，不与而好奪④，不好賞而好罰，妾孕爲政，使内外相疑，君臣不和，拓人田宅，以爲臺觀，發人丘墓，以爲苑囿，僕媵衣文繡，禽獸犬馬与人同食，而暮萬民糟糠不厭⑤，裘褐不完，其上不知而重斂，奪民財物，藏之府庫，賢人逃隱於山林，小人任大職，无功而爵，无德而貴，專恣倡樂，男女昏乱，不恤萬民，違陰陽之氣，忠諫不聽，信用耶佞，此亡國之君治國也。」

【考異】

①「雔」，宛委本作「讎」。

②宛委本無「此」字。

③「煞」下原有「不好煞不好煞」六字衍文，據宛委本删。

④「不」下，宛委本有「好」字。

⑤宛委本無「暮」字。

武王問太公曰：「吾欲輕罰而重威，少其賞而觀善多①，簡其合而衆皆化②，爲之何如？」太公曰：「煞一人千人懼者，煞之；煞二人而万人懼者，煞之；煞三人三軍振者，煞之。賞一人而千人喜者，賞之；二人而万人喜者③，賞之；賞三人三軍喜者，賞之。令一人千人得者，令之；禁二人而萬人止者，禁之；教三人而三軍正者，教之。煞一以懲萬，賞寡而觀衆④，此明君之威福也。」

【考異】

①「觀」，宛委本作「勸」。

②「合」，宛委本作「令」。

③「二」上，宛委本有「賞」字。

④「寡而觀」，宛委本作「一而勸」。

武王問太公曰：「吾欲以一言与身相終，再言与天地相永，三言爲諸侯雄，四言爲海内宗，五言傳之天下无窮，可得聞乎？」太公曰：「一言与身相終者，是内實而外仁也①；再言与天地相永者，是言行相制②，若天地无私也；三言爲諸侯雄者，是敬賢用諫，謙下於士也；四言爲海内宗者，敬接不肖，无貧富，无貴賤，无善惡，无憎愛也；五言傳之天下无窮者，通於否泰，順時容養也。」

【考異】

①「是内實」，宛委本作「内寬」。

②「制」，宛委本作「副」。

●武王問尚父曰：「五帝之戒可聞乎？」尚父曰：「黄帝之時戒曰『吾之居民上也，摇摇恐夕不至朝』；堯之居民上，振振如臨深川；舜之居民上，兢兢如履薄冰；禹之居民上，慓慓恐不滿日①；湯之居民上，戰戰恐不見旦。」王曰：「寡人今新并殷居民上，翼翼懼不敢怠。」

【考異】

①「慓慓」，宛委本作「慄慄」。

西夏文譯本六韜

清朝光緒三十三年，俄國探險家、考古學家科兹洛夫（Пётр Кузьмич Козлов）在中國額濟納土爾扈特旗境内（今内蒙古自治區額濟納旗）發現西夏古城黑水城遺址，隨即展開多次盜掘，數年間陸續將大量文物運回俄聖彼得堡。其中，西夏文六韜出土於宣統元年，也被運走，現藏俄羅斯科學院東方文獻研究所，一九九九年，經上海古籍出版社影印出版，編入俄藏黑水城文獻第十一册。是書爲西夏乾祐年間（一一七〇—一一九三）刻字司所刊，蝴蝶裝，僅存二十六葉，半葉七行，行約十五六字，存卷上、卷中，闕卷下。卷上有文師、盈虚、國務、大禮、明傳、六守、守土、守國，卷中有兵徵、農器、軍用、軍略、一戰、臨境、攻城諸篇。其中，一戰、攻城二篇，皆爲今通行本所無。西夏文本所據漢文文本，頗異於今傳世通行者，蓋爲武經七書頒定之前的舊本，學術價值極高。聶鴻音曾據直譯之文構擬還原一戰、攻城二篇，刊於傳統文化與現代化一九九六年第五期。賈常業又將全部西夏文六韜釋讀回譯成漢文，刊於西夏研究二〇一一年第二期，大致反映了這一古本的局部面貌。現將賈常業譯文過録於此，聶鴻音一戰、攻城二篇譯文附後。按賈譯有直譯，有意譯，今亦別之。凡大字部分皆爲直譯，文辭句式、語法結構與原西夏文本俱相對應；各章下附小字注文皆爲意譯，以西夏文本句意章旨爲據，而對勘宋本之文纂輯之。

卷上　文韜第一

文師　盈虚　國務　大禮　明傳　六守
守土　守國　上賢（佚）　舉賢（佚）　賞罰（佚）　兵道（佚）

文　師

周文王獸畋往欲，卜史編遣卜而尋令：「今日渭陽地方畋往汝，則物大有得汝也。其物龍非彲非，虎非羆非，大臣有得。天所饋是汝之師爲，若祐助時，二王及汝也。」

【意譯】周文王將田，令尋史官編遣（布）卜（曰）：「今日田於渭陽，將得大焉。其物非龍非彲，非虎非羆，兆得公侯。天遺汝師，以之佐昌，施（汝）及二王也。」

文王曰：「兆相此是乎？」

【意譯】文王曰：「兆致是乎？」

邊曰：「邊之宗祖卜史名疇，夏禹王占所尋令，皋陶得用，其兆此相似也謂。」

【意譯】史邊曰：「邊之太祖史疇，爲夏禹王占，得皋陶，兆比於此。」

文王立便三日齋爲時，車上馬乘獸畋以渭陽地方到往，爾時太公自茅舍旁邊釣垂魚捕見。

【意譯】文王乃齋三日，乘田車，駕田馬，田於渭陽，卒見太公，坐茅以漁。

文王恭問曰：「（汝）魚捕愛乎謂？」

【意譯】文王恭問曰：「子樂漁耶？」

太公曰：「臣聞君子志者樂歡算，小人祿位樂是使。今吾魚捕，亦其似一門（一樣）愛，則樂非使乎。」

【意譯】太公曰：「臣聞君子樂得其志，小人樂得其事。今吾漁，甚有似也，殆非樂之也。」

文王曰：「何云似也？」

【意譯】文王曰：「何謂其有似也？」

太公曰：「釣垂三種權有：禄等權，死等權，官等權。其釣垂者樂當得求，情處深遠，測則廣大也。」

【意譯】太公曰：「釣有三權：禄等以權，死等以權，官等以權。夫釣以求得也，其情深，可以觀大矣。」

文王曰：「其事聞欲長老所講。」

【意譯】文王曰：「願聞其情。」

太公曰：「源深而水流大，水流大而魚生；根深而木長，木長而果結，此者所必情也；君子情同而親合，親合而言生。言語問答者，情之飾也；言正情忠，則事之極爲。今臣言正講述，君其惡汝？」

【意譯】太公曰：「源深而水流，水流而魚生之；根深而木長，木長而實生之，此乃必有情也；

君子情同而親合，親合而事生之。言語對應者，情之飾也；言至情者，事之極也。今臣言至情不諱，君其惡之乎？」

文王曰：「唯仁者諫言受能，心正事不惡，何云使説汝？」

【意譯】文王曰：「唯仁者能受諫，不惡至情，何爲其然？」

太公曰：「緡微餌明，則魚小吞食；緡不細粗餌好，則中魚吞食；緡隆餌豐，則魚大吞食。若餌吞時，緡願處牽；人禄食受，又君樂心服其順。餌以魚捕故，魚之殺；禄以人取，人心正竭；家以國取，國得處有；國以天下取，亦天下得處有。嗚呼！曼曼綿綿，禄者必定終散；嘿嘿昧昧，光者必定遠照。聖人德淵，自獨見也。聖人慮遠，次其，立斂有。」

【意譯】太公曰：「緡微餌明，小魚食之；緡調餌香，中魚食之；緡隆餌豐，大魚食之。夫魚食其餌，乃牽於緡；人食其禄，乃服於君。故以餌取魚，魚可殺；以禄取人，人可竭；以家取國，國可拔；以國取天下，天下可畢。嗚呼！曼曼綿綿，其聚必散；嘿嘿昧昧，其光必遠。聖人之德，誘乎獨見。聖人之慮，各歸其次，而樹斂焉。」

文王曰：「何云立斂天下順歸也？」

【意譯】文王曰：「樹斂何若而天下歸之？」

太公曰：「天下者一人之天下非，天下之天下也。天下同利共，則已定天下得也；自獨天下利持，則將定天下失。天之時有，地上財生，人與共用，則仁也。仁上，則天下順歸。人之死免，人之難滅，人之罪救，人之急渡此者，德也。德豈有處，天下順歸。人與憂共樂共，苦共樂共，則義也。義何有處，天下順歸。若人死惡生愛，德貴得行，利豐能者，道也。若道有，則天下順歸謂。」

【意譯】太公曰：「天下非一人之天下，乃天下之天下也。同天下之利者，則得天下；擅天下之利者，則失天下。天有時，地有財，能與人共之者，仁也。仁之所在，天下歸之。免人之死，解人之難，救人之患，濟人之急者，德也。德之所在，天下歸之。與人同憂同樂、同好同惡者，義也。義之所在，天下歸之。凡人惡死而樂生，好德而歸得，能生利者，道也。道之所在，則天下歸之。」

文王再拜以曰：「説是也，天旨不受何敢謂！」共車上坐歸宮內入，德師爲令，勤以境中安泰隨問。

【意譯】文王再拜曰：「允哉，敢不受天之詔命乎！」乃載與俱歸，立爲師，以勤問境中吉安。

盈虛

文王太公之問曰：「天下和合，一盈一虛，一治一亂，其事何云？君賢昏不德等因乎？又天時等變化自然也？」

【意譯】文王問太公曰：「天下熙熙，一盈一虛，一治一亂，其情何也？其君賢不肖不等乎？其天時變化自然乎？」

太公曰：「君昏，則國弱民亂；君賢，則國安民樂。福禍君於在，天時於不在。」

【意譯】太公曰：「君不肖，則國危而民亂；君賢聖，則國安而民治。福禍在君，不在天時。」

文王曰：「先祖賢君孰是所説？」

【意譯】文王曰：「古之賢君可得聞乎？」

太公曰：「昔堯王天下恤治時，世人其之賢君也謂。」

【意譯】太公曰：「昔者堯之王天下，上世所謂賢君也。」

文王曰：「爾時治其何云？」

【意譯】文王曰：「其治如何？」

太公曰：「堯王天下治作時，金銀玉珠以不裝飾，錦繡綾羅以衣不著，奇異珍寶不視，殊妙寶器不好，女色樂音不聽，宮殿垣廊不堊，科栱柱脚不斫，殿前茅茨不耨。寒禦鹿皮裘著，暑時布以衣爲，雜食，羹菜飢救，妄事不生，民庶牧耕時與不失使。心削志約，匠造不好，民庶之安得願。官吏德忠法禮奉之，官位升爲；儉樸清靜民愛者之，禄食大與。孝順慈心有之，愛敬；桑農上心誠之，腹心置爲以奇力放使。仁德選擇，門上顯有爲，正忠心，以邪僞之法度禁。自憎所人，功所做時將必賞賜；自愛所人，罪所犯時將必罰判。天下鰥寡孤獨之養育，禍亡樂意人之救助。自遣奉所甚薄，賦役斂然不重。人民富使飢寒色無因此，萬民君之日月如戴，親近父母如過使。」

【意譯】太公曰：「帝堯王天下之時，金銀珠玉不裝飾，錦繡文綺不衣，奇怪珍異不視，玩好之器不寶，淫泆之樂不聽，宮垣屋室不堊，甍桷椽楹不斫，茅茨徧庭不剪。鹿裘禦寒，布衣避暑，糲粱之飯、藜藿之羹救饑，不生妄事，不失民庶農桑之時。削心約志，不好修造，求得民之安泰。吏忠正奉法者，尊其位；廉潔愛人者，厚其禄。民有孝慈者，愛敬之；盡力農桑者，慰勉之。旌別淑德，表其門閭，平心正節，以法度禁邪僞。所憎者，有功必賞；所愛者，有罪必罰。存養天下鰥寡孤獨，賑贍禍亡之家。其自奉也甚薄，其賦役也甚寡。故萬民富樂而無飢寒之色，百姓戴其君如日月，親其君如父母。」

文王曰：「此所如！則德賢君真是也。」

【意譯】文王曰：「大哉！真乃賢君之德也。」

國務

【文王太公之問曰：「……？」】

【意譯】【文王問太公曰：「……？」】

【太公曰：「……賦税甚薄，則】與之；宮室臺榭大不做，則樂之；事執清靜不

苛擾，則喜之。民庶活業做相失使，則害之；農時失使，則壞之；罪無罰置爲，則殺之；賦斂重，則奪爲之；宮室臺榭多造令則民疲憊，苦爲之；事執污濁苛擾，則怒之。因此國善者，民庶馭時父母子愛，及兄大弟小愛如。飢寒見，時憂慮，勞苦見，時心悲，賞罰自上願行，賦斂己物拔如思，則此者民愛順道是也。」

【意譯】【太公曰：「……賦税甚薄，則】與之；儉宫室臺榭，則樂之；吏清不苛擾，則喜之。民失其務，則害之；農失其時，則敗之；無罪而罰，則殺之；重賦斂，則奪之；多營宫室臺榭以疲民力，則苦之；吏濁苛擾，則怒之。故善爲國者，馭民如父母之愛子，如兄之愛弟。見其飢寒，則爲之憂；見其勞苦，則爲之悲；賞罰如加於身，賦斂如取己物，此愛民之道也。」

大　禮

文王太公之問曰：「君臣之禮何云？」

【意譯】文王問太公曰：「君臣之禮如何？」

太公曰：「上爲惟照，下爲惟沈；照時遠無，沈時隱無。上爲則到，下爲則定；到者天也，定者地爲。或天或地，則故大禮成。」

【意譯】太公曰：「爲上惟臨，爲下惟沈；臨而無遠，沈而無隱。爲上惟周，爲下惟定；周則天也，定則地也。或天或地，大禮乃成。」

文王曰：「主位何云持？」

【意譯】文王曰：「主位如何？」

太公曰：「安樂安定，柔節先定；他與不爭，削（平）能自謙志，持正事爲也。」

【意譯】太公曰：「安徐而靜，柔節先定；善與而不爭，虛心平志，待物以正。」

文王曰：「主聽其何云？」

【意譯】文王曰：「主聽如何？」

太公曰：「安勿許，諫勿拒；許則守失，拒則塞閉。山高仰，時第極不有；深淵度欲，測思處無。神明德者，正靜極廣。」

【意譯】太公曰：「勿妄而許，勿逆而拒；許之則失守，拒之則閉塞。高山仰止，則不可極也；深淵度之，不可測也。神明之德，正靜其極。」

文王曰：「主明明其何云？」

【意譯】文王曰：「主明如何？」

太公曰：「目貴明，耳貴聰，心貴智。故天下視，時不見無；天下聽，時不聞無；天下念，時不知無。天下輻爲，則明明不昏也。」

【意譯】太公曰：「目貴明，耳貴聰，心貴智。以天下之目視，則無不見也；以天下之耳聽，則無不聞也；以天下之心慮，則無不知也。輻輳並進，則明不蔽矣。」

明傳

文王患病，太公之召，太子發父王側邊在。「嗚呼！天予之棄，社稷汝之囑咐爲將。今予師處正真言求，子孫之明傳欲。」

【意譯】文王寢疾，召太公望，太子發在側。曰：「嗚呼！天將棄予，周之社稷將以屬汝。今予欲師至道之言，以明傳之子孫。」

太公曰：「王何問欲汝？」

【意譯】太公曰：「王何所問？」

文王曰：「先祖聖道，起止其，何云所説？」

【意譯】文王曰：「先聖之道，其所止，其所起，可得聞乎？」

太公曰：「善見不怠，時至不疑，非知時止，此三種者，道之滯止所。柔時德，恭時敬，强時弱，忍時剛，此四種者，道起所也。故然義欲於勝則昌，欲義於勝則亡；敬怠於勝則吉，怠敬於勝則滅也。」

【意譯】太公曰：「見善而怠，時至而疑，知非而處，此三者，道之所止也。柔而静，恭而敬，强而弱，忍而剛，此四者，道之所起也。故義勝欲則昌，欲勝義則亡；敬勝怠則吉，怠勝敬則滅也。」

六守

文王太公之問曰：「國君民主，中或失者，何因也？」

【意譯】文王問太公曰：「君國主民者，其所以失之者，何也？」

太公曰：「守所不慎因也。國主之六守、三寶有。」

【意譯】太公曰：「因所守不慎也。人君有六守、三寶。」

文王曰：「六守者何云？」

【意譯】文王曰：「六守者何也？」

太公曰：「一仁，二義，三忠，四信，五勇，六謀，此等六守也。」

【意譯】太公曰：「一曰仁，二曰義，三曰忠，四曰信，五曰勇，六曰謀，是謂六守。」

文王曰：「此六守執能者擇其何云？」

【意譯】文王曰：「慎擇六守者何？」

太公曰：「富時而犯觀可，貴時而驕觀可，付時而轉觀堪，使處而隱觀可，危有而恐觀能，事問而窮觀能。富時不犯，則仁；貴時不驕，則義；執時不轉，則忠；使處不隱，則信；危有不恐，則勇；事問不窮，則謀也。國主三寶他不借所，若他借則君威儀失。」

【意譯】太公曰：「富之而觀其無犯，貴之而觀其無驕，付之而觀其無轉，使之而觀其無隱，危之而觀其無恐，事之而觀其無窮。富之不犯，則仁；貴之不驕，則義；付之不轉，則忠；使之不隱，則信；有危不恐，則勇；事之不窮，則謀也。人君無以三寶借人，借人則君失其威。」

文王問曰：「三寶者何所也？」

【意譯】文王問曰：「敢問三寶？」

太公曰：「牧農、工匠、商賈者也，故農務上心誠，則種穀全足；工匠上心誠，則種器全足；商賈上心誠，則種財全足。此三寶者自各事依在使，則民庶慮絶。行業不亂，族部不亂，臣君於不富，都國於不大，長六守能，則君昌；三寶全，則國安也。」

【意譯】太公曰：「農、工、商，謂之三寶。故盡力農務者，則穀足；盡力工造者，則器足；盡力商貿者，則貨足。三寶各安其處，民乃不慮。無亂行業，無亂其族，臣無富於君，都無大於國。六守長，則君昌；三寶完，則國安也。」

守土

文王太公之問曰：「位受其何云？」

【意譯】文王問太公曰：「守土奈何？」

太公曰：「親之無徙，軍衆無不怠，左右養育，四旁御制。借無人之國事手莫，置爲手置爲，則君口禮出。壑内土釋丘我無，置本舍末無治。卓午必過，刀操必割，斧執所必伐。卓午不過，則時失；刀操不割，則利失；斧執不伐，賊人將來。水滴不塞，則河江爲；火微不救，炎盛滅難；葉小不去，則所粗斧用。是故君者所必富要，不富則仁不爲，不施則親不合。親相分則害，衆相離則敗。他之利器無借，若利器借則他害所爲，世不終也。」

【意譯】太公曰：「無疏其親，無怠其衆，撫其左右，御其四旁。無借人國柄，借人國柄，則失其權。無掘壑而附丘，無舍本而治末。日中必彗，操刀必割，執斧必伐。日中不彗，是謂失時；操刀不割，失利之期；執斧不伐，賊人將來。涓涓不塞，將爲江河；熒熒不救，炎炎奈何；兩葉不去，將用斧柯。是故人君必從事於富，不富無以爲仁，不施無以合親。疏其親則害，失其衆則敗。無借人利器，借人利器則爲人所害，不終其世也。」

文王曰：「仁義者何云？」

【意譯】文王曰：「何謂仁義？」

太公曰：「衆之敬，親相近。衆敬則和，親姻則喜，此者仁義之綱紀也。自威他無奪爲，明利與其，常道順爲。故順爲者之德以任所，逆人者之力以拒所。敬上不疑，則天下和服也。」

【意譯】太公曰：「敬其衆，合其親。敬其衆則和，合其親則喜，是謂仁義之綱紀也。無使人奪汝威，因其明，順其常。順者任之以德，逆者絶之以力。敬之無疑，天下和服。」

守國

文王太公之問曰：「國守其何云？」

【意譯】文王問太公曰：「守國奈何？」

太公曰：「王齋所爲，臣君之天地常禮及，四時生所，仁聖之道，民庶動之性情等語我。」

【意譯】太公曰：「齋，將語君天地之經，四時所生，仁聖之道，民機之情。」

時王立即七日齋所爲，北方面向再拜以問。

【意譯】王即齋七日，北面再拜聞之。

太公曰：「天四時生，地萬物生，天下民庶，仁聖爲使。故然春時芽動，萬物出生；夏時長大，萬物茂盛；秋時收割，萬物結果；冬時藏貯，萬物隱藏。又藏，藏復生起，莫知終，所不知。聖人行爲，天地相互中縛繩。故天下安定時（以下佚缺）……」

【意譯】太公曰：「天生四時，地生萬物，天下有民，仁聖牧之。故春道生，萬物榮；夏道長，萬物成；秋道斂，萬物盈；冬道藏，萬物隱。又藏，藏則復起，莫知所終，莫知所始。聖人配之，以爲天地經紀。故天下治（以下佚缺）……」

卷上　武韜第二

……

卷中　龍韜第三

……兵徵（殘）　農器

兵　徵

【武王太公之問曰：「……？」】

【意譯】【武王問太公曰：「……？」】

【太公曰：「……城之氣】高方往續無爭斷，則日期多留。凡城攻邑圍，時旬過不雷不雨，則所必災有急去應，城内必有大臣居。此所攻處有則攻，攻處無則退應。」

【意譯】【太公曰：「……城之氣】出高而無所止，用兵長久。凡城攻圍邑，過旬不雷不雨，必亟去之，城必有大輔。此所以知可攻而攻，不可攻而止。」

武王曰：「則是也！」

【意譯】武王曰：「善哉！」

農器

武王太公之問曰：「天下安定，國家爭無時，戰之器具可不準備？禦禁用具事可不設置所？」

【意譯】武王問太公曰：「天下安定，國家無事，戰攻之具可無修？守禦之備可無設乎？」

太公曰：「戰具禦拒用器者，盡農事中續取。耒耜者，堅甲蒺藜同一門（一樣）；牛馬車輿者，壘塹戰樓相不差；耨用鋤具者，矛戟同等；蓑藏曬笠者，甲冑兵器相同；鍬、鍤、斧、鋸、碗臼、碓杵者，城攻器相等；牛馬等者，軍糧輸處用；雞犬等者，巡察相似；婦人織紝者，旌旗爲處需；丈夫地面平做者，城中攻時壕塞相同；春棘草鈸者，車馬過於利；夏田耨者，步兵通入欲；秋刈穀，倉置糧食準備也；冬穀貯藏者，堅守於用；田農宅主相中，縛索者禁止等明行相同；閣中役主，權使有者，將主（帥）同一門（一樣）；邑主城垣，過處無者，騎隊相不差；粟納薪草藏者，軍糧庫其如；春秋郭城修造，渠掘深爲者，壘塹做相同。故軍行具者，盡農事於禮取謂。國安善人者，農事於禮取。則必定六畜存養，田疇擴，室處住，丈夫田農畝數當明，婦人織紝尺度有。則此者國富兵强本道也。」

【意譯】太公曰：「戰攻守禦之具，盡在於人事。耒耜者，其行馬蒺藜也；馬牛車輿者，其營壘蔽櫓也；鋤耰之具，其矛戟也；蓑薜簦笠者，其甲冑干楯也；钁、鍤、斧、鋸、臼、杵，其攻城器也；牛馬者，所以轉輸糧用也；雞犬者，其伺候也；婦人織纖，其旌旗也；丈夫平壤，其攻城也；春鈸草棘，其戰車騎也；夏耨田疇，其戰步兵也；秋刈禾薪，其糧食儲備也；冬實倉廩，其堅守也；田里相伍，其約束符信也；里有吏，官有長，其將帥也；里有周垣，不得相過，其隊分也；輸粟收芻，其廩庫也；春秋治城郭，修溝渠，其塹壘也。故用兵之具，盡在於人事也。善爲國者，取於人事。故必使遂其六畜，辟其田野，安其處所，丈夫治田有畝數，婦人織有尺度。是富國强兵之道也。」

武王曰：「則是也！」

【意譯】武王曰：「善哉！」

卷中　虎韜第四

軍義用

武王太公之問曰：「帝王衆動時，三軍義用，守攻器具，種種名數下高，其法一爾有？」

【意譯】武王問太公曰：「王者舉兵，三軍器用，攻守之具，科品衆寡，豈有法乎？」

太公曰：「王問其是汝。凡守攻其器具，各名數有，此者兵之大威儀也。」

【意譯】太公曰：「王之問也！夫攻守之具，各有科品，此兵之大威也。」

武王曰：「聞欲所講。」

【意譯】武王曰：「願聞之。」

太公曰：「軍中用行應多數者，若將萬人甲穿隨時，法依：武衝大扶胥三十六乘車用，士强弩利矛戟持以護，車一乘二十四人推，車輪低高八尺，車上旗矛立。此之軍法震駭名謂，陣堅陷，敵强敗來；武翼櫓大矛戟扶胥七十二具車需，材士强弩又矛戟守以護，車輪低高五尺，車上絞弩射者有，陣堅陷，敵强敗能；翼提櫓小扶胥車百四十具，絞車弩射者有，鹿車以助，陣堅陷，敵强敗來；大黄（參）絞弩共（載）扶胥三十六乘，士强射勇矛戟執有隨，飛梟、電旗立，飛梟者莖赤羽白，銅以首色；電影者莖青羽赤，鐵以首色。日晝則縞紅，長六尺，寬六尺，以明爲；夜下則縞白，長六尺，寬六尺，以顯爲。陣堅陷，騎兵敗使。大扶胥衝車三十六乘，士强射勇共載，縱以横擊，寇之車重騎，兵敗來，此之電軍（車）謂，兵法依電擊謂。陣堅陷，步騎敗使。寇夜來時，矛戟扶胥車輕百（六）十乘前導，士强戰勇三人共載，兵法依霆擊謂。陣堅陷，步騎敗使。四鐵棱棓維朌，重十二斤，柄長五尺過，千二百枚用，其之天棓謂。大柯斧，刃長八寸，重八斤，柄長五尺過，千二百枚用，其之天鉞謂。大錘棱有，重八斤，柄長五尺過，千二百枚用，其之天錘謂。群寇步騎敗使能。飛鉤，長八寸，芒四寸，柄長六尺過，千二百枚需。三軍守用可，劍大堅杈，長二丈，百二十具需。地平處，步兵以車騎之敗使做。木蒺藜，低高二尺五寸，百二十具用。步騎敗，窮寇要，走北之賊。谷狹道微內，鐵黑蒺藜張爲，芒四寸，廣八寸，長六寸過，千二百具準備，步騎。夜突時禁來前促戰，手混時，兩鏃鋪蒺藜，地障，珠，間一尺二寸各，一萬二千枚準備。曠野草稠中，漢語。方胸鋋矛①，千二百枚準備，鋋矛設其法者，低高一尺五寸。步騎敗，窮寇要，走北遮。谷狹道微入時，鐵械鎖參連，百二十具準備。步騎敗，走北遮。壘門守所：戟矛櫓小二十具，絞車弩以副。三軍守護做：天羅虎落，一部自各有使，廣十五尺，低高八尺，百二十具準備。虎落劍大扶胥，廣十五尺，低高八尺，五百二十具準備。溝塹渡時：飛橋有一欂，廣十五尺，低高二十尺過，輪轉車大，八具準備，利依遺行。水大渡，飛江舟爲，廣十五尺，長二十尺過，八具準備，利見遺行。舟堅鐵掩，内方外圓，徑四尺，三十六具，環絡自副。堅舟以江飛舟等，水大上行時，其之天潢謂，又天舡亦說。山林野居時，虎落底接木以壘，門閉鐵鎖，千二百枚準備，長二丈過。上等索粗四寸，長四十尺過，六百枚準備；中等索粗二寸，長四十尺過，二千枚準備；下等索微，長二十尺過，一萬二千枚準備。天雨時，車重上蓋用，木條上麻表皮，其之鉏鋙名謂，廣四尺，長四十尺過，車一具用，首尾鐵杙置。木伐斧頭，重八斤，柄長三尺過，三百枚準備。钁齒，寬六寸，柄長五尺過，三百枚準備。築銅杵，長五尺過，三百枚準備。鷹爪方胸鐵杷，柄長七尺過，三百枚準備。方胸枝衆鐵刻叉，柄長七尺過，三百枚準備。草芟用鎌大，柄長七尺過，三百枚準備。櫓大刀，重八斤，柄長七尺，三百枚準備。環圍鐵杙，長三尺，三百枚準備。杙椓用錘大，重【五斤，柄長二尺過，百二十具準備。甲士萬人，强弩六千，戟楯二千，矛楯二千。修正攻具，砥礪兵器巧手三百人。此舉兵軍用之大數也。】」

【考異】

①西夏文「方」上注「漢語」二字，謂「方胸鋋矛」讀漢語音。

【意譯】太公曰：「凡用兵之大數，將甲士萬人，法用：武衝大扶胥三十六乘，材士强弩矛戟爲翼，一車二十四人推之，以八尺車輪，車上立旗矛。兵法謂之震駭，陷堅陣，敗强敵；武翼大櫓矛戟扶胥七十二具，材士强弩矛戟爲翼，以五尺車輪，絞車連弩自副，陷堅陣，敗强敵；提翼小櫓扶胥百四十具，十具，絞車連弩自副，以鹿車輪，陷堅陣，敗强敵；大黄（參）連弩共（載）扶胥三十六乘，材士强弩矛戟爲翼，立飛鳧、電影。飛鳧赤莖白羽，以銅爲首；電影青莖赤羽，以鐵爲首。晝則以絳縞，長六尺，廣六尺，爲顯耀（爲光耀）；夜則以白縞，長六尺，廣六尺，爲明顯（爲流星）。陷堅陣，敗騎兵。大扶胥衝車三十六乘，螳螂武士共載，可以縱擊横，輜車騎寇，敗來兵，謂之電軍（車），兵法謂之電擊。陷堅陣，敗步騎。寇夜來前，矛戟扶胥輕車百（六）十乘先導，螳螂武士三人共載，兵法謂之霆擊。陷堅陣，敗步騎。方首鐵棓維朌，重十二斤，柄長五尺以上，千二百枚，謂之天棓。大柯斧，刃長八寸，重八斤，柄長五尺以上，千二百枚，謂之天鉞。方首大錘，重八斤，柄長五尺以上，千二百枚，謂之天錘。敗步騎群寇。飛鉤，長八寸、芒四寸，柄長六尺以上，千二百枚。三軍拒守可用：大劍堅杈（木螳螂劍刃扶胥），長二丈，百二十具。平易地，以步兵敗車騎。木蒺藜，高低二尺五寸，百二十具。敗步騎，要窮寇，遮走北。狹路微徑，張黑鐵蒺藜，芒四寸，廣八寸，長六寸以上，千二百具，（敗）步騎。突暝來前促戰，白刃接，鋪兩鏃蒺藜，（張）地羅，參連織女，各間隔一尺二寸，一萬二千枚。曠野草中，漢語方胸鋌矛，千二百枚，張鋌矛法，高一尺五寸。敗步騎，要窮寇，遮走北。狹路微徑，鐵械鎖參連，百二十具。敗步騎，遮走北。壘門拒守：戟矛小櫓二十具，絞車連弩自副。三軍拒守：天羅虎落，各處配有一部，廣十五尺，高八尺，百二十具。虎落大劍扶胥（虎落劍刃扶胥），廣十五尺，高八尺，五百二十具。渡溝塹：有飛橋，一檩廣十五尺，高二十尺以上，輪轉大車（着轉關轆轤），八具，以環利通索張之。渡大水，飛江舟廣十五尺，長二十尺以上，八具，以環利通索張之。掩鐵堅舟（天浮鐵螳螂），矩內圓外，徑四尺，三十六具，環絡自副。堅舟以江飛舟等，大水上行時（以天浮張飛江，濟大海），謂之天潢，又亦天舡。山林野居，結虎落柴營，閉門鐵鎖，千二百枚，長二丈以上。上等索粗（環利大通索）四寸，長四十尺以上，六百枚；中等索粗（環利中通索）二寸，長四十尺以上，二千枚；下等索細（環利小微縲），長二十尺以上，一萬二千枚。天雨時，蓋重車上板，木條表皮結枲麻，謂之鉏鋙（結枲鉏鋙），廣四尺，長四十尺以上，車一具，首尾置鐵杙（以鐵杙張之）。伐木斧頭（伐木大斧），重八斤，柄長三尺以上，三百枚。棨钁刃，廣六寸，柄長五尺以上，三百枚。銅築杵（銅築固爲垂），長五尺以上，三百枚。鷹爪方胸鐵杷，柄長七尺以上，三百枚。方胸枲枝鐵刻叉（方胸兩枝鐵叉），柄長七尺以上，三百枚。芟草木大鎌，柄長七尺以上，三百枚。大櫓刀，重八斤，柄長七尺，三百枚。環圍鐵杙（委環鐵杙），長三尺，三百枚。椓杙大錘，重【五斤，柄長二尺以上，百二十具。甲士萬人，強弩六千，戟楯二千，矛楯二千。修正攻具，砥礪兵器巧手三百人。此舉兵軍用之大數也。】」

軍略

【太公曰：「……以上佚缺】振明天上至；溝塹越時，飛橋、轉道，要水大渡時，天潢，如飛橋用；依退面流時，海浮、江渡用。三軍此等，主集則王憂慮所何有？」

【意譯】【太公曰：「……以上佚缺】吹鳴笳（火光、鼓、鐸、笳，振明至天空）；越溝塹，則有飛橋、轉關；濟大水，則有天潢，如用飛橋（飛江）；逆波上流，則有海浮、絶江。三軍用備，主將何憂？」

一　戰

武王太公之問曰：「國家兵皆發，戰者三萬人，與紂王之百萬兵相擊，三勝一不敗欲者何所爲所？」

【意譯】武王問太公曰：「發國家總兵，參戰者僅三萬人，與紂王之百萬兵相擊，欲一勝三而不敗者，爲之奈何？」

太公曰：「方百里王小天子其擊時，三日戰擊超過處無。天陳兵依，則百萬兵馬近遠互不指示，金鼓之聲自共互不聞，旌矛旗色自共不見，左者右不聞，前者後不見，則軍疾擊行可謂。」

【意譯】太公曰：「方百里諸侯擊天子，擊戰不可超過三日。因天陳兵，則百萬兵馬遠近互不指揮，金鼓之聲各不相聞，旌旗之色各不相見，左不聞右，前不見後，則軍可速攻也。」

武王曰：「敵人三四條爲，或東或西，或南或北，或戰或息，或告時往，或默時隱，車騎首尾馳，三軍大言，一遍敗時再戰處無，何所爲所？」

【意譯】武王曰：「敵人爲三四縱，或東或西，或南或北，或戰或息，或明而往，或暗而伏，車騎首尾馳行，三軍大噪，一敗而不可再戰，爲之奈何？」

太公曰：「小以大上行，時必日没需；多以少上行，時必日高要。一人炬持，二人鼓擊，戰混時火熄，天下嘿嘿，一明不卜。或鼓音出時往，或木擊時停疾，二旁攻騎車左右蕩使，勇士强弩二處箭放，空中聲出地下起及雷聲如，三軍疾戰，則敵人雖衆，亦彼將手入處有。士勇選擇，軍中自進不退，二旁莫恐，左右莫守，則將必一遍戰以勝也。」

【意譯】太公曰：「以小擊大，則必日暮；以衆擊寡，則必日高。一人持炬，二人擊鼓，混戰熄火，天下黑暗，一明未卜。或鳴鼓而往，或擊木而止，兩旁車騎左右蕩擊，材士强弩兩處（交叉）放箭，聲出天而涌地若雷，三軍疾戰，敵人雖衆，彼將可擒。挑選材士，中軍自進不退，兩旁勿恐，左右勿視，則必一戰而勝也。」

臨境

武王太公之問曰：「敵人相境上拒時，彼來處有，我往處有，皆二固堅，先前手舉莫敢。予我强士襲地堂行欲時，敵人亦來，則何乃爲所？」

【意譯】武王問太公曰：「吾與敵人臨境相拒，彼可以來，我可以往，陳皆堅固，莫敢先舉。我欲往而襲之，彼亦可來，爲之奈何？」

太公曰：「分三處爲，前面一處，壘高溝深堅爲無出，旌旗以張，金鼓與擊，其【以下佚缺……】」

【意譯】太公曰：「分兵三處，令我前軍，深溝增壘而無出，列雄旗，擊鼙鼓，以下佚缺【完爲守備……】」

攻城

【太公曰：「……以上佚缺】解，日月道守，四季常明，左右頭尾處旗執，則小大皆成，惱災不有也。」

【意譯】【太公曰：「……以上佚缺】解，守日月之道，明四季之常，持旗於左右首尾，則小大皆成，無厄難也。」

武王曰：「敵人先至我利取爲，先地利處取，時何如爲所？」

【意譯】武王曰：「敵人先至以奪我利，而彼先取地利，則如何應付？」

太公曰：「若此如，則怯弱兆顯示佯逃敗，敵人近追，急追則隊長混亂自共互殺時，予我伏軍驅以疾軍後上擊，車騎以左右近爲所攻，時必破爲欲者。敵人城高塹深【以下佚缺……】」

【意譯】太公曰：「若此如，則示弱兆顯佯北，待敵追至，追逐急則隊長混亂而自相殘，吾驅以伏軍疾擊其後，車騎左右予以近攻，則必破之。敵人高城深塹【以下佚缺……】」

附聶鴻音譯文

一　戰

武王太公之問曰：「國家軍皆起，戰者三萬人，彼敢王之百萬軍與拒，三勝一不敗，欲者何謂爲做？」太公曰：「方百里王小天子上發行時，三日戰拒超過處無。天陳軍因，則百萬軍馬近遠相不告，金鼓之聲自共相不聞，旌槍旗色自共不見，左者右不聞，前者後不見，則軍疾發行做謂。」武王曰：「敵人三四隊爲，或東或西，或南或北，或戰或息，或覺時往，或默時伏，車騎頭尾馳，三軍大語，一番敗時再戰處無，何謂爲做？」太公曰：「小以大上行，時必定日没用。多以少上行，時必定日高要。一人炬執，二人鼓擊，戰共時火熄，天下默默，一明不計。或鼓聲出時往，或木擊時止疾，二方發騎車左右蕩令，勇健射善二合箭發，空中聲出地下湧而天雷聲如，三軍疾戰，則敵人當衆，亦其將手入處在，男善選擇，軍中自進不退，二方勿恐，左右勿視，則必定一番戰而勝也。」

【意譯】武王問太公曰：「發傾國之兵，與王之百萬兵相拒，欲三勝而不一敗者，爲之奈何？」太公曰：「方百里之侯擊天子，拒戰勿過三日。因天陳兵，則百萬兵馬遠近不相屬，金鼓之聲各不相聞，旌旗之色各不相見，左不聞右，前不見後，則軍疾擊之。」武王曰：「敵人分爲三四，或東或西，或南或北，或戰或息，或明而往，或暗而伏，車騎首尾交馳，三軍大噪，一敗而不可再戰，爲之奈何？」太公曰：「以小擊大，必須日暮。以衆擊寡，必要日高。一人操炬，二人擊鼓，戰時熄火，天下昏昏，一明不覺。或鳴鼓而往，或擊木而止，兩旁車騎左右衝突，鋭士强弩交相放箭，聲出天而湧地若雷，三軍疾戰，則敵人雖衆，其將可得。選我材士，中軍自進不退，兩旁勿恐，左右勿視，則必一戰而勝也。」

攻城

……解，日月道執，四季常明，左右頭尾各所執，則小大皆成，迷惑不有也。武王曰：「敵人先至我益取爲，先地利各受，時何如爲做？」太公曰：若此如，則怯懦相現佯裝奔背，敵人當追，急速追則隊列雜亂，自共相失時，吾我伏軍敵以疾軍尾上發，車騎以左右近爲做攻，時必定破爲欲者。敵人城高塹深……

【意譯】解……秉日月之道，明四季之常，執其左右首尾，則小大皆成，不至迷惑也。武王曰：「敵人先至以取我，彼先得地利，爲之奈何？」太公曰：若如此，則故作怯懦而佯北，敵人必追，追之急則行陳亂而自相失。吾發伏兵疾擊其後，車騎左右近攻，必破之。敵人高城深塹……

六韜佚文

古太公之書原帙早已亡佚，而其中的六韜亦屢經散失删節，故後世典籍徵引太公金匱、周書、陰謀、陰符及六韜之文，不見於今本六韜者甚多。清人曾於此做過大量輯録工作，今採孫志祖等七家，按輯者先後列目如下：

一、孫志祖讀書脞録續編卷三録意林卷一引六韜佚文五條，影印清嘉慶七年刻本，續修四庫全書第一一五二册，上海古籍出版社，二〇〇二年；

二、孫星衍平津館叢書甲集收周書六韜六卷附逸文一卷，影印清嘉慶十七年蘭陵孫氏刻本，鳳凰出版社，二〇一〇年；

三、嚴可均校輯全上古三代文卷六至卷七齊太公，影印清光緒二十年黄岡王毓藻刻本，全上古三代秦漢三國六朝文，中華書局，一九六五年；

四、洪頤煊撰録經典集林卷二二收太公金匱一卷，影印一九二六年陳氏慎初堂影印清嘉慶間孫馮翼問經堂叢書本，續修四庫全書第一二〇〇册；

五、黄奭黄氏逸書考子史鈎沈收六韜佚文，影印清道光黄氏刻一九三七年朱長圻補刊本，續修四庫全書第一二〇九册；

六、汪宗沂輯太公兵法逸文，據漸西村舍叢刊排印，叢書集成初編第九三四册，中華書局，一九九一年；

七、王仁俊經籍佚文子編六韜佚文，影印上海圖書館藏稿本，續修四庫全書第一二一一册。

對上述七家所輯佚文予以校覈整理，原則如下：

一、據以上先後之序，凡後輯佚文與前人重出，則删其後者，僅存前者；

二、凡佚文見於群書治要及敦煌寫卷者，亦皆删略；

三、同一佚文爲後世多書所引，則僅注其時代最早的出處；

四、近似同一佚文，而諸書所引差異較大者，則視爲不同佚文分别輯録，各注出處；

五、各家輯録文字凡與出處原文有異，皆據原文予以回改，原文所據版本見本書凡例。

經此校理，則上述洪、黄、王三家盡皆删去，其餘四家所輯，亦僅存其未見於治要及敦煌寫卷者，計二百三十一條，現標點過録於此。

孫志祖輯文

意林引五事，皆今本所無。

一、太公云：「伏羲、神農教而不誅，黄帝、堯、舜誅而不怒。」

一、聖人恭天靜地，和人敬鬼。

一、文王在岐，召太公曰：「吾地小，奈何？」太公曰：「天下有粟，賢者食之；天下有民，賢者牧之。屈一人下，伸萬人上，惟聖人能行之。」案此三句引見容齋三筆，知宋時尚有足本。

一、冠雖敝，加于首；履雖新，履于地。

一、武王問太公曰：「士高下有差乎？」太公曰：「人有九差。惡口舌爲衆所憎，夜卧早起，此妻子之將；知人飢渴，習人劇易，此萬人之將；戰戰慄慄，日慎一日，此十萬之將；知天文，悉地理，理四海如妻子，此天下之將。」

凡此皆今本所逸，則容有出於後人之删竄者矣。

孫同元輯文

器滿則傾，志滿則覆。禮記曲禮上「志不可滿」孔穎達疏。

軍處山之高者則曰棲。史記越王句踐世家「越王乃以餘兵五千人保棲於會稽」司馬貞索隱引鄒誕。

武王伐紂，雪深丈餘，五車二馬，行無轍迹，詣營求謁。武王怪而問焉，太公對曰：「此必五方之神，來受事耳。」遂以其名召入，各以其職命焉。既而克殷，風調雨順。舊唐書禮儀志。

文王問散宜生：「卜伐殷吉乎？」曰：「不吉。」鑽龜，龜不兆。數蓍，蓍不交而如折。將行之日，雨，輜重車至軫。行之日，幟折爲三。散宜生曰：「此凶，四不祥，不可舉事。」太公進曰：「是非子之所知也。祖行之日，雨，輜重車至軫，是洗濯甲兵也。」藝文類聚卷二天部下雨。

武王入殷，散鹿臺之金錢，以與殷民。藝文類聚卷六六産業部下錢。

武王伐殷，先出於河，吕尚爲後將，以四十七艘船濟於河。藝文類聚卷七一舟車部舟。

商王拘西伯昌於羑里，太公謂散宜生，求珍物以免君罪，之九江，得大貝百馮。藝文類聚卷八四寶玉部下貝。

夏殷桀紂之時，婦人錦繡文綺之坐席，衣以綾紈，常三百人。藝文類聚卷八五布帛部綾。

冬冰可折，夏條可結。藝文類聚卷八八木部上木。

武王登夏臺，以臨殷民，周公旦曰：「臣聞之，愛其人者，愛其屋上烏。憎其人者，憎其餘胥。」藝文類聚卷九二鳥部下烏。

商王拘周伯昌於羑里，太公與散宜生以金十鎰，求天下珍物，以免君之罪，於是得犬戎氏文馬，毫毛朱鬣，目如黄金，名雞斯之乘，以獻商王。藝文類聚卷九三獸部上馬。

文王囚羑里，散宜生得黄熊而獻之於紂。藝文類聚卷九五獸部下熊。

殺一夫而利天下。北堂書鈔卷一三帝王部十三武功四十六。

女子爲政。北堂書鈔卷二十一帝王部二一昏德七十一。

二十七大夫者爲筋脈之臣。北堂書鈔卷五六設官部八大夫惣四十一。

昔煩厚氏用兵無已，誅戰不休，兼并無所止，至于涿鹿之野，諸侯叛之，煩厚氏之亡也。

太公曰：「夫紂恃彊無道，流毒諸侯，欺侮群臣，失百姓之心，秉明德以誅之。」北堂書鈔卷一一三武功部一論兵一。

北堂書鈔卷一一四武功部二征伐三。

夫聖人者，與天下之人皆安樂。初學記卷一七人事上聖一。

太公對文王曰：「禮者，天理之粉澤。」初學記卷二一文部經典一。

周初，太公曰：「教戰之法，必明告吏士，申三五之令，教其操兵，起居進止，旌旗指麾，陣而方之，坐而起之，行而止之，左而右之，列而合之，絶而解之，無犯進止之節，無失飲食之宜，無絶人馬之力。令吏士一人學戰，教成十人；十人學戰，教成百人；百人學戰，教成千人；千人學戰，教成萬人；萬人學戰，教成三軍之衆；大戰之法，教成令之百萬之師，故能成大功也。」通典卷一四九兵二法制。

諸軍出行，將令百官士卒曰：某日出某門，吏士不得刈稼穡，伐樹木，殺六畜，掠取財物，姦犯人婦女，違令者斬。通典卷一四九兵二法制引覆軍誡法。

凡行軍，吏士有死亡者，給其喪具，使歸邑墓，此堅軍全國之道也。軍人被瘡，即給醫藥，使謹視之。醫不即治視，鞭之。軍夜驚，吏士堅坐陣，將持兵，無讙譁動摇，有起離陣者斬。軍門常交戟，謹出入者；若近敵，當譏呵出入者。同上。

周初，武王問太公曰：「敵人先至，已據便地，形勢又强，則如之何？」對曰：「當示怯弱，設伏佯走，自投死地。敵見之，必疾速而赴，擾亂失次，必離故所，入我伏兵。齊起，急擊前後，衝其兩旁。」通典卷一五三兵六示怯。

周武王將伐紂，問太公曰：「今引兵深入其地，與敵行陣相守，被敵絶我糧道，又越我前後，吾欲與戰則不敢，以守則不固，爲之奈何？」太公曰：「夫入敵地，必按地形勢勝便處之，必依山陵、險阻、水草爲固，謹守關梁隘塞。敵若卒去不遠，未定而復反，彼用其士卒若太疾則後不至，後不至則行亂而未及陣，急擊之，以少克衆。」太公曰：「夫出軍征戰，安營陣，以六爲法，亦可方六百步，亦可六十步，量人地之置表十二辰。將軍自居九天之上，竟一旬復徙，開牙門，常背建向破。太歲太陰太陰大將軍。凡軍不欲飲死水，不欲居死地，不居地柱，不居地獄。」死水者，不流之水。死地者，丘墓之閒。地柱者，四下中高。地獄者，四高中下是也。太公曰：「以步與車馬戰者，必依丘墓險阻，强弩長兵處前，短兵弱弩居後，孫子曰：「强弱長短雜用。」更發更止。敵人軍馬雖衆而至，堅陣疾鬬，材士强弩以備前後。」孫子曰：「遠則用弩，近則用兵，兵弩相解也。」武王曰：「我無丘墓，又無險阻，敵人之至甚衆，以車騎翼我兩傍，獵我前後，吾三軍恐怖，亂敗而走，爲之奈何？」太公曰：「令我士卒十行布鐵蒺藜，遥見敵車騎將來，均置蒺藜，掘地迎廣以深五尺，名曰命籠。人持行馬進退，闌車以爲壘，推而前後，直而爲屯，以强弩備我左右。然則命我三軍皆疾戰，而必勝也。」孫子曰：「以步兵十人擊之騎一匹。」通典卷一五七兵十行軍下營審擇其地。

周書陰符太公曰：「步貴知變動，車貴知地形，騎貴知別徑奇進，故三軍同名異用。可往而無以還者，車之死地；越險絶阻，乘敵遠行者，車之竭地；前易後險者，車之困地；容車貫阻，出而無返者，車之患地；左險右易，上陵仰坂者，車之逆地；深塹黏土者，車之勞地；殷草横畝，犯歷深澤者，車之拂地；車少地易，與步不辭者，車之敗地；後有溝瀆，左有深山，右有峻坂者，車之壞地；日夜霖雨，旬月不止，泥淖難前者，車之陷地。凡騎以陷敵，而不能破敵，敵人佯走，以步騎反擊我後，此騎之敗地也；追背踰限，長驅不止，敵伏我兩傍，又絶我後，此騎之困地也；往無以返，入無以出，陷於天井，填於地牢，此騎之死地也；所由入者隘，所由去者遠，彼弱可以擊我强，少可以擊我衆，此騎之没地；大澗深谷，蓊穢林草，此騎之竭地；左右有水，前有大阜，後有高山，戰於兩水之間，乘敵過邑，是謂表裏相合，左有深溝，右有峭坑，高下與地平，覩之廣易，進退相敵，此並騎之陷地；汙下沮澤，進退漸洳者，騎之患地。拙將之所以見擒，明將之所務避也。」通典卷一五九兵十二按地形知勝負。

昔周武王將伐紂，問太公曰：「若今敵人圍我，斷後絶糧，吾欲徐以爲陣，以敗爲勝，奈何？」太公曰：「不可。此天下之困兵也，暴用之則勝，徐用之則敗。可爲四衝陣，以驍騎驚其君親，左軍疾左，右軍疾右，中軍迭前迭後，往敵之空，吾軍疾擊，鼓呼而當。」又問曰：「敵疏其陣，又遠其後，跳我流矢，以弱我弓弩，勞我士卒，爲之奈何？」太公曰：「發我鋭士，先擊其前，車騎獵其左右，引而分隊，以隨其後，三軍疾戰。凡以少擊衆，避之於易，要之於險；避之以晝，取之於夜。故曰：以一擊十，莫善於阸；以十擊百，莫善於險；以千擊萬，莫善於阻。用衆者務易，用少者務阸也。」通典卷一五九兵十二勵士決戰。

周武王伐紂，師至汜水牛頭山，風甚雷疾，鼓旗毁折，王之驂乘惶震而死。太公曰：「用兵者，順天之道未必吉，逆之不必凶，若失人事，則三軍敗亡。且天道鬼神，視之不見，聽之不聞，智將不法，而愚將拘之。若乃好賢而能用，舉事而得時，此則不看時日而事利，不假卜筮而事吉，不待禱祀而福從。」遂命驅之前進。周公曰：「今時逆太歲，龜灼告凶，卜筮不吉，星變爲災，請還師。」太公怒曰：「今紂刳比干，囚箕子，以飛廉爲政，伐之有何不可？枯草朽骨，安可知乎！」乃焚龜折蓍，援枹而鼓，率衆先涉河，武王從之，遂滅紂。通典卷一六二兵十五推人事破災異。

紂作瓊室鹿臺，飾以美玉。文選卷二張衡西京賦「絡以美玉」李善注。

太公曰：「桀紂王天下之時，積糟爲阜，以酒爲池，脯肉爲山林。」文選卷一〇潘岳西征賦「酒池鑒於商辛」李善注。

爲將者，受命忘家，當敵忘身。文選卷一〇潘岳西征賦「周受命而忘身」李善注。

堯與有苗戰于丹水之浦。文選卷二〇沈約應詔樂游苑餞呂僧珍詩「丹浦非樂戰」李善注。

太公謂武王曰：「夫人皆有性，趨舍不同，喜怒不等。」文選卷二五盧諶贈劉琨并書「趣舍同要」李善注。

賞如高山，罰如深溪。文選卷二七王粲從軍詩五首「陳賞越丘山」李善注。

武王伐紂，得二大夫，而問之曰：「殷國將有妖乎？」對曰：「有。殷君陳玉杯象箸，玉杯象箸不盛菽藿之羹，必將熊蹯豹胎。」文選卷三四枚乘七發「豢豹之胎」李善注。

太公謂武王曰：「聖人興兵，爲天下除患去賊，非利之也，故役不再籍，一舉而畢。」文選卷四三孫楚爲石仲容與孫皓書「役不再舉」李善注。

先塗民耳目。文選卷四八揚雄劇秦美新「塗民耳目」李善注。

利害相臻，猶循環之無端。文選卷四九干寶晉紀總論「利害相奪」李善注。

紂患刑輕，乃更爲銅柱，以膏塗之，加於然炭之上，使有罪者緣焉，滑跌墮夫中。紂與妲己笑以爲樂，名曰炮烙之刑。文選卷五六陸倕石闕銘「刑酷然炭，暴踰膏柱」李善注。

紂時，婦人以文綺爲席，衣以綾紈者三千人。文選卷五六陸倕石闕銘「乃焚其綺席」李善注。

武王伐紂，蒙寶衣投火而死。文選卷五六陸倕石闕銘「棄彼寶衣」李善注。

天之爲天遠矣，地之爲地久矣。萬物在其間，各自利，何世莫之有乎？夫使世俗皆能順其有，是乃溟涬濛鴻之時，爲王故莫之能有。七十六聖發起，其所繫天下而有之，豈一日哉！太平御覽卷一天部一元氣。

武王伐紂，雨甚雷疾，武王之乘雷震而死。周公曰：「天不祐周矣！」太公曰：「君秉德而受之，不可如何也。」太平御覽卷一三天部十三雷。

昔柏皇氏、栗陸氏、驪連氏、軒轅氏、赫胥氏、尊盧氏、祝融氏，此古之王者也。

未使民，民化；未賞民，民勸：此皆古之善爲政者也。至於伏犧氏、神農氏，教民而不誅；黄帝、堯、舜，誅而不怒。古之不變者，有苗有之，堯化而取之。堯德衰，舜化而受之；舜德【衰】，禹化而取之。太平御覽卷七六皇王部一叙皇王上。

桀時有瞿山之地，桀十月鑿山陵，通之於河。民有諫者曰：「冬鑿地穿山，是發天之陰，泄山之氣，天子後必敗。」桀以袄言殺之。太平御覽卷八二皇王部七帝桀。

友之友，謂之朋；朋之朋，謂之黨；黨之黨，謂之群。太平御覽卷一五七州郡部三黨。

大人之兵，如虎、如狼、如雨、如風、如雷、如電，天下盡驚，然後乃成。太平御覽卷二七一兵部二叙兵二。

兵入殷郊，見太公曰：「是吾新君也。」而商容曰：「非也。其人虎據而鷹峙，威怒自副，見利欲發，進不顧前。」後見武王曰：「是新君也，見敵不怒。」太平御覽卷二七六兵部七良將下。

武王問曰：「引兵入諸侯之地，高山盤石，其避無草木，四面受敵，士卒惑迷，爲之奈何？」太公曰：「當爲雲象之陣。」太平御覽卷三〇一兵部三十二陣。

武王平殷，還問太公曰：「今民吏未安，賢者未定，何以安之？」太公曰：「無故，如天如地。」太平御覽卷三二七兵部五十八班師。

從孤擊虛，高人無餘，一女子當百夫。風鳴氣者，賊存在十里，鳴條百里，摇技四百里。雨霑衣裳者謂潤兵，不霑者謂泣兵。金器自鳴及焦氣者，軍疲也。太平御覽卷三二八兵部五十九占候。

武王伐紂，諸侯已至，未知士民何如。太公曰：「天道無親，今海内陸沉於殷久矣，百姓可與樂成，難與慮始。」伯夷、叔齊曰：「殺一人而有天下，聖人不爲。」太公曰：「師渡孟津，六馬仰流，赤烏降，白魚外入，此豈非天所命也？師到坶音牧。野，天暴風雹，前後不相見，車蓋發越，轅衡摧折，旌旄三折，旗幟飛揚者精鋭感天也。雨以洗吾兵，雷電應天也。」太平御覽卷三二九兵部六十徵應。

紂爲無道，武王於是東伐紂。至于河上，雨甚雷疾，王之乘黄振而死，旗旌折，陽侯波。周公進曰：「天不祐周矣。意者，君德行未盡，而百姓疾怨，故天降吾禍。」於是太公援罪人而戮之於河，三鼓之，率衆而先，以造于殷，天下從之。甲子之日，至于牧野，舉師而討之。紂城備設而不守，親擒紂，懸其首於白旗。太平御覽卷三二九兵部六十徵應。

春以長矛在前，夏以大戟在前，秋以弓弩在前，冬以刀楯在前，此四時應天之法也。太平御覽卷三三九兵部七十叙兵器。

武王寢疾十日，太公負王，乃駕騖寘之車，周旦爲御，至于孟津。大黄參連弩，大才扶胥車，並戰具也。飛鳧，赤莖白羽，以鐵爲首。雷影，青莖赤羽，以銅爲首，副也。晝則爲光，夜則爲星。方頭鐵搥，重八斤，亦軍備也。大柯斧，重八斤，一名鐵鉞，軍備也。行馬，廣二丈，二十具。渡溝飛橋，廣五尺，轉關鹿盧八具。天舡，一名天潢，以濟丈水也。鷹爪方凶鐵把，柄長七尺。天陣，日月斗柄杓，左一右一仰背天陣。地陣，丘陵水泉，有左右前後之利。人陣，車馬文武。積楹臨衝，攻城圍邑。雲梯飛樓，視城中也。武衝大櫓，三軍所須。雲火萬炬，以防火也。吹鳴箛。威振萬里也。太平御覽卷三三六兵部六十七攻具上。

紂囚文王羑里。散宜生受命而行宛懷、絛塗之山。有玉女三人，宜生得之，因費仲而獻之於紂，以免文王。太平御覽卷三八一人事部二十二美婦人下。

文王祖父壽百二十而没，王季百年而没，文王壽九十七而没。太平御覽卷三八三人事部二十四壽老。

文王聞殺崇侯虎，歸至酆，令具湯沐。太平御覽卷三九五人事部三十六沐浴。

以死取人謂之勇。太平御覽卷四三七人事部七十八勇五。

文王拘羑里，求天下珎恠而獻之，紂貪其幣，大喜，殺牛而賜之。太平御覽卷四六七人事部一百八喜。

文王問：「守土奈何？」對曰：「人君必從事於富，弗富不足爲人，弗與無以合親，疏其親則困，失其衆則敗也。」太平御覽卷四七二人事部一百一十三富下。

武王伐殷，乘舟濟河，兵車出，壞舡於河中。太公曰：「太子爲父報仇，令死無生，所過津梁，皆悉燒之。」太平御覽卷四八二人事部一百二十三仇讎下。

武王問太公曰：「貧富豈有命乎？」太公曰：「爲之不密，密而不富者，盗在其室。」武王曰：「何謂盗也？」公曰：「計之不熟，一盗也；收種不時，二盗也；取婦無能，三盗也；養女太多，四盗也；棄事就酒，五盗也；衣服過度，六盗也；封藏不謹，七盗也；井竈不利，八盗也；舉息就禮，九盗也；無事燃燈，十盗也。取之安得富哉！」武王曰：「善。」説苑同。太平御覽卷四八五人事部一百二十六貧下。

天下攘攘，皆爲利往。天下熙熙，皆爲利來。太平御覽卷四九六人事部一百三十七諺下。

文王既出羑里，召周公旦築爲靈臺。太平御覽卷五三四禮儀部十三靈臺。

崇侯虎曰：「今周伯昌懷仁而善謀。冠雖弊，禮加於首；履雖新，法以踐地，可及其未成而圖之。」太平御覽卷六九七服章部十四履。

武王代殷，丁侯不朝，太公乃畫丁侯於策，三箭射之。丁侯病困，卜者占云：「祟在周。」恐懼，乃請舉國爲臣。太公使人甲乙日拔丁侯着頭箭，丙丁日拔着口箭，戊己日拔着腹箭，丁侯病稍愈。四夷聞，各以來貢。太平御覽卷七三七方術部十八禁。藝文類聚引文稍異，見下嚴可均輯文。

欲伐大國，行且有期，王寢疾，十日不行。太公負之，而起之曰：「行己有期，君不發，天子聞之，國亡身死，胡不勉之？」王允焉，如無病者。太平御覽卷七三九疾病部二總叙疾病下。

武王問周公曰：「諸侯攻天子，勝之有道乎？」公曰：「攻禮爲賊，攻義爲殘，失民爲匹夫，王政失民者也，何天子乎？」南宋戴埴鼠璞太公六韜。

嚴可均輯文

貧窮忿怒，欲決其志者，名曰必死之士；辯言巧辭，善毁善譽者，名曰間諜飛言之士。意林卷一太公六韜。

車騎之將，軍馬不具，鞍勒不備者誅。太平御覽卷三五八兵部八十九鞍。

武王問太公：「願聞治亂之要。」太公曰：「其本在吏。」武王曰：「吏者治也，所以爲治，其亂者何？」太公曰：「故吏重罪有十。」武王問吏之重罪。太公曰：「一、吏苛刻；二、吏不平；三、吏貪污；四、吏以威力迫脅於民；五、吏與史合姦；六、吏與人亡情；七、吏作盜賊，使人爲耳目；八、吏賤買貴賣於民；九、吏增易於民；十、吏振懼於民。夫治者有三罪，則國亂而民愁；盡有之，則民流亡而君失其國。」武王曰：「民亦有罪乎？」太公曰：「民有十大於此，除者則國治而民安。」武王曰：「十大何如？」太公曰：「民勝吏，厚大臣，一大也。民宗强，侵陵群下，二大也。民甚富，傾國家，三大也。民尊親其君，天下歸慕，四大也。衆暴寡，五大也。民有百里之譽，千里之交，六大也。民以吏威爲權，七大也。恩行於吏，八大也。民服信，以少爲多，奪人田宅，贅人妻子，九大也。民之基業畜産爲人所苦，十大也。民所謂一家害一里，一里害諸侯，諸侯害天下。」武王曰：「絶吏之罪，塞民之大，奈何？」太公曰：「察民之暴吏，明其賞，審其誅，則吏不敢犯罪，民不敢大也。」武王曰：「是民吏相伺，上下不和而結其讎。」太公曰：「爲君守成，爲吏守職，爲民守事。如此，各居其道則國治，國治則都治，都治則里治，里治則家治，家治則善惡分明，善惡分明則國無事，國無事則吏民外不懷怨，内不徼事。」後漢書百官志五亭里「掌禁備羌夷犯塞」李賢等注引太公陰符。

武王問尚父曰：「五帝之誡，可得聞乎？」尚父曰：「黄帝之戒曰『吾之居民上也，摇摇恐夕不至朝』，故爲金人，三封其口，曰古之慎言。堯之居民上也，振振如臨深淵。舜之居民上也，慄慄恐夕不見旦。」武王曰：「吾并殷民，居其上也，翼翼懼不敢息。」尚父曰：「德盛者守之以謙，威彊者守之以恭。」武王曰：「欲如尚父言，吾因是爲誡，隨之身。」太平御覽卷五九〇文部六銘引皇覽記陰謀引黄帝金人器銘。

唐堯克有苗，問人曰：「吾聞有苗時，天雨血沾衣，有此妖乎？」人曰：「非妖也，有苗誅諫者，尊無功，退有能，遇人如仇，故亡耳。」唐開元占經卷三天占天雨血引太公金匱。

三苗時有日鬬也。唐開元占經卷六日占二日鬬鬬而暈蝕引金櫃。

三苗之時，三月不見日。太平御覽卷四天部四日下引金匱。

夏桀之時，以十月發民，鑿山穿陵，通於河，民諫曰：「孟冬鑿山穿陵，是泄天氣，發地之藏，天子失道，後必有敗。」桀殺之。朞年，岑山崩爲大澤，湯率諸侯伐之。藝文類聚卷三歲時上冬引太公金匱。

紂常以六月獵於西土，發民逐禽。民諫曰：「今六月天務覆施，地務長養，今盛夏發民逐禽，而元元懸於野，君殘一日之苗，而民百日不食。天子失道，後必無福。」紂以爲妖言而誅之。後數月，天暴風雨，發屋折木。太平御覽卷二一時序部六夏上引太公金匱。

文王問太公曰：「天下失道，忠諫者死。予子伯邑考爲王僕御，無故烹之，囚予於羑里，以其羹歠予。」太平御覽卷六四二刑法部八囚引太公金匱。

武王曰：「五帝之時，無守戰之具，國存者何？」太公曰：「守戰之具，皆在民間。耒耜者，是其弓弩也；鋤耙者，是其矛戟也；簦笠者，是其兜鍪也；鎌斧者，是其攻戰之具也；雞狗者，是其鉦鼓也。」太平御覽卷三三九兵部七十叙兵器引太公金匱。

武王問太公：「今民吏未安，賢者未定，何以安之？」太公曰：「不須兵器，可以守國。耒耜是其弓弩，鋤耙是其矛戟，簦笠是其兜鍪，鑅斧是其攻具。」太平御覽卷三三六兵部六十七攻具上引太公金匱。

武王問太公曰：「殷已亡其三人，今可伐乎？」太公曰：「臣聞之，知天者不怨天，知己者不怨人，先謀後事者昌，先事後謀者亡。且天與不取，反受其咎；時至不行，反受其殃。非時而生，是爲妄成。故夏條可結，冬冰可釋，時難得而易失也。」意林卷一太公金匱。

天道無親，常與善人。今海内陸沈於殷久矣，何乃急於元元哉？後漢書袁紹傳「割剥元元，殘賢害善」李賢等注引太公金匱。

武王伐紂，至鳳凰坡，韤系解。太平寰宇記卷二五關西道一雍州一引太公金匱。

武王師到牧野，陣未畢，而暴風疾雨，雷電幽冥，前後不見。太公曰：「善。雷電者，是吾軍動應天也。」太平御覽卷一一天部十一雨下引太公金匱。

武王伐殷，丁侯不朝，尚父乃畫丁侯射之，丁侯病，遣使請臣，尚父乃以甲乙日拔其頭箭，丙丁日拔目箭，戊己日拔腹箭，庚辛日拔股箭，壬癸日拔足箭，丁侯病乃愈。四夷聞乃懼，越裳氏獻白雉。藝文類聚卷五九武部戰伐引太公金匱。太平御覽引文稍異，見上孫同元輯文。

武王平殷還，問太公曰：「今民吏未安，賢者未定，如何？」太公曰：「無故無新，如天如地。得殷之財，與殷之民共之，則商得其賈，農得其田也。一目視則不明，一耳聽則不聰，一足步則不行。選賢自代，上下各得其所。」意林卷一太公金匱。

武王都洛，雪深丈餘，尚父乘馬車，使人持一器粥出，開門而進曰：「天寒，故進熱粥却寒也。」北堂書鈔卷一四四酒食部三粥篇十引太公金匱。

武王伐紂，都洛邑。海内神相謂曰：「今周王聖人，得心乎？當訪之。」隨四時而風雨陰寒，雪十餘日，深丈餘。甲子平旦，五大夫乘馬車，從兩騎，止門外。尚父問武王曰：「客可見矣，五車兩騎，四海之神與河伯、雨師耳。」北堂書鈔卷一五二天部四雪十八引金匱。

武王伐紂，都洛邑。天大陰寒，雨雪十餘日。甲子朝，五車騎止王門之外，欲謁武王，師尚父使人出北門而道之曰：「天子未有出時。」武王曰：「諸神各有名乎？」師尚父曰：「南海神名祝融，北海名玄冥，東海神名勾芒，西海神名蓐收，河伯名馮修。」使謁者各以名召之，神皆警而見武王。王曰：「何以教之？」神曰：「天伐殷立周，謹來受命，各奉其使。」武王曰：「予歲時亦無廢禮焉。」初學記卷二雪二事對引太公伏符陰謀。

武王伐紂，都洛邑，未成。雨雪十餘日，深丈餘。文選卷一三謝惠連雪賦「袤丈則表沴於陰德」李善注引金匱。

武王伐紂，都洛邑。陰寒雨雪一十餘日，深丈餘。甲子朔旦，有五丈夫乘馬車，從兩騎，至王門外，欲謁武王。武王將出見之，太公曰：「不可。雪深丈餘，五丈夫車騎無跡，恐是聖人。」太公乃持一器粥出門，而進五車兩騎曰：「王方未出，天寒，故進熱粥以禦寒，而不知長幼從何來？」兩騎曰：「先進南海君，次進東海君，次北海君，次西海君，次河伯、雨師、風伯。」粥既畢，使者告太公，太公謂武王曰：「此四海之神，王可見之。南海神曰祝融，東海神曰勾芒，北海神曰玄冥，西海神曰蓐收，河伯名爲憑，雨師名詠，風伯名飛廉。」請以名前，五神皆驚，相視而歎，祝融等皆拜焉。武王曰：「天陰遠來，何以教之？」四海曰：「天代立周，謹來受命，請勅風伯等，各奉其職。」開元占經卷一一三神瑞四海神引金匱。

武王伐紂，都洛邑。陰寒雨雪十餘日，深丈餘。甲子平旦，不知何五大夫，乘馬車，從兩騎，止門外。王使太師尚父謝五大夫：「賓幸臨之，失不先門，方脩法服。」太師尚父使人持一器粥出，進五車兩騎曰：「先生大夫在內，方對天子，寒，故進熱粥却寒。」粥皆畢，使者具以告尚父，尚父問武王曰：「客可見矣。五車兩騎，四海之神與河伯、雨師耳。」王曰：「不知有名乎？」曰：「南海神曰祝融，東海曰勾芒，北海曰玄冥，西海曰蓐收，河伯、雨師。」請使謁者於殿下門內，引祝融，五神皆驚，相視而歎。太平御覽卷一二天部十二雪引金匱。

武王伐紂，都洛邑，而雪深丈餘。不知何五大夫，乘馬車，從兩騎，止王門外。師尚父使人持一器粥出，開門而進曰：「先生大夫在內，方對天子，未有出時。天寒，故進熱粥以禦寒。」太平御覽卷八五九飲食部十七糜粥引太公金匱。

武王都洛邑，未成，陰寒雨雪十餘日，深丈餘。甲子旦，有五丈夫乘車馬，從兩騎，止王門外，欲謁武王。武王將不出見，太公曰：「不可。雪深丈餘，而車騎無跡，恐是聖人。」太公乃持一器粥出，開門而進五車兩騎，曰：「王在內，未有出意。時天寒，故進熱粥以禦寒，未知長幼從何起？」兩騎曰：「先進南海君，次東海君，次西海君，次北海君，次河伯、雨師。」粥既畢，使者具告太公。太公謂武王曰：「前可見矣。五車兩騎，四海之神與河伯、雨師耳。南海之神曰祝融，東海之神曰勾芒，北海之神曰玄冥，西海之神曰蓐收。」請使謁者，各以其名召之。武王乃於殿上，謁者於殿下門內，引祝融進。五神皆驚，相視而歎，祝融拜。武王曰：「天陰乃遠來，何以教之？」皆曰：「天伐殷立周，謹來受命。願勑風伯、雨師，各使奉其職。」太平御覽卷八八二神鬼部二神下引太公金匱。

武王伐紂，都洛邑。明年陰寒，雨雪十餘日，深丈餘。甲子平旦，五丈夫乘馬車，從兩騎，止王門外。師尚父使人持一器粥出曰：「大夫在内，方對天子，未有出時，且進熱粥，以知寒。」粥皆畢，師尚父曰：「客可見矣。五〔五〕原作「可」，據明鈔本改。車兩騎，四海之神與河伯、風伯、雨師耳。南海之神曰祝融，東海之神曰勾芒，北海之神曰顓頊，西海之神曰蓐收，河伯、風伯、雨師。」請使謁者，各以其名召之。武王乃於殿上，謁者於殿下門内，引祝融進。五神皆驚，相視而歎，祝融等皆拜。武王曰：「天陰乃遠來，何以教之？」皆曰：「天伐殷立周，謹來授命。」顧勑風伯、雨師，各使奉其職也。太平廣記卷二九一神一四海神引太公金匱。

武王伐紂，都洛邑。雨雪十餘日，深丈餘。甲子平旦，有五丈夫乘五車，從兩騎，止門外。王使尚父謝五丈夫曰：「賓幸臨之，失不先問，方修法服。」太師尚父使人持一器粥出，進之曰：「先王之大夫在内，方對王子，寒，故進熱粥。」尚父告武王曰：「客可見矣。五車兩騎，四海之神與河伯、雨師耳。」事類賦卷三天部雪引金匱。

武王問太公曰：「天下精神甚衆，恐後有試予者也，將何以待之？」師尚父曰：「請樹槐於王門内，王路之右，起西社，築垣壇，祭以酒脯，食以犧牲，尊之曰社。

客有非常，先與之語。」乃命太公祝社曰：「如有山客勑享，有益者距，歲告以水旱與其風雨，澤流悉行，除民所苦。」北堂書鈔卷八七禮儀部八社稷十七引太公金匱。

武王問太公曰：「天下神來甚衆，恐有試者，何以待之？」太公曰：「請樹槐於王門内，有益者入，無益者距之。」藝文類聚卷八八木部上槐引太公金匱。事類賦卷二五木部槐引太公金匱。

武王問太公曰：「天下精神甚衆，恐後復有試余者也。何以待之？」師尚父曰：「請樹槐於王門内，王路之石，起國社，築垣牆，祭以酒脯，食以犧牲，尊之曰社。客有非常，先與之語，客有益者入，無益者距。歲告以水旱與其風雨，澤流悉行，除民所苦。」太平御覽卷五三二禮儀部十一社稷引太公金匱。

夫人可以樂成，難以慮始。文選卷四三劉歆移書讓太常博士「夫可與樂成，難與慮始」李善注引太公金匱。

明者見兆於未萌，智者避危於無形。文選卷三九司馬相如上書諫獵「蓋聞明者遠見於未萌，而智者避危於無形」李善注引太公金匱。文選卷四四鍾會檄蜀文李善注引太公金匱。

宰相不富國安主，調陰陽，和群臣，樂萬民，非吾宰相也。北堂書鈔卷四九設官部一宰相篇二引太公金匱。

黄帝居人上，惴惴若臨深淵；舜居人上，矜矜如履薄冰；禹居人上，慄慄如不滿日。敬勝怠則吉，義勝欲則昌，日慎一日，壽終無殃。後漢書光武帝紀上「宜如臨深淵，如履薄冰，戰戰慄慄，日慎一日」李賢等注引太公金匱。

道自微而生，禍自微而成，慎終與始，完如金城。同上。

師尚父謂武王曰：「舜之居人上，矜矜乎如履薄冰；湯之居人上，翼翼乎懼不敢息也。」文選卷五六張華女史箴「翼翼矜矜」李善注引太公金匱。

黄帝曰：「予之居上，摇摇恐夕不至朝。」太平御覽卷四三〇人事部七十一謹慎引太公金匱。

武王曰：「五帝之誡，可得聞乎？」太公曰：「黄帝曰『余君民上，摇摇恐夕不至朝』，故爲金人，三緘其口，慎言語也。」太平御覽卷五九三文部九誡引太公金匱。

德行則福，德廢則覆。太平御覽卷四〇三人事部四十四道德引太公金匱。

武王曰：「吾隨師尚父之言，因爲慎書銘，隨身自誡。」其冠銘曰：「寵以着首，將身不正，遺爲德咎。」書履曰：「行必慮正，無懷僥倖。」書劍曰：「常以服兵，而行道德，行則福，廢則覆。」書鏡曰：「以鏡自昭，則知吉凶。」書車曰：「自致者急，載人者緩，取欲無度，自致而反。」太平御覽卷五九〇文部六銘引太公金匱。

武王曰：「吾欲造起居之誡，隨之以身。」几之書曰：「安無忘危，存無忘亡，孰惟二者，必後無凶。」杖之書曰：「輔人無苟，扶人無咎。」後漢書崔駰傳「銘諸几杖」李賢等注引太公金匱。

門之書曰：「敬遇賓客，貴賤無二。」太平御覽卷一八三居處部十一門下引太公金匱。

户之書曰：「出畏之，入懼之也。」太平御覽卷一八四居處部十二户引太公金匱。

鑰之書曰：「昏慎守，深察訛也。」太平御覽卷一八四居處部十二鑰引太公金匱。

牖之書曰：「闚望端審，且念所得，可思所忘。」太平御覽卷一八八居處部十六窗引太公金匱。

硯之書曰：「石墨相著，邪心讒言，無得汙白。」藝文類聚卷五八雜文部四硯引太公金匱。

行必慮正，無懷僥倖。書履。忍之須臾，乃全汝軀。書鋒。刀利皚皚，無爲汝開。書刀。

源泉滑滑，連旱則絶，取事有常，賦斂有節。書井。意林卷一。

弩之𢧵爲翼弩之書，見奔遠行，在才者與任武者也。北堂書鈔卷一二五武功部十三弩四十七引太公金匱。嚴可均曰：「此文有衍誤。」

春三月斗星爲天關，戰背天關，向天梁，敵不可當。初學記卷七地部下關八引太公金匱。

冬月奎星爲天關。同上。

金人銘曰：「周大廟右階之前有金人焉，三緘其口，而銘其背曰『我古之慎言人也』。戒之哉，無多言，無多事！多言多敗，多事多害。」皇覽云：「出太公金匱。」太平御覽卷三九〇人事部三十一言語引孫卿子。

日夜出者，紀綱滅，大臣專政，作威奪權。無救，大臣賊其主，奪其邦；其救也，親仁賢，退驕佞，填四時，布恩惠，赦天下，則日夜出不爲傷也。開元占經卷六日占二日夜出引尚書金櫃。嚴可均曰：「疑即太公金匱異名。」

日鬬者，人君内無聰明，邪臣爭權，日鬬者無精，衆人見烏其中。無救，期六十六日，王者亡其土地；其救，闢四門，來仁賢，授爵分職，循名責躬，則鬬不爲傷。開元占經卷六日占二日鬬鬬而暈蝕引金櫃。

視不明，聽不聰，則雲氣五色蔽日月之明。無救，則群臣謀殺，關梁不通；其救，闢四門，求仁賢。開元占經卷一一月占一月有離雲氣十引尚書金櫃。

文王昌曰：「吾聞之，無變古，無易常，無陰謀，無擅制，無更創，爲此則不祥。」太公曰：「夫天下，非常一人之天下也；天下之國，非常一人之國也。莫常有之，唯有道者取之。古之王者，未使民，民化，未賞民，民勸，不知怒，不知喜，愉愉然其如赤子，此古善爲政也。」太平御覽卷八四皇王部九周文王引周書。

凡治國有三常：一曰君以舉賢爲常，二曰官以任賢爲常，三曰士以敬賢爲常。夫然雖百代可知也。初學記卷一七人事上賢二引周書陰符。

年飢，上用輿，曲輈不漆，矛戟縷纏，羽旄不擇烏。太平御覽卷三五二兵部八十三戟上引周書。

年不登，甲則纓縢，宮室不容。甲不以組也。太平御覽卷三五五兵部八十六甲上引周書。

容容熙熙，皆爲利謀；熙熙攘攘，皆爲利往。太平御覽卷四四九人事部九十權謀中引周書。

武王不閉外門，以示無懼；去釰搢笏，以示無仇。太平御覽卷六九二服章部九笏引周書。

太公曰：「知與衆同者，非人師也，大知似狂。不癡不狂，其名不彰；不狂不癡，不能成事。」太平御覽卷七三九疾病部二陽狂引周書。

武王營洛邑，未成。四海之神皆會曰：「周王神聖，當知我名，若不知，水旱敗之。」明年，雨雪十餘旬，深丈餘。五大夫乘車，從兩騎，止王門。太公曰：「車騎無跡，謂人之變。」乃使人持粥，進之曰：「不知客尊卑何從？」騎曰：「先進南海御，次東海御，次北海御，次西海御，次河伯，次風伯，次雨師。」武王問太公竝何名，太公曰：「南海神名祝融，東海神名勾芒，北海神名玄冥，西海神名蓐收。」五行大義卷五第二十二論諸官引周書。

人感十而生，天五行，地五行，合爲十也。五行大義卷五第二十三論諸人引周書。

春爲牝陣，弓爲前行；夏爲方陣，戟爲前行；季夏爲圓陣，矛爲前行；秋爲牡陣，劍爲前行；冬爲伏陣，楯爲前行。是爲五陣。太平御覽卷三〇一兵部三十二陣引周書。

太公曰：「步貴知變動，車貴知地形，騎貴知別徑奇進，故三軍同名異用。可往而無以還者，車之死地；越險絶阻，乘敵遠行者，車之竭地；前易後險者，車之困地；容車貫阻，出而無返者，車之患地；左險右易，上陵仰坂者，車之逆地；深塹黏土者，車之勞地；殷草橫畝，犯歷深澤者，車之拂地；車少地易，與步不辭者，車之敗地；後有溝瀆，左有深山，右有峻坂者，車之壞地；日夜霖雨，旬月不止，泥淖難前者，車之陷地。凡騎以陷敵，而不能破敵，敵人佯走，以步騎反擊我後，此騎之敗地也；追背踰限，長驅不止，敵伏我兩傍，又絶我後，此騎之困地也；往無以返，入無以出，陷於天井，填於地牢，此騎之死地也；所由入者隘，所由去者遠，彼弱可以擊我强，少可以擊我衆，此騎之没地；大澗深谷，翳穢林草，此騎之竭地；左右有水，前有大阜，後有高山，戰於兩水之間，乘敵過邑，是謂表裏相合，左有深溝，右有峭坑，高下與地平，覩之廣易，進退相敵，此並騎之陷地；汙下沮澤，進退漸洳者，騎之患地。拙將之所以見擒，明將之所務避也。」通典卷一五九兵十二按地形知勝負引周書陰符。與六韜戰車、戰騎二篇大同小異。

成王將加元服，周公使人來零陵，取文竹爲冠。太平御覽卷六八四服章部一總叙冠引周書。

踐爾兵革，審權矩，應詐縱謀出無孔。詩大雅大明「牧野洋洋」，毛傳「洋洋，廣也」，鄭箋「戰地寬廣，明不用權詐也」，孔穎達疏引太公受兵鈐之法。

坎名大剛風，乾名折風，兑名小剛風，艮名凶風，坤名謀風，巽名小弱風，震名嬰兒風，離名大弱風。大剛風者，大陰之氣好殺，故剛。折風者，金强能摧折物也。小剛風者，亦金殺故也。凶風者，艮在鬼門，凶害之所也。謀風者，坤爲地，大陰之本，多陰謀也。小弱風者，巽爲長女，故稱弱也。嬰兒風者，震爲長男，愛之，故曰兒。大弱風者，離爲中女，又弱於長女也。大剛、小剛，客勝；大弱、小弱，主人勝；凶，有凶害之事；謀，有謀逆之人；折爲將死；嬰兒風，主人强。五行大義卷四第十七論八卦八風引太公兵書。

太公曰：「諸軍出行，將令百官士卒曰：某日出某門，吏士不得刈稼穡，伐樹木，殺六畜，掠取財物，姦犯人婦女，違令者斬。」

又曰：「凡行軍，吏士有死亡者，給其喪具，使歸邑墓，此堅軍全國之道也。軍人被瘡，即給醫藥，使謹視之。醫不即治視，鞭之。軍夜驚，吏士堅坐陣，將持兵，無讙譁動摇，有起離陣者斬。軍門常交戟，謹出入者；若近敵，當譏呵出入者。」通典卷一四九兵二法制引覆軍誡法。嚴可均曰：「通典引太公六韜、太公兵法，俱標『太公曰』，不出書名，今除六韜外，録入太公兵法。」

日戴天下大凶，期不出三年。開元占經卷五日占一日戴光引太公兵法。

日未入兩竿，而無光曜，其月必主死，一曰主憂。開元占經卷五日占一日無光引太公兵法。

日四背見，軍在外有反者。開元占經卷七日占三日背引太公兵法。

日暈始，起前滅後，匝而後成者，後面勝。開元占經卷八日占四日暈引太公兵法。

日暈周匝，東北偏厚，厚爲福，東軍在東北戰，西南戰敗。同上。

日暈而珥，主有謀；十日不雨，兵起。開元占經卷八日占四日暈而珥引太公兵法。

日暈，冠，三珥：天子有喜，或爲大赦，或拜大將軍。開元占經卷八日占四日暈而冠戴珥抱背璚直提虹蜺雲氣引太公兵法。

日暈抱、珥，喜氣；日暈黄者，主人有喜。同上。

日中蝕，海内兵大起，王公憂。開元占經卷九日占五日蝕早晚所主四引太公兵法。

兩鳥夾日，名爲天雞守日，人君妻家謀奪君處，先數視君動静，欲行其志；天先見變，戒之。開元占經卷九日占五日蝕而有雲氣在日傍十四引太公兵法。

弩之神名遠望。太平御覽卷三四八兵部七十九弩引太公兵法。

神后加四仲者，以爲明堂宫。時天一出遊八極之外，行窈冥之中，日照其前，月照其後，當此之時，天一自持玉弩，執法承相刻不道者。同上。

箭之神名續長。太平御覽卷三四九兵部八十箭上引太公兵法。

戟之神名大將。太平御覽卷三五二兵部八十三戟上引太公兵法。

矛之神名跌蹌。太平御覽卷三五三兵部八十四矛引太公兵法。

太白犯畢口，大兵起，一歲罷。開元占經卷四九太白占五太白犯畢五引太公決事占。

太白出東方，入畢口，車馬貴易政。同上。

太白犯參左股，戰大勝。開元占經卷四九太白占五太白犯參七引太公決事占。

君不明，臣不忠，故日無光。月不明，見變不救，殃禍生，臣欲反，主失名。安百姓，用賢人，弱者扶則無害。開元占經卷五日占一日無光引太公陰祕。

凡四時受王之日，日月當清明，五星順度，潤澤有光，凡此君臣和同。或晝不見日，夜不見月，五星失度，陰蔽日光，亂風連日，此國君迷荒，不順時令，疾病蟲霜，忠臣受誅，讒言者昌，兵火欲起，民人惶惶，盜賊滿道，死者不葬。開元占經卷五日占一日無光引太公陰祕。

日中烏見者，君咎；雙烏見者，將相逆入，鬬者主出走，烏動者大饑，水旱不時，人民流在他鄉。救之法，實倉庫，舉賢士，遠佞邪，察后宫，任有道，赦不從，則灾消矣。開元占經卷六日占二日中烏見引太公陰祕。

日中有黑氣，若一、若二至四五者，此陽中伏陰，君害臣；上出者，臣謀君；旁出者，君謀臣；不出者，宫女有憂；昏見在臣，晨見在君。救之法：輕刑罰，赦無罪，節威權，安百姓，貸不足，則灾消矣。開元占經卷六日占二日中有雜雲氣引太公陰祕。

日中有黑氣者，一若二至四五者，教令不行，三公爲亂，爵賞不平。不救者，臣誅君，子謀父。救之法：任賢直，信道德，退貪邪，輕刑罰，察奏糾，思刑戮，則無害。同上。

日中有黑氣，見君有過而臣不掩，故日不明。見變不救者，主有憂。救之法：承順天地，申用明堂，則無害矣。同上。

日暈明分中赤外青，外人勝；中青外赤，中人勝；中黄外青黑，中人勝；外黄中青黑，外人勝；外白内青，外人勝；内白外青，中人勝；中黄外青，外人勝；中青外黄，内人勝。開元占經卷八日占四日暈引太公陰祕。

日暈黄白不鬭，兵未解；青黑和解，分地；色黄，土功動，民不安；色黑，有水，陰國盛；色白，有喪；色青，爲疾病；色赤，大旱，流血千里。同上。

日一暈、一抱、一背爲不和信者，更逆不信者，順。開元占經卷八日占四日暈而冠戴珥抱背璚直提虹蜺雲氣引太公陰祕。

日暈有背，大臣有叛者，或曰左右欲有走。同上。

日暈有五色雲，如杵貫日，從外入，外人歸勝；從内出，内人勝。欲知姓字，白者商，赤者徵，青者角，黑者羽，黄者宫。同上。

日暈，有衆雲在左右，色黄白，吉；青白，兵行；黑白，内亂；青赤，和解；青黑，流血；俱明者，未解兵不歸，明者勝。同上。

凡出軍擊賊，見大流星所指向者，將之用兵，順之行則勝。開元占經卷七一流星占一流星名狀一引太公陰祕。

流星下入軍，營必空，主將無功，避之則吉。同上。

汪宗沂輯文

致慈愛之心，立威武之戰，以卑其衆；練其精鋭，砥礪其節，以高其氣；分爲五選，異其旗章，勿使冒亂；堅其行陣，連其什伍，以禁淫非；壘陳之次，車騎之處，勒兵之勢，軍之法令，賞罰之數，使士赴火蹈刃，陷陣取將，死不旋踵者，多異於今之將者也。説苑卷一五指武引太公兵法。

將師受命者：將率入，軍吏畢入，皆北面再拜稽首受命。天子南面而授之鉞，東行西面而揖之，示弗御也。故受命而出，忘其國；即戎，忘其家；聞枹鼓之聲，唯恐不勝，忘其身，故必死。必死不如樂死，樂死不如甘死，甘死不如義死，義死不如視死如歸，此之謂也。故一人必死，十人弗能待也；十人必死，百人弗能待也；百人必死，千人不能待也；千人必死，萬人不能待也；萬人必死，横行乎天下，令行禁止，王者之師也。説苑卷一五指武。

文王曰：「吾欲用兵，誰可伐？密須氏疑於我，可先往伐。」管叔曰：「不可，其君天下之明君也，伐之不義。」太公望曰：「臣聞之，先王伐枉不伐順，伐嶮不伐易，伐過不伐不及。」文王曰：「善。」遂伐密須氏，滅之也。

武王將伐紂，召太公望而問之曰：「吾欲不戰而知勝，不卜而知吉，使非其人，爲之有道乎？」太公對曰：「有道。王得衆人之心以圖不道，則不戰而知勝矣；以賢伐不肖，則不卜而知吉矣；彼害之，我利之，雖非吾民，可得而使也。」武王曰：「善。」乃召周公而問焉，曰：「天下之圖事者，皆以殷爲天子，以周爲諸侯。以諸侯攻天子，勝之有道乎？」周公對曰：「殷信天子，周信諸侯，則無勝之道矣，何可攻乎！」武王忿然曰：「汝言有説乎？」周公對曰：「臣聞之：攻禮者爲賊，攻義者爲殘，失其民制爲匹夫。王攻其失民者也，何攻天子乎？」武王曰：「善。」乃起衆舉師，與殷戰於牧之野，大敗殷人。上堂見玉，曰：「誰之玉也？」曰：「諸侯之玉。」即取而歸之於諸侯。天下聞之，曰：「武王廉於財矣。」入室見女，曰：「誰之女也？」曰：「諸侯之女也。」即取而歸之於諸侯。天下聞之，曰：「武王廉於色也。」於是發巨橋之粟，散鹿臺之財金錢，以與士民，黜其戰車而不乘，弛其甲兵而弗用，縱馬華山，放牛桃林，示不復用，天下聞者，咸謂武王行義於天下，豈不大哉！

文王欲伐崇，先宣言曰：「余聞崇侯虎蔑侮父兄，不敬長老，聽獄不中，分財不均，百姓力盡，不得衣食，余將來征之，唯爲民。」乃伐崇，令毋殺人，毋壞室，毋填井，毋伐樹木，毋動六畜，有不如令者，死無赦。」崇人聞之，因請降。說苑卷一五指武。

右第一篇。

武王踐阼，三日，召士大夫而問焉，曰：「惡有藏之約，行之行，萬世可以爲子孫恒者乎？」諸大夫對曰：「未得聞也。」然後召師尚父而問焉，曰：「黃帝、顓頊之道存乎意，亦忽不可得見與？」師尚父曰：「在丹書。王欲聞之，則齊矣。」三日，王端冕，師尚父亦端冕，奉書而入，負屏而立。王下堂，南面而立。師尚父曰：「先王之道，不北面。」王行西，折而南，東面而立。師尚父西面道書之言，曰：「『敬勝怠者吉，怠勝敬者滅，義勝欲者從，欲勝義者凶。凡事不彊則枉，弗敬則不正，枉者滅廢，敬者萬世。』藏之約，行之行，可以爲子孫恒者，此言之謂也。且臣聞之，以仁得之，以仁守之，其量百世；以不仁得之，以仁守之，其量十世；以不仁得之，以不仁守之，必及其世。」

王聞書之言，惕若恐懼，退而爲戒書。於席之四端爲銘焉，於机爲銘焉，於鑑爲銘焉，於盥盤爲銘焉，於楹爲銘焉，於杖爲銘焉，於帶爲銘焉，於履屨爲銘焉，於觴豆爲銘焉，於户爲銘焉，於牖爲銘焉，於劍爲銘焉，於弓爲銘焉，於矛爲銘焉。席前左端之銘曰：「安樂必敬。」前右端之銘曰：「無行可悔。」後左端之銘曰：「一反一側，亦不可以忘。」後右端之銘曰：「所監不遠，視邇所代。」机之銘曰：「皇皇惟敬，口生听，口戕口。」鑑之銘曰：「見爾前，慮爾後。」盥盤之銘曰：「與其溺於人也，寧溺於淵，溺於淵猶可游也，溺於人不可救也。」楹之銘曰：「毋曰胡殘，其禍將然；毋曰胡害，其禍將大；毋曰胡傷，其禍將長。」杖之銘曰：「惡乎危？於忿疐。惡乎失道？於嗜慾。惡乎相忘？於富貴。」帶之銘曰：「火滅脩容，慎戒必恭，恭則壽。」履屨之銘曰：「慎之勞，勞則富。」觴豆之銘曰：「食自杖，食自杖，戒之憍，憍則逃。」户之銘曰：「夫名難得而易失。無懃弗志，而曰我知之乎？無懃弗及，而曰我杖之乎？擾阻以泥之，若風將至，必先摇摇，雖有聖人，不能爲謀也。」牖之銘曰：「隨天之時，以地之財，敬祀皇天，敬以先時。」劍之銘曰：「帶之以爲服，動必行德，行德則興，倍德則崩。」弓之銘曰：「屈伸之義，廢興之行，無忘自過。」矛之銘曰：「造矛造矛，少間弗忍，終身之羞。」予一人所聞，以戒後世子孫。大戴禮記武王踐阼。

黄帝曰：「余居民上，摇摇恐夕不至朝，惵惵恐朝不及夕，兢兢業業，日慎一日，人莫蹪于山而蹪于垤。」楊慎古今諺。

孔子之周，觀於太廟。右陛之前，有金人焉，三緘其口，而銘其背曰：「古之慎言人也，戒之哉！戒之哉！無多言，多言多敗；無多事，多事多患。安樂必戒，無行所悔。勿謂何傷，其禍將長；勿謂何害，其禍將大；勿謂何殘，其禍將然；勿謂莫聞，天妖伺人；熒熒不滅，炎炎奈何；涓涓不壅，將成江河；緜緜不絶，將成網羅；青青不伐，將尋斧柯；誠不能慎之，禍之根也；曰是何傷，禍之門也。强梁者不得其死，好勝者必遇其敵；盜怨主人，民害其貴。君子知天下之不可蓋也，故後之、下之，使人慕之；執雌持下，莫能與之爭者。人皆趨彼，我獨守此；衆人惑惑，我獨不徙；内藏我知，不與人論技；我雖尊高，人莫害我。夫江河長百谷者，以其卑下也；天道無親，常與善人。戒之哉！戒之哉！」説苑卷一〇敬慎。

武王衣之銘曰：「桑蠶苦，女工難，得新捐故後必寒。」鏡銘曰：「以鏡自照者見形容，以人自照者見吉凶。」觴銘曰「樂極則悲，沈湎致非，社稷爲危」也。後漢書朱穆傳「下至器物，銘書成敗，以防遺失」李賢等注引太公陰謀。

黄帝曰：「日中不彗，是謂失時；操刀不割，失利之期；執斧不伐，賊人將來；涓涓不塞，將爲江河；熒熒不救，炎炎奈何；兩葉不去，將用斧柯；爲虺弗摧，行將爲蛇。」郭子章輯六語諺語卷一太公兵法。

緜緜不絶，縵縵奈何；毫毛不拔，將成斧柯。前慮不定，後有大患，將奈之何？戰國策魏一蘇秦語引周書。

右第二篇。

將欲敗之，必姑輔之；將欲取之，必姑與之。戰國策魏一任章語引周書。

得時無怠，時不再來，天予不取，反爲之災。國語越語下范蠡語。

毋爲權首，反受其咎。史記吴王濞列傳。

欲起無先。史記楚世家周武公語引周書。

恃德者昌，恃力者亡。史記商君列傳趙良語引周書。

成功之下，不可久處。史記范雎蔡澤列傳蔡澤語引書。

安危在出令，存亡在所用。史記平津侯主父列傳主父偃上書引周書。

必參而伍之。史記蒙恬列傳蒙恬語引周書。

君憂臣勞，主辱臣死。文選卷二〇潘岳關中詩「主憂臣勞」李善注引周書。

文王獨坐，屏去左右，深念遠慮，召太公望曰：「帝王猛暴無文，强梁好武，侵凌諸侯，苦勞天下，百姓之怨心生矣。其灾，予奚行而得免於無道乎？」太公曰：「因其所爲，且興其化，上知天道，中知人事，下知地理，乃可以有國焉。」太平御覽卷八四皇王部九周文王引周書。

大國不失其威，小國不失其卑，敵國不失其權。岠嶮伐夷，并小奪亂，□强攻弱而襲不正，武之經也。伐亂、伐疾、伐疫，武之順也。賢者輔之，亂者取之，作者勸之，怠者沮之，恐者懼之，欲者趣之，武之用也。美男破老，美女破舌，淫圖破□，淫巧破時，淫樂破正，淫言破義，武之毀也。赦其衆，遂其咎，撫其□，助其囊，武之間也。餌敵以分而照其儲，以伐輔德，追時之權，武之尚也。春違其農，秋伐其穡，夏取其麥，冬寒其衣服，春、秋欲舒，冬、夏欲亟，武之時也。長勝短，輕勝重，直勝曲，衆勝寡，强勝弱，飽勝饑，肅勝怒，先勝後，疾勝遲，武之勝也。追戎無恪，窮寇不格，力倦氣竭乃易克，武之追也。既勝人，舉旗以號令，命吏禁掠，無取侵暴，爵位不謙，田宅不虧，各寧其親，民服如化，武之撫也。百姓咸服，偃兵興德，夷厥險阻，以毀其服，四方畏服，奄有天下，武之定也。逸周書武稱解。

開望曰：土廣無守，可襲伐；土狹無食，可圍竭。二禍之來，不稱之災。天有四殃，水、旱、饑、荒，其至無時，非務積聚，何以備之？逸周書文傳解。

右第三篇。

上古王者之遣將也，跪而推轂，曰閫以内者，寡人制之；閫以外者，將軍制之。軍功爵賞皆決於外，歸而奏之。史記張釋之馮唐列傳。

兵以仁舉，則無不從；得之以仁分，則無不從悦。五行大義卷三第十四論雜配四者論配藏府引兵書。

將無謀則士卒憂，將無慮則士卒去。同上。

刑上風來，坐者急起，行者急住。五行大義卷二第十一論刑引兵書。

陽生甲子，不足戌亥，仍爲天門；陰生甲午，不足辰巳，仍爲地户。陽界甲寅，不足子丑，仍爲鬼門；陰界甲申，不足午未，仍爲人門。陽盛甲辰，卯爲之隔；陰興甲戌，酉爲之隔。五行大義卷二第五論配支幹(干)引兵書。

武王問太公：「勝負何如？」太公對曰：「夫紂之行不由理，精兵酒池，賦斂甚數，百姓苦之。」太平御覽卷六二七治道部八賦斂引太公兵法。

人主舉事，善則天應之以德，惡則天應之以刑。五行大義卷二第七論德引太公。

將謀欲密，士衆欲一，攻敵欲疾。三略卷上引軍讖。

先人有奪人之心，後人有待其衰。左傳昭公二十一年廚人濮語引軍志。

允當則歸。左傳僖公二十八年楚成王語引軍志。

知難而退。同上。

有德不可敵。同上。

逐寇如追逃。左傳文公七年趙盾語引軍志。

右倍山陵，前左水澤。史記淮陰侯列傳諸將問韓信語引兵法。

武王伐殷，兵至牧野，晨舉脂燭，掩其不備。北堂書鈔卷一一四武功部二征伐三引論衡引太公陰謀書。案今傳本論衡恢國篇作「兵至牧野，晨舉脂燭，姦謀惑民，權掩不備」。

從孤擊虚，萬人無餘，一女子當百丈夫。風鳴葉者賊在十里，鳴條者百里，摇枝者四百里。金器自鳴及焦器鳴者，軍疲也。氣如驚鹿，敗軍氣也。意林卷四抱朴子引太公。

王者行師，出軍之日，授將弓矢，士卒振旅，將張弓大呼，大師吹律合音。商則戰勝，軍士强；角則軍擾多變，失士心；宫則軍和，士卒同心；徵則將急數怒，軍士勞；羽則兵弱，少威明。周禮春官宗伯大師「大師執同律以聽軍聲」鄭玄注引兵書。

右第四篇。

神農之教曰：「有石城十仞，湯池百步，帶甲百萬，而亡粟，弗能守也。」漢書食貨志上鼂錯語。

武王東伐，至於河上，雨甚雷疾。周公旦進曰：「天不祐周矣！意者，吾君德行未備，百姓疾怨邪？故天降吾災，請還師。」太公曰：「不可。」武王與周公旦望紂之陣，引軍止之。太公曰：「君何不馳也？」周公曰：「天時不順，龜燋不兆，占筮不吉，妖而不祥，星變又凶，固且待之，何可驅也？」楚辭天問「到擊紂躬，叔旦不嘉」洪興祖補注引六韜。

太公誓師，後至斬。太平御覽卷二七三兵部四將帥下引桓範要集。

凡興軍動衆陳兵，天必見其雲氣，示之以安危，故勝敗可逆知也。通典卷一六二兵十五風雲氣候雜占引太公。

右第五篇。

刀子之神，名曰脱光。藝文類聚卷六〇軍器部刀。

右第六篇。

柔能制剛，弱能制彊。柔者德也，剛者賊也，弱者仁之助也，彊者怨之歸也。故曰有德之君，以所樂樂人；無德之君，以所樂樂身。樂人者其樂長，樂身者不久而亡。舍近謀遠者，勞而無功；舍遠謀近者，逸而有終。逸政多忠臣，勞政多亂人。故曰務廣地者荒，務廣德者彊。有其有者安，貪人有者殘。殘滅之政，雖成必敗。後漢書臧宫傳光武帝詔引黄石公記。汪宗沂曰：「留侯傳明云黄石老人所授乃太公兵法。」震案：今傳本黄石公三略卷上有此文，然不見「故曰有德之君」以下云云，蓋爲光武帝語，汪氏誤竄入引文耳。

當斷不斷，反受其亂。史記齊悼惠王世家召平語引道家之言。後漢書楊倫傳楊倫上書「當斷不斷，黃石所戒」李賢等注引黃石公三略。

臣與主同者亡。後漢書袁紹傳郭圖等言「黃石之所忌也」。震案：「者」下當補「昌主與臣同者」六字。

軍無財，士不來；軍無賞，士不往。三略卷上引軍讖。

香餌之下，必有懸魚；重賞之下，必有死夫。同上。

得道者倡，失道者亡。孫子計篇「故可以與之死，可以與之生，而不畏危」賈林注引黃石公。

動應事機，舒之彌四海，卷之不盈懷。三略卷上。

能柔能剛，其國彌光；能弱能强，其國彌彰。三略卷上引軍讖。

動爲事機，舒之彌四海，卷之不盈懷。柔而能剛，則其國彌光；弱而能强，則其國彌章。一單之醪，投之於河，令士衆迎飲，三軍爲其死，戰如風發，攻如河決。太平御覽卷三〇七兵部三十八饗士引黃石公記。

慮若源泉，深不可測。文選卷二〇潘岳關中詩「豈曰無過？功亦不測」李善注引黃石公記序。

將所以爲威者，號令也；戰所以全勝者，軍政也；士所以輕戰者，用命也。戰如風發，攻如河決，故其衆可望而不可當，可下而不可勝也。北堂書鈔卷一一三武功部一論兵一引黃石公記引軍讖。

使商人爲前兵者，象白虎陣；使羽人爲前兵者，象玄武陣；使徵人爲前兵者，象朱雀陣；使角人爲前兵者，象青龍陣，亦曰旬始陣。太平御覽卷三〇一兵部三十二陣引黄石公記。

彼以直陣來者，我以方陣應之，方來鋭應之，鋭來曲應之，曲來圓應之，圓來直應之。直木，方金，鋭火，曲水，圓土也。各以能克者應，勝之。同上。

歷代六韜真僞考

尚書泰誓中「朕夢協朕卜，襲于休祥，戎商必克」，**傳**：「言我夢與卜俱合於美善，以兵誅紂必克之占。」孔穎達正義：「史記周本紀云：『武王伐紂，卜，龜兆不吉，群公皆懼，惟太公强之。』太公六韜云：『卜戰，龜兆焦，筮又不吉，太公曰：「枯骨朽蓍，不踰人矣。」』彼言『不吉』者，六韜之書，後人所作，史記又採用六韜，好事者妄矜太公，非實事也。」

隋書經籍志云：「太公六韜五卷（梁六卷。周文王師姜望撰）。」

劉恕通鑑外紀卷一舜紀云：「漢藝文志『周史六弢六篇（惠、襄之間，或曰顯王時，或曰孔子問焉）』，顏師古曰：『即今之六韜也。』今六韜周文王、武王問太公兵戰之事，其言鄙俚煩雜，不類太公之語，蓋後人依託而爲之。按志兵書五十三家，自吴、齊孫子已下，而無六弢，又在儒家，非兵書也，顏説之妄。孔穎達云：『六韜後人所作，好事者妄云太公，非實事也。』」

晁公武郡齋讀書志卷一四兵家類云：「【六韜六卷】右周呂望撰。按漢藝文志無此書，梁、隋、唐始著録，分文、武、龍、虎、豹、犬六目，兵家權謀之書也。元豐中，以六韜、孫子、吴子、司馬法、黄石公三略、尉繚子、李衛公對問頒行武學，今習之，號『七書』云。按兵法，漢成帝嘗命任宏分權謀、形勢、陰陽、技巧爲四種。今又有卜筮、政刑之説，蓋在四種之外矣。」

羅泌路史發揮卷二論太公云：「正道之不明，自戰國之急於功利者滑之，而漢儒不能明，後世不能討也。太公，亞聖之大賢也，其仕於周也，亦不苟矣。孟子曰：『太公避紂，居東海之濱，聞文王作興，曰：「盍歸乎來？吾聞西伯善養老者。」』賢者之去就可知矣。而大史公乃以爲漁，隱于渭，文王卜畋于渭之陽，載與俱歸，爰立爲師；且以爲西伯昌囚羑里，尚隱滋泉，其臣閎夭、散宜生、南宫括者，相與學訟於公，四子於是見西伯于羑里，而復相與求美女、文馬、白狐、奇物以獻紂，而脱其囚歸，而與之陰謀修德以傾商政。其然乎？夫太公之爲人果如是，何邪？其出處之際必有義，而其致君也亦有道矣，何至操切譎詭爲儉人之舉哉？鬼谷之午合曰：『昔者伊尹五就桀，五就湯，然後合；吕尚三入商朝，三就文王，然後合。』聖賢之出處，惟可知也。今夫閭閻小子之愛其君，必有道矣，公之所學者王術，而其所事者聖人也，顧不若閭閻小子之愛其君者乎？方紂在上，播弃黎老，而文王『思皇多士』，欲盡得天下英才而用之，而天下之英才亦莫不心而願爲之用矣。

故其詩有疏附，有先後，而又有奔走禦侮之臣，孰有天下之士歸之如此，有如太公而猶伏于漁者邪？且太公之漁也，有意於天下乎？抑無意於天下乎？有意於天下，當文王而不出，何時而出？無意於天下，則雖俱載以歸，猶將鑿坏而遁，而又奚以師爲？遷之言，蓋取之戰國一時辨士之説，而不知决擇者也。且既曰畋得之矣，而又曰四子於隱所相與見西伯于羑里，其相盭乃如此。且君奭之言文王之修和有夏也，時則有若虢叔，若閎夭，若泰顛、散宜生、南宫括，曾不及於太公，而孟子論五百歲聖人出，則以太公望、散宜生於文王爲見而知之，然則公之聞道實有自文王矣。此武王言『予有亂臣十人』，而説者始以爲太公在焉，是太公未嘗爲文王師也。詩云『維師尚父，時維鷹揚』，則公之在當時，特將帥之任尒。劉向别録云『師之、尚之、父之』，合三元以爲名，則非必太公也，至維師謀乃以爲號『師尚父』，則亦本諸此也。夫學訟而脱人之囚，與陰謀以傾人之國，皆兵謀詭計，出於後世所謂太公六韜書者，其果信邪？六韜之書，顧非必太公也。班固述權謀，不見其書，志雖有太公兵、謀，而乃列之道家，儒家有六弢六篇，則又周史所作，定襄時人，或曰顯王之世，故崇文自謂漢世無有。今觀其言，蓋雜出於春秋、戰國兵家之説尒。自墨翟來，以太公於文王爲午合，而孫武之徒謂之用間，故權謀者，每並緣以自見，蓋以嘗職征伐，故言兵者本之以爲説。騎戰之法著於武靈之代，而今書首列其説。要之，楚漢之際好事者之所掇，豈其本哉？君子於此，其可不審所取，而讕説之是狥耶？」

葉適習學記言序目卷四六六韜云：「古人盛際，堯舉舜，舜薦禹，皋陶、湯用伊尹，高宗夢傅說，書皆詳記，而文王遇太公望事，乃闕略。可恨詩但言『維師尚父，時維鷹揚，諒彼武王，肆伐大商，會朝清明』而已。觀左氏載賜履一節，蓋太公初進，文王尚爲諸侯，及佐武滅商，遂屏輔於外，故其功不及周、召之大也。然世俗流傳，而兵家竊借以爲書，若今六韜者，後世承謬，謂其君臣遇合之間，陰譎狹陋至此，則何以『對越在天』，而『上帝臨汝』乎？

「自龍韜以後四十三篇，條畫變故，預設方禦，皆爲兵者所當講習。孫子之論，至深不可測，而此四十三篇，繁悉備舉，似爲孫子義疏也。其書言『避正殿』，乃戰國後事，固當後於孫子；論將有『十過』，近於『五危』；戰車『十死』、戰騎『九（據六韜改正，閣本、黄本皆作「十」，誤）敗』，與行軍、九地相出入；其勵軍言『禮將』、『力將』、『止欲將』，練士各聚卒，教戰成三軍，又本於吳起。然則孫、吳固兵家所師用，至莊周亦稱『九徵』，則真以爲太公所言矣。然周嫚侮爲方術者，而不悟六韜之非僞，何也？蓋當時學術無統，諸子或妄相詆訾，或偶相崇尚，出於率爾，豈足據哉？按軍用述三軍器用、攻守之具、科品衆寡之法，甲士萬人，器械重厚，無所不有，計十萬人乃足，蓋非道路所能容。左氏邲之戰但言『軍行，右轅，左追蓐，前茅慮無，中權，後勁，百官象物而動，軍政不戒而備』，城濮七百乘，『韅、靷、鞅、靽』而已，若群物盡行，起江越海，皆有其具，臨時倉猝，施用不及，乃自敗之道，然亦不可不知也。孫子謂『無輜重則亡，無糧食則亡，無委積則亡』，又曰『百里而爭利則擒將軍』五十里而爭利則蹶上將軍』。夫阻守其處，見利而不能爭，則何取於兵？而舍輜重糧委，徒手而搏者，又未有不覆軍殺將，則兵焉往而求勝？然則爲孫子之術者，必無戰而後可爾。」

章如愚群書考索卷九諸子百家云：「若曰六韜，隋志以爲太公之作，而漢藝文志止曰『太公二百三十七篇』，初無此書之名。雖有周史六弢載之於志，然注言『惠、襄之間，或顯王時，或曰孔子問焉』，顔師古以『即今之六韜』，而亦不指爲太公之書，則不知隋志將何所據邪？有如黄帝之太一兵歷，太公之金匱、三宮兵法（隋志），穰苴之司馬法，黄石公之三略，魏武帝之兵書接要，司馬彪之兵記，孔衍之兵林，李靖之六軍鏡，吴競之兵家正史，李德裕之西南備逐録，其兵法之謂乎？」

陳振孫直齋書録解題卷一二兵書類云：「【六韜六卷】武王、太公問答。其辭鄙俚，世俗依託也。」

戴埴鼠璞太公六韜云：「武王問周公曰：『諸侯攻天子，勝之有道乎？』公曰：『攻禮爲賊，攻義爲殘，失民爲匹夫。王政失民者也，何天子乎？』此即『誅獨夫紂，未聞弑君』之説，雖出傳記，於理無害。孟子説『至仁伐不仁』，何至血流漂杵？『於武成取二三策』，蓋恐失武王征伐之初意。

六韜之書，凡文、武反覆問難，無非由姦詐以傾覆人國，如言『養其亂臣以迷之，近美女淫聲以惑之』，『親其所愛，以分其威』，賂其左右，以得其性，八符陰祕，三部分書，『詭伏設奇，遠張誑誘』，少知道者不爲，文、武、太公其爲之乎？果爾，則文、武豈爲百世之師？太公豈爲王者之佐？劉恕作通鑑外紀亦惑之。至謂文王與太公陰謀以傾商政，其事多兵權奇計，然漢書藝文志注謂呂望爲周尚父，本有道者，或有近世以太公術者所增加，漢時已嘗疑之，今反使右科習爲正經，可耶？」

黄震黄氏日抄卷五八黄石公三略六韜云：「韜、略，世謂出太公，雖李衛公亦云，以愚觀之，僞書爾。春秋荀吴始嘗舍車而步，漢以後始有騎將；今其書以車、騎、步分三，太公時有之乎？春秋後始霸，三代雖有伯，不以霸稱也；今其書歷叙皇帝王霸，太公時有之乎？春秋霸主始有結連與國，深入人境者；今其書稱『必得大國之與、鄰國之助』，又云『行數百里，人馬倦休』，太公時有之乎？又謂『取天下者，若逐野獸，天下皆有分肉之心』，此襲用『秦失其鹿，天下共逐之』語，而『贅婿』者，秦始有之，其書亦稱『贅婿』，且自謂『三略爲衰世作』，則不能自掩其爲後世之僞明矣。況其爲書，類多掇拾：三略大率以『柔弱』、『不貪』爲主，此老子之説也；六韜言『猶豫』、『狐疑』之戒，乃吴子之所已言也；言『山兵』者，即吴子之『谷戰』；言『澤兵』者，即吴子之『水戰』；『十四變』，即吴子之『十三繫』；『十一卒』，即吴子之『五練鋭』；『教戰』，即其『士先教戒』之説；『分險』，即其『過敵谿谷』之説；『雨不張蓋』等語，出尉繚子書；『火戰』等説，亦備孫子書；而『涓涓不絶』等語，又偏集古書者也。要其前後本無主説。三略既不見上、中、下可分之的，六韜亦不見文、武、龍、虎、豹、犬之義，大抵書之不切於兵者居半，切於兵者多死法，敵而木偶人也則可耳。其最無理者，文伐十二節皆陰刻陷人之語，豈文伐之義乎？股肱羽翼七十二人，輕重失次，泛其無紀，豈股肱羽翼之義乎？文王，聖人也。太公聞風興起，動盍歸乎來之思？武王以聖繼聖，順天應人，而太公興鷹揚之師，今顧以孩提視文武，謂其求教。太公雖帝堯之聖，亦文王所未聞，待傾聽而始知焉，此皆根於卜獵得師一語，故附會至此耳。然按六韜謂太公坐茅而漁，尉繚子又謂太公屠牛朝歌，賣食盟津，餘七年主不聽而遇文王，是則卜獵之説尚未定也。況韜、略可信其爲太公之書乎？

「其書之播詠人口者，曰『香餌之下，必有懸魚；重賞之下，必有死夫』，曰『千里饋粮，士有飢色；樵蘇後爨，師不宿飽』，而先之以『軍讖曰』，則是引古語也。曰『務廣地者荒，務廣德者强，能有其有者安，貪人之有者殘』，然先之以『故曰』，則亦用古語也。曰『以義誅不義，若決江河而溉熖火，臨不測而擠欲墜，其克必矣，所以優游恬淡而不進者，重傷人物也』，此語足以發明仁人用兵之本心。曰『天下非一人之天下，乃天下之天下』，亦至今爲名言。」

王應麟漢藝文志考證卷五云：「【周史六弢六篇】（師古曰「即今之六韜也」）莊子：『女商曰：「從說之則以金板、六弢。」』（釋文云「本又作六韜，謂文、武、虎、豹、龍、犬」）今六韜六卷六十篇，尚書正義以爲後人所作，非實事也。館閣書目謂：『周史六弢恐是別是一書。』（通鑑外紀云：志在儒家，非兵書也。今六韜文王、武王問太公兵戰之事，其言鄙里煩雜，不類太公之語，蓋後人依托爲之）唐氏曰：『春秋以前，中國未有騎戰，計必起於戰國之時。』今六韜言騎戰最詳，決非太公所作，當出於孫、吳之後謀臣策士之所託也。」

馬端臨文獻通考卷二二一經籍考四十八引周氏涉筆：「謂太公爲兵家之祖，自漢人已然，本無所稽，僅以陰符有託而云爾。太公遇文王事尚未足信，況談兵哉？周詩『鷹揚』外無他語。周公曰：『惟文王尚克修和我有夏。亦惟有若虢叔，有若閎夭，有若泰顛，有若南宮括。』『武王惟兹四人，尚迪有禄。後暨武王，誕將天威，咸劉厥敵。惟兹四人，昭武王惟冒，丕單稱德。』向使太公主柄伐商，身爲大將，周公其遺之乎？六韜不知出何時，其屑屑共議『以家取國』，『以國取天下』，殆似丹徒布衣、太原宫監所經營者。史記載君臣各把鉞，斷首懸旗，以後人臆記，非實也；歸賂免囚，好事爲之。而此書因著文伐十二節，『陰賂左右』，『輔其淫樂』，『養其亂臣』，與韓非所云『納費仲，奉玉版』并爲一論，蓋文、武、周、召之一厄也。管子書載湯結女華以爲陰，事曲逆以爲陽。

戰國諸子窺測古聖，妄誕率類此。太公舉賢尚功，周公知其有簒弒之臣，亦是後人妄以見事附合。而諸子因記殺華士，謂周公馳往救之，疏謬可笑。此書有上賢篇，則『六賊七害』指『抗志高節』、『輕爵位』、『賤有司』、『語無爲』、『言無欲』、『虚論高議』、『窮居靜處』，條居大半，全與暴亂同科。按武王既定天下，其詩曰『日靖四方』，其書曰『無有作惡』，當『丕單稱德』之世，而紛然懸賞罰，募功名，不知將何出也？此書並緣吴起，漁獵其詞，而綴緝以近代軍政之浮談，淺駁無可施用。蓋吴起、武侯，真答問也，故問者當其形，對者應其實，至於料六國形勢所當出，百代之下，猶可想像。而此書問答徒效之也，故務廣不務精，語脉皆不相應，讀者宜熟察也。」

焦竑焦氏筆乘卷六僞書云：「三略、六韜，太公書也，然其中雜援軍讖以足成之。夫讖書起于戰國之後，太公之時，曾有之乎？中略之末，謂三略爲衰世而作，太公之佐文、武，果衰世乎？六韜中，其言多誣聖賢之甚，竊孫吴之陳，而謂太公爲之乎？」

胡應麟少室山房筆叢卷二七丙部九流緒論上云：「儒家有周史六弢六篇，顔云：『即今六弢也，言取天下及軍旅之事。』案向所録兵家自爲類，不入九流，豈容攙入儒術？況本注或云『惠、襄間』，或云『顯王時』，或云『孔子問』。夫惠、襄間當與孟氏同時，顯王、孔子俱去太公遠甚，而唐世六韜自太公外無別書，豈劉、班類次乃爾混淆乎？顔注誤無疑。

「道家有伊尹五十五篇，太公二百三十三篇（謀八十一篇、兵八十五篇），管子八十六篇，今獨管子存，與道家言不類。攷兵家亦有管子，班氏省之，豈今所傳而道家者不存與？然伊尹、太公皆不可深曉，蓋秦、漢所謂道家，大率翕張取予之術，非近世長生虛靜之謂，故凡兵謀祕計悉附之。伊尹、太公諸書雖絶亡可攷，意其中所稱佐輔商、周，戡定四海之術，要必有近於柱下所云者。太史以老、韓同傳總之，秦、漢間見解大概略同，不足怪也（凡漢志稱伊尹、太公，悉戰國人依託者）。」

又卷三二丁部四部正譌中云：「陰符經稱黄帝，唐李筌之僞也。筌嗜道，好著述，得陰符注之，而託於驪山老母以神其説。楊用修直云筌作，非也。或以唐永徽初褚遂良嘗寫一百本，今墨迹尚存，夫曰遂良書，則既盛行當世，筌何得託於軒轅？意世無傳本，遂良奉敕録於祕書，人不恒覩也。余案，國策蘇秦干諸侯不遂，因讀陰符至刺股，則此書自戰國以前有之，而漢藝文志不載，蓋燬於兵火，故隋志有太公陰符鈐録一卷，又周書陰符九卷，未知孰是，當居一於斯。或疑季子所攻必權術，而陰符兼養生。夫陰符實兵家之祖，非養生可概也。此書固匪黄帝，亦匪太公，其爲蘇子所讀則瞭然，而前人無取證者，故余首發之，俟博雅士定焉（李亦稱少室山人，與李渤同姓同號，所著尚有閫外春秋、中台志等）。

「今六韜有太公陰符篇，云『主與將有陰符，凡八等』，克敵之符長一尺，破軍之符長九寸，至失利之符長三寸而止，蓋僞撰太公六韜者，不識陰符之義，以爲符節之符也。此雖五尺童子一目可竟其説，秦何至刺股以讀之？世有執六韜、陰符爲太公所撰、季子所攻者，味吾言如破竹矣。

「宋世以孫、吴、司馬、韜、略、尉繚、李衛公爲兵家『七書』。孫武、尉繚亡可疑者。吴起或未必起自著，要亦戰國人掇其議論成編，非後世僞作也。三略稱黄石公，中如『柔能制剛，動而輒隨』等語，似有見於道德者，以即圯上老人授子房書則不可，前輩固多以傅會疑之。六韜稱太公，厥僞瞭然。攷漢志有六弢，初不云出太公，蓋其書亡於東京之末，魏晉下談兵之士掇拾剩餘爲此，即隋志六韜也。『天下者，天下之天下』，讀者亟稱，要之，策士浮談，眎丹書敬義之規，何啻倍屣？至文伐、陰書等篇，尤孫、吴、尉繚不屑道者，太公以告文、武乎？

「尚父六韜，葉正則謂出孫、吴後，近之，而舉南華所引『九徵』，以莊周不悟其僞，則非也。蓋此書正引用南華，猶亢倉、鶡冠所本耳，周氏涉筆并太公疑焉，則過。太公、文王相遇固難盡信，然詩人與孟氏已亟稱之矣。國朝李獻吉謂『將有别材，周伐紂不以周、召，必以太公』；王元美謂『管仲難，太公易，周不得太公，而周、召、閎、散行師，紂之徒詎弗倒戈』者，二公語相反，而實皆有至理，因論六韜并及之。」

張萱疑耀卷二韜略非吕望筆云：「兵家六韜、三略，相傳爲太公望之書，第騎戰之法，始見於趙武靈王，而六韜首列其說，何也？余意太公望嘗爲此書，久或亡去，今所傳六韜、三略，乃楚漢間好事者所補，非望筆也。班固志又有六弢六篇，則周史所作，乃定襄時人，又曰『顯王之世』。崇文總目謂『漢世已失此書』，又不知作何語也。」

姚際恒古今僞書考子類六韜云：「漢志無，隋志始有，稱呂望撰。漢志儒家有『周史六弢六篇』，顔師古曰『即今之六韜』。案六弢之名出莊子，然漢志儒家非兵家，其辭俚鄙，僞託何疑？或以其有『避正殿』語，此乃秦漢事，然亦無煩辨此也。惟一端極可笑者，胡元瑞曰：六韜有太公陰符篇，云『主與將有陰符，凡八等』，克敵之符長一尺，破軍之符長九寸，失利之符長三寸而止，蓋僞撰之人，不識陰符之義，以爲符節之符也。」

姚鼐惜抱軒文集五題跋讀司馬法六韜云：「世所有論兵書誠爲周人作者，惟孫武子耳，而不必爲武自著，若其餘，皆僞而已。」

又云：「莊子載女商曰『横説之則以詩、書、禮、樂，從説之則以金版、六弢』，然則六弢之文必約於詩、書、禮、樂者也。劉向、班固皆列周史六弢於儒家，且云『惠、襄之閒』，或云『顯王時』，或曰『孔子問焉』，然其爲『周史』之辭，若周任、史逸之言無疑也，非言兵，亦無與於太公也。今六韜徼取兵家之説，附之太公，而彌鄙陋。周之權曰鈞，不曰斤；其於色曰玄、曰黑、曰緇，不曰烏；晉宋齊梁閒，市井乃有『烏衣』、『烏帽』語耳；而今六韜乃曰斤、曰烏。余嘗謂周秦以降，文辭高下差別頗易見。世所謂古文尚書者，以他書事實證之，其僞已不可逃，然直不必論此，取其文展讀，不終卷而決，知非古人所爲矣。蓋古書亡失，多在漢獻、晉惠慜閒，而好爲僞者，東晉以後人也。唐修隋書，作藝文志，不知古書之逸，舉司馬法之類悉載之。顏師古注漢書，於六韜直以謂即今書，此皆不足以言識。至韓退之乃識古書之正僞，惜其於此數者未及詳言之也。」

崔述豐鎬考信録卷八齊太公云：「世傳六韜爲太公所作。戰國策稱蘇秦『得太公陰符之謀』，史記亦云西伯『之脱羑里歸，與呂尚陰謀修德以傾商政，其事多兵權與奇計，故後世之言兵及周之陰權，皆宗太公』；唐以後因尊太公爲武成王，專司武事，如孔子之爲文宣王者然。余按孟子云『由文王至於孔子，五百有餘歲，若太公望、散宜生，則見而知之，若孔子，則聞而知之』，則太公者，乃述堯舜禹湯之道以佐文武而開孔子者，非徒以兵事見長也。古者，有文事者必有武備，是以三代以上，文武之途不分，無事則用之治國，有事則用之行師。故詩云『維師尚父，時維鷹揚，涼彼武王，肆伐大商』，要不過以仁義之道，教民於平時，儆民於臨事，率有勇知方之衆，爲伐暴救民之舉耳。後世儒者泥於章句之俗學，沈於性命之陳言，不通達於世務，故不知兵者多，而所謂知兵者，咸屬之於權謀、術數之流，由是文武遂分，豈知三代以上不如是乎？晉文公作三軍，謀元帥，趙衰曰『郤縠可』，『説禮樂而敦詩、書』。霸者之佐，猶能以詩、書、禮、樂行兵，況太公王者之佐，而反爲此權謀術數之言乎？且六韜所言，術淺而文陋，較之孫武、吴起之書，猶且遠出其下，必秦漢閒人之所僞撰，蓋以太公曾相武王伐商，故託之耳。後人信之爲實，過矣，故今不載。」

錢大昭漢書辨疑卷一六云：「太公二百三十七篇，謀八十一篇，言七十一篇，兵八十五篇。謀、言、兵就二百三十七篇而析言之，太公其總名也。」

四庫全書總目卷九九子部兵家類云：「【六韜六卷（通行本）】舊本題周吕望撰。考莊子徐無鬼篇稱『金版、六弢』，經典釋文曰司馬彪、崔譔云『金版、六弢，皆周書篇名』，『本又作六韜，謂太公六韜，文、武、虎、豹、龍、犬也』（案今本以文、武、龍、虎、豹、犬爲次，與陸德明所注不同，未詳孰是，謹附識於此），則戰國之初，原有是名，然即以爲太公六韜，未知所據。漢書藝文志兵家不著録，惟儒家有周史六弢六篇，班固自注曰『惠、襄之閒，或曰顯王時，或曰孔子問焉』，則六弢別爲一書，顔師古注以今之六韜當之，毋亦因陸德明之説而牽合附會歟？三國志先主傳注始稱『閒暇歷觀諸子及六韜、商君書，益人志意』。隋志始載『太公六韜五卷』，注曰『梁六卷，周文王師姜望撰』，唐、宋諸志皆因之。今考其文，大抵詞意淺近，不類古書，中閒如『避正殿』乃戰國以後之事，『將軍』二字始見左傳，周初亦無此名（案路史有「虞舜時，伯益爲百蟲將軍」之語，雜説依託，不足爲據）。其依託之迹，灼然可驗。又龍韜中有陰符篇云，『主與將有陰符，凡八等』，克敵之符長一尺，破軍之符長九寸，至失利之符長三寸而止，蓋僞撰者不知陰符之義，誤以爲符節之符，遂粉飾以爲此言，尤爲鄙陋，殆未必漢時舊本。故周氏涉筆謂其『書竝緣吳起，漁獵其詞，而綴輯以近代軍政之浮談，淺駁無可施用』。胡應麟筆叢亦謂其文伐、陰書等篇，爲孫、吳、尉繚所不屑道。然晁公武讀書志稱，元豐中，以六韜、孫子、吳子、司馬法、黄石公三略、尉繚子、李衛公問對頒武學，號曰『七書』，則其來已久，談兵之家恒相稱述，今故仍録存之，而備論其踳駁如右。」

孫星衍平津館叢書周書六韜序云：「六韜六篇，列在藝文志儒家，稱『周史六弢六篇』，注云：『惠、襄之間，或曰顯王時，或曰孔子問焉。』班固以爲或惠、襄王時，或曰顯王時，史臣所述武王、太公之言，又疑周史述此以答孔子問，是爲適周問禮所得書也。顔師古注云：『即今之六韜也，蓋言取天下及軍旅之事，「弢」字與「韜」同也。』考之莊子徐無鬼篇，女商稱『金版、六弢』，陸氏德明音義引司馬、崔云：『金版、六弢，皆周書篇名。』或曰祕讖也，本又作六韜，謂太公六韜，文、武、虎、豹、龍、犬也。六弢出於周顯王之前，宜魏武侯時女商見之。淮南精神訓篇：『金縢、豹韜，周公、太公陰謀圖王之書也。』袁宏後漢紀：『或説何進曰：「太公六韜有天子將兵事，以示四方。」』三國志注引先主遺詔稱『閒暇歷觀諸子及六韜、商君書，益人志意』，又云『聞丞相爲寫申、韓、管子、六韜一通已畢』。是漢魏時見此書，其即藝文志『六弢』明矣。隋經籍志兵家『太公六韜五卷（梁六卷，周文王師姜望撰）』，志所稱梁者，阮孝緒七録六韜自文師第一至三疑十七多言仁義道德，愛民之道，君臣之禮，敬衆、合親、舉賢、信賞罰之事，又言『兵爲凶器，不得已而用之』，凡古人所引『敬勝怠則吉，怠勝敬則滅』、『日中必彗，操刀必割』、『涓涓不塞，將爲江河』、『熒熒不救，炎炎若何』之語皆在焉。論將、選將二篇，義與文王觀人相出入；五音、兵徵篇通陰陽五行；其餘諸篇詞亦古質，且多見唐已前書傳徵引，真古書也。鄭樵藝文略載太公六韜五卷，又載改正六韜四卷，今意林、通典、文選注、太平御覽諸書所引六韜，不在本書者甚多，如武王伐紂爲父報仇及太公射丁侯之屬，宋之迂儒疑其文義不純，加之删削，或即元豐刊七書時所爲，故唐人及宋初人尚引全書也。六韜先以仁義道德取天下，故班史列之儒家至當，猶司馬法之入禮家，軍爲五禮之一，儒者應知其專言權謀、形勢、陰陽、技巧之事，别列爲兵家言，史臣有深意，且亦有所本也。隋志改六韜入兵家，謬矣。阮孝緒不察藝文志周史爲顯王時人，妄題姜望撰，以滋後人疑惑，尤謬之甚者。孔穎達以爲『後人所託，非實事』，指謂周史傳述太公之言，非文王時書事之書耳。經生言終不背於義，宋人無識，不深究古書，並不解班固自注之義。晁公武則言『藝文志無此書』，誤以爲權謀之言；劉恕通鑑外紀直斥『其言鄙俚煩雜』，疑藝文志無此書；陳振孫亦言『其詞鄙俚，世俗依託』；玉海引唐氏謂『春秋以前，中國未有騎戰』，『六韜言騎戰』，『當出於孫、吴之後』，謀臣所託。案今六韜應古韻，如文子、淮南、陸賈諸書，非後人所能僞託，若以其詞義明白，疑非古書，今虞、夏書明白於周書，盤庚、大誥、左傳比之史記、漢書易讀，不得謂古人之文必應如韓愈所云詰屈聱牙也。兵書自漢以來，名將論次手寫，列代傳述有本，如醫律之在官守，不能作僞。禮記云『前有車騎』，文子云『善騎者墮』，説文『騎，跨馬也』，製字始於上古，必以爲中國無之，亦無明證。聖人見轉蓬而爲車，見蛛蝨而結網，既已服牛乘馬，豈不能效爲騎戰？劉炫説左傳『師展將以公乘馬而歸』，謂爲『單騎』，亦或然也。宋人爲語録，真如劉恕所云『鄙俚煩雜』者，前人不加非議，反訾古書，使後世束而不觀，儒者委爲兵家言，介胄之士不知好謀愼戰，輕喪其師，宋代之荒經蔑古，貽禍甚烈，不獨和議誤國矣。六韜之分文、武、龍、虎、豹、犬者，當爲祕讖，軍行時藏之弓衣，外畫龍虎之文以爲識，不關題分卷次，故今本與釋文所引異耳。其爲六卷、五卷、四卷，後代分合，未得其詳。歲在庚申，主講蕺山，以笈中所録本及明刻各本校勘文字，明刻本互有脱誤，因與家侍御志祖互相讐校，項佐州墉爰付之梓。其開元占經、意林、通典、太平御覽等書引六韜，或稱太公陰符，或爲今本所無，侍御子同元又輯佚文一卷，刊附於後，庶古書得永其傳云。嘉慶五年斗指巳午二辰之月孫星衍撰。」

沈欽韓漢書疏證卷二五云：「隋志太公陰謀一卷（梁六卷，又有魏武帝解太公陰謀三卷），太公陰符鈐録一卷，太公伏符陰陽謀一卷，舊唐志太公陰謀三卷，又陰謀三十六用一卷，隋志太公金匱二卷（舊唐志三卷），太公兵法二卷，又兵法六卷（梁有太公雜兵書六卷），又三宮兵法一卷（又禁忌立成集二卷、枕中記一卷）。自宋以來，著録家無之，蓋六朝以前，著書者喜託名古人，唐以後，道術之士多攘古人之言以爲己書（如李筌太白陰經、趙蕤長短經類），故前乎此，不爲多人所扳援也，後乎此，無怪其少新名易故也。秦策『蘇秦夜發書，得太公陰符之謀』，齊世家『後世之言兵及周之陰權，皆宗太公爲本謀』，是太公之書尚矣。今按志云謀者，即太公陰謀也。言者，即太公金匱。凡善言，書諸金版（群書治要引武韜「太公」云云，「文王曰『善，請著之金版』」，又文選注「太公金匱曰『詘一人之下，申萬人之上』」，武王曰『請著金版』」），大戴記踐祚篇、吕覽、新書、淮南、説苑所稱皆是也。兵者，即太公兵法。説苑指武篇引太公兵法最其先，亦管子書中所本耳（已別綴補爲太公遺書，此不具列。論衡語增篇：「太公陰謀之書，食小兒丹，教云『亡殷』，兵到牧野，晨與脂燭。」此則詭誕不經之談，劉向所定者已然矣）。」

王先謙漢書補注卷三〇引葉德輝曰：「齊世家云『文王與吕尚陰謀修德以傾商政，其事多兵權與奇計』，群書治要六韜後載陰謀三事，皆武王問太公治國居民之道，與史遷説不合，蓋擇其語近純者録之。詩大明正義引太公授兵鈐之法，即此兵篇。五行大義十七篇引太公兵書，通典百四十九引太公覆軍誡法，開元占經引太公兵法，所引不同，蓋一書也。」先謙曰：「官本『謀』下十五字，皆與上『太公』連文，是也。」

譚獻復堂日記卷四云：「閱六弢，雖不出于太公，要爲古籍，精密深至，古制古言，可窺尋也。兵家傳授，或有損益，故孫氏輯刻佚文見于唐宋類書者，緐簡不同，而益可徵信。」

梁啓超中國近三百年學術史十四清代學者整理舊學之總成績（二）辨僞書云：「四庫著録之書，提要明斥其僞或疑其僞者則如下（次序依原書）：

「…………

「太公六韜　全僞

「…………

「四庫提要爲官書，間不免敷衍門面，且成書在乾隆中葉，許多問題或未發生，或未解決。總之，提要所認爲真的，未必便真；所指爲僞的，一定是僞，我敢斷言。

「今將重要之僞書，已定案、未定案、全部僞、部分僞、人名僞、書名僞等，分別總括列表如下（所録限於漢以前書，或託名漢以前書者，其術數、方伎等書，雖託名漢以前者，亦不録），其未定案者間附鄙見。

「（甲）全部僞絶對決定者：

「……

「陰符經、六韜（漢以後人僞撰）

「……

「以上各書之真僞及年代，或屬前代留下來的宿題，或屬清儒發生的新題。清儒經三百年多少人研究討論的結果，已經解決的十之三四，尚未解決的十之六七。但解決問題，固然是學術上一種成績，提出問題也算一種成績。清儒在這部分所做的工作，也算可觀了。」

顧實重考古今僞書考云：「漢志儒家周史六弢六篇，沈氏濤銅熨斗齋隨筆云：『「六」蓋「大」字之誤。古今人表有周史大㢮。古字書無「㢮」字，篇、韻始有之，當爲「弢」之誤。莊子則陽篇「仲尼問於太史大弢」，蓋即其人，此乃其所著書，故班氏有「孔子問焉」之說。』如是，則列於儒家宜矣。莊子徐無鬼篇『横説之，則以詩、書、禮、樂；從説之，則以金板、六弢』，此六弢當然爲兵書。弢、韜古字通，即太公六韜，在漢志太公二百三十七篇之内者。太公書甚多，而六韜即太公書之篇名，以總包於太公書之内，漢書不著其別目，非無此書也。姚氏攷之未明，故云然耳。陰符即兵符，有何可笑，亦未免少見多怪。然今本六韜與群書治要所載異，已非漢隋唐志之舊，而爲宋元豐間所改定本。孫星衍有校本及輯佚文，別詳漢書藝文志講疏。」

又漢書藝文志講疏諸子略道云：「**【**太公二百三十七篇……**】**殘。七略、别録曰『師之、尚之、父之，故曰師尚父』（詩大明正義引），史記曰『後世之言兵及周之陰權，皆宗太公爲本謀』（齊世家）（案秦策亦曰「蘇秦得太公陰符之謀」），班氏云『或有近世又以爲太公術者所增加也』，小説家鬻子亦有云『後世所加』，俱明原書而有後至傳學者附益。不悟六藝百家之書，多有然者，班豈舉此以例彼邪？錢大昭曰：謀、言、兵就二百三十七篇而言，『太公其總名也』。」

余嘉錫四庫提要辨證卷一一子部二兵家類【六韜六卷】案：「唐魏徵群書治要卷三十一引六韜，其次第爲文韜、武韜、龍韜、虎韜、犬韜，唯未引豹韜耳。後漢書何進傳章懷太子注云：『太公六韜篇：第一霸典，文論；第二文師，武論；第三龍韜，主將；第四虎韜，偏裨；第五豹韜，校尉；第六犬韜，司馬。』（案此所言次序，雖與治要及今本合，而篇目不同。然其所編者，實一古本。文心雕龍論説篇曰：「自論語以前，經無論字，六韜二論，後人追題乎？」即指文論、武論言之也）郡齋讀書志卷十四云：『分文、武、龍、虎、豹、犬六目。』玉海卷百四十兵法門云：『武經七書太公六韜：文韜一、武韜二、龍韜三、虎韜四、豹韜五、犬韜六。』小學紺珠卷四同。是唐宋傳本，均與今本次序相合。魏徵與陸德明同時，章懷去德明亦不遠，不應所見之本懸殊如此，且龍韜爲主將，亦不當列於豹韜之後，當是經典釋文傳寫有譌誤耳。」

又案：「淮南子精神訓云『故通許由之義，而金縢、豹韜廢矣』，注云：『金縢、豹韜，周公、太公陰謀圖王之書也。』明指豹韜爲太公作，蓋即今六韜中之一篇。後漢書何進傳云：『大將軍司馬許涼、假司馬伍宕説進曰：「太公六韜有天子將兵事。」』又徐璆傳及左雄傳注並引謝承書曰：『淑字伯進（徐淑，璆之父），善誦太公六韜。』是則六韜之書，已盛行於後漢，不始於三國，且皆以爲太公所作，亦不始於陸德明。三國志吕蒙傳注引江表傳曰：『權謂蒙及蔣欽曰：「孤少時，歷詩、書、禮記、左傳、國語，惟不讀易。至統事以來，省三史諸家兵書，自以爲大有所益。如卿二人意性朗悟，學必得之，寧當不爲乎？宜急讀孫子、六韜、左傳、國語及三史。」』此亦在先主遺詔之前，提要亦未之引也。孫權言省諸家兵書，大有所益，即指孫子、六韜，與先主言益人意智語意相合，可謂英雄所見略同，其必有以取之矣。淮南以豹韜與金縢並言，金縢既記周公之事，則豹韜亦必託始周初。高誘以爲太公所作，其言必有所受之，初非曲説。淮南獨舉豹韜，不云六韜者，古書本自單篇別行，以豹韜中多陰謀，故取以與金縢爲對也。再徵之於莊子之金版、六弢，則其名之所從來甚遠，更不始於後漢。漢志道家有太公二百三十七篇，謀八十一篇，言七十一篇，兵八十五篇，而無六韜之名，蓋漢志著録之例，只以著書之人題其書，而不別著書名，老子不名道德經，淮南不名鴻烈，蒯子不名雋永，故太公之書不名六韜、陰謀、金匱兵法等也，至隋志乃著之耳。漢志又有一例，則以人類書，不以書類人。太公之二百三十七篇，分爲謀、言、兵，猶之劉向所序六十七篇，分爲新序、説苑、世説、列女傳、頌圖，揚雄所序三十八篇，分爲太玄、法言、樂、箴也。此三人著作，尚爲紀載極詳者，其他則多合爲一家，并不分著，如陸賈之二十三篇，其中有十二篇爲新語，明見於本傳，而志不載其名。況太公之六韜、陰謀、金匱等，皆兵八十五篇中之子目，自更不暇見於著録矣。以六韜不著録，疑其非漢時書，則新語亦不著録，使其不見於本傳，亦將謂陸賈本無此書乎？漢志太公二百三十七篇下班固自注云：『吕望爲周師尚父，本有道者，或有近世又以爲太公術者所增加也。』是太公之書有後人增加之文，班固已明言之。班云近世，則增加之文，或出於西漢。其間有『避正殿』之語，將軍之號，固不足怪。特是六弢豹韜之名見於莊子、淮南，則是戰國秦漢之間本有其書，漢人僅有所附益，而非純出於僞造。周秦諸子，類非一人之手筆，此乃古書之通例，又不獨六韜爲然。至於漢志儒家之周史六弢，班固既明著爲惠襄時人，又云『孔子問焉』，則其人必非太公，其書亦必非兵家之六韜，師古之言，顯爲附會。沈濤銅熨斗齋隨筆卷四云：『案今六韜乃文王、武王問太公兵戰之事，而此列之儒家，則非今之六韜也。「六」乃「大」字之誤，人表有周史大弢。古字書無「弢」字，篇、韻始有之，當爲「弢」字之誤。莊子則陽篇「仲尼問於太史大弢」，蓋即其人，此乃其所著書，故班氏有「孔子問焉」之説。顔以爲太公六韜，誤矣。今之六韜，當在太公二百三十七篇之内。』（梁玉繩古今人表考，與沈氏之説略同，惟未言儒家之「六弢」爲「大弢」之誤耳）其所考證，極爲真確，真不刊之説也。路史以伯益爲『百蟲將軍』，誠爲怪誕不經，然其言亦有所本。水經卷十五洛水篇注云：『有百蟲將軍顯靈碑云，將軍姓伊氏，諱益，字隤敳，帝高陽之第二子也。』尋其文義，既云顯靈，則『百蟲將軍』之號，當出自後人追尊，路史遽附會爲虞舜時官名，可謂無稽之甚，提要但斥爲雜説依託，尚未能得其出處也。」

又案：「六韜之書，傳之自古，遠有端緒，已具見於前。提要所疑爲非漢時舊本者，實無强有力之證據。此節所言，雖亦未嘗無理，然此乃純駁之説，而非真僞之説也。古人著書不皆精粹，淺陋之處，固所時有。九流百家所出既異，故操術不同。宋明人讀書，好以當時理學家言是非古人，尤非通方之論。此書實是漢時舊本，非後世所能依託，特惜其爲後人妄有删削，遂致殘缺不完耳（孫星衍平津館刻本，附孫同元輯佚文一卷）。唐人自杜佑通典以下，談兵之書，引用是書者至夥，又不待宋元豐時頒之武學，始知其來已久也。孫星衍作六韜序（見孫刻本卷首），深信其爲古書，然必以爲即儒家之周史六弢，牽强傅會，轉不能自圓其説，故詳考之如此。」

蔣伯潛諸子通考下編諸子著述考第九章道家之書三——管子及太公鬻子云：「漢志道家有太公二百三十七篇，謀八十一篇，言七十一篇，兵八十五篇。自注曰：『吕望爲周師尚父，本有道者；或有近世又以爲太公術者所增加也。』錢大昭曰：『謀、言、兵，就二百三十七篇而析言之，太公其總名也。』沈欽韓曰：『志言謀者，即太公之陰謀。言者，即太公之金匱。善言著諸金版（群書治要引武韜「太公曰」云云，「文王曰『善，請著之金版』」，文選注引太公金匱曰「『詘一人之下，伸萬人之上』」，武王曰

『請著金版』」)。大戴記武王踐阼、吕覽、淮南、説苑所稱皆是。兵者,即太公兵法,説苑指武篇引太公兵法。』按漢志兵書略兵權謀家總計條下自注曰『省太公』,蓋二百三十七篇中之兵,七略本互見於兵書略之兵權謀家,而班固省之也。戰國策秦策曰:『蘇秦夜發書,得太公陰符之謀。』群書治要六韜之後,載太公陰謀三事,即太公二百三十七篇中之謀也。史記齊世家曰:『文王與吕尚陰謀修德以傾商政,其事多兵權與奇計。……後世之言兵及周之陰權,皆宗太公爲本謀。』蓋周自太王,實始翦商。太公佐文王、武王,完成伐紂代商之功業,其所陳嘉謨,即所謂言也;其所設策略,即所謂謀也;伐紂時部署行軍,即所謂兵也。善言録於金版,法令録於史官,倘當時即已簒録成篇,即爲官書;即僅存檔案,亦是史料。太公在周,勳業彪炳,自爲後世所樂於稱道。戰國之士,好託古改制,於是好事者自斷簡殘論、口耳傳説中,輯採太公之遺言舊聞,又取蘇張權謀、孫吴兵法之類以增益之,乃成此二百三十七篇之書爾。故太公者,後世依託之書,非周初之著述,更非太公所自著也。

「隋志有太公陰謀一卷(注曰「梁六卷」),太公陰符鈐録一卷,太公伏符陰陽一卷,舊唐志有太公陰謀三卷,太公陰謀三十六用一卷,即此所謂謀之類也。隋志有太公金匱二卷,舊唐志作三卷,即此所謂言也。隋志又有太公兵法二卷(注曰「梁有太公雜兵書六卷」),即此所謂兵也。是唐及宋初,其書猶有流傳者矣。通考則僅録六韜。四庫全書中亦有此篇,在兵家。今存六韜者,文韜、武韜、虎韜、豹韜、龍韜、犬韜也,今本龍韜列於虎韜之前,似爲太公二百三十七篇中兵八十五篇之一部分。

按莊子徐無鬼篇有所謂『金版、六韜』，淮南子精神訓有所謂『金縢、豹韜』，豈即指此歟？至通考所録又有改正六韜四卷，則是宋元豐間删定之本。又按今存六韜中有『避正殿』云云，此秦漢以後故事，太公時尚無此語也。六韜陰符篇曰『主與將有陰符，凡八等』，克敵之符長一尺，破軍之符長九寸，失利之符長三寸而止。是直誤以『陰符』爲符節之符，淺陋可笑，宜爲胡元瑞四部正譌所斥。周氏涉筆謂其『書並緣吴起，漁獵其詞，而綴輯以近代軍政之浮談，淺駁無所施用』。胡氏筆叢亦謂『其文伐、陰書等篇，爲孫、吴、尉繚所不屑道』（並見四庫書目提要引）。六韜内容淺駁，辭亦鄙俗，明爲僞書，不但非太公所著，且非秦漢前依託太公之作；而近人言兵者，猶喜引之，以自詡博古，多見其不學而已。」

張心澂僞書通考總論僞之程度云：「（一）全僞者　如連山、歸藏、子夏易傳、三墳、六韜、七緯、關尹子、子華子、素書、洞極真經、李靖問答、麻衣心法、武侯諸策、王通諸經皆全部爲僞作者。」

李浴日孫子新研究總論云：「在漢書藝文志道家之部，也記載有太公二百三十七篇（注爲吕望撰），其中含有兵法八十五篇，由此足見周初的功臣太公望吕尚也有兵書的著述，惜亦失傳；至於現存的太公六韜，迭經學者證爲後人所假託，已無可疑。」